"十二五"国家重点图书出版规划项目

中国社会科学院创新工程学术出版资助项目

总主编：金 碚

U0593567

经济管理学科前沿研究报告系列丛书

THE FRONTIER RESEARCH REPORT ON
DISCIPLINE OF
INNOVATION MANAGEMENT

赵顺龙 马硕 主 编

创新管理学学科 前沿研究报告

经济管理出版社
ECONOMY & MANAGEMENT PUBLISHING HOUSE

图书在版编目（CIP）数据

创新管理学学科前沿研究报告.2013/赵顺龙，马硕主编.—北京：经济管理出版社，2017.2
ISBN 978 - 7 - 5096 - 4848 - 3

Ⅰ.①创…　Ⅱ.①赵…②马…　Ⅲ.①创新管理—研究报告—世界—2013　Ⅳ.①F279.1

中国版本图书馆 CIP 数据核字（2016）第 315026 号

组稿编辑：张　艳
责任编辑：张　艳　赵亚荣
责任印制：黄章平
责任校对：雨　千

出版发行：经济管理出版社
　　　　　（北京市海淀区北蜂窝 8 号中雅大厦 A 座 11 层　100038）
网　　　址：www. E - mp. com. cn
电　　　话：（010）51915602
印　　　刷：玉田县昊达印刷有限公司
经　　　销：新华书店
开　　　本：787mm×1092mm/16
印　　　张：24
字　　　数：569 千字
版　　　次：2017 年 5 月第 1 版　　2017 年 5 月第 1 次印刷
书　　　号：ISBN 978 - 7 - 5096 - 4848 - 3
定　　　价：79.00 元

《经济管理学科前沿研究报告》
专家委员会

主　任：李京文

副主任：金　碚　黄群慧　黄速建　吕本富

专家委员会委员（按姓氏笔画排序）：

方开泰	毛程连	王方华	王立彦	王重鸣	王　健	王浦劬	包　政
史　丹	左美云	石　勘	刘　怡	刘戒骄	刘　勇	刘伟强	刘秉链
刘金全	刘曼红	刘湘丽	吕　政	吕　铁	吕本富	孙玉栋	孙建敏
朱　玲	朱立言	何　瑛	宋　常	张　晓	张文杰	张世贤	张占斌
张玉利	张屹山	张晓山	张康之	李　平	李　周	李　晓	李子奈
李小北	李仁君	李兆前	李京文	李国平	李春瑜	李海峥	李海舰
李维安	李　群	杜莹芬	杨　杜	杨开忠	杨世伟	杨冠琼	杨春河
杨瑞龙	汪　平	汪同三	沈志渔	沈满洪	肖慈方	芮明杰	辛　暖
陈　耀	陈传明	陈国权	陈国清	陈　宪	周小虎	周文斌	周治忍
周晓明	林国强	罗仲伟	郑海航	金　碚	洪银兴	胡乃武	荆林波
贺　强	赵顺龙	赵景华	赵曙明	项保华	夏杰长	席酉民	徐二明
徐向艺	徐宏玲	徐晋涛	涂　平	秦荣生	袁　卫	郭国庆	高　闯
符国群	黄泰岩	黄速建	黄群慧	曾湘泉	程　伟	董纪昌	董克用
韩文科	赖德胜	雷　达	廖元和	蔡　昉	潘家华	薛　澜	魏一明
魏后凯							

序　言

为了落实中国社会科学院哲学社会科学创新工程的实施，加快建设哲学社会科学创新体系，实现中国社会科学院成为马克思主义的坚强阵地、党中央国务院的思想库和智囊团、哲学社会科学的最高殿堂的定位要求，提升中国社会科学院在国际、国内哲学社会科学领域的话语权和影响力，加快中国社会科学院哲学社会科学学科建设，推进哲学社会科学的繁荣发展具有重大意义。

旨在准确把握经济和管理学科前沿发展状况，评估各学科发展近况，及时跟踪国内外学科发展的最新动态，准确把握学科前沿，引领学科发展方向，积极推进学科建设，特组织中国社会科学院和全国重点大学的专家学者研究撰写《经济管理学科前沿研究报告》。本系列报告的研究和出版得到了国家新闻出版广电总局的支持和肯定，特将本系列报告丛书列为"十二五"国家重点图书出版项目。

《经济管理学科前沿研究报告》包括经济学和管理学两大学科。经济学包括能源经济学、旅游经济学、服务经济学、农业经济学、国际经济合作、世界经济、资源与环境经济学、区域经济学、财政学、金融学、产业经济学、国际贸易学、劳动经济学、数量经济学、统计学。管理学包括工商管理学科、公共管理学科、管理科学与工程三个学科。工商管理学科包括管理学、创新管理、战略管理、技术管理与技术创新、公司治理、会计与审计、财务管理、市场营销、人力资源管理、组织行为学、企业信息管理、物流供应链管理、创业与中小企业管理等学科及研究方向；公共管理学科包括公共行政学、公共政策学、政府绩效管理学、公共部门战略管理学、城市管理学、危机管理学、公共部门经济学、电子政务学、社会保障学、政治学、公共政策与政府管理等学科及研究方向；管理科学与工程包括工程管理、电子商务、管理心理与行为、管理系统工程、信息系统与管理、数据科学、智能制造与运营等学科及研究方向。

《经济管理学科前沿研究报告》依托中国社会科学院独特的学术地位和超前的研究优势，撰写出具有一流水准的哲学社会科学前沿报告，致力于体现以下特点：

（1）前沿性。本系列报告能体现国内外学科发展的最新前沿动态，包括各学术领域内的最新理论观点和方法、热点问题及重大理论创新。

（2）系统性。本系列报告囊括学科发展的所有范畴和领域。一方面，学科覆盖具有全面性，包括本年度不同学科的科研成果、理论发展、科研队伍的建设，以及某学科发展过程中具有的优势和存在的问题；另一方面，就各学科而言，还将涉及该学科下的各个二级学科，既包括学科的传统范畴，也包括新兴领域。

（3）权威性。本系列报告由各个学科内长期从事理论研究的专家、学者主编和组织本领域内一流的专家、学者进行撰写，无疑将是各学科内的权威学术研究。

（4）文献性。本系列报告不仅系统总结和评价了每年各个学科的发展历程，还提炼了各学科学术发展进程中的重大问题、重大事件及重要学术成果，因此具有工具书式的资料性，为哲学社会科学研究的进一步发展奠定了新的基础。

《经济管理学科前沿研究报告》全面体现了经济、管理学科及研究方向本年度国内外的发展状况、最新动态、重要理论观点、前沿问题、热点问题等。该系列报告包括经济学、管理学一级学科和二级学科以及一些重要的研究方向，其中经济学科及研究方向15个，管理学科及研究方向45个。该系列丛书按年度撰写出版60部学科前沿报告，成为系统研究的年度连续出版物。这项工作虽然是学术研究的一项基础工作，但意义十分重大。要想做好这项工作，需要大量的组织、协调、研究工作，更需要专家学者付出大量的时间和艰苦的努力，在此，特向参与本研究的院内外专家、学者和参与出版工作的同人表示由衷的敬意和感谢。相信在大家的齐心努力下，会进一步推动中国对经济学和管理学学科建设的研究，同时，也希望本系列报告的连续出版能提升我国经济和管理学科的研究水平。

金 碚

2014 年 5 月

目　录

第一章 2013 年度创新管理学 学科前沿问题综述

自从熊彼特 1912 年提出创新理论以来，对创新的研究经历了 20 世纪 50 年代创新理论的分解及技术创新理论的创立阶段、70 年代技术创新理论的系统开发阶段、80 年代至今的的技术创新理论的综合化、专门化研究阶段。因此，创新管理的系统研究正是技术创新专门化研究的必然结果。

进入 21 世纪以来，面对瞬息万变的市场环境，企业早已经历了生产中心和销售中心的发展阶段，而逐渐走向以产品开发为中心的新时代。在此背景下，企业需要具有高度的灵敏性，抓住稍纵即逝的市场机遇，不断地开发新产品以吸引顾客。如此，加快企业创新，缩短新产品开发时间，提升新产品开发质量，就越来越成为一种竞争要求和竞争优势。近年来，发达国家中无形资产投资大幅增长并超过有形资产，我国也明确提出建设创新型国家以提高综合国力，显而易见，创新已成为组织参与竞争谋求发展的关键因素。因而，加速创新进程必将成为新时期各个企业、各国政府和研究机构关注的新热点。随着 2013 年《中共中央关于全面深化改革若干重大问题的决定》的发布，以"协同创新"为关键词的创新管理研究引发更多学者的关注。另外，由于现代科学技术日新月异的发展变化，许多企业开始寻求方法以提升企业的创新绩效和创新效率，创新管理迅速成为学术界热门的研究领域，并将成为 21 世纪国家、企业、个人的经营与管理活动中最重要的指导理论，自然以此为主题的研究文献也日益增加并备受关注。

第一节 2013 年度国内创新管理学研究概况

一、学术论文

在中国知网中对以"创新管理"为主题关键词、发表时间为 2013 年的文献进行检索，展示了 2796 条结果，这表明 2013 年度国内有关创新管理的研究比较丰富。进一步分析可以看出，相关研究也十分全面，基本涵盖了企业发展的方方面面，能够契合当前企业发展的需要。这也从一定程度上反映了我国学术研究和企业实践的完美接轨，具有较大的理论和实践价值。具体来看，2013年国内学术论文方面对创新管理研究的重点主要集中在创新绩效研究、协同创新与创新效率研究、社会资本与企业创新研究以及组织行为研究这4个方面。

（一）创新绩效研究

创新绩效一直是企业关注的重点，一个企业创新绩效的高低从某种程度上反映了该企业当前的发展规模、发展现状以及其未来的发展趋势。参考相关文献研究和网络资料，对创新绩效进行概念界定：创新绩效是指实施采用新技术后，企业价值的增加，主要以企业业务额的增加测量。创新绩效对于政府部门和企业管理者动态掌握创新型企业自主创新的进展和成果，发现企业自主创新存在的问题及原因，以便企业采取有针对性的措施，优化企业创新资源的结构和配置调整创新产出目标和方向，进一步提高企业自主创新效率具有重要的意义。换句话说，企业创新绩效对增加企业价值、提升企业盈利水平具有不可替代的作用。相应地，有关企业创新绩效的研究也在不断增加。

当前，相关学者和研究机构主要采用实证分析的方式，从R&D投入、技术获取能力、开放式创新投入、政府补贴以及知识型员工等方面思考提升企业创新绩效的方法和对策，为创新绩效相关文献的充实以及企业的实践参考做了诸多努力。在R&D投入、技术获取能力、政府补贴等方面，几位学者分别从不同的角度切入，探析了相关技术投入对企业创新绩效的影响关系。其中，严焰和池仁勇（2013）认为，现有研究在探讨企业R&D投入与创新绩效之间的关系时，忽略了技术获取模式在其中的调节作用。他们以企业技术获取模式为调节变量，提出了R&D投入、技术来源、国外技术引进方式和企业创新绩效的理论模型，并结合浙江高技术企业的问卷调查结果，采用分组回归方法进行了实证分析。研究发现：企业R&D投入与创新绩效显著正相关；以自主研发作为企业主要技术来源，以及以购买技术资料或专利作为引进国外技术的主要方式，对企业R&D投入与创新绩效的关系起正向调节作用；以合作研发为主要技术来源，以及以购买设备、购买样品、聘请国外技术人员等为引进国外技术的主要方式，对企业R&D投入与创新绩效的关系起反向调节作用。李玲和陶厚永（2013）通过对974家上市企业数据的收集、整理和分析，分组检验了政府补贴与企业自主创新之间的关系。结果发现：①在控制了其他相关因素之后，政府补贴对民营企业的自主创新投入和创新绩效的影响显著，政府补贴在民营企业自主创新过程中发挥着"引导之手"的积极作用。但是政府补贴对国有企业自主创新投入和创新绩效的影响不显著，政府补贴在国有企业自主创新过程中扮演着"纵容之手"的消极作用。②民营企业中高管持股会产生"利益趋同效应"，从而对政府补贴与民营企业自主创新起到显著调节作用，而在国有企业却没有起到显著调节效果。③虽然从理论上看，独立董事的引入有利于配置更多的资源于创新活动和创造有利于创新的社会关系，但研究结果发现，无论是国有企业还是民营企业，独立董事对政府补贴与企业自主创新之间的调节作用都不显著，都存在着"形式主义"陷阱。康志勇（2013）在适宜技术理论框架下，通过大样本的中国本土制造业企业数据，对企业创新中的技术选择和投入强度进行了探索性研究。实证检验发现：①在控制企业创新投入强度的情况下，企业创新的技术水平与创新绩效之间呈现出倒"U"型关系；②在控制企业创新技术水平的情况下，企业创新投入强度与创新绩效之间也呈现出倒"U"型关系。由此得出结论，过度强调创新技术的先进性以及创新投入的高强度不利于企业创新绩效的提高。企业创新活动必须遵循比较优势战略，通过促进企业自身能力的提升，实现创新绩效的最大化。马文聪、侯羽和朱桂龙（2013）从2009年广东省级企业技术中心评估上报的企业数据库中选取263家企业，探讨了研发投入强度（研发经费投入强度和研发人员投入强度）和人员激励（薪酬激励和人员培训）对企业创新绩效的影响。结果表明，在新兴产业中，研发经费投入强度、研发人员投入强度、薪酬激励和人员培训对企业创新绩效有显著正向影响，而在传统产业中，只有研发经费投入强度和研发人员薪酬激励对企业创新绩效有显著正向影响。进一步分析发现，在传统产业中，薪酬激励对研发人员投入强度和创新绩效关系有显著的调节作用。

另外，也有几位学者从开放式创新、知识型员工等角度着手，深度验证分析了其对企业创新绩效的影响作用。陈艳和范炳全（2013）以中小企业为研究对象，将开放式创新能力分解为发明能力、吸收能力、变革能力、连接能力、创新能力和解吸能力，并运用结构方程建模实证检验了上述各种能力对创新绩效的影响。研究表明：发明能力、吸收能力、连接能力和创新能力对中小企业的创新绩效具有显著正向影响，而变革能力和解吸能力对创新绩效的影响不显著。当前中小企业开放式创新体现出一定的由外而内的特征，但各项能力的发展不均衡；与内部探索相比，更侧重于外部探索；内部保留和外部开发成为当前中小企业开放式创新的能力短板；连接能力的作用更多地体现在销售环节，而不是研发环节。陈劲、梁靓和吴航等（2013）认为，产业集聚对高技术产业创新具有重要影响。在开放式创新的背景下，三位学者整合集聚经济理论、资源观理论和制度理论三种理论视角，以中国高技术产业为研究对象选取了221个样本，对产业集聚程度和创新的关系进行了探索。研究发现，在不同的集聚程度下，产业集聚对创新的影响存在区别：集聚程度较低时，专业化集聚有利于创新，而多样化集聚抑制创新；相反，集聚程度较高时，专业化集聚不利于创新，而多样化集聚促进创新。此外，企业开放式的创新战略能够有效提开多样化集聚对创新绩效的影响。姚艳虹和衡元元（2013）选取286名企业知识员工进行实证调查，运用文献法、访谈法及开放式问卷收集题项，并采用问卷调查法进行预试，对数据进行项目分析，探索并验证知识员工创新绩效的结构维度。研究结果表明，知识员工创新绩效包含创新行动和创新效果两个维度。其中，创新行动由提出创新想法或方案、应用新技术、总结工作诀窍等要素构成，创新效果由创新成果、应用和成效构成。张学和、宋伟和方世建（2013）基于对263份有效问卷的调查分析，采用结构方程模型从创新个性、自我效能、学习型目标导向、改进型目标导向4个维度来分析它们对知识型员工个体创新绩效的影响以及它们之间的相互关系。党兴华和常红锦（2013）则另辟蹊径，从网络中心性和结构洞两个方面研究了网络位置与地理位置的交互作用对企业创新绩效的影响，并应用多元回归分析方法对133家国内企业的调查数据进行实证分析。结果显示，网络中心度与地理临近性的交互作用对创新绩效有显著的正向影响作用，而结构洞与地理临近性的交互作用对企业创新绩效没有显著的影响。进一步分析表明，地理集聚创造的优势很大程度上依赖于企业在其所处社会网络中的位置，而地理空间能够改变信息和资源在网络空间的转移效果。樊霞、陈丽明和刘炜（2013）针对企业产学研合作创新政策效应评价时由企业"自选择"带来的因果干涉问题，引入计量经济学中非参数的倾向得分匹配法（PSM），运用广东省部产学研计划的实证数据，研究探讨了产学研合作对企业技术创新绩效的政策效应。研究结果表明，参与和未参与产学研合作的企业在技术创新绩效和企业特征方面均存在显著差异；通过排除选择性偏倚与混杂偏倚，产学研合作对企业新产品销售收入比重的提升具有显著的正向影响，而对企业获取专利有正向影响但不显著。

（二）协同创新与创新效率研究

作为整合创新资源、提高创新效率的有效途径，协同创新已经成为当今世界科技创新活动的新趋势和创新理论研究关注的新焦点，并且受到了世界各个国家和地区的高度重视。改革开放以来，中国经济增长方式逐渐由要素驱动型转变为创新驱动型，区域创新体系内科技资源的集约配置、科研主体间的协同创新成为产业升级的关键支撑。在长期推进产学研合作技术创新的基础上，我国国家领导人从国家战略层面开始突出强调产学研协同创新的积极推进作用。其中，2013年《中共中央关于全面深化改革若干重大问题的决定》的发布，标志着产学研协同创新在企业创新活动中的主体作用及其在提高企业创新效率中发挥的优势愈发显现。再有，胡锦涛同志在清华大学建校100周年大会上的讲话也强调了高校进行协同创新的重要性，教育部联合多部委制定并出台了促进协同创新理论研究和高校协同创新能力提升的相关政策，所有的这些都在暗示协同创新在社会发展和进步的过程中愈发重要的作用。因而相关研究及文献也愈发充实，研究角度也愈发广泛。

许多学者认为协同创新对企业长期发展、对社会进步都有较大的推动作用，相关学者也从各个方面对其具体影响做了研究和探析。戚湧、张明和丁刚等（2013）指出，协同创新对经济社会发展有着重要的推动作用，他们认为推动协同创新体系发展，强化科技资源开放共享应成为时代的主题。王进富、张颖颖、苏世彬和刘江南（2013）提出，应积极促进高校特别是研究型大学同科研机构、企业开展深度合作，这些对建立我国产学研协同创新长效稳定机制具有积极意义。他们进而基于协同学、生态学等相关交叉学科的理论整合，针对创新行为内嵌于产学研协同创新全过程的特征，将产学研协同创新行为分为酝酿期、接洽期和运行期三个阶段，提出了从动力协同、路径协同、知识管理协同三个方面构建产学研协同创新机制，以协同度评价来测量协同创新效应的理论分析框架。甄晓非（2013）通过对协同创新模式的研究，结合国内外的发展，总结出了一些协同创新的关键性因素，并设计了协同理论模型。他根据具体实例进行了细致的分析，计算出协同创新的影响因子，为企业的创新工作提供了借鉴和理论指导。原长弘和孙会娟（2013）利用随机前沿分析（SFA）方法实证分析了政产学研用在高校知识创新链产出及其效率中的协同影响。结果表明：中央与地方两级政府对于高校知识创新链有着不同的影响作用；企事业单位经费并不能促进高校论文产出增加，而对高校专利申请数存在正的显著影响；用户需求对高校专利授权效率和高校技术转让收入效率均存在显著的正向影响关系。

有关创新效率方面的研究，也不乏少数。肖丁丁和朱桂龙（2013）基于2005~2009年广东省部产学研合作的面板数据，应用超越对数随机前沿模型测评了260家合作企业的创新效率，并基于系统视角考察了影响合作创新效率的关键因素。实证结果表明，样本期内产学研合作创新效率处于偏低但稳步提升的状态；系统内关键因素的作用路径与效果存在差异性，其中，企业家精神、外部技术依存和政府资助对合作效率有显著的正向影响，且政府资助的影响效果具有长效性，出口导向与合作模式对合作效率有显著的负向影响，且出口导向的非效率影响程度更高，而行业差异对合作效率的影响未通过显著性检验。赵树宽、余海晴和巩顺龙等（2013）首先基于创新效率评价的现有研究成果，构建了高技术企业创新效率评价指标体系与模型；其次结合实地调研获取的数据，运用DEA方法，从效率、有效性、规模收益及投影分析4个方面，对吉林省151家高技术企业创新活动进行了评价与分析。结果表明，吉林省高技术企业创新综合效率偏低，不同类型企业创新效率差异较大，规模效率是导致创新综合效率偏低的主要原因；多数企业呈规模报酬递增态势，科技活动人员和科技活动经费投入过少是企业规模效率偏低的主要原因。余泳泽和刘大勇（2013）则运用空间面板计量方法将创新主体分为科研机构、高校和企业，研究了创新要素集聚下的科技创新的空间外溢效应。实证研究的结果表明：我国科技创新效率具有明显的空间相关性；创新要素聚集对于科研机构具有负影响，对于高校的影响不显著，而对于企业的影响为正；科研机构和高校的创新要素集聚对于创新效率的空间外溢效应不显著，而企业的创新要素集聚对于创新效率提升的空间外溢效应明显，但是在超过800公里后显著性降低；政府支持对于各创新主体的创新效率的影响不显著，甚至为负影响。除此，这两位学者还基于创新价值链视角，将创新过程分为知识创新、科研创新和产品创新三个阶段，并利用三阶段DEA模型考察了各阶段的创新效率。由于各阶段创新效率表现出较为明显的空间相关性，他们采用了多种空间面板模型和设置多重空间权重矩阵的方法，分析了创新的空间外溢效应和价值链外溢效应。研究显示，产品创新效率与知识创新效率之间产生了明显的价值链外溢效应，产品创新效率和科研创新效率之间也产生了明显的价值链外溢效应，而科研创新效率与知识创新效率之间没有形成较为明显的价值链外溢效应。就创新效率的空间外溢效应而言，创新价值链视角下的各阶段创新效率都表现为较为明显的空间外溢效应。

（三）社会资本与企业创新研究

进入21世纪，随着技术进步与经济全球化进程的加速以及中国经济与社会的转型，国内企业所面临的环境日益复杂。在此背景下，企业竞争优势的可保持性也越来越低，规模已经不再是企业保持竞争优势的主要来源，创新渐渐居于核心地位。因此，如何应对环境变化并有效提升企业的创新能力与创新绩效就成为企业、政府和社会共同关注的焦点。基于自身的复杂性和不确定性，创新常常要求企业建立并强化社会关系网络来获取多样化的资源，由此便凸显了社会资本对于企业创新的重要作用。"社会资本"概念最早是由布迪厄引入到社会科学领域的，后经科尔曼、普特南等的发展，社会资本理论逐渐成为具有重要的跨学科影响的思潮之一。根据罗纳德·伯特（Ronald Burt，1992）对社会资本的界定：社会资本指的是朋友、同事和更普遍的联系，通过它们你得到了使用其他形式资本的机会。企业内部和企业间的关系也是一种社会资本，它是竞争成功最后的决定者。不难看出，社会资本在激励企业创新和使企业保持竞争优势、赢得成功方面具有不可替代的作用。更有理论研究表明，中国目前的经济正在转型，许多制度并非健全也并不完全有效，因而企业的社会资本与关系在其资源获取、市场进入和产权保护等方面发挥了非常重要的作用，从而可以有效地促进创新活动和绩效。企业通过非常广泛的社会关系，可以获得十分重要且先进的信息，可以抓住对企业发展起关键作用的机遇，从而使其在日趋激烈的市场竞争中保持核心的竞争能力和优势。然而，之前却鲜有相关实证文章具体验证社会资本与企业创新之间的关系。2013 年，出现的一些以实证分析的方式验证社会资本与企业创新之间关系的文献和研究，极大地推动了相关研究的发展和进步。

徐蕾、魏江和石俊娜等（2013）认为，集群企业拥有双重社会资本——既拥有丰富的本地（集群域内）社会资本，又存在超本地（集群域外）社会资本，而不同类型的社会资本对于企业突破式创新具有不同的作用机理。他们基于社会资本、组织学习等研究，以集群企业为研究对象，试图探讨探索式学习和利用式学习两个构念对于本地、超本地社会资本与集群企业突破式创新之间的中介关系，并以浙江省 169 家集群企业的问卷数据进行验证。研究表明：①双重社会资本会对两种组织学习产生不同影响：本地社会资本相对有利于利用式学习；超本地社会资本则更有利于其探索式学习。②探索式学习与突破式创新正相关，利用式学习与之负相关。王雷（2013）以知识溢出、学习效应为中介变量，研究跨国公司主导下外部社会资本对集群创新的影响。基于上海浦东 ICT 集群的实证研究显示，外部社会资本的三个维度均不直接影响集群企业的创新绩效，而是通过知识溢出和学习效应间接产生影响。其中，外部结构资本通过知识溢出和学习效应间接影响集群企业创新绩效；外部关系资本和外部认知资本通过知识溢出间接影响集群企业创新绩效。曾萍、邓腾智和宋铁波等（2013）以动态能力作为中介变量，构建了社会资本与企业创新之间关系的理论模型，并以广东省 166 家企业为调查对象进行了实证检验。研究结果表明：①社会资本不能直接促进企业创新，但社会资本可以通过动态能力作为完全的中介变量，间接地促进企业创新。②不同维度的社会资本通过动态能力间接影响企业创新的程度存在差异。其中，业务社会资本对企业创新的间接影响程度最高，其次是制度社会资本，技术社会资本对企业创新的间接影响程度最低。

（四）组织行为研究

组织行为学是行为科学的一个分支，随着社会的发展，尤其是经济的发展促使了企业组织的发展，组织行为学越来越受到人们的重视。自 20 世纪 30 年代组织氛围概念被提出以来，组织氛围的研究就逐渐受到许多学者和企业的重视。近十几年来，随着人们对创新认识的不断加深，创新氛围也成为理论和实践研究的热点，学者对组织创新氛围与绩效关系的研究也日趋增加。一些研究表明，员工的创新对组织的整体创新与变革起到了关键的作用，然而学者们发现如何促进员工的创新行为却成为组织创新的"瓶颈"。许多组织为了激发员工的创新行为，添置了许多先进的设备并在资金上给予了大力的支持，但是创新的成果仍然不如想象中的理想。产生这种现象的根本原因并不是缺乏资金和设备等基础设施，最主要的是缺乏公正、友好、鼓励创新的组织氛围。另有一些研究表明，企业若想长期取得具有竞争优势的市场地位，就必须鼓励全体员工的创新思想和创新行为。员工创新是当前企业进行创新的基础性工程，在国家大力倡导自主创新的背景下，激发员工创新行为已经成为当前企业和学术界共同关注的重要问题。再有社会心理学提出观点，员工行为是由其内在特征及其所处的外在环境共同决定的。因此，企业的组织文化、领导风格等因素会严重影响员工的创新行为。基于此，在新的时期，企业必须营造合适的组织氛围以促进员工进行创新。具体来说，2013 年度，在组织行为研究领域比较有代表性的学术论文成果主要体现在以下几个方面：

裴云龙、江旭和刘衡等（2013）探讨了影响原始性创新的企业资源基础（资源柔性）和能力基础（能力柔性）以及原始性创新对企业竞争力的作用，并对组织合法性在原始性创新与竞争力关系间的调节作用进行了研究。他们在 303 家中国企业中，以每个企业选择两个关键信息提供者（Key Informants）的形式，共获得 606 份样本数据。基于这些数据的统计结果表明，资源柔性对原始性创新产生了非线性（倒"U"型）影响，而能力柔性对原始性创新产生了显著的正向促进作用。此外，原始性创新对企业竞争力的促进作用取决于组织合法性的有力支撑。王士红、徐彪和彭纪生等（2013）研究组织氛围感知对员工创新行为的影响，引入了知识共享意愿作为中介变量，通过对 459 份问卷进行实证研究发现：友好关系感知、创新氛围感知对员工创新行为有正向影响，公平氛围感知对员工创新行为没有显著影响；知识共享意愿在创新氛围感知与员工创新行为关系中起部分中介作用，知识共享意愿在友好关系氛围感知与员工创新行为关系中起部分中介作用。连欣、杨百寅和马月婷等（2013）通过对 493 名在职员工的调查，运用结构方程模型和回归分析，验证了组织创新氛围对个体创新行为的影响模型。研究结果表明，组织创新氛围对个体创新行为具有直接影响；组织创新氛围通过内部动机对个体创新行为具有显著的正向影响；工作例行性对组织创新氛围与个体创新行为具有调节作用，当工作例行性程度高时，工作例行性会显著降低理念倡导对个体创新行为的影响，显著增强学习培训对个体创新行为的影响。姚艳虹和韩树强（2013）采用方便抽样的方式对企业 340 名员工就大五人格特质、组织公平、员工创新行为等变量进行调研，通过交互作用分析得出，人格特质中的外倾性、尽责性、宜人性、开放性均正向预测创新行为，而神经质负向预测创新行为。研究结果表明，组织公平 4 个维度均对创新行为有显著正向影响。组织公平正向调节外倾性、开放性、尽责性与创新行为之间的关系，反向调节宜人性与创新行为之间的关系，但对神经质与创新行为之间的关系没有调节作用。

其他创新管理的学术论文还包括党兴华和刘景东（2013）对技术异质性及技术强度对突变创新的影响研究，他们认为突变创新要求的资源互补性与企业担心知识泄露、制度障碍等形成的能力陷阱的矛盾，构成了企业在发展过程中一个难以解决的难题。他们首先从认知因素、组织因素和行为因素深入分析悖论产生的原因，进而对西安市高新区 76 家医药企业进行了调查研究，进一步回归分析表明：企业通过其资源整合能力（即对认知、组织和行为因素的整合），可以有效地利用企业内外资源，提高技术异质性和技术强度对突变创新的影响，解决企业发展中的核心能力悖论，进而强化了突变创新的产生。另有许庆瑞、吴志岩和陈力田等（2013）以海尔集团 1984～2013 年的纵向案例分析了转型经济中企业的自主创新能力演化路径及驱动因素。首先，几位学者针对现有研究存在企业自主创新概念界定与划分模糊的问题，基于"能力的本质是知识"的基础观点，从核心技术知识所处边界的角度出发，辨析了二次创新能力、集成创新能力和原始创新能力的关系。其次，针对目前学术界缺乏严谨的对转型经济中企业自主创新能力演进路径的研究，他们通过对海尔集团的纵向案例研究，分析和归纳了转型背景下的企业自主创新能力演化的路径特征。研究表明：海尔集团作为以技术引进为起点的企业，其自主创新能力演化是以二次创新能力为起点，向集成创新能力过渡，最终走向原始创新能力的动态累积过程。最后，基于目前自主创新能力演进的驱动因素研究不足的问题，他们提出吸收能力的构建是这种演化模式下的内在基础，历史压力和随机事件在这一过程中起着外部推力的作用。正是多位学者的不断探索和努力，才打开了企业自主创新能力和创新管理研究发展及演进过程的黑箱，联结并深化了创新绩效、协同创新和创新效率、社会资本与企业创新、组织行为等研究，并对转型背景下企业的创新与发展具有一定的实践启示。这些学术文章不仅很好地充实了 2013 年度创新管理研究文献，而且有助于国内创新管理研究的进一步推进，也有助于企业不断提升自主创新能力，推动经济社会的长期发展。

二、学术图书

在"百链云图书馆文献传递系统"中对 2013 年国内出版的有关"创新管理"的学术图书进行搜索整理，以关键词包含"创新"和"年代 = 2013"为检索条件，获得的相关书目多达 1367 种。在此基础上进一步筛选整理出部分涵盖开放式创新、合作创新、创新机制、创新管理、区域创新等具有研究和参考价值的图书。

（一）开放式创新

作为一种有开创性意义的技术创新范式，开放式创新在理论和实践领域都引起了广泛关注，并且在宏观、中观和微观不同层面都取得了显著的研究进展。其中一个有较好共识的观点就是实施开放式创新有助于提高企业的创新绩效，而且在创新开放度与创新绩效之间存在倒"U"型的关系。当前，无论是从理论上还是从实践上来说，开放式创新理论都代表了企业的一种技术创新方向，然而目前关于开放式创新的相关理论研究却不能满足实践的发展和需要，对开放式创新知识结构的系统研究也还没有深入开展，因而国内整体上在这方面的研究相对比较薄弱。自 2003 年开放式创新的概念被提出以来，尽管其受到了企业和相关学者的关注，但许多理论研究主要针对的是大企业，对中小企业的关注较少。实际上，对于中小企业来说，其在管理实践上呈现出很多不同于大企业的创新特点。

然而，闫春（2013）认为现有研究也存在缺憾：一是对创新绩效的衡量仅仅停留在财务绩效的层面，未能全面体现企业从创新开放中得到的综合收益；二是没有考虑不同创新开放对象在创新绩效形成上的差别性贡献，从而无助于为企业如何集中有限资源选择性地与不同对象合作以最大化创新绩效提供理论指导；三是研究采用的一般都是线性分析工具，因此结论只能证明创新开放度与创新绩效之间存在直接作用关系，对于两者直接关系之间是否还存在其他的因素影响或多重作用路径等问题仍未明了。为了弥补这些缺憾和不足，闫春在案例资料定性探讨和问卷数据定量分析相结合的基础上，构建了开放式创新绩效、商业模式开放、技术搜索能力等变量测度指标体系。由此不仅可以对深化创新开放度与开放式创新绩效之间的作用机理探索有着较好的积极意义，也对后续的相关研究起到了很好的铺垫作用，对企业寻求更好的开放式创新战略方案和实施途径具有较好的参考和借鉴价值。陈劲（2013）主要研究了全球化背景下的开放式创新。全球化背景为企业带来的并不仅仅是被动的知识流入，某些企业开始主动在国际市场以多种形式获取企业发展所需的战略资源，企业充分意识到国际化为企业发展带来了赶超机会。国际化在为企业带来竞争压力的同时也为企业创新注入了新的活力。因而，陈劲将内向开放式创新和外向开放式创新作为研究的基本分析起点，首先，基于我国企业实践，重点研究了内向开放式创新模式，并从智力资本、异质性、技术超学习三个视角阐释企业内向开放式创新机理；其次，提出企业将运用国际资源实施开放式创新，并以案例形式重点研究我国企业 R&D 国际化路径；最后，基于网络嵌入视角研究了外向开放度对企业创新的影响机制，并且阐释了高铁回溯创新的实施机理。唐国华（2013）在借鉴国内外文献的基础上，从开放式技术创新战略的视角入手，详细分析和检验了环境不确定性对开放式技术创新战略和开放度的影响、开放度对技术创新绩效的影响，并在此基础上探讨了我国企业开放式技术创新战略的构建。

（二）合作创新

企业要获取一项研发成果，有直接研发和通过技术交易购买两种途径。但毫无例外，这两种途径的费用都很高。而且随着社会分工的细化，研发成果作为一种知识资产其专用性越来越强、适用范围越来越小，使得市场不能有效沟通供求，要保证交易顺利进行就必须采取更为复杂的交易协调方式，也就意味着更高的交易费用。合作创新同时产生研发费用和交易费用，但能实现合作者对研发资源的整合和信息的有效沟通，保证获取研发成果的总体费用降低。正如美国学者 Kogut 指出的，合作创新组织形式的出现，从根本上讲是节约费用，实现创新资源有效配置的要求和结果。合作创新起源于 20 世纪 70 年代中后期，之后在发达国家迅速发展，目前美国仅在信息技术、生物技术、新材料等有关高技术领域建立的合作创新组织就多达 4500 多个，合作创新已成为发达国家新的技术创新组织形式。根据合作期限的不同，可以将合作创新分为具有战略意图的长期合作和包括针对特定项目的短期合作两种。近年来，合作创新已经成为国际上一种重要的技术创新方式，由于企业合作创新的动机不同，合作的组织模式也多种多样。目前，学术界对合作创新含义的界定有狭义和广义之分。狭义的合作创新是企业、大学、研究机构为了共同的研发目标而投入各自的优势资源所形成的合作，一般特指以合作研究开发为主的基于创新的技术合作，即技术创新；而广义的合作创新是指企业、研究机构、大学之间的联合创新行为，包括新构思形成新产品开发以及商业化等任何一个阶段的合作都可以视为企业合作创新。当前对企业合作创新的研究主要是指广义上的合作创新概念。而我国企业由于技术创新资源不足，以合作创新来提升自主创新能力更具有重要的现实意义。

基于此，娄朝晖（2013）以浙江"块状经济"的发展为实际背景，研究了中小企业集群发展过程中的组织结构演化和变革方向，以及如何培育可自我实施的集群内合作创新机制。他认为组织成长与合作创新这两者之间具有互为因果的内在联系，可以相互促进、共同推动企业的集群发展。孔凡柱（2013）从知识管理的视角分析了企业集成创新与合作创新的契合问题，探析了集成创新与合作创新的知识运作机理，提出了集成创新知识螺旋模型、合作创新知识螺旋模型，以及集成创新与合作创新知识螺旋契合模型，探讨了集成创新与合作创新知识螺旋契合实现机制，强调了知识创新导向人力资源管理（KI—HRM）在集成创新与合作创新知识螺旋契合过程中的关键作用，并通过实证研究检验了知识创新导向人力资源管理对集成创新与合作创新知识螺旋契合的驱动作用，分析了集成创新与合作创新知识螺旋契合对企业创新绩效的作用机理。

就我国企业创新而言，集成与合作是两种不可或缺的方式，合作有助于企业获取外部稀缺资源，而集成又会强化这种稀缺资源的有效利用，两种方式的有效结合可以提升企业的自主创新能力。因而，对合作创新的相关研究给我国企业进行实践提供了很好的范例，相关研究不可缺少。

（三）创新机制、创新管理

创新活动是企业的根本活动，是一个有机过程，而这个过程的有效运行需要依靠一定的机制支持和推动，这就是创新机制。所谓企业的创新机制，就是企业不断追求创新的内在机能和运转方式。企业创新活动是一个螺旋式上升的循环过程，这个过程中，既有顺序，也有交叉和交互作用，只有在正确、有效的创新机制的支持和推动下，创新活动才能真正得以不断循环，持续发展。机制不活，创新不成。在中国，正是由于很多企业尚未建立真正有效的创新机制，使得绝大部分企业的创新能力很弱，不能适应市场经济的发展，进行机制创新对于我国企业改革具有特别重要的意义。同时，随着市场日渐同质化，技术、业务与服务等为企业带来的差异化竞争优势趋于弱化，而管理创新由于通过促进组织运行效率或绩效的提升能够更好地实现组织目标而逐渐成为企业新的竞争比较优势，也成为管理相对落后的中国企业追赶国际先进企业的重要途径。因而，越来越多的学者开始对创新机制、创新管理等投入更多的研究。

一方面，许登峰（2013）首先揭示了社会网络主体和社会网络关系对集群企业创新的作用机制；其次证明了探索性学习和应用性学习在社会网络与集群创新之间起着中介作用；再次验证了集群创新系统是一个开放式的、完整的创新网络；最后明确了环境不确定性对于集群企业创新的调节作用。除此之外，他还针对相关的实证研究结果进行了讨论和分析，给集群企业基于社会网络的创新提供了重要的实践指导和理论依据。苏敬勤（2013）在对管理创新相关研究视角和方法进行总结和归纳的基础上，结合中国企业管理创新实践，选择适配视角，构建了由管理创新系统内部适配、管理创新与内外部环境适配以及管理创新技术创新适配三个层面构成的中国企业管理创新研究框架，具体探究了管理创新的驱动力、过程、决策、效力、与内外部环境适配机理以及与技术创新协同等问题，全面揭示了中国企业管理创新的特点与规律，丰富了中国企业管理创新的理论，为中国特色管理研究奠定了基础，为企业实践提供了指导。程鹏（2013）从企业应对环境变化的能力入手，以外部环境、组织柔性和企业创新模式为基本研究要素，将外部环境、组织柔性和企业创新模式整合在一个框架下研究三个要素之间的作用机理，建立了包括外部环境、组织柔性和创新模式的概念模型，并对概念模型进行了实证检验，为企业如何根据环境特征匹配相应的冗余资源进而创造有利于制定某种创新模式的决策提供了定量化依据。曲峰庚（2013）提出，随着全球资源日益紧张，环境恶化形势日益严峻，以直接消耗原材料为主的粗放型发展模式必将走向终结。一种建立在互联网和新材料、新能源相结合基础上的工业革命即将到来，以绿色、智能和可持续为特征的创新与突破，将创造新的需求与市场，改变人们的生产方式、生活方式与经济社会发展方式，进而改变人类文明发展的进程。因此，为了应对气候变化问题，他依据企业技术开发、运营战略的理论研究和实践，结合近些年来对绿色发展理论、方法及应用研究成果的跟踪，以协同创新的思维方式，从技术选择、产品开发、运营模式、知识创新等领域进行了探索性研究，旨在从绿色发展视角对企业创新理论进行补充和完善，为从事绿色发展教学、研究的同行与企业管理决策者提供参考。

另一方面，当前中国处于社会转型期，不同管理思想和理论的互动与融合促使管理的深层变革，也引起了对转型期企业管理创新问题的讨论。完整的企业管理创新理论的构建是一项十分艰深的管理理论研究和实践探索任务。陆园园和薛镭（2013）从案例研究出发，对于企业管理创新实践活动的研究来源于国内较为成功企业的经营管理活动，分析了12家"中国最受尊敬企业"在转型期企业管理创新过程的内容、规律和特征，在借鉴引进国外先进管理理念和实践经验的基础上，探讨企业管理创新的理论模型，对企业管理创新的源泉、企业管理创新中的组织学习方式、提高企业管理创新能力以及管理创新与企业生命周期的关系进行了深入的拓展性思考和讨论，由此，为将来建立中国企业有效的管理理论做一些准备，同时也从实践上为中国企业进行有效管理提供了有益的经验，并为企业遇到的管理问题提出对策和建议。水常青（2013）系统地对全员创新、全时空创新和全要素创新之间的作用机制、全要素间的作用机理以及"三全"对创新绩效的影响等进行了深入的理论研究，并在大样本调查的基础上进行了相关的实证研究，由此，为我国企业在转型经济背景下，通过全员创新、全时空创新和全要素创新，有效地构建和完善企业全面创新体系、发挥多元化集成和协同优势、有力地提升企业的动态核心能力和绩效，有助于我国增强企业自主创新能力。辜胜阻（2013）则从创新战略、经济转型、金融改革、城镇化与社会发展等方面对我国发展方式转变和打造创新驱动新动力问题展开了详细的论述，探讨了如何借助市场和政府调控"两只手"的合力来推动中国经济发展走向创新驱动、内生增长的道路。在创新战略方面，就我国国家创新体系构建、自主创新战略实施进行了系统研究，并结合中国国情对创新型国家建设的政策设计、国家自主创新示范区功能定位与制度安排等现实问题进行了深入分析。在经济转型方面，针对中国经济发展中存在的消费不足、内需不旺、产业结构不合理、实体经济发展困难、就业结构性矛盾突出等问题，从收入分配改革与居民消费提升、发展战略性新兴产业和现代服务、缓解小微企业困境巩固实体经济基础等方面提供了相关政策建议。在金融改革方面，针对企业融资难和民间资本投资难这一"金融怪圈"进行了深入剖析，并从引导民间金融阳光化、规范化、合法化等方面提出了推进我国金融改革的战略思路。在城镇化与社会发展方面，在系统总结改革开放以来中国特色城镇化发展特点的基础上提出了城镇化是我国最大潜在内需和持久动力的论断，客观剖析了我国城镇化发展过程的失衡现象，提出城镇化与工业化、信息化和农村现代化同步协调发展的战略。卢锐（2013）指出，受人民币升值、银根紧缩、成本上升、出口退税率下调、美国次贷危机等因素影响，绝大多数中国制造企业不得不面对更大的挑战，企业创新与成长的不确定性随之增加。于是，突围与受挫、焦急与茫然，困扰着正在转型的中国企业。他首先对企业转型的概念、理论等进行探讨，随后从汽车、家电、TFT—LCD、网络游戏等产业角度讨论企业创新与转型问题，综合考虑企业的经营战略，并提供必要的政策指导，接着讨论中国台湾地区 IC 企业的应用创新转型问题，讨论技术创新、知识管理对企业转型的作用，讨论产学合作问题，进而得出我国制造企业创新与转型的若干政策建议。

（四）区域创新系统

区域创新系统是一个新兴的概念，近年来受到越来越多国内外学者的关注。区域创新系统是指在一定的地理范围内，经常地、密切地与区域企业的创新投入相互作用的创新网络和制度的行政性支撑安排。区域创新系统是英国学者 Philip Cooke 在 1992 年首次提出的，他在《区域创新系统：在全球化世界中的治理作用》一书中，对区域创新系统进行了明确的定义，认为区域创新系统主要是由在地理上相互分工与关联的生产企业、研究机构和高等教育机构等构成的区域性组织体系，且这种体系支持并产生创新。随后，众多学者开始对区域创新系统进行研究。当前，普遍采用的关于区域创新系统的概念主要来源于创新系统和区域科学的研究成果。近年来，国内外学者从不同角度对区域创新系统进行了大量的研究，并且成果显著。

毕亮亮（2013）通过对长三角地区 16 个城市的实地调研和考察，使用创新系统理论的网络分析法，结合产业集群理论、公共政策分析及空间计量经济研究等方法，对长三角区域创新系统建设的现状特征、存在问题、动力条件及可行性进行深入研究，对长三角构建跨行政区创新系统的产业集群与产业链、地方政府、大学与研究机构、中介机构等主体提出具有操作性的政策建议。根据柳卸林（2012）《中国区域创新能力报告》，可以从权威性、综合性和动态性三个角度评判各省（直辖市、自治区）的创新能力排名和各项创新能力指标，有助于地方政府了解本地区的创新能力，推动地方政府重视科学文化、重视创新与设计、重视品牌，为建设创新型国家注入动力。在此报告的基础上，柳卸林在《中国区域创新能力报告》（2013）中推出了以包容性创新为主题的研究报告。该报告建立了一个包容性创新的理论分析框架，分析了政府在推动包容性创新方面的作用，企业推进包容性创新的实践，评估了高校面向区域包容性创新的能力，并对山东省农业包容性创新进行了一个区域案例分析，对一个低成本医疗创新进行了产业的案例分析，建立了一个中国区域包容性创新能力评价体系。最后，柳卸林从包容性创新的视角提出了实现中国梦相关的政策建议，充分体现了该报告的时代性。

总的来说，创新是一个企业、产业、国家和民族赖以生存和构筑竞争优势的源泉。只有不断地创新，持续地改进和创造新产品、新知识，企业的生命才能够延续。随着全球市场竞争的日益加剧、数字化及信息网络技术的迅猛发展以及市场需求的不断变化，企业必须有战略性地培植和构筑基于全面创新的竞争优势和能力。

第二节　2013 年度国外创新管理学研究概况

一、学术论文

（一）商业模式创新

随着互联网的出现和"数字时代"的来临，基本的商业竞争环境和经济规则在不断地发生改变。由此，基于互联网这一商业模式所进行的商业实践开始流行并获得成功，以Yahoo、Amazon 及 eBay 等为代表的企业，在短短几年时间，就取得巨大发展，并成功上市，许多人也随即成为百万甚至亿万富翁，产生了强力的示范效应。商业模式创新是指企业价值创造提供基本逻辑的变化，即给社会的生产体系带来新的商业模式，并更注重从客户的角度，从根本上思考设计企业的行为。一般来说，新引入的商业模式，既有可能在构成要素方面与现有的商业模式有所区别，又有可能完全不同于现有的商业模式。如果商业模式创新带来的是全新的产品或服务，那么它可以带来一个崭新的开拓性领域，为企业赢得丰厚的利润；反之，即便商业模式创新带来的仅仅是已有的产品和服务，它也能使企业在相当长的一段时间内保持较强的盈利能力并在市场竞争中保持高度的竞争优势。换句话说，合适的商业模式对企业的发展至关重要，商业模式创新可以大大地提高企业效率、降低企业成本，给企业带来战略性的竞争优势。相应地，自然以商业模式创新为主题的研究文献也日益增多。

尽管目前商业模式这一概念并未完全普及，但早在 1996 年，商业模式这个词就已经出现在出版物的学术期刊中。近年来，随着互联网的飞速发展，商业模式也愈发受到企业和相关学者的关注。Susan C. Lambert 和 Robyn A. Davidson（2013）回顾了 1996～2010 年在商业模式领域的研究，对商业模式作为企业分类的基础、商业模式与企业绩效、商业模式创新这三个主题进行了实证分析和研究，突出了商业模式的价值，构建并完善了商业模式概念。Ramon Casadesus - Masanell 和 Feng Zhu（2013）分析了一个创新型的新竞争者和一个现有市场占有者之间的战略关系，这种关系就是当新竞争者的商业模型创新显露出来的时候，现有市场占有者将会模仿新竞争者的行为。这个分析结果表明，一个新竞争者需要进行战略选择来决定其是否需要通过商业模式的竞争展示其创新性，或者通过适应传统的商业模式来隐藏其创新性。Ramon Casadesus - Masanell 和 Feng Zhu 还说明了商业模式创新的价值是实质性的，以至于现有市场占有者将会更想在一个双头垄断市场中竞争而不是只保持一个垄断者的姿态。Constantinos C. Markides（2013）提出，可以将管理两个不同的和相互矛盾的商业模式作为一种双元性的挑战。这意味着，可以从二元文学观念和理论概念角度来探索商业模式中相关文献的问题。Constantinos C. Markides 运用这个想法去探索 4 个特定区域的二元文学，可以引导关于同时管理两种商业模式的研究，识别一些见解，对指导商业模式未来的创新研究具有重要意义。Ivanka Visnjic Kastalli 和 Bart Van Looy（2013）认为，制造企业在竞争日益激烈的全球经济中，产品很容易商品化，通过核心产品系列添加服务已经成为一种流行的策略创新工作。出乎预期的经济效益，最近的调查结果查明执行障碍，导致潜在的性能下降，这就是所谓的"服务化悖论"。2001～2007 年，两位学者通过全球性制造企业的 44 个国家级附属公司价值创造和价值获取过程的产品服务提供商分析这个"服务化悖论"。研究结果显示，所研究的公司能够通过服务成功地超越产品的内在替代和制定这两个活动之间的互补销售动态。此外，劳动力密集型的服务，如维修等意味着更高层次的客户接近，可以进一步提升产品的销售。研究结果还表明了初始短期收益的存在，同时也表明了"盈利"障碍的存在。

（二）产品、服务与环境创新

随着创新在企业发展过程中的作用日益显现和突出，相关概念也在不断演化。包括产品创新、服务创新、环境创新等概念开始被提出，并在企业保持市场竞争力、提高企业创新绩效等方面发挥了不可估量的作用。产品创新是指利用技术、知识等进行新产品的创造或对某种产品功能进行创新，它在市场需求的推动下应运而生，源于市场对企业的产品技术需求。换句话说，技术创新活动是以市场需求为出发点的，然后通过明确产品技术的研究方向及一系列技术创新活动，不断创造出满足这一需求的相关产品。在实际的企业活动中，产品创新需要和技术及市场需求相匹配，综合考虑两者的实际情况并结合行业和企业自身的发展特点，最终寻求利润最大化、风险最小化的最优组合。简言之，从根本上来说，产品创新的动力就是技术推进和市场需求的共同作用。服务创新意指企业使其潜在目标用户感受到一些不同于以往的新内容、新思想、新方法或者改良的服务方式和形式。服务创新往往需要跨学科、跨部门的交流和合作，它综合了技术创新、业务模式创新、社会组织创新和市场需求以及用户创新，可以说这是一种能够使顾客感受到企业附加价值的一种创新形式。环境创新则主要强调产业区内的创新主体和集体效率以及创新行为所产生的协同作用。

在产品和服务方面，Ziliang Deng、Peter S. Hofman 和 Alexander Newman（2013）提出抽象的产品创新对公司的生存和最终成功非常重要。基于机构和制度理论的见解，该文章考察了 2005～2006 年 43728 个中国企业的数据，研究了股权集中度和产品创新等关键因素在中国中小企业之间关系的调节作用。其研究结果表明，一人只拥有一个私营企业的公司往往比一人拥有多家企业的公司更倾向于研发转化创新产品，更善于利用外部资源的知识和人力资本。Daniel Kindström、Christian Kowalkowski 和 Erik Sandberg（2013）也提出以产品为中心的企业通过增加服务参与市场竞争的需要，如果想要继续保持竞争力，需要对服务创新更加重视。与从产品中心到以产品—服务导向的转变相关的一个重大挑战，是服务创新所需的感知问题、抓住问题和重新配置这三种基本动态能力的管理。他们分析了 8 个针对产品为中心的公司定性研究的案例，提出如果要保持市场竞争力，就需要更加致力于服务创新。由此，这项研究报告确定并形成了成功的公司动态能力改组的微观基础，从而更好地适应服务创新活动。Liem Viet Ngo 和 Aron O'Cass（2012）认为，创新与顾客参与是公司业绩研究的核心问题。然而，目前针对公司创新能力与客户参与度之间联系，以及它们是如何协同工作，以提高服务质量、推动公司业绩这些方面提供的文献资料少之又少。因而，他们借鉴了以企业能力和客户关系管理（尤其是顾客参与）为主的文献，提出顾客参与可以解释服务公司的创新能力（包括技术和非技术）对服务质量的影响。他们采取了 259 家公司的数据为这一理论提供了实证检验，研究还表明，服务质量的提高与公司业绩的提高成正比。

从环境创新的角度着手，Davide Antonioli、Susanna Mancinelli 和 Massimiliano Mazzanti（2013）探讨了企业联合实施组织创新和培训是否会促进其采用环境创新（EI），以及这种相关性是否符合波特假说（PH）框架。当公司目标采用的是 EI，他们研究互补性高绩效工作实践（HPWP）和人力资源管理（HRM）战略之间的关系，使用的原始数据集来源于 555 家意大利工业企业关于 EI、HPWP 和 HRM 的数据，并结合了最新的 CIS2006～2008 调查。结果表明了行业的特殊性问题。唯一一个被检测到组织变化中存在严格的互补性的案例涉及二氧化碳减排，这是一个相对复杂的 EI 型案例，但仅在样品被限制在污染较严重的（和监管）部门时该命题成立。这些迹象与波特假说是一致的：EI 的互补相关的用途是这些受到更严格的环保法规规范的企业内部的组织变革的要素。然而，严格互补并不是所有 EI 用途背后的弥漫性因素，这个事实着实不让人感到惊讶。绿色发展战略到达这个阶段，即使是在寻求工具的一个新的竞争力的发达国家，生态企业的份额仍然有限。即使是在高级和竞争力的产业设置内，内部能力和公司的自有资产中的完全集成的

EI 还远未达到。Davide Antonioli、Susanna Mancinelli 和 Massimiliano Mazzanti（2013）还认为，虽然冲突（认知和情感）已被视为重要的过程变量，以更好地了解高层管理团队功能多样性和组织创新，但在不考虑环境因素的情况下，这样的输入过程结果模型仍是不完整的。因而，他们通过这项研究，以评估在过渡经济中，竞争环境和制度环境的重要性及其对调节上层梯队的影响。122 家中国企业的首席执行官和首席技术官参与了调查，结果表明，无论是竞争的不确定性还是机构支持都会影响高层管理团队的决策过程及其结果的发展。Russell J. Michigan（2013）基于宏观和微观研究理论，开发并测试了一个理论，内容是关于企业所在环境如何影响企业的创新能力。研究结果表明：地域上接近同行可以帮助提高性能，这样的影响依靠组织内部网络结构。通过对 1990~2004 年有关纳米技术研究的 454 家美国公司的相关合作资料数据调查显示，接近行业减少和知识溢出效应并不那么常见，低效合作网络是有益的，因为它能创造和维持多样性。对于高接近的企业，更有凝聚力的网络结构，其促进信息处理是可取的。Qing Li、Patrick G. Maggitte、Ken G. Smith、Paul E. Tesluk 和 Riitt A Katila（2012）开发和测试了一个以高层管理团队注意力为基础的搜索理论，并探究其对企业创新的影响。他们邀请了 61 个上市的高科技公司和公司的高管进行了深入的实地考察，结果发现，区位选择和搜索的强度独立，共同影响新产品的推出。进一步分析表明：①相对于本地管理搜索，团队选择位置可以引入更多的新产品。②不仅仅是"满意"这种信息收集方法，持续的搜索强度也可能导致新产品的推出增加。③搜索强度的水平必须在选定的位置搜索，从而最大限度地提高新产品的引进。Cristóbal Casanueva、Ignacio Castro 和 José L. Galán（2013）认为，一个企业在地理集群背景下的跨组织网络中的地位会影响创新行为。他们分析了广泛的联系，及其如何对隐性知识和显性知识的传承产生影响。因此，根据对网络的种类（默许或明确）和创新的种类（过程或成果）的分析，公司的地位会在不同方面影响其创新绩效。很少有实证研究分析社交网络和成熟的地理集群创新之间的关系，因而他们的实证分析很好地弥补了相关文献的不足。实证分析的结果支撑了这一观点，在产品创新的过程中，隐性知识和显性知识网络的中心位置尤其重要，但结构洞的影响较弱。这些研究结果也解释了公司在知识网络中对其地位的战略管理是如何提高一家公司的创新绩效，并且是如何对集群和社会网络的创新做出一定的贡献的。

（三）创新体系和组织创新

创新体系主要由创新主体、创新基础设施、创新资源、创新环境、外界互动等要素组成，是由一组相对独立又功能相关的机构和部门之间相互作用而形成的开放网络系统。根据《国家中长期科学和技术发展规划纲要（2006~2020 年）》，创新体系对促进社会经济与可持续发展具有重要意义。在当今时代，创新意识随着现代化、全球化之风劲吹而迅速、广泛地传播，从事创新活动的不仅有各种科研院所、高等学府，而且有越来越多的企业花大力气搞新技术开发。如果放任不管，不同单位各自为政，创新成果将大打折扣。新的形势要求在国家范围内把它们组织起来，形成国家创新体系，把各方面的创新需求、条件、力量、智慧整合起来，以获得特有的整体涌现性。所以，如何建立和运用国家创新体系是创新的战略问题之一。简而言之，当前，企业必须加快组织结构、制度、模式等创新的进程，完善现有创新体系，建设完善的组织制度和结构，并且不断提高企业的核心竞争能力和优势。

Fulvio Castellacci 和 Jose Miguel Natera（2013）指出，国家创新体系的动态演进是由两个主要维度——创新能力与吸收能力的共同演进而驱动的。他们采用实证分析的方法，运用一系列广泛的指标在 1980～2007 年的 87 个国家中测量了创新能力与吸收能力，并且运用面板调整分析研究了这些变量之间的长期关系与共同演进模式。结果表明，国家创新体系的动态演进是由三个创新能力变量（创新输入、科学产出以及技术产出）和三个吸收能力变量（基础设施、国际贸易以及人力资本）的共同演进所驱动的，并且在不同发展水平的国家发展特点下会呈现出不同模式。Alois Ganter 和 Achim Hecker（2013）调查了企业组织创新的前因。他们阐述了摩尔和伯金肖（2009）将组织创新作为持续竞争优势来源的创新模式。基于德国公司从 2005 个"社区创新调查"（CIS IV）得出的大样本，实证结果与摩尔和伯金肖得出的结论形成显著对比；数据证实没有参照群体理论，也没有将知识搜索角度作为德国企业组织创新的合适理由。相反，企业的竞争环境对预测措施的采用行为具有显著的意义。E. Günter Schumacher 和 David M. Wasieleski（2013）回答了来自未来的从事公司管理的实践者和研究者关于同时符合创新和道德要求可能性的问题，不仅揭示了作为允许我们把组织的主要目标——生存与创新和道德联系起来的变量的长期取向，还设想了将道德植入公司经营过程和创新战略的框架。因为组织的主要目标乃是长期生存，所以为了实现持续的关注假定创新是必要的；反之，不能做到创新和适应迅速变化的商业环境的公司是不太可能持续发展的。所以，采取旨在获得长期成功的创新过程关乎到企业的核心利益。他们断定，关于创新和变化的两个共同来源是不可避免的，并且已被嵌入公司的发展前景之中。应首先主张基因植入，根据达尔文的生存理论，这使实体具有了生存能力。这种观点与更传统的、社会科学的对变革的解释相结合。他们关于创新过程管理的综合新模型一方面取决于企业的长期方向，如果没有道德层面的考虑，是不可能实现的；另一方面，为了使创新的积极共存和道德解析清晰可见，该模型首次采用了对偶的概念。在此概念的指导下，创新的道德根基可以追溯到自然科学的变革力量和加在组织成员身上的文化压力。Nikolaus Franke、Peter Keinz 和 Katharina Klausberger（2013）认为，互联网已经将用户整合入公司创新的新组织形式中，公司愿意利用外部资源将有关创新的业务外包给公司之外的巨大"人群"。有关参与动机的现存文件假设了一种公司和外部贡献者之间的共生关系，在此关系中双方都有很大程度的互补动机并且只对自己的效用感兴趣。在两次实验模拟中，三位学者认为这种认识应该被修正：潜在的贡献者不仅期望一个好的交易，他们也期望一个公平的交易。有关价值在公司和贡献者之间的分配（分配公平）和实行这一分配的程序的公平性（程序公平）以及对公平的期望影响着超越自身利益考量的参与可能性。对公平的期望是在众包系统的条件和公司组织外包时的事前识别水平基础上形成的。反过来，他们影响个人对具体交易的反应，并告知公司他们对未来的看法。这些发现不仅有助于对开放性用户创新行为的研究，而且也有利于加强对公平的期望这一新兴领域的理解并促进组织公平和创新理论的发展。

（四）其他创新行为

国外其他关于创新行为的学术论文主要集中在合作创新、技术变革、开放式创新等各个领域。无论是合作创新，抑或技术变革等创新行为，都会对企业的文化及体制产生重要的冲击，对企业的发展具有至关重要的作用。从企业的长期发展来看，一个企业若想经久不衰并持续盈利，就必须以开放包容的心态、积极地寻求技术变革并加快合作创新的步伐、不断优化生产和管理模式，实现长久发展。

Brian Wu、Zhixi Wan 和 Daniel A. Levinthal（2013）认为，在面对激进的技术变革时，企业的失败在一段时间内已经成为了技术战略领域的核心问题。通过突出显示公司现有的互补性资产在影响替代技术轨迹的投资中所扮演的角色增加了其先前的贡献，三位学者开发的分析模型认为企业异质性与其技术轨迹和互补性资产相关。互补性资产在面对激进的技术变革的当下投资行为中发挥了双重作用：它们不仅是资源（管道），可以让公司在技术变革中获得缓冲，也是棱镜，通过它公司可以观察到这些变化，由此影响应该投入的资源的数量和投资方向。Helena Garriga、Georg Von Krogh 和 Sebastian Spaeth（2013）基于组织学习和开放式创新的文献，扩展了劳尔森和索尔特（2006）建立的公司针对外部知识的搜索战略对创新绩效的影响模型并假设搜索战略本身是受公司背景影响的。也就是说，包括"对企业资源的应用限制"和"外部知识的丰富性"在内的这两个方面，在广度和深度方面对企业创新绩效和企业的搜索战略有直接的影响。根据总部位于瑞士的一些公司的调查，他们发现，这些资源应用限制会降低创新绩效，而外部知识则会提高创新绩效。约束导致搜索广而浅，而外部知识与搜索的广度和深度呈"U"型相关。Johannes Gebauer、Johann Füller 和 Roland Pezzei（2013）提出，在线社区的创新往往被视为一个丰富的创新资源库，可以提供附加价值给其成员。然而，与社区合作创新还会产生沮丧情绪、激发愤怒。三位学者结合两个研究调查了"拳击袋设计大赛"中成员的积极和消极举动的行为触发器，并帮助解释了共同创造的光明面和黑暗面。这表明，在共同创造价值的过程中，从对这一结果是否满意、公平性和社会意识这几个方面来说，创新成员的积极或消极反应的主要决定因素是无关紧要的。调查结果显示，公平感和对结果的满意度可能会导致参与者的负面反应，如产生负面口碑。另外，公平感和社区意识，被建议作为共创社区成员的积极行动的先决条件。因此，创新结果会挑战合作经验对成员行为的直接影响，例如社区感完全介导成员的支付购买意愿，并积极谈论合作成果的意愿。三位学者进一步分析表明，处理这种紧急情况，解决共创社区中的冲突是指要在公共领域内在共同协商和合作的环境下，开展适度开放的对话。Florian Ederer 和 Gustavo Manso（2013）指出，经济学的历史研究表明了绩效原则的薪酬要比诱导更高水平的努力和生产率来的有效。另外，心理学研究认为，基于绩效的财务奖励措施会抑制创造力和创新行为。如果我们的目标是促使管理者去追求更加创新的经营策略，应该如何结构化管理层薪资？两位学者在受控的实验室环境中证明，容忍的早期失败与对长期成功的奖励组合对于推动创新来讲是最为有效的。在这样的激励措施下实施的课题，更有可能探索出一个比固定工资和标准的绩效激励机制更加新颖的经营策略。两位学者还发现，终止的威胁会削弱创新的激励机制，而黄金降落伞（高级职员去职补偿）可以缓解这些减少创新的影响。Youngjin Yoo（2013）认为，普及数字化给经济带来了新的破坏性变化，这些破坏性变化的核心是数字化创生。因此，他提出了学者必须提供新的理论模型和见解来指导管理实践这一观点，在这个创新的时代，创新性可以拓展或者取代当下盛行的模块性。为此，他进一步指出，信息系统学者必须在社会物质性的角度，明确注意数字工件的生成物质性。Anit Somech 和 Anat Drach - Zahavy（2013）将团队创新作为将创新阶段与实施阶段区分开来的过程的现象加以研究。基于互动的方式，他认为，团队构成（综合个人创作个性和功能的异质性）会影响团队创造力，而这又取决于团队的创新气氛从而促进创新的实现。

Chunlei Wang、Simon Rodan、Mark Fruin 和 Xiaoyan Xu（2013）提出，在研究人员之间的合作及其与知识要素相联系而组成的协作与知识网络中，企业创新过程是双重嵌入。他们的结构是独特的，并且可以影响不同研究者的探索创新。几位学者采用美国先进的微处理器制造商的专利数据，构建了企业的协作和知识网络，并深入分析了两个网络中的结构洞、网络中心研究者的探索创新及其对两个结构特性的影响。结果表明，具有丰富的知识结构的知识网络和知识元素的研究员，倾向于从外部公司探索较少的新的知识元素，而采用结构上的漏洞在合作网络方面增加探索性创新。知识网络研究人员的知识元素的平均度中心与其探索创新呈倒"U"型关系，而合作网络中心性则有负面影响。C. Fritz Foley 和 William R. Kerr（2013）通过分析美国跨国公司的海外分支机构的详细数据，分析了少数民族创新者对美国企业的全球活动的影响，以及美国跨国公司的海外分支机构的运作。结果表明，特定种族的发明人增加公司创新的份额和在该公司的附属公司活动的份额，与国家有关。民族的创新似乎也有利于跨越国界创新活动的解体，并允许美国的跨国公司在海外形成新的分支机构，而不支持本地合资伙伴。Sang Kyun Kim、Jonathan D. Arthurs、Arvin Sahaym 和 John B. Cullen（2013）则通过整合战略契合的见解给出了一种解释多元化和创新之间的关系的新方法。他们认为，当采用适当的技术搜索策略时，多元化战略的类型将带来更大的创新产出。在一项对 258 家制造企业的专利活动进行纵向研究时，他们发现，战略契合对创新产出具有重要意义。更具体地说，当企业使用窄技术的搜索策略时，相关多元化战略会带来更大的创新。与此相反，当使用更广泛的技术搜索策略时，无关多样化战略会带来更大的创新。

总而言之，企业作为一个复杂的系统，其创新也同时具有系统复杂性的特征，关乎创新成败的因素数目众多和因素间关系的复杂性为创新研究提供了多个切入点，国外众多创新管理方面研究的出现，也见证了创新时代的到来。因而，在企业宏观环境发生剧变的情况下，企业经营管理的逻辑也发生了根本性的改变。从追求稳定的效率优势到对环境变动及时做出反应，创新已成为企业在环境变动中建立灵活性能力、取得生产发展的根本逻辑。

二、学术图书

（一）领导力创新

领导力是指在管辖的范围内充分地利用人力和客观条件以最小的成本办成所需的事，提高整个团体的办事效率，其与组织的发展密不可分。一个好的领导者，往往能够促进企业的发展，加速企业的成功。领导力创新是社会创新系统中的一个重要组成部分，领导力创新不仅处于社会系统创新的核心地位，更是影响领导事业的成功与失败、关乎百姓万千福祉的重要因素。当前，创新领导力无论对于个人领导者，还是整个组织机构，都无比重要。一个成功的创新公司，创新领导力必定会贯穿整个企业组织。在那里，创新领导力的辐射，不是来自于个人，而是来自于一个领导层，或者来自于企业组织的各个角落。换句话说，在服务于企业的过程中，高层领导、中层领导以及基层领导都应在自身领导素质与风格方式、企业组织结构的调整与优化、员工知识创造的精神与实践的培育、良好的创新氛围与环境等方面积极努力，推动企业的知识创新与转化的良性发展。

Melvin B. Greer Jr.（2013）（华盛顿哥伦比亚特区格里尔领导力与创新研究所的创始人和常务董事）提出，应运用前沿技术来提高领导能力和激励未来的创新者，并以全新的眼光看待如何填补领导差距这一问题。他演示了如何思考创新的假设和神话，培养可以使得领导高效率的习惯，开发了一个成功的劳动力和人才管理策略，并且通过科学、技术、工程和数学教育创造了一个现代创新的通道。他指出，一个21世纪的领导者为了把握机会取得成功必须了解经济行为和社会变化，无论是经理、高管、公司新人、老师，还是学生，21世纪的领导力都是成功路上的必需品。Ilir Hajdini（2013）阐明了首席执行官在管理创新方面的领导作用的重要性，并进一步说明其领导风格和创新也具有一定的相关性。他指出，创新是从传统方法向现代化方式的转变，包括提供产品、服务、流程、商业模式或者更多方式的转变，然而，能让创新保持上升势头的因素尚不明确。事实上，CEO们在管理创新的过程中有自己要做的事情：批准、发起以及监控等。因此，Ilir Hajdini拟比较网络巨头雅虎和谷歌CEO的领导作用，他们都面临将产品现代化以迎合需求的问题，同时根据这些比较尝试验证一个假设：涉及雅虎和谷歌首席执行官的角色在选择策略、收购和管理风格及其在创新成果等方面的影响。

（二）创意策略和可持续创新战略

在快速变迁的时代，面对新环境、新挑战，只有突破传统的束缚才能赢得财富、持续发展。研究发现，对于绝大多数处于激烈竞争中的初创企业来说，精巧构思的新经营招数使企业更容易打开局面并在短期内赢得利润。简言之，创意策略对于企业的创新至关重要。另外，随着社会知识化、科技信息化和经济全球化的不断推进，企业将进入可持续创新能力激烈竞争的时代。基本上所有重大的技术创新和变革都会带来一系列连续的创新，这就是可持续创新的一个过程，它伴随着重大革新而产生，也会因为一个新产业的成长而得到再生或是因为一个老产业的衰亡而没落。因而，不难看出可持续创新战略对企业的重要程度，这也是企业创新活动和获得竞争优势的主要方面之一。一个企业若想获取长期的竞争优势，首先必须意识到可持续创新的重要性，其次还要了解行业产业持续创新的基本规律，不断提升其持续创新能力，最终消除制度障碍和弊端。换句话说，可持续创新战略对于企业的作用日益凸显。当前，基于熊彼特、迈尔思（Myers）、库珀（Cooper）、罗斯威尔（Rothwell）、弗里曼（Freeman）、迪隆（Dillon）、多西（Dosi）、厄特贝克（Utterback）、尼尔森（R. Nelson）和温特（S. Winter）等的观点，企业的可持续创新战略主要可以分为企业的持续管理创新、持续技术创新和持续市场创新三部分内容，这三个方面相辅相成，共同为实现企业的快速、长期发展奠定了扎实的基础。

William Duggan（2013）提供了一步一步的指导，帮助个人和组织用相同的方法进行创新活动。他提出，创意策略遵循人类大脑的自然三步法，即把一个问题分解成部分，然后寻找过去的例子，创建一个新的组合来解决这个问题，由此解释了创新是如何发生的。随后，他采用同样的方法，通过 Netflix 到爱迪生，谷歌到亨利·福特的例子阐述了创意策略。同时，他还展示了如何将创意策略整合到目前使用的其他方法中，如波特的五种力量或设计思想等。Leonardo Liberman 和 William Newburry（2013）指出，随着全球化和地区整合的推进，跨国公司在新的国家和市场运营时应有所创新并保持可持续发展。他们给出了国际业务方面的研究成果和理论发展，并特别强调了拉丁美洲国家的全球化、创新和可持续发展的一些研究成果——这三方面的问题对于全球的公司来讲，联系都越来越紧密，越来越重要。随着其他地区在国际经济中的地位越来越重要，拉丁美洲也在不断聚集商业和学术吸引力。他们进一步分析了对于拉美裔企业和正在拉美寻求商机的企业在通过运用顶尖学者在该地区提出的研究成果来发展国际业务时，是如何努力创造和实现可持续和创新的解决方案的。Christophe Sempels 和 Jonas Hoffmann（2013）提出，随着世界资源的耗尽，可持续性问题将在不久的将来推动许多组织的战略大转移。企业需要探索如何从商业产品中激发可持续创新的利润和价值。这是一个道德和一个全球经济的基本策略，并且需要继续依赖于日益有限的资源。在全球经济仍仰赖日趋减少的资源的时候，这是种必要的民族战略。可持续创新战略发人深省且理念出现适时，它探讨了可持续发展、创新战略和商业模式之间的联系。通过在发达和发展中国家市场中有见地的案例研究，两位学者展示了可持续发展成为每个组织的战略和创新核心的必要性。他们还发现了三种可以将可持续策略纳入商业模式的方法：生态效益、循环影响和功能性经济。除此之外，两位学者还展示了其他组织是如何成功地从资源依赖的模式中过渡到从可持续发展的模式中产生利润和价值的。从欧洲的电动汽车工业的创新到巴西管理农业废弃物而获得利润和清洁能源的实例中，他们展示了如何利用可持续的商业模式为公司增添价值，具有很强的参考和实践价值。

（三）创新管理

管理既是一个企业永恒不变的发展主题，也是一个企业长期发展的重要基础和基石。创新，则是企业提升核心竞争能力和优势、取得重大发展、实现其可持续协调发展的根本性因素，更是当前企业进步的根本动力。因此，在当前科学技术日益进步、社会经济不断发展、企业经营环境变化迅速的一系列复杂动态环境之下，企业若想屹立不倒，就必须能够把握时代关于管理创新发展的新趋势和新要求，不断进行理论和实践创新，并把创新渗透到管理的各个过程之中。除此之外，企业还要为满足员工的创新行为及创造性能力提供良好的组织氛围和文化，要注重每位员工的个性化培养，创造独具特色的经营模式，使其有机会、有能力从上至下形成创新的氛围，培养创新的概念。另外，在信息化、市场化、一体化不断深化的社会经济背景下，企业要想持续发展，就必须在理念、技术、组织及制度上不断进行创新和变革，运用适应时代的理论来指导企业管理，并在不断变化的社会环境中寻求生存，在持续的创新中寻求发展。简而言之，创新管理是社会组织为达到科技进步的目的，适应外部环境和内部条件的发展变化而实施的管理活动。组织的管理者先完成在观念上和理论上的超前跨越，并辅以组织结构和体制上的创新，确保整个组织采用新技术、新设备、新物质、新方法成为可能，通过决策、计划、指挥、组织、激励、控制等管理职能活动和组合，为社会提供新产品和服务。综合相关外文图书，本文主要探讨开放式创新管理和服务创新管理这两种创新管理方法和模式。

开放式创新的概念在企业管理和技术创新政策方面越来越受欢迎，其在实践和理论方面都发挥了较大的作用。然而，尽管有大量的实证结论，但这些结论中的许多解决方法却都很笼统，并没有将情境和突发状况纳入考虑。因而，Joe Tidd（2013）提出开放式创新的支持者普遍乐观，但研究表明，开放式创新模式的具体机制和结果对于不同背景和事件的敏感度非常高。这并不奇怪，因为创新的开放或封闭性是历史偶然，而并不是像许多文献中提到的，所谓一个简单的从封闭到开放的转变。研究表明，创新的模式很大程度上取决于不同的部门、企业和战略。因此，对于那些可以帮助开放式创新取得成功的机制，有必要对它们进行审查。Joe Tidd 致力于在辩论中转变现有的误导性、一般性解决方案，并为研究具体机制以及开放式创新的局限性和管理实践提供了概念性和实证性的观点。Kathryn Haynes 和 Irena Grugulis（2013）认为，社会服务的本质、经济全球化及日益复杂的经济情况，以及服务的管理及其中的创新，都是服务业从业者、专家及学者们所要面临的挑战。他们通过汇总领先的研究数据，提供了有关理解服务和管理服务方面的观点，以及对服务的重新定义，为服务产业管理的理论和实践提供了及时的、显著的、多学科的贡献。两位学者从现当代理论和经验主义视角出发，展现了一系列服务业管理方面的挑战，通过探索和批判服务业的组织策略和管理策略，扩展了有关服务业的认知概念。除此之外，他们还在服务业的研究和探索方面做出了一定贡献。例如，重新考虑了服务业对于学者、专家和从业者的独特性和重要性；阐述了一些合理的沟通策略；针对服务业的一些管理实践进行了评估，并研究了行业管理的一些固有困难；回顾了一些理论的性质、方向和适用性。这些理论大多试图界定服务管理、探究服务和服务管理中的现代创新，并评估理论建设的机遇，以促进理解服务管理及其对相关组织和更大的社会环境的影响。他们还收集了关于当代服务管理的观点，并且从理论和实证的角度，探索和评价了组织以及管理实践中对服务的认识。

　　其他有关创新管理的外文图书还包括在瞬息万变的社会、未来社会以及在经济萧条以后做出的一些有助于公司企业发展的创新管理办法。Elina Hiltunen（2013）针对如何能让公司更好地未雨绸缪这个话题，给出了许多相关的看法。他提出了这样的观点：在面对未来的时候，我们应当保持谦卑，而不是受制于未来。在实践中，这句话的意思也就是说我们应当预见未来可能出现的多种可能性（或者场景），并至少在精神上对此做好准备。另外，无论是个体还是公司，我们都在为自己更好的未来做打算。而这样的未来是由创新和交流来缔造的。他还用了许多例证来展现公司是如何迎接未来的挑战的，并同时给了我们一些如何迎接未来的方法。Clayton Christensen 和 Michael Raynor（2013）延展了公司混乱的定义，他们提出，公司本身可以而且应当成为破坏者。他们证明了这个观点在当今这个经济环境超速发展的时代，是多么的及时且切中要害。Clayton Christensen 和 Michael Raynor 针对公司决策提出建议，而这些决策往往对公司真正取得破坏性增长有决定性作用；他们也对公司发展形成读者自己公司的破坏性增长机制提出了一些参考。他们分析了在塑造和包装新的想法时，会影响管理者们做出错误决策的外力，并且同时提出了一些能适时改善公司处境的机制，让公司从混乱走向成功。他们希望能够帮助管理者看到正在经历的或将会经历的变化，指导大家积极面对并取得成功。Elisabeth Marx（2013）不乏技巧地展示了如何创建一个高效的执行团队，从而能够赢得国际客户、扭转公司颓势，以及加快公司在竞争激烈的全球市场上发展势头。她将笔尖精准地指向顶级国际团队的成功秘诀，通过广泛的案例分析，从亚洲到美国，展示了高效团队是如何起于垄土，直面了国际公司要每天面对的关键问题。基于商业心理学，她概述了一系列行之有效的模式，用于增强团队治理和激励的财务结果。她独特地将视线放在了非营利企业和新兴市场的团队发展上，展现了国际多样性可以被有效地用于生产优质的商业结果，使得大众可以深入了解如何有效地领导国际团队及董事会。IanChaston（2013）认为，在银行业和欧元区危机引发了新一轮的紧缩之后，客户会从根本上改变他们的购买行为。自"二战"以来最长的经济衰退期间，许多现有的管理理论正在变得不适用。20 世纪 30 年代大萧条是国际世界最后一次面临严重的紧缩。当时的奥地利经济学家约瑟夫·熊彼特的结论是组织生存需要开发的创业和创新。目前经济低迷的西方企业正面临着来自中国等国家的日益激烈的价格竞争。因此，他使用的研究和现实案例，以此来证明西方的组织，能否安全度过当前大萧条并在其之后的未来生存，取决于能否充分理解当前市场变化的本质其实是经济紧缩的结果，我们需要利用创业、创新和新技术，以开发卓越的产品，创造新的市场。

（四）组织创新和家族创新行为

　　自 20 世纪 90 年代以来，组织发展呈现出诸多趋势：一方面，由经济全球化引起的跨国公司大量增加，组织的规模迅速扩大；另一方面，信息技术的飞速发展对企业管理模式产生了深远的影响，改变了人们的行为方式和工作方式。环境的剧烈变化，迫使组织变革的频率加快，更加关注人性，并通过提高学习与创新的能力，保持组织的活力和竞争力。在这种背景下，组织发展亟须理论的指导，人们开始关注组织的发展与创新等管理问题。企业组织创新一般是指随着生产力的不断发展而产生的新的企业组织形式，诸如股份制、股份合作制以及基金会制等。换句话说，就是改变企业原有的财产组织形式或法律形式使其更能适应社会经济的发展以及科学技术的进步。企业管理创新的关键便是要实现企业的组织创新，而实现企业组织创新的主要目的是实现企业的优质管理。基于此，企业必须进行资源的重组和优化配置，并采用积极有效的管理方式和方法，调整现有不良的组织结构和关系，实施一些能给企业带来更大效益的创新活动。同时，在经济全球化的背景下，中国的家族企业快速发展，其活动日益成为我国的一个重要经济现象，因此，创新家族企业管理模式势在必行。家族企业是家族与企业的结合体，是世界上最具普遍意义的企业组织形态，在经济发展中起着举足轻重的作用。家族企业的成功和失败与企业及其经营者的创新精神密切相关。一般来说，创新是家族企业赖以生存的基石，是家族企业的活力源泉。要在家族企业中培育创新精神，必须形成利于创新的环境、建立鼓励创新的制度和培养容忍失败的氛围。研究家族企业管理模式、发展以家族企业为主导的私营经济，对于解决社会就业压力、提高国民生活及福利水平都具有极其重要的现实意义。

Vijay Govindarajan 和 Chris Trimble（2013）认为，当一个公司认为创新多数只是理念的时候，她会蹒跚不前。而现实是，理念只是开始。事实上，就算是再绝妙的理念，也会面临一个十分残酷的挑战：公司明天的发展必须建立在不危害当下公司发展的前提下。Vijay Govindarajan 和 Chris Trimble 是成功的创新管理方面的世界顶级权威，两位作者从十多年的研究和见解中提取出了有关超越理念和创新的一站式手册，为与创新相关的执行长、经理、顾问、项目经理及其团队提供了金不换的指导。Francesca Ricciardi（2013）认为，在当今网络化的经济中，每个组织都越来越受到其长期业务互动的塑造。除非业务网络的影响复杂且创新过程和创新相关的行为清楚地被理解，否则创新过程不能成功地设计和管理。但现存的商业网络理论是分散的，单独来讲，每种理论只片面或者很少理解企业网络对于创新表现的影响。通过对三个最差实践的范例进行专家小组讨论和定性研究验证，Francesca Ricciardi 在这一理论建设中开发了新的定量模型，用以解释不同组织间网络的创新表现。NilsKraiczy（2013）提出，中小规模企业在德国是一个普遍的组织形式。他们对德国经济的重要性是不容置疑的。他们大多是其利基的全球市场的领导者，而且被视为德国经济的创新力量。创新的利基市场的能力已被确定为自己的强势，甚至占主导地位。利基市场的创新能力现已被认定为是使一个公司在行业中变得强大甚至是处于主导且有利竞争地位的预兆。这种创新成功的驱动很可能是家族，正是这一点区分了家族企业与非家族企业。但一个家庭如何才能影响家族企业的创新呢？并且这种影响是否都是正面影响呢？他就高层管理团队的创新与家族企业特有的特征相互作用的影响进行了深入探析。

（五）其他创新行为

创新行为多种多样，有关外文图书的创新文献还有许多，其他还有一些关于创新行为方法、技术路线等辅助企业创新的工具也需要为我们所了解和认知。

Tony Proctor（2013）提出，激发与发展公司全员的创造潜力（不只是那些较为传统的创意部门，比如设计或者研发部门）现在已经被视为是业绩增长的助力。他介绍了一些看法、技巧和案例来帮助我们理解创造性思维对于解决问题的重要性。他还通过大量的图表、例证和启示性的问题，保留了案例调查和案例史中一些普遍的特点，对问题解决、战略性管理、创造力以及创新管理提供了许多借鉴和参考。Martin Dumbach（2013）认为，由于创新社区的具体特点，社区成员之间的社会关系在这样的环境中发挥了举足轻重的作用。对此，Martin Dumbach 以社会资本的视角观察并研究了企业创新社区的社会资本的前因。他采用定性和定量的研究方法，为社区网络发展的动力提供了有趣的见解。具体来说，他将创新社区社会资本视作一个自我强化的资产，其受到个人、社会和组织层面上的一些前因的影响。这些结果为文学上的创新社区和社会资本添了色彩，并对社会管理产生了重要的意义。Martin G. Moehrle、Ralf Isenmann 和 Robert Phaal（2013）提出，技术路线图是帮助企业获得未来的挑战方向的一个重要的方法。他们认为，这个路线图有 4 个主要部分：提供专业知识的框架、嵌入技术路线图、技术路线图制定过程、实施技术路线图以及将技术路线图与其他工具的战略规划相连接。他们提供了一种对技术路线图全面的调查，不仅包括了欧洲、美洲及亚洲专家们的很多文献材料，而且提供了路线图和它们的互连方法的不同取向，并将技术路线图嵌入管理研究的框架中，使其与框架相连接。

第二章 2013 年度创新管理学学科中文期刊论文与中文图书精选

第一节

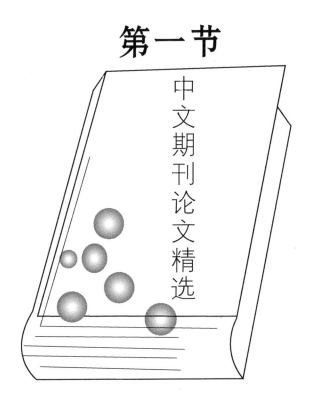

纵容之手、引导之手与企业自主创新[*]

——基于股权性质分组的经验证据

李 玲 陶厚永

（武汉大学经济与管理学院，武汉 430072）

【摘 要】文章通过对974家上市企业数据的收集、整理和分析，分组检验了政府补贴与企业自主创新之间的关系。结果发现：①在控制了其他相关因素之后，政府补贴对民营企业的自主创新投入和创新绩效的影响显著，政府补贴在民营企业自主创新过程中发挥着"引导之手"的积极作用。但是政府补贴对国有企业自主创新投入和创新绩效的影响不显著，政府补贴在国有企业自主创新过程中扮演着"纵容之手"的消极作用。②民营企业中高管持股会产生"利益趋同效应"，从而对政府补贴与民营企业自主创新起到显著的调节作用，而在国有企业却没有起到显著调节效果。③虽然从理论上看，独立董事的引入有利于配置更多的资源于创新活动和创造有利于创新的社会关系，但本文研究结果发现，无论是国有企业还是民营企业，独立董事对政府补贴与企业自主创新之间的调节作用都不显著，都存在着"形式主义"陷阱。

【关键词】政府补贴；高管持股；自主创新；纵容之手；引导之手

1 引言

众所周知，企业研发的投入大、周期长，结果具有很大的不确定性，仅靠企业自身力量难以为继，政府有必要提供一定的外部支持来减少企业的研发成本，降低企业的创新风险。近年来，随着官员升迁考核的标准由过去以政治表现为主转变为以个人领导素质和当地经济绩效为主，政府官员开始关注当地企业的发展，因而各级政府都积极制定了相关的

* 本文受国家自然科学基金项目（71002099）、国家社会科学基金青年项目（10CGL009）资助。

政策去鼓励企业进行自主创新。2008 年 7 月，我国正式颁布新修订的《中华人民共和国科技进步法》，新增"企业技术进步"专章，明确企业在创新中的主体作用，同时还规定国家要通过税收政策、产业政策、信贷政策、科技中介服务体系等引导和扶持企业从事自主创新。[1]然而，尽管"企业技术进步"专章给企业从事自主创新活动增添了一道"护身符"，但是在尚未形成产品原型的研究开发阶段，创新活动蕴藏的技术风险和市场风险较高。而此阶段企业往往又很难从外部获得资金支持，于是很多企业由于资金周转紧张，面对日新月异的技术进步和激烈的市场竞争只能是"望洋兴叹"。此时，需要各级政府积极伸出"扶持之手"（Helping Hand），协助企业渡过难关。于是，近年来我国政府的公共R&D 支出不断增长，给企业 R&D 补贴和税收优惠的力度也在不断增加，2001～2010 年，国家财政科技拨款从 703.3 亿元增长到 4114 亿元，年均增长率为 21.68%，2011 年 R&D经费已经占国内生产总值（GDP）的 1.83%。[2]政府的补贴政策为创新资金匮乏的企业带来了"福音"，给那些想从事创新的企业注入了一支"强心剂"。但是政府补贴对企业自主创新究竟产生了怎样的影响？其效果如何呢？

影响企业自主创新行为及其成效的不仅仅是政府补贴，更重要的是公司内部治理机制。作为企业三大财务管理决策之一的创新投资决策主要是由公司董事会讨论制定的，企业的经营管理者负责具体实施。因而，公司治理结构作为一种企业制度安排，毫无疑问会影响到利益相关者诸如股东、高管等的创新决策和行为。[3]一般的经营活动在短期内可以确定是否盈利，而创新活动不仅需要高额的资金投入而且收益具有跨期性和不确定性。倘若失败，不但会导致"竹篮打水一场空"的残局，还会给公司日常资金的周转带来压力。加之高管的职位升迁、薪酬主要依赖于企业当前的经营绩效，因而在缺乏足够的激励来弥补创新所带来的职业风险时，企业的高管往往就会采取风险规避策略放弃创新活动而选取那些风险较低、可以短期获益的项目。这样便会导致由于管理者激励不充分而造成企业自主创新不积极的局面出现。为了克服这种困境，很多企业都采用了高管持股计划，将股东利益与管理者利益"捆绑"在一起。然而，股权激励作为解决高管激励问题的"金手铐"，能否提高企业内部治理效率、激励管理者集聚企业内外部资源、强化自主创新活动呢？为了提高公司治理的科学性和有效性，减少内部人控制现象出现，我国上市企业基本都效仿了西方国家采取的独立董事制度。但是，外部独立董事的引入能有效地促进企业自主创新吗？

国有企业肩负着稳定就业、实现国家发展战略、提高社会福利和社会保障等多项政策目标和社会职能，因而政府在实施补贴行为时不可避免地会向国有企业倾斜。[4,5]人们不禁会产生这样的疑问：对国有企业这么多的补贴，其效果如何？能否真正促进国有企业的自主创新？与国有企业相比，对民营企业的补贴又怎样呢？二者是否存在显著差异？对这些问题的回答，不仅在理论上有助于完善和解释政府补贴、公司治理与企业自主创新之间的关系，而且对于政府如何制定切实可行的创新补贴政策，促进各种类型企业自主创新活动的深入开展，也具有重要的现实指导意义。

2 理论分析与假设提出

关于自主创新的研究最早可追溯到内生经济增长理论，[6]但自主创新作为一个概念最早是由我国学者提出的，国外尚没有完全相同的概念。目前关于自主创新的定义较多，但最具代表性当属傅家骥[7]的研究，他认为企业自主创新是"企业通过自身努力和探索产生技术突破，攻破技术难关，并在此基础上依靠自身的能力推动创新的后续环节，完成技术的商品化，获取商业利益，达到预期目标的活动"。可见，企业自主创新是一个综合概念，涉及研究开发、产业化应用和市场运作等环节。[8]因此从创新行为和创新绩效综合的视角去考察企业的自主创新，得到的结论才会更加令人信服。

2.1 股权性质、政府补贴与企业自主创新

企业性质不同，政府对其创新补贴的态度和实际行动可能会存在差异，其原因可以通过以下三个理论去解释：

（1）由目标导向理论（Goal – orientation Theory）推知，国有及其控股企业的终极所有者和控股股东是各级地方政府或中央政府，与政府"一家亲"的亲密关系，决定了国有企业追求的目标与民营企业存在很大差异。[9]除了追求利润最大化的目标之外，国有企业还承担着其他的社会责任目标，如发展地方经济、增加就业和维护社会稳定，为其他性质经济提供稳定器。[10]如果两种目标发生冲突，追求利润目标必须服务于社会福利目标。[11]价值取向的差异直接决定了国有企业和民营企业对待创新态度的不同。

（2）根据委托代理理论（Principal – agent Theory）可知，两权分离导致了企业普遍存在委托代理问题。但与民营企业相比，国有企业中的管理者代理问题更为突出。[12,13]国有企业高管一般是由政府选拔和组织任命，高管人员的职位升迁不仅取决于其企业的经营绩效，更取决于其是否完成了政治性目标。而创新活动需要巨额的资金投入，收益具有跨期性，结果存在很大的不确定性。万一失败就是自找麻烦，因而一般情况下国有企业高管没有足够热情去从事创新活动。

（3）从政治庇护理论（Political Patronage Theory）的视角看，拥有国有企业控制权的政府会从国有企业的持续经营中获取更多的政治收益（促进当地就业、个人福利、政治升迁、在职消费等），因而政府有动机为国有企业提供更多的额外关照，但与此同时也可能会造成国有企业创新动力的损失。从国有企业的生存现状看，目前能够存活下来的国有企业基本都属垄断性行业；垄断性和行业进入壁垒，使得他们面对激烈的竞争市场能够"稳坐钓鱼台"，并且能享受到政府给予的各种好处，如政府政策性采购、各种优惠政策及盈利机会，[14,15]因此即使不从事创新活动，也能获得丰厚的利润。而民营企业资本大多为私人所有，企业追求的目标是利润最大化。面对国内市场竞争的"白热化"，必须不断

地进行创新。因而，与国有企业相比，民营企业的创新积极性较高。

事实上，围绕着股权性质与企业自主创新之间的关系，已经有学者进行了大胆尝试。但目前已有的成果大多都是从股权性质所提供的激励制度安排是否提高了企业的创新绩效来展开的。Lee[16]研究了企业所有权和创新绩效的关系，认为不同的所有权结构导致了不同的创新绩效。徐向艺和徐宁[17]的实证研究发现，股权激励与创新的关联性受到企业股权性质的影响。Aghion、Van Reenen 和 Zingales[18]使用美国 803 个上市公司的面板数据，检验了机构所有权对创新（由引用加权的专利数测度）是否存在影响，他们发现上市公司机构所有权与创新显著正相关。即机构所有权每提高 10%，则上市公司获取一个经引用加权的专利创新的概率提高 5%~10%。Lin 等[19]研究发现，民营企业内部的激励机制可以显著地提高民营企业的创新活动，但却未回答国有企业的激励机制是否影响了创新活动。吴延兵[20]针对国有企业进行研究后指出，创新所具有的高度不确定性和长期性等，不同于一般生产的特殊属性造成国有企业经营者在职期间创新收益权与创新控制权的分离，而已有国有企业改革中的监督和激励机制设计并不能有效地解决这一问题，从而导致国有企业中严重的创新效率损失。鉴于以上分析，提出本文的第一个假设：

H1：政府补贴对企业自主 R&D 投入和创新绩效的影响，在不同股权性质的企业中存在显著差异。

2.2　政府补贴与企业自主创新

随着政府体制改革的不断深入，政府官员升迁考核的指标已不再仅仅是其政治表现，还与当地经济发展所取得的成绩紧密挂钩，这促使地方官员开始关注企业的发展状况。晋升考核标准的变化，使得地方政府的工作重心从政治锦标赛模式逐步转向经济锦标赛模式。为了有效地促进本地企业健康、快速的发展，地方政府积极改进体制、建立市场、制定相关政策，以争取处于不断流动中的稀缺资源向创新领域集聚，[21,22]从而为当地企业的创新活动提供有效的资源支撑。但是从创新主体——企业的角度看，创新活动不仅仅是投入大、风险高的问题，而且还存在外部性。创新的外部性不仅会导致那些投入巨大资金从事创新活动的企业无法享受到创新成果带来的全部好处，反而会催生出更多竞争对手。这使得企业的创新投资往往会低于社会所期望的最优水平。[6,23]为了解决外部性给企业创新带来的负面影响，最直接的方法就是政府对企业的创新活动进行补贴，以弥补创新活动因外部性所带来的成本。[24]其实，政府对企业创新活动的补贴不仅可以弥补由于外部性所增加的成本、解决创新资金不足问题，而且可能会产生一些额外行为，[25]如对企业创新产生"激励效应"、"种子效应"等，从而有助于提高企业从事创新活动的积极性。[26]因此，我们提出如下假设：

H2：政府补贴与企业自主 R&D 投入以及创新绩效正相关。

由于本文对国有企业和民营企业进行了分组研究，因而根据上述假设可以提出两个分假设（后文中的分假设提出与此类同，为了节省篇幅不再赘述）：

H2a：政府补贴与民营企业自主 R&D 投入和创新绩效正相关。

H2b：政府补贴与国有企业自主 R&D 投入和创新绩效正相关。

2.3 公司治理结构的调节作用

2.3.1 高管持股

基于两权分离的现代公司治理制度，使得股东和管理者之间演变成为委托—代理关系，二者的利益不完全一致，导致二者在面对创新决策时的态度也不尽相同。[27]由于高管主要关心的是个人财富、任期、晋升、权力威望以及在职消费等，[28]创新活动虽然可能会在未来时期为企业创造利润，但是也存在失败的可能，一旦失败则可能使他们面临辞职、降薪等风险。考虑到自身利益，高管缺乏承担创新决策风险的内在积极性，宁愿选择风险较小的战略，而放弃未来可能会获得巨额利润的创新决策。与管理者不同的是，股东的目标是追求企业利润最大化。尽管创新的风险大，但利润高且有利于企业的长远发展，因而股东往往更愿意为之承担风险并享受企业可持续发展带来的好处而选择创新决策。[29]所以委托—代理与企业创新之间的问题，核心就是要激发企业高管的热情，使他们像股东一样积极地去从事创新活动。但是该如何有效地进行激励呢？理论上最有效的办法就是对企业高管进行剩余索取权激励，但是两权合一又会带来其他一系列问题，在实际操作中行不通。[3]因而上市公司往往会选择剩余索取权激励的替代方式——股权激励来实行，其曾被誉为企业激励的"金手铐"。高管持股使得管理者和股东的利益趋于一致，[30]可以有效地防止"管理者短视"行为，进而提高经营管理者进行创新活动的积极性。[29]

高管持股不仅会对企业的自主创新有直接正向促进作用，而且也会影响政府补贴与企业自主创新之间的关系。现实中，政府补贴作为一种无偿的转移支付，不是对所有企业"一刀切"。政府补贴及补贴强度的重要依据就是企业的自主创新投入（如 R&D 活动人员数量、R&D 物质资本投资）。换句话说，依据信息不对称理论和信号传递理论（Signaling Theory），只有当企业释放出"创新类型"和"创新规模"等的信号后，政府才会给予相应的补贴，所以补贴是有条件限制的，甚至可能是间接的税收优惠等。[1]已有的大量研究证实，只有政府认为企业的生产经营活动有助于国家层面战略的实现或者有助于提高全社会的福祉时，才会产生补贴行为。从结果导向和带动效应的角度看，只有当政府认为企业从事的是有技术前景的创新活动并且取得积极成效的可能性较大时，才会伸出"扶持之手"[22]对企业进行补贴。而高管持有企业的股票越多，其与股东的利益越一致，就会越重视企业的长远目标，积极寻找创新机会，增加创新投入的动机就越强烈，那么企业释放出来的创新信号也就越强，获得政府补贴的可能性也就越大。所以当高管持股时，股东、管理者和政府，三者就会"心往一处想，劲往一处使"，从而有助于企业不断进行自主创新。相反，当管理者持股比例较少或没有时，管理者可能从自身利益出发，选择规避风险。因此，我们提出如下假设：

H3：高管持股比例正向调节政府补贴与企业自主 R&D 投入以及创新绩效之间的关系。

H3a：政府补贴对民营企业自主 R&D 投入和创新绩效的影响，在高管持股比例多的企业比在高管持股比例低的企业更强。

H3b：政府补贴对国有企业自主 R&D 投入和创新绩效的影响，在高管持股比例多的企业比在高管持股比例低的企业更强。

2.3.2 独立董事

企业的创新决策需要董事会的投票表决，而董事会的职能在于代表股东利益对管理者的决策进行质疑和监督。如果企业股权过度集中，就会出现"一股独大"现象。在决策表决时往往会出现"一边倒"的趋势，导致董事会成员是"用脚投票"①而不是"用脑投票"。依据控股股东代理理论和管理决策理论，这不仅不利于决策质量的提高，也会使一些对企业长期发展目标有益的决策，如创新活动因大股东的偏见或"短视"而夭折。因此，如何提高董事会的独立性成为公司治理的关键，外部独立董事的引入在一定程度上可以解决这一难题。拥有不同知识背景和技能经验的独立董事聚集起来，各种思想火花碰撞在一起，不仅有助于发现具有良好前景的创新机会，而且有利于提高董事会创新决策的质量。[3,31] 此外，独立董事一般都是由具有一定社会名望的资深或者专业人士担任，鉴于独立董事本身所具有的独立性以及考虑到自身的声誉，根据声誉理论（Reputation Theory），我们有理由相信独立董事能够客观、公正地代表股东利益，有效监控执行董事和管理层行为，[32] 从而有助于促进企业进行创新活动。

我国上市公司外部独立董事主要来源于其他企业的高层管理者、银行界人士、会计师、律师、高校教授、政府退休官员以及一些社会知名人士等，他们拥有一定的名望和社会地位，通常也掌握着公司所需要的人脉、审批、资金等重要资源。企业在引入外部独立董事的同时，也引入了这些人员的人际关系网络。[33] 外部独立董事的引入不仅有助于提高公司战略决策的质量，也可以拓展企业的社会网络（Social Network），从而为企业带来额外收益。例如，可以为企业带来专家意见，如财务、法律、金融等方面的管理建议和意见；[34] 有助于构建外部组织的信息交流渠道，使得公司与股东或供应商等能更好地建立联系；通过发动和控制与外部环境的重要人际关系、资产纽带等来给企业增添价值；[35] 帮助公司树立正面的公众形象。[33] 因此，外部独立董事的引入有利于配置更多的资源于创新活动和创造有利于创新的社会关系。通过独立董事的媒介或者沟通桥梁作用，企业更易得到创新所需的资源，有了这些资源作基础，创新就会变得相对容易得多。并且，独立董事存在的目的就是促进董事会的独立运作，从长远发展的角度来提升企业的价值，而创新活动与企业长远发展密切相关，因而备受独立董事的深切关注。[36] 因此，独立董事所占比例越大，企业从外部获取创新资源也就越便捷，企业的自主 R&D 投入也越多，创新绩效也越好。因此，本文提出如下假设：

H4：独立董事比例正向调节政府补贴与企业自主 R&D 投入以及创新绩效之间的关系。

H4a：政府补贴对民营企业自主 R&D 投入和创新绩效的影响，在外部独立董事比例多的企业比在外部独立董事比例低的企业更强。

H4b：政府补贴对国有企业自主 R&D 投入和创新绩效的影响，在外部独立董事比例多的企业比在外部独立董事比例低的企业更强。

3 数据及变量的测量

3.1 样本和数据选择

我们选取深圳证券交易所上市的主板企业和中小企业为研究对象,以这些上市企业2010 年的年报为数据基础。虽然上市企业公开披露的资料很全面,但企业创新投入—产出指标都是非指定公开披露信息,这些资料和数据零散地分布于大堆文件中,没有汇总的资料,只能从上市公司的公开信息如招股说明书、财务报告、日常信息披露资料以及公司网站等搜集整理。创新投入主要披露在财务报告附注"支付其他与经营活动有关的现金流量"以及"管理费用"项目中,通常的名称包括研发费、研究开发费、技术研究费、技术开发费、科研费、咨询及技术开发费等,这些数据都是通过手工搜集完成的。

具体样本的选择过程如下:①考虑到极端值对统计结果的不利影响,首先剔除了业绩过差的 ST 和 PT 公司以及被注册会计师出具过保留意见、拒绝表示意见、否定意见等审计意见的上市公司;②剔除金融、保险类上市公司,剔除当年 IPO 的上市公司,剔除信息披露不充分或没有披露相关指标的上市公司;③剔除年报及财务报表附注里研发费用缺失的企业,剔除缺乏政府补贴的企业以及 2008 年之后上市的企业(2008 年之后上市的公司很多无法收集到 2010 年的年报)。经过上述筛选之后得到 974 个样本,所属行业主要为金属非金属、信息技术等 6 类行业,其中国有及控股企业 329 个、民营企业 645 个,具体样本信息如表 1 所示。

表 1 样本结构的描述性特征

	样本特征	样本数	比重(%)		样本特征	样本数	比重(%)
员工人数	<300 人	23	2.36	企业性质	国有控股	329	33.78
	300~2000 人	505	51.85		民营	645	66.22
	≥2000 人	446	45.79	行业类型	金属非金属	128	13.14
企业年限	<10 年	158	16.22		电子	115	11.81
	10~20 年	753	77.31		信息技术	110	11.29
	20~30 年	56	5.75		机械设备	311	31.93
	≥30 年	7	0.72		石化塑胶	203	20.84
					医药生物	107	10.99

3.2　指标选取与变量测算

3.2.1　自变量

政府补贴（Subs）：用"政府补贴/销售收入"来表示。政府补贴来自上市企业年报附注"营业外收入"科目里的"政府补助"。政府补助明细科目主要是"科技成果转化项目补助资金"、"科技奖励"、"专利申请项目奖励"、"技术创新项目"等子科目。这一方法使用非常广泛，大量研究证实其具有较强的有效性。[21]

3.2.2　因变量

自主 R&D 投入强度（Rd），一般采用当年研发费用支出占销售收入总额的比值衡量；创新绩效（Inper），在参考世界经济与发展组织（OECD）和欧盟创新调查委员会（CIS），以及学者 Negassi[37] 和官建成[38] 研究的基础上，本文采用新产品销售收入占销售收入总额的比例来衡量。

3.2.3　调节变量

高管持股（Shar）为上市公司董事、经理、监事等高级管理人员持股比例之和；独立董事比例（Ddir）用独立董事人数占董事会总人数的比例来衡量。

3.2.4　控制变量

①行业类型（Indus）：不同行业对创新的需求不同，其自主创新的行为和结果也必然存在较大差异。行业类型按证监会的分类标准（除制造业继续划分为小类外，其他行业以大类为准），有效样本涉及 6 个行业，以金属非金属行业为参照，设立 5 个虚拟变量。②企业规模（Size）：通常情况下，企业规模越大，创新投入越多，创新绩效越明显。本文以企业总资产的自然对数值作为公司规模的衡量指标。③企业年龄（Age）：采用"2010 减去注册年份"，企业成立的时间越久，公司的技术实力经过长久的沉淀和积累，越深厚。④广告强度（Adv）：Connolly 和 Hirschey[39] 通过实证研究证实广告强度与企业的创新绩效有显著的正向关系，本文用广告费用占销售收入总额的比例来表示广告强度。⑤财务杠杆（Lev）：本文用总负债占总资产的比例来衡量，资产负债率大于 1 的企业，原则上是已经破产的企业，本文所采用的样本企业财务杠杆均小于 1。

为了减少单变量与其交互项的多重共线性问题，我们对以上各变量数据均经过中心化处理之后再做回归。

4　实　证　结　果

4.1　变量的数字特征及其相关性检验

表 2 对关键变量进行分组描述性统计，并用"独立样本 t 检验"比较了各个变量的均

值在两组之间的差异。结果表明，民营企业的自主 R&D 投入在 10% 水平上显著大于国有企业组，初步支持了 H1；而且民营企业在创新绩效、高管持股比例上都显著大于国有企业组，政府补贴、独立董事比例的均值在两组之间无显著性差异。民营企业的政府补贴平均水平是 1.061%，大于国有企业的 0.940%。这可能与财务报表所反映的信息有关，因为我们统计的政府补贴是政府对企业显性补贴，主要是针对创新而得到补贴，而国有企业一般为关系国计民生的基础性行业，绝大部分都属垄断性行业，创新活动要落后于民营企业，所以从政府那里获得的补贴少于民营企业就不足为奇了。事实上，除了这些显性补贴之外，还有很多"暗"补也惠及国有企业。比如，国企长期不向政府分红，即使分红，比例也很少；国企比民企更容易获得贷款等。但是本文研究时没有统计这些信息。民营企业高管持股均值是 10.377%，高于国有企业均值 7.293%。这说明不同股权性质企业，股权激励的程度是不同的，高管持股比例存在显著差异。

表 2   样本的描述性统计

	民营企业			国有企业			均值比较
	平均值	最小值	最大值	平均值	最小值	最大值	t 值
Rd	0.033813	0.000100	0.209700	0.026916	0.000046	0.189360	0.902 *
Inper	0.281485	0.031800	0.766690	0.227838	0.08225	0.570575	3.183 **
Subs	0.010611	0.000020	0.098906	0.009047	0.000003	0.108906	1.011
Shar	0.103766	0.000000	0.771613	0.072930	0.000000	0.640000	7.898 ***
Ddir	0.365992	0.111000	0.571400	0.328580	0.25000	0.666700	1.389

注：***、**、* 分别表示双尾检验在 1%、5%、10% 的水平上显著。

上市公司在引入外部独立董事方面也存在显著差异，无论从均值（36.592%）还是最大值（66.670%）来看，民营企业引入的外部独立董事人数都要高于国有企业引进的人数。这说明我国民营企业公司治理结构更加完善，管理更加规范。而国有企业由于产权主体的虚置政府的干预以及"一股独大"，内部人控制严重。描述性结果比较直观地展现了民营企业与国有企业在各个变量均值上的差异性，并初步支持了本研究的假设 H1；若要得到可靠的研究结果，以及验证假设 H2、假设 H3 和假设 H4，还需做进一步的多变量回归分析。

在进行回归分析之前，还需事先检验变量之间的相关性。表 3 表明，企业自主 R&D 投入与创新绩效（$r = 0.247$，$p < 0.01$）、高管持股（$r = 0.161$，$p < 0.01$）以及政府补贴（$r = 0.024$，$p < 0.01$）具有较强的相关性。高管持股（$r = 0.233$，$p < 0.01$）与企业创新绩效显示出相关性，而政府补贴（$r = 0.048$，$p > 0.10$）与企业创新绩效显示出无关性。此外，独立董事（$r = 0.008$，$p > 0.10$）（$r = 0.027$，$p > 0.10$）和企业自主 R&D 投入及创新绩效显示出无相关性。

表3 总样本皮尔逊相关系数分析

	自主 R&D 投入	创新绩效	政府补贴	高管持股	独立董事
自主 R&D 投入	1.00				
创新绩效	0.247**	1.00			
政府补贴	0.024**	0.048	1.00		
高管持股	0.161**	0.233**	0.026	1.00	
独立董事	0.008	0.027	0.049	0.067	1.00

注：* 、** 分别表示在 p<0.05、p<0.01 水平上显著（双尾检验）。

4.2 政府补贴与民营企业自主创新的回归分析

表4从创新投入角度分析各模型对假设 H2a ~ H4a 检测的结果。模型1纳入行业类型、企业年龄、企业规模、资产负债率，作为研究的控制变量。结果显示：①企业规模对民营企业 R&D 投入影响是负向的（β = −0.129，p<0.01），即在上市公司中，规模越大的企业，创新投入占销售收入的比值越小。这从一个侧面解释了我国民营企业为什么很难做强、做大的实际情况。②创新活动也可以理解为一种投资行为，其背后的动力是资金。在企业资本结构中，债权比例的高低会影响企业管理者对创新的投入（β = −0.159，p<0.01）。当债务比例低时，企业就会有更多的内源资金和外源资金进行创新活动。当债务比例高时，企业就会由于债务危机，放弃创新投资机会。[40]因而，财务杠杆与企业创新投入显著负相关。③企业年龄与创新的关系不显著，可能是由样本选取造成的。上市公司与其他公司相比，都是创新需求较强的企业，样本并不能很好地代表所有的企业，这就使得不同年龄企业的创新需求差距没那么明显。

表4 政府补贴对民营企业自主 R&D 投入影响的多层回归分析

	Model 1	Model 2	Model 3	Model 4	Model 5	Model 6
Intercept	0.000 (−0.139)	0.000 (−0.356)	−0.001 (−0.862)	0.000 (−0.350)	−0.001 (−0.816)	−0.001 (−0.268)
Size	−0.129*** (−3.443)	−0.039** (−2.287)	−0.070** (−1.934)	−0.083** (−2.256)	−0.070** (−1.923)	−0.076** (−2.063)
Age	−0.024 (−0.676)	0.005** (0.144)	0.022 (0.639)	0.007 (0.200)	0.022 (0.646)	0.008 (0.233)
Lev	−0.159*** (−3.885)	−0.118*** (−2.925)	−0.106*** (−2.660)	−0.118*** (−2.923)	−0.106* (−2.662)	−0.117*** (−2.899)
Subs		0.271*** (7.478)	0.262*** (7.239)	0.272*** (7.442)	0.265*** (7.052)	0.283*** (7.048)

续表

	Model 1	Model 2	Model 3	Model 4	Model 5	Model 6
Shar			0.157 *** (4.490)		0.159 *** (4.472)	
Ddir				−0.015 (−0.416)		−0.012 (−0.338)
Subs × Shar					0.013 ** (0.351)	
Subs × Ddir						−0.043 (−1.192)
Indus	控制	控制	控制	控制	控制	控制
Adj − R²	0.185	0.246	0.268	0.244	0.267	0.244
F − value	30.454 ***	36.006 ***	34.274 ***	30.492 ***	26.963 ***	26.876 ***
N	645	645	645	645	645	645

注：所列数据为标准 β 系数；$*p < 0.10$，$**p < 0.05$，$***p < 0.01$；括号中的数字为双尾侧检验的 t 值。

模型 2 将政府补贴对民营企业自主 R&D 投入进行回归，结果显示，政府补贴（$\beta = 0.271$，$p < 0.01$）对民营企业 R&D 投入有显著的正向影响，假设 H2a 得到部分验证；模型 3 将高管持股纳入模型，高管持股（$\beta = 0.157$，$p < 0.01$）对民营企业自主 R&D 投入有显著的正向影响；模型 4 将独立董事纳入模型，结果显示独立董事（$\beta = -0.015$，$p > 0.10$）对企业自主 R&D 投入不存在显著性影响，即外部独立董事占董事会总人数比例的大小对民营企业自主创新行为没有显著的影响；模型 5 和模型 6 分别检验了高管持股和独立董事对政府补贴与民营企业自主 R&D 投入之间的调节作用。高管持股与政府补贴的交互项（$\beta = 0.013$，$p < 0.05$）对民营企业自主创新投入有显著影响，说明民营企业中高管持股在政府补贴与企业自主创新之间起到了显著的调节作用，假设 H3a 得到部分支持；而独立董事与政府补贴的交互项（$\beta = -0.043$，$p > 0.10$）对民营企业 R&D 投入的影响不显著，表明独立董事在政府补贴与民营企业 R&D 投入之间没有起到显著的调节作用，假设 H4a 未能通过检验。

表 5 从创新结果即创新绩效的角度对 H2a ~ H4a 进行检验。模型 1 纳入企业的行业类型、企业年龄、企业规模、资产负债率和广告强度，作为研究的控制变量。广告强度（$\beta = 0.565$，$p < 0.01$）对企业创新绩效的影响显著。尤其是广告强度的正向影响，说明现在"酒香也怕巷子深"，广告推广做得好，新产品和服务才能更容易被消费者接受和认可，企业的创新绩效也会更好。模型 2、模型 3、模型 4、模型 5 以及模型 6 回归结果与自主 R&D 投入基本一致。即假设 H2a 得到验证，假设 H3a 得到支持，假设 H4a 未能通过检验。

表5　政府补贴对民营企业创新绩效影响的多层回归分析

	Model 1	Model 2	Model 3	Model 4	Model 5	Model 6
Intercept	−0.001 (−0.140)	0.001 (0.068)	0.001 (0.067)	0.001 (0.096)	0.000 (−0.102)	0.001 (0.980)
Size	0.055 (1.089)	0.056 (1.084)	0.057 (1.083)	0.054 (1.041)	0.063 (1.236)	0.054 (1.042)
Age	−0.065 (−1.348)	−0.057 (−1.152)	−0.058 (−1.153)	−0.059 (−1.183)	−0.048 (−0.961)	−0.059 (−1.181)
Adv	0.565 *** (11.043)	0.554 *** (1.661)	0.555 *** (1.661)	0.553 *** (10.610)	0.539 *** (10.335)	0.553 *** (1.610)
Subs		0.051 ** (1.029)	0.052 (1.028)	0.502 (1.047)	0.308 *** (1.962)	0.501 (1.048)
Shar			0.396 *** (7.553)		0.390 *** (7.496)	
Ddir				0.019 (0.374)		0.019 (0.374)
Subs × Shar					0.362 ** (1.974)	
Subs × Ddir						−0.053 (−1.058)
Indus	控制	控制	控制	控制	控制	控制
Adj − R²	0.541	0.537	0.538	0.535	0.544	0.535
F − value	47.999 ***	38.493 ***	38.942 ***	32.863 ***	34.060 ***	32.871 ***
N	645	645	645	645	645	645

注：所列数据为标准 β 系数；＊p<0.10，＊＊p<0.05，＊＊＊p<0.01；括号中的数字为双尾侧检验的 t 值。

　　由图1可知，在民营企业中，高管持股比例高的企业，政府补贴越多，企业自主R&D投入也会越多。反之则不然，即在高管持股比例低的企业中，无论政府补贴多或少，企业都不一定会增加自主R&D投入。尤其值得注意的是，浅灰线是一条水平线，表示该条线的斜率系数不显著，但是斜率在调节变量的高低组间的差异是显著的。图1显示，政府补贴对民营企业自主创新绩效的影响，在高管持股比例高的企业比在高管持股比例低的企业更强。高管持股对政府补贴和创新绩效的调节作用得到验证。

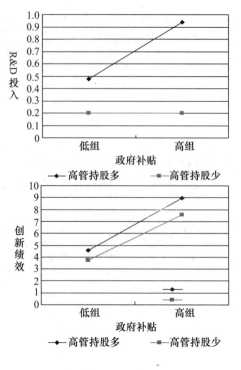

图1　高管持股的调节效果

4.3　政府补贴与国有企业自主创新的回归分析

表6所示为从创新行为角度对假设 H2b ~ H4b 的检验结果。模型1纳入行业类型、企业年龄、企业规模、资产负债率作为研究的控制变量。企业年龄（$\beta = -0.093$，$p > 0.10$）与国有企业 R&D 投入无显著的相关性，这可能与国有企业自身特性有关，能够生存下来的国有企业基本都属于垄断性行业，而且成立的时间都比较久远，企业规模都较大。所以，企业规模以及年龄没有多大区别，导致结果不显著。资产负债率（$\beta = -0.206$，$p < 0.01$）对企业自主 R&D 投入有显著影响，这与民营企业中资产负债率对自主 R&D 投入具有显著的负相关性一致。这说明无论是在民营企业还是在国有企业，要想从事创新活动，资金都是至关重要的。

模型2将政府补贴与 R&D 投入进行回归，结果显示，政府补贴（$\beta = 0.036$，$p > 0.10$）对国有企 R&D 投入的影响不显著，假设 H2b 未得到验证；模型3将调节变量高管持股纳入模型，高管持股（$\beta = 0.054$，$p > 0.10$）对国有企业自主 R&D 投入无显著影响；模型4将独立董事纳入模型，结果显示独立董事（$\beta = 0.023$，$p > 0.10$）对企业自主创新的 R&D 投入不存在显著性影响；模型5和模型6分别检验了高管持股和独立董事对政府补贴与企业自主 R&D 投入的调节作用。高管持股与政府补贴的交互项（$\beta = 0.020$，$p > 0.10$）对国有企业自主创新投入的影响不显著，说明高管持股在政府补贴与国有企业自主 R&D 投入之间没有起到显著调节作用，假设 H3b 未通过检验；而独立董事与政府补贴的交互项（β = -0.054，p > 0.10）对企业 R&D 投入的影响也不显著，与民营企业结论相一致，假设 H4b 未能通过检验。

表6 政府补贴对国有企业自主 R&D 投入影响的多层回归分析

	Model 1	Model 2	Model 3	Model 4	Model 5	Model 6
Intercept	-0.001 (-0.341)	0.000 (-0.086)	0.003 (0.573)	0.004 (0.582)	0.003 (0.582)	0.000 (-0.091)
Size	0.043 (0.731)	0.039 (0.672)	0.046 (0.767)	0.038 (0.768)	0.046 (0.769)	0.038 (0.639)
Age	-0.093 (-1.655)	-0.008 (-1.516)	-0.077 (-1.317)	-0.085 (-1.234)	-0.074 (-1.234)	-0.081 (-1.409)
Lev	-0.206*** (-3.318)	-0.190*** (-2.955)	-0.189*** (-2.890)	-0.187*** (-2.892)	-0.189*** (-2.892)	-0.185*** (-2.856)
Subs		0.036 (0.641)	0.035 (0.618)	0.036 (4.125)	0.052 (0.491)	0.040 (0.707)
Shar			0.054 (0.945)		0.056 (0.961)	
Ddir				-0.023 (-0.418)		-0.023 (-0.424)
Subs × Shar					0.020 (0.189)	
Subs × Ddir						-0.054 (-0.975)
Indus	控制	控制	控制	控制	控制	控制
Adj - R²	0.046	0.045	0.043	0.043	0.040	0.043
F - value	4.110***	3.551***	3.022***	3.061***	2.641***	2.797***
N	329	329	329	329	329	329

注：所列数据为标准 β 系数；* $p < 0.10$，** $p < 0.05$，*** $p < 0.01$；括号中的数字为双尾侧检验的 t 值。

表7 所示为从创新结果即创新绩效角度对假设 H2b ~ H4b 的检验结果。模型 1 纳入企业的行业类型、企业年龄、企业规模、资产负债率和广告强度，作为研究的控制变量。结果显示财务杠杆（β = -0.330，p < 0.01）和广告强度（β = 0.394，p < 0.01）对企业创新绩效有显著影响。模型 2 将政府补贴与创新绩效进行回归，结果显示政府补贴（β = 0.268，p > 0.10）对国有企业创新绩效无显著影响，假设 H2b 没有通过验证；模型 3 将调节变量高管持股纳入模型，显示高管持股（β = 0.113，p > 0.10）对国有企业创新绩效

无显著影响；模型4将独立董事纳入模型，结果显示独立董事占董事会总人数比例的大小（β = −0.037，p > 0.10）对国有企业创新绩效不存在显著影响；模型5和模型6分别检验了高管持股和独立董事对政府补贴与国有企业自主R&D投入的调节作用。高管持股与政府补贴的交互项（β = 0.112，p > 0.10）对国有企业创新绩效影响不显著，没有起到显著的调节作用，假设H3b未通过检验；独立董事与政府补贴的交互项（β = −0.024，p > 0.10）对国有企业创新绩效影响亦不显著，假设H4b未能通过检验。

表7 政府补贴对国有企业创新绩效影响的多层回归分析

	Model 1	Model 2	Model 3	Model 4	Model 5	Model 6
Intercept	0.004 (0.385)	0.004 (0.348)	0.029 (1.557)	0.004 (0.366)	0.107 (0.876)	0.004 (0.377)
Size	−0.067 (−0.941)	−0.016 (−0.226)	−0.004 (−0.052)	−0.018 (−0.263)	−0.011 (−0.160)	−0.015 (−0.217)
Age	0.010 (0.149)	0.000 (−0.004)	0.016 (0.246)	0.001 (0.009)	0.010 (0.164)	0.004 (0.066)
Adv	0.394*** (5.741)	0.380*** (5.710)	0.385*** (5.803)	0.376*** (5.662)	0.397*** (5.977)	0.377*** (5.615)
Subs		0.268 (4.096)	0.242 (3.601)	0.273 (4.125)	0.254 (3.781)	0.277 (4.120)
Shar			0.113 (1.662)		0.076 (1.061)	
Ddir				−0.037 (−0.565)		−0.032 (−0.471)
Subs × Shar					0.112 (1.651)	
Subs × Ddir						−0.024 (−0.348)
Indus	控制	控制	控制	控制	控制	控制
Adj − R²	0.315	0.382	0.389	0.379	0.396	0.375
F − value	15.512***	16.846***	14.898***	14.419***	13.530***	12.556***
N	329	329	329	329	329	329

注：所列数据为标准β系数；*p < 0.10，**p < 0.05，***p < 0.01；括号中的数字为双尾侧检验的t值。

从民营企业和国有企业两组样本回归分析结果可知，在民营企业中假设H2a、H3a得到验证，H4a未通过验证，表明政府补贴对民营企业自主R&D投入、创新绩效均有显著影响；高管持股不仅对民营企业的自主创新投入、创新绩效有正向的直接作用，而且还对政府补贴与民营企业的自主创新投入、创新绩效起到了正向的调节作用。而在国有企业中，H2b、H3b、H4b 均没有通过验证，即政府补贴对国有企业自主 R&D 投入、创新绩效均无显著影响；高管持股、独立董事对国有企业的自主 R&D 投入、创新绩效没有显著的直接影响，也没有显著调节作用。可见，企业性质不同，政府补贴对企业自主创新的行为与结果的影响存在显著差异，即假设 H1 得到了进一步验证。

4.4　稳健性检验

在做统计分析时，数据都是经过中心化处理后再做回归的，且模型的 Durbin – Watson 检验都十分接近于 2（1.80～1.99 区间），回归模型的膨胀系数（VIF）均在 1.30 左右浮动，这表明回归模型不存在显著的自相关和多元共线性问题，说明回归结果是可信的。

为了验证研究过程中的统计效度，本文进行了稳健性检验。由于销售毛利率是产品生命力和竞争力的重要体现，是决定创新绩效的关键因素，因此我们用销售毛利率作为创新绩效的替代衡量指标进行稳健性检验。[41] 同时，我们也对其他变量进行了替换，自主 R&D 投入用研发费用与主营业务收入的比例表示，广告强度用广告费用/主营业务收入的比例表示，企业规模用销售收入的自然对数取值表示。以上稳健性检验的回归结果显示，除极个别差异外，结果并无实质性不同，高管持股和独立董事的调节作用亦与前文结果吻合，这就进一步证实了前文结论的可靠性。限于篇幅，我们没有给出所有的计算结果，读者可以索取有关数据。

表 8　稳健性检验

	民营企业				国有企业			
	自主 R&D 回归		创新绩效回归		自主 R&D 回归		创新绩效回归	
	Model 1	Model 2	Model 3	Model 4	Model 5	Model 6	Model 7	Model 8
Intercept	0.032*** (13.923)	0.032*** (13.915)	0.257*** (32.274)	0.266*** (29.261)	0.073 (0.606)	0.110** (1.737)	0.059*** (8.080)	0.054*** (13.775)
Size	−0.047 (−0.686)	−0.061 (−0.880)	0.063 (1.236)	−0.036 (−0.622)	−0.067 (−0.765)	−0.063 (−0.714)	−0.002 (−0.026)	−0.030 (−0.367)
Age	0.094 (1.426)	0.080 (1.187)	−0.048 (−0.961)	−0.090 (−1.589)	0.017 (0.209)	0.022 (0.266)	0.029 (0.372)	0.005 (0.065)
Lev	−0.242*** (−3.561)	−0.261*** (−3.769)			−0.107 (−1.180)	−0.104 (−1.136)		
Adv			0.539*** (10.335)	0.636*** (10.980)			0.285*** (3.542)	0.253*** (3.094)
Subs	5.877*** (2.845)	0.281 (3.089)	8.308** (1.962)	0.490 (2.760)	0.040 (0.701)	0.008 (0.098)	0.093 (1.124)	0.123 (1.516)
Shar	0.153** (1.473)		0.390 (7.496)		0.033 (0.360)		0.100 (1.675)	

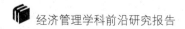

续表

	民营企业				国有企业			
	自主 R&D 回归		创新绩效回归		自主 R&D 回归		创新绩效回归	
	Model 1	Model 2	Model 3	Model 4	Model 5	Model 6	Model 7	Model 8
Subs × Shar	5.938 *** (2.855)		8.362 ** (1.974)		0.005 (0.061)		0.138 (1.675)	
Ddir		−0.037 (−0.548)		0.038 (0.661)		0.003 (0.030)		−0.143 (−1.753)
Subs × Ddir		−0.053 (−0.790)		−0.053 (−0.944)		−0.001 (−0.010)		0.061 (0.732)
Indus	控制	控制	控制	控制	控制	控制	控制	控制
Adj − R^2	0.215	0.183	0.544	0.417	0.040	0.044	0.094	0.077
F − value	8.589 ***	6.997 ***	34.060 ***	22.369 ***	3.460 ***	3.015	3.259 ***	2.819 ***
N	645	645	645	645	329	329	329	329

注：所列数据为标准 β 系数；* $p<0.10$，** $p<0.05$，*** $p<0.01$；括号中的数字为双尾侧检验的 t 值。

5 研究结论与启示

5.1 研究结论

5.1.1 政府补贴的"引导之手"与"纵容之手"

从实证结果看，对于民营企业而言，政府补贴的杠杆效应明显大于挤出效应，政府补贴对民营企业的自主 R&D 投入以及创新绩效都起到了显著的正向作用。其原因可能在于，民营企业与国有企业的"身份"差异，决定了民营企业不可能与国有企业一样能够得到政府的关照和呵护。所以要想生存并获得发展，只有不断地进行创新，因而民营企业主观上从事创新活动的意愿更强。然而仅仅有创新意愿是不够的，创新意愿与创新行为之间还有一大步的距离。所以，为了刺激企业把创新意愿转化为创新行为，我国各级政府都制定了创新补贴政策。这些创新补贴政策有效地缩短了从创新意愿到形成创新成果之间的距离，减轻和纠正了各种形式的市场失灵所导致的创新投资不足的问题，[42,43]有力地激发了民营企业自主 R&D 投入的力度，提高创新绩效。因而，政府补贴对民营企业的自主创新有显著的正向影响，发挥了"引导之手"（Guiding Hand）的积极作用。

但是国有企业除了拥有垄断优势[②]之外，还能获得其他形式的"暗"补，例如长期不向政府分红、贷款利息优惠、地租优惠、资源租优惠和亏损财政补贴等。[44,45]加之高管的官员身份背景，以及政府总是偏好于国企从事一些时间短、见效快的经营活动来带动经济增长，发挥经济发展稳定器的功能，因而导致了国有企业的创新动力不足。即使遭遇困境或者遇到破产，政府往往也会通过追加投资、减税等方式，以保证其生存下去，这就是所谓的预算软约束现象。[46]在外无压力、内无动力的情况下，期盼国有企业积极从事创新活动是不现实的。因而，政府补贴对国有企业的自主创新没能起到促进作用，发挥着"纵容之手"的消极功能。

5.1.2 高管持股的"南橘北枳"

企业高管是否重视创新活动关键取决于企业高管个人目标与股东目标之间的偏差程度。如果高管们仅仅是企业的经营管理者，或者持股比例较低，那么他们与股东之间只是（或者接近于）纯粹的委托代理关系，在这种情况下高管收益的基础是企业的当期绩效。由于创新投入与企业当期盈利能力之间的负相关关系，以及创新投入收益的滞后性，[47]高管往往不愿意"前人栽树，后人乘凉"，因而国企高管在有限的任期内更倾向于短期行为。[29]倘若高管持股比例高，那么他们与股东的利益就越会趋于一致，从而产生"利益趋同效应"（Convergence of Interest Effect）。民营企业高管持股比例为 10.37%，数值较高。高管持股比例越高，就越有动力为企业长期价值最大化而努力工作，从而提高对创新活动的支持力度。所以，民营企业中高管持股对企业自主创新产生了积极的影响。

但是对国有企业而言，高管持股却没有出现相同的效果，究其原因主要与我国国有企业的特殊性有关。首先，虽然 2006 年国务院国有资产监督管理委员会发布了"关于进一步规范国有企业改制工作的实施意见"，解除了对大型国有企业管理层持股的禁令，但还是对高管持股做了严格规定，只有"通过公开招聘、企业内部竞争上岗等方式竞聘上岗或对企业发展做出重大贡献的管理层成员，可通过增资扩股持有本企业股权，但管理层的持股总量不得达到控股或相对控股数量。"因而，国有上市公司高管人员被赋予的股权数量非常有限，持股比例一般都远远低于 1%，很多公司高管零持股。[48]在高管持股比例过低的情况下，难以产生"利益趋同效应"。其次，国有企业高管的选拔、任命、评估、任期、升迁等均由政府部门决定，背后隐藏着政府官员身份。加之，产权主体的长期"缺位"以及多层委托—代理关系，导致国有企业内部人控制现象较严重，在职消费、灰色收入和各种隐性福利待遇占有很大比重，股权收入的相对重要性下降。[49]因而，与股权激励相比，政治目标以及职位升迁激励更受国有企业高管的青睐。所以，在国有企业中，高管持股没能像民营企业那样对国有企业自主创新发挥出显著的促进作用。

5.1.3 独立董事的"形式主义"陷阱

尽管以往的研究几乎都对独立董事的积极作用给予肯定，我们却在研究中发现了不一致的结果。独立董事比例对民营和国有企业自主创新的影响均不显著，对政府补贴与企业自主创新的调节作用没有通过验证。结合中国企业的现实背景，可能源于如下原因：

首先，独立董事"不独立"。与国外相比，我国很多企业都具有家族性质，掌管企业的是家族成员，董事会中家族成员占了相当大的比例，有些企业只是为了上市，而聘请外部独立董事来"粉饰"公司的治理结构。此外，我国企业的独立董事大多是由大股东向股东大会推荐，然后再经由"一股独大"的股东大会投票表决产生的。而独立董事的薪酬来自于受大股东控制的企业，但却要去执行监督大股东的任务。"拿人家的手短"的独立董事，在董事会投票表决时不得不和大股东"一个鼻孔出气"，导致独立董事大多是"用脚投票"的摆设。其次，我国上市公司独立董事的人员组成主要是其他企业高层管理者、银行界人士、会计师、律师、高校教授等专家人员、政府退休官员及社会知名人士。相对于内部董事，外部董事对企业投入的时间和精力有限，在掌握企业的内部信息方面更是处于绝对劣势地位，因而导致他们无法准确评价企业内外部经营环境。但内部董事掌握着更多与企业经营直接相关的专业知识，拥有更多的信息，可以更加准确地预测与评估研发给企业所带来的经济价值。因此，在创新决策时，企业决策者更有可能会采纳内部董事的建议，而忽视外部独立董事的声音。所以，就我国目前的现实情况看，独立董事的存在基本就是"形式主义"，很难对企业的自主创新起到实质性推动作用。

5.2　现实启示

5.2.1　准确把握政府补贴的作用和功能，提高政府补贴的效率

围绕政府与企业的关系，学术界存在"扶持之手"、"掠夺之手"、"无为之手"等研究命题，已有文献大多把政府补贴视为"扶持之手"。然而，作为"扶持之手"的政府补贴，往前一步就会对企业的自主创新产生促进作用，演变成为企业自主创新的"引导之手"；向后一步就会对企业的自主创新产生阻碍作用，成为企业不愿创新的"纵容之手"。因此，在加大对企业自主创新的补贴力度的同时，优化政府补贴的形式和效率势在必行。本文认为：首先，取消对国有企业的隐性补贴，使国有企业和其他性质企业处于平等的外部竞争环境；构建市场倒逼机制，迫使国有企业去进行自主创新。其次，改变传统的针对创新行为的补贴方式为针对创新结果的补贴方式，简化政府补贴的审批程序，压缩权力寻租空间，提高政府创新补贴的针对性和效率。

5.2.2　发展共同基金（Mutual Fund），破解国有企业高管持股难题

从观念上弄清"国企"与"国资"的区别，将国有企业的"资产形态"和"企业形态"分离，把国有经济以国有资产的方式剥离出来，以发展共同基金③的方式来推动国有企业改革。在引入共同基金方式后，政府作为共同基金中的一员，只能以基金公司股东面目出现，政府本身不从事实际运作，而是将国有资产委托给基金管理公司按照市场化管理运作。企业、基金管理公司与政府之间主要是资金上的联系，体现为股权关系。政府可以像其他股东那样去行使监督权，但不能干预企业的日常管理和运营。在深化国有企业的市场化改革之后，再推进高管持股计划，国有企业高管持股的难题就可以顺势而解。

5.2.3　健全选任与责任机制，克服独立董事的形式主义

首先，重新设计独立董事的选任机制。独立董事制度设立的初衷是监督制约企业高管，以避免其利用职权做出不利于公司和外部股东的行为，从而维护公司利益和中小股东的利益。因而，作为外部股东和中小股东的代表，独立董事的选任就应该由非控股股东进行提名和选举，这样才能从根本上保证独立董事的独立性。其次，需要及时修改上市公司

基本法——《公司法》、《证券法》，增加有关独立董事的条款。上市公司应及时结合自身情况修改章程，明确规定独立董事的职权内容和行使职权的程序，使独立董事从目前的软监督转化为真正起作用的硬监督，避免"人情董事"和"花瓶董事"。最后，需要明确监事会和独立董事的职责划分和独立董事应承担的责任、法律后果，积极推动建立民事赔偿机制和董事责任保险等配套措施，从而使独立董事在其位、谋其政、尽其责，全身心投入工作。

参考文献

［1］安同良，周绍东，皮建才. R&D 补贴对中国企业自主创新的激励效应［J］. 经济研究，2009（10）：87 – 98，120.

［2］国家统计局，科学技术部. 中国科技统计年鉴［M］. 中国统计出版社，2002～2011.

［3］冯根福，温军. 中国上市公司治理与企业技术创新关系的实证分析［J］. 中国工业经济，2008（7）：91 – 101.

［4］高艳慧，万迪昉，蔡地. 政府研发补贴具有信号传递作用吗——基于我国高技术产业面板数据的分析［J］. 科学学与科学技术管理，2012，33（1）：5 – 11.

［5］高明华. 国有企业的性质表现与改革［C］. 全国政治协商会议提案，2011.

［6］Arrow K.. The Economic Implication of Learning by Doing［J］. Review of Economic Studies，1962，29（2）：155 – 173.

［7］傅家骥. 技术创新学. 北京：清华大学出版社，1998.

［8］Lafley A. G.，Charan R.. The Game – Changer：How You Can Drive Revenue and Profit Growth with Innovation［M］. New York：Crown Business，2008.

［9］李维安，邱艾超，阎大颖. 企业政治关系研究脉络梳理与未来展望［J］. 外国经济与管理，2010，32（5）：48 – 55.

［10］雎国余，蓝一. 企业目标与国有企业改革［J］. 北京大学学报（哲学社会科学版），2004，41（3）：22 – 35.

［11］郝书辰，陶虎，田金方. 不同股权结构的国有企业治理效率比较研究：以山东省为例［J］. 中国工业经济，2011（9）：130 – 139.

［12］Shleifer A.，Vishny R. W.. The Grabbing Hand：Government Pathologies and Their Cures［M］. Cambridge，Mass：Harvard University Press，1998.

［13］潘红波，余明桂. 支持之手、掠夺之手与异地并购［J］. 经济研究，2011（9）：108 – 120.

［14］李丹蒙，夏立军. 股权性质、制度环境与上市公司 R&D 强度［J］. 财经研究，2008（4）：93 – 104.

［15］余明桂，回雅甫，潘红波. 政治联系、寻租与地方政府财政补贴有效性［J］. 经济研究，2010（3）：65 – 77.

［16］Lee，P. M.. Ownership Structures and R&D Investments of U. S. and Japanese Firms：Agency and Stewardship Perspectives［J］. Academy of Management Journal，2003，46（2）：212 – 225.

［17］徐向艺，徐宁. 金字塔结构下股权激励的双重效应研究：来自我国上市公司的经验证据［J］. 经济管理，2010（9）：59 – 65.

［18］Aghion P.，Reenen J. V.，Zingales L.. Innovation and Institutional Ownership［J］. NBER Working

Paper, 2009, No. 14769.

[19] Lin, C., Lin, P., Song, F., M., Li C.. Managerial incentives, CEO Characteristics and Corporate Innovation in China's Private Sector [J]. Journal of Comparative Economics, 2011, 39 (2): 176 – 190.

[20] 吴延兵. 国有企业双重效率损失研究 [J]. 经济研究, 2012 (3): 15 – 27.

[21] Sun L.. Anticipatory Ownership Reform Driven by Competition: China's Township – village and Private Enterprises in the 1990s [J]. Comparative Economic Studies, 2000, 42 (3): 49 – 75.

[22] 唐清泉, 罗党论. 政府补贴动机及其效果的实证研究 [J]. 金融研究, 2007 (6): 149 – 163.

[23] Hall L. A., Bagchi – Sen S.. A Study of R&D, Innovation and Business Performance in the Canadian Biotechnology Industry [J]. Technovation, 2002, 22 (4): 231 – 244.

[24] 朱平芳, 徐伟民. 政府的科技激励政策对大中型工业企业 R&D 投入及其专利产出的影响: 上海市的实证研究 [J]. 经济研究, 2003 (6): 45 – 53.

[25] Hewitt – Dundas N., Roper S.. Output Additionality of Public Support for Innovation: Evidence for Irish Manufacturing Plants [J]. European Planning Studies, 2010, 18 (1): 107 – 122.

[26] 郭晓丹, 何文韬, 肖兴志. 战略性新兴产业的政府补贴、额外行为与研发活动变动 [J]. 宏观经济研究, 2011 (11): 63 – 69.

[27] 林浚清, 黄祖辉, 孙永祥. 高管团队内薪酬差距、公司绩效和治理结构 [J]. 经济研究, 2003 (4): 31 – 40.

[28] Wright P., Ferris S. P., Sarin A., Awasthi V.. Impact of Corporate Insider, Block Holder and Institutional Equity Ownership on Firm Risk Taking [J]. Academy of Management Journal, 1996, 39 (2): 441 – 465.

[29] 刘运国, 刘雯. 我国上市公司的高管任期与 R&D 支出 [J]. 管理世界, 2007 (1): 127 – 136.

[30] Miller J. S., Wiseman R. M., Gomez – Mejia L. R.. The Fit between CEO Compensation Design and Firm Risk [J]. Academy of Management Journal, 2002, 45 (4): 745 – 756.

[31] 郭强, 蒋东生. 不完全契约与独立董事作用的本质及有效性分析: 从传统法人治理结构的缺陷论起 [J]. 管理世界, 2003 (2): 78 – 89, 98.

[32] Fama E., Jensen M. C.. Separation of Ownership and Control [J]. Journal of Law and Economics, 1983, 26 (2): 301 – 325.

[33] 谢绚丽, 赵胜利. 中小企业的董事会结构与战略选择: 基于中国企业的实证研究 [J]. 管理世界, 2011 (1): 101 – 111.

[34] Lorsch J., Maclver E.. Pawns or Potentates: The Reality of America's Corporate Boards [M]. Cambridge, MA: Harvard Business School Press, 1989.

[35] Gabrielsson J., Huse M.. "Outside" Directors in SME Boards: A Call for Theoretical Reflections [J]. Corporate Board: Vote Duties and Composition, 2005, 1 (1): 28 – 37.

[36] Roberts J., McNulty T., Stiles P.. Beyond Agency Conceptions of the Work of the Non – Executive Director: Creating Accountability in the Boardroom [J]. British Journal of Management, 2005, 16 (3): 5 – 26.

[37] Negassi S.. R&D Co – operation and Innovation: A Microeconometric Study of French Firms [J]. Research Policy, 2004, 33 (3): 365 – 385.

[38] 官建成. 企业制造能力与创新绩效的关系研究: 一些中国的实证发现 [J]. 科研管理, 2004, 25 (9): 79 – 84.

[39] Connolly, R. A., Hirschey, M.. Firm Size and the Effect of R&D on Tobin's Q [J]. R&D Man-

agement，2005，35（2）：217 – 223.

［40］Aivazian V. A.，Ge Y.，Qin J.. Debt Maturity Structure and Firm Investment［J］. Financial Management，2005，34（4）：107 – 119.

［41］陆国庆. 中国中小板上市公司产业创新的绩效研究［J］. 经济研究，2011（2）：138 – 148.

［42］González X.，Pazó C.. Do Public Subsidies Stimulate Private R&D spending［J］. Research Policy，2008，37（3）：371 – 389.

［43］Eui Y. L.，Beom C. C.. The Effect of Risk – sharing Government Subsidy on Corporate R&D Investment：Empirical Evidence From Korea［J］. Technological Forecasting and Social Change，2010（6）：881 – 890.

［44］林毅夫，李志赟. 政策性负担、道德风险与预算软约束［J］. 经济研究，2004（2）：17 – 27.

［45］刘瑞明. 国有企业、隐性补贴与市场分割：理论与经验证据［J］. 管理世界，2012（4）：21 – 32.

［46］Kornai J.. The Soft Budget Constraint ［J］. Kyklos，1986，39（1）：3 – 30.

［47］吕长江，张海平. 股权激励计划对公司投资行为的影响［J］. 管理世界，2011（11）：118 – 126.

［48］白重恩，刘俏，陆洲，宋敏，张俊喜. 中国上市公司治理结构的实证研究［J］. 经济研究，2005（2）：81 – 91.

［49］陈冬华，陈信元，万华林. 国有企业中的薪酬管制与在职消费［J］. 经济研究，2005（2）：92 – 101.

注释

①如果"一股独大"现象出现，迫于压力，董事会成员只能是用"脚"跟随在大股东的后面，按照大股东的想法去行事。

②林毅夫和李志赟（2004）指出，从一种更广义的概念来讲，维护国企的垄断地位实际也是一种补贴，是以损失社会效率为代价向国有企业提供的一种隐性补贴。

③所谓共同基金就是汇集许多小钱凑成大钱，交给专人或专业机构操作管理以获取利润的一种集资式的投资工具。

Indulging Hand，Guiding Hand and Enterprise Independent Innovation：An Empirical Study Based on Equity Property Grouping

Li Ling　Tao Houyong

（School of Economics and Management，Wuhan University，Wuhan　430072）

Abstract：Through collection，collation and analysis of China's A – share market 974 listed companies, this article examines the relationship between government subsidies and independent innovation of enterprises by equity property grouping. The results show that: ①After controlling other relevant factors, the government subsidies being regarded as the "guiding hand", have significantly positive effects on the independent innovation in private enterprises. But the independent innovation and innovation performance is not affected significantly by the government subsidies which play the negative role of "indulging hand" in the process of independent innovation in state – owned enterprises. ②Executives shareholding produces a "convergence of interest effect" in private enterprises, and moderates the relationship between government subsidies and independent innovation, which is not in state – owned enterprises. ③The introduction of independent directors is conducive to allocate more resources on innovation and create favorable social relation for innovation in theory. But the results of this study display that the moderated effect is insignificant, and there is "formalism" trap. According to the results of empirical analysis, we propose that the government should change over from the traditional way of subsidies based on innovative behavior to the new way of subsidies which aim at innovative results, so as to improve the relevance and effectiveness of government innovation subsidies. At the same time, it is urgent to build the market anti – driving mechanism to force the state – owned enterprises to conduct independent innovation. We should vigorously develop mutual fund, separate the state – owned assets from the form of enterprises, and spin off the state – owned assets from state – owned economy in order to promote the reform of stateowned enterprises. It is important to redesign the elected mechanism of independent directors and the independent directors should be nominated and elected by non – controlling shareholders. It is necessary to revise "Company Law of the People's Republic of China", "Securities Law of the People's Republic of China", and make the conversion of the soft supervision of the independent directors to the rigid supervision. The independent director should bear the responsibility, legal consequences if he or she neglects his/her duty.

Key Words: Government Subsidies; Executives Shareholding; Independent Innovation; Indulging Hand; Guiding Hand

组织公平与人格特质对员工创新行为的
交互影响研究[*]

姚艳虹　韩树强

（湖南大学工商管理学院，长沙　410082）

【摘　要】本文采用方便抽样的方式对企业340名员工就大五人格特质、组织公平、员工创新行为等变量进行调研，通过交互作用分析得出，人格特质中的外倾性、尽责性、宜人性、开放性均正向预测创新行为，而神经质负向预测创新行为。研究结果表明，组织公平4个维度均对创新行为有显著正向影响。组织公平正向调节外倾性、开放性、尽责性与创新行为之间的关系，反向调节宜人性与创新行为之间的关系，但对神经质与创新行为之间的关系没有调节作用。

【关键词】组织公平；人格特质；员工创新行为

企业在创新型国家建设中扮演着重要角色。员工创新是企业创新的基础，在国家大力倡导自主创新的背景下，如何激发员工创新行为是当前学术界和企业共同关注的重要问题。社会心理学观点认为，个体行为是由其内在特质及其所处环境决定的。个体的气质、性格、动机以及个体所处的工作氛围、组织文化、领导风格等因素都会对其行为产生影响。目前，已有研究从个体内在特质或其所处环境某一方面展开研究，而从个体与环境的交互视角来研究个体创新行为尚不多见。交互作用视角既包含了个体特质对员工创造力的影响，同时也强调其他外在因素的重要性，因而能更立体地考察创新行为的产生机制。本研究从个体和组织两个层面，分别选取人格特质和组织公平，研究其对员工创新行为的交互影响，试图更全面地探索员工创新行为的影响要素，为企业创新管理实践提供理论参考。

* 基金项目：湖南省科研条件创新专项基金资助重点项目（2011TT1011）。

1　研究背景

人格特质是个体内在相对稳定的心理品质。人格特质涉及思维形式、情感及不因时间而改变的行为，主要有 16PF 人格、三维度人格以及大五人格等几大类[1]。人格特质的差异带来价值观和思维方式的不同，从而影响到个体的态度与行为。现有关于人格特质与创新行为的关系研究表明，不同人格特质对员工创新行为具有不同的预测作用[2,3]。

已有研究表明，组织创新除了必要的物力资源与人力资源支持外，还需要营造良好的组织公平环境[4]。组织的公正公平，直接影响到员工的工作满意度、组织承诺、工作绩效和组织公民行为等，对员工行为有较强的预测作用[5,6]。从个体角度看，公平涉及每个人当前及长远的物质和精神利益；从人际互动角度看，公平涉及人的尊严、地位及相互关系；从组织管理角度看，公平涉及上下级关系、组织气氛、团队凝聚力以及组织绩效、可持续发展等问题。由此，组织公平一直是组织行为学领域的热点。以往的研究通常将组织公平划为分配公平、程序公平、互动公平三个维度。其中，互动公平和程序公平显著预测员工创造力，而分配公平并没有表现出预测作用[7]。将互动公平细分为人际公平和信息公平后，它们是否分别对员工创新行为有正向预测作用，以及不同人格特质的主体对组织公平的感知是否会不同，目前尚无定论。这些问题的答案，对深入了解创新行为产生的动因及过程影响要素有十分重要的意义。此外，现有研究虽分别探讨了人格特质和组织公平对创新行为的影响，但对不同人格特质者在组织公平情境下的创新行为是否存在差异，以及人格特质与组织公平将怎样交互影响员工创新行为这些问题进行分析探索，仍然具有较高的理论价值和实践价值。

2　基本概念界定与研究假设

2.1　相关研究概念

人格即一个人的内在动机、习惯和情绪等特性。不同学者从不同角度对人格进行了定义。例如，Allport[8]首次提出："人格是一种取决于个体内部身心系统的动力组织，具有独特性和顺应环境的能力。"Eysenck[9]则提出了神经质、内倾性—外倾性以及精神质三维特征的理论。Goldberg[10]首先提出"大五"人格特质模型，后经 Mccrae 等[11]进一步证实，最终由 Goldberg[12]正式形成由神经质、外向性、开放性、宜人性和尽责性构成的模型，并被大多数学者所接受。该模型提供了一种系统简洁的理论框架，为人格理论及其应用研究提供了一个新的视角，同时也为心理学、组织行为学的研究提供了一个有意义的分类方式[13]。鉴于此，本研究选择"大五"人格特质作为个体视角的研究变量。

员工创新行为概念一直被以不同的方式加以定义及操作。Scott 等[14]认为，个人创新是一个从确认问题开始，经过寻求创意援助、建立支持者联盟、实施新想法、建立创新原型并最终形成商品化产品或服务的复杂过程。由此，本研究在文献［14］的研究基础上，将创新行为定义为员工在组织活动中，寻找和产生有益的新颖想法或事物，并支持和应用新方法的过程。

组织公平关注的是组织中人们对雇佣关系中公平的感知，可划分为两个层面：①组织公平的客观状态，即通过不断地改善和发展各种组织制度、建立相应的程序和措施来达到相对的组织公平。②组织公平感，即成员对组织公平的主观感受。由于每个人的公平感知阈值不同，因此，没有绝对意义上的公平。

组织公平结构的研究也经历了从单维到多维的发展。Homans[15]认为，分配公平是员工对分配结果的公平感受。Thibaut 等[16]提出程序公平的概念，指出人们既关心结果公平性，也非常关心过程公平性。而互动公平关注程序的执行者对员工的态度、方式等对员工公平性感知的影响[17]。Greenberg[12]将互动公平进一步分为人际公平和信息公平。前者主要指在执行程序或决定结果时，上级对待下属是否彬彬有礼以及是否尊重对方；后者主要指当事人是否传达了应有的信息。由此，本研究将组织公平定义为个体对于组织对待他们的公平性的感知，主要从分配公平、程序公平、人际公平与信息公平 4 个维度进行相关研究。

2.2 理论假设及理论模型构建

下面将分别深入分析人格特质、组织公平、员工创新行为三者之间的关系。

2.2.1 人格特质与创新行为的关系

（1）神经质与创新行为。神经质反映个体情绪状态的稳定性及内心体验的倾向性。情绪稳定性低的人容易产生恐惧、愤怒和悲哀等低迷情绪[18]，对工作产生消极态度大多源于他们的工作满意度较低[19]。相关研究表明，神经质与工作满意度显著负性相关[20]。神经质的员工不注重组织的长期承诺、社会技能的培养以及组织信任，他们更关注自身的既得利益[21]。鉴于此，此类员工自我效能感较低，较少为组织的技术开发或服务流程提出新颖有益的想法，同时也较少支持、促进创新想法的实施。由此，提出以下假设：

假设 1：神经质对员工创新行为各维度有负向影响。

（2）外倾性与创新行为。外倾性反映了个体神经系统的强弱及其动力特征，外倾性特质的人通常表现为合群、自信及主动[18]、精力充沛、乐观、友好等行为特征。大量研究表明，外倾性对工作满意度、工作绩效、组织承诺、组织认同等具有显著的正向影响[19,22]。外倾性个体会通过寻求职位晋升来满足他们对地位和权利的渴望，激发他们在工作中承担较多的风险[18]，他们愿意在工作中寻找、提出新的想法，并努力支持新想法的实施和应用。由此，提出以下假设：

假设 2：外倾性对员工创新行为各维度有正向影响。

（3）开放性与创新行为。开放性反映个体对经验的开放性，智慧和创造性程度以及探求的态度。这一特质的个体具有活跃的想象力，能主动接受新观念，具有较强的好奇心，在日常生活中不落俗套，能保持独立的思想，愿意接受新事物。高开放性的员工在面临新奇情境时，往往有耐性并且善于探索，并能更有效地应付组织中的变化[18]。开放性的员工通常比较关注组织能否为其在工作中提供帮助和支持，同时也关注自身的职业发展[23]。鉴于此，开放性的员工能主动寻求创新，表现出高度的自主创新、适应性和接受挑战的能力。由此，提出以下假设：

假设 3：开放性对员工创新行为各维度有正向影响。

（4）宜人性与创新行为。宜人性反映人道主义特征及人际取向，考察的是个体对他人所持的态度。高宜人性的个体乐于助人、可信赖和富有同情心，相信组织会认真履行雇佣合同中规定的义务和责任，并且表现出顺从和乐于合作的人格特点[18]。此种类型的员工，在工作中会努力避免冲突，营造和谐的氛围，为了组织利益，可能会牺牲自己的利益。为避免承担风险，他们一般不会主动去探索新方法或新技术。由此，提出以下假设：

假设 4：宜人性对员工创新行为各维度有负向影响。

（5）尽责性与创新行为。尽责性反映自我约束的能力以及取得成就的动机和责任感。高尽责性的员工做事严谨、认真、踏实、有责任心。关于尽责性对员工创新行为的研究，不同的学者得出不同的结论。例如，文献［21］的研究认为，尽责性的员工重视自身的责任，认同自己的工作，会在自己的本职工作范围内尽最大的可能完成组织交给的挑战性任务，并且会主动支持创新想法的实施和应用。本研究认同该观点，认为责任感有助于创新行为的产生。由此，提出以下假设：

假设 5：尽责性对员工创新行为各维度有正向影响。

2.2.2 组织公平对员工创新行为的影响

关于员工公平感知对创新行为影响的研究文献不多，但仍有一些研究证明工作中的公平与否同员工的工作表现有关。WEST 等[24]的研究表明，员工参与决策是提升创新绩效的关键性过程。当员工感知分配公平时，会通过努力工作来回报组织的关怀和信任；但是当感知到不公平时，员工会产生偷懒、消极怠工、破坏机器等反生产工作行为。由此，当员工感知到组织公平气氛时，会形成较高的组织支持或更好的上下级关系，进而形成社会交换的动力[25]。根据社会交换理论，交换的双方所提供的交换对彼此都是有价值的，这是因为创新行为在大多数情况下会导致较高的绩效，因此，员工会主动寻求创新想法，改善组织流程或开发新的产品和服务[26]。鉴于此，当员工感知到组织公平时，就有可能通过表现出更多的创新行为来作为有价值的社会交换途径回报组织。由此，提出以下假设：

假设 6：组织公平对员工创新行为有显著的正向影响，且分配公平、程序公平、信息公平、人际公平分别对员工创新行为各维度有显著的正向影响。

2.2.3 组织公平的调节效应

社会交换理论认为，人的一切行为都受到某种能带来奖励和报酬的交换活动的支配。在企业的雇佣关系中则具体体现为员工与组织的社会交换过程。员工会将自身付出的努力与获得的报酬进行比较，从而决定自己的投入程度[27]。组织成员对组织是否公平的认知，将影响组织成员的工作意愿和行为倾向[28]。外部环境的变化是导致个体行为变化的主要原因，环境在个性与行为的联系中起调节作用。当组织成员获得外部充足的资源时，能够对其将创新力转化为创新成果产生推动作用[29]。

根据前文分析，本研究提出以下推断：不同人格特质的个体对组织公平的感知是不同的，因此，也将导致不同的行为方式。神经质的个体较容易受外界环境因素影响，当环境有利时，他们会表现出合作、亲社会等行为，当环境不利时，他们则会表现出不合作、消极怠工等行为。外倾性特征者热情、乐观，渴望在人群中表现自己，不断寻求新的刺激，挑战高难度的任务，期望在工作中表现出较高的绩效。鉴于此，组织公平感会增强外倾性对员工创新行为的正向影响。开放性的个体喜欢新鲜事物，勇于接受挑战，想象力丰富，感受能力强。在处理生活中的应激事件时，开放性的个体能有效地运用多种应对策略。由此，组织公平在开放性与员工创新行为的关系中有调节效应。宜人性特征的员工在组织中更愿意尽力避免产生矛盾，不会对工作表现出过多的热情，不会主动满足组织需要，也不会过多计较组织对员工的义务和责任的实施程度，因此，组织公平对宜人性与创新行为的调节效应不显著。尽责性的员工，责任感比较强，对自身要求比较高，对于组织义务没有过多的要求，对组织忠诚且具有无私奉献的精神[23]。由此，提出以下假设：

假设7：组织公平在人格特质与员工创新行为关系中的调节作用不同。

假设7a：组织公平可以调节神经质与员工创新行为之间的关系。高组织公平感可以增强神经质对员工创新行为的正向影响。

假设7b：组织公平可以调节外倾性与员工创新行为之间的关系。高组织公平感可以增强外倾性对员工创新行为的正向影响。

假设7c：组织公平可以调节开放性与员工创新行为之间的关系。高组织公平感可以增强开放性对员工创新行为的正向影响。

假设7d：组织公平对宜人性与员工创新行为之间的关系没有调节作用。

假设7e：组织公平可以调节尽责性与员工创新行为之间的关系。高组织公平感可以增强尽责性对员工创新行为的正向影响。

综上所述，本研究的理论模型见图1。由图1可知，人格特质直接作用于员工创新行为，组织公平不仅直接作用于员工创新行为，同时调节人格特质对员工创新行为的影响。

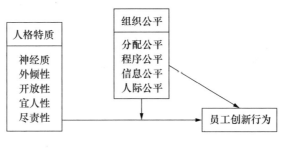

图1 理论模型

3　研究设计

3.1　研究方法及对象

本研究的数据统计分析主要采用信度效度分析、描述性分析、相关分析和回归分析等方法，使用 SPSS 16.0 和 AMOS 18.0 统计分析软件进行处理。

本研究的问卷调查以企业在职员工为对象，采用方便抽样方式，问卷来源主要包括委托有关企业人力资源部发放、委托在相关企业就业的毕业生在其公司发放、在读的某高校 MBA 班学员填答三个途径。调查企业分布在湖南、河北、四川、广东、海南、上海、重庆等地区，行业覆盖制造业、批发和零售业、金融与保险业、房地产等。共发放问卷 400 份，收回 376 份，问卷回收率为 94%，对一致性过高和不完整的问卷进行剔除后，获得有效问卷 340 份，问卷有效回收率为 85%。其中，性别方面，男性占 50.3%、女性占 49.7%；年龄方面，25 岁以下占 40%、26~35 岁占 45.6%、36~45 岁占 13.2%、46~55 岁占 1.2%；教育程度方面，硕士及以上占 10.9%、本科占 67.6%、大专占 20.9%、中专及技校占 0.6%；管理层级方面，一线员工占 45.9%、基层管理者占 26.5%、中层管理者占 19.1%、高层管理者占 8.5%。工作年限方面，1 年以下占 35.9%、1~3 年占 32.4%、4~6 年占 13.5%、7~10 年占 8.8%、10 年以上占 9.4%。

3.2　变量测量

（1）大五人格特质。常用的大五人格特质测量工具有大五人格量表、NEO 人格量表等。这些现有的大五人格测试量表因题项较多，填答费时较长，量表后半部分的内容常被忽略，故不能真实反映被试的情况。由此，本研究选择文献［30］开发的大五人格量表。该量表使用描述性格特质两极的形容词，采用 Likert 7 点计分，由被试根据对自己性格的感知选择适合自己的程度（1 和 7 分别表示形容词的两个极端）。

（2）组织公平。本研究中组织公平是指个体对组织公平性的感知。该变量的测量采用文献［5］编制的量表，并参照文献［31］基于该量表开发的翻译版，将组织公平划分为程序公平、分配公平、信息公平、人际公平 4 个维度。

（3）员工创新行为。该变量的测量借鉴文献［32］开发的量表，以及文献［33］基于该量表开发的中译版，并通过访谈与开放式问卷的方式，修改、补充了部分题项，最终形成了 17 个题项的初始量表。对生成的初始量表进行小规模的预测试，然后对预测试得到的问卷数据进行 Bartlett 球形检验和 KMO 检验。Bartlett 球形检验值为 2286.83，显著水平小于 0.001；KMO 值为 0.927，说明该量表适合做因子分析。经过第一次探索性因子分析，本研究将因子负荷小于 0.4 的三个题项予以剔除，再对余下的 14 个题项进行二次探索性因子分析，提取三个因素，重新将其命名为创意产生、创意促进、创意执行。

3.3 信度效度分析

本研究利用 SPSS 16.0 统计分析软件进行信度分析，有关结果见表 1。由表 1 可知，各量表 Cronbach's α 值均在 0.7 以上，说明本研究量表的可靠性较高。

表 1   量表信度分析

项目	α 值	项目	α 值
人格特质	0.814	组织公平	0.931
神经质	0.810	程序公平	0.806
外倾性	0.788	信息公平	0.900
开放性	0.868	分配公平	0.915
宜人性	0.837	人际公平	0.890
尽责性	0.815	员工创新行为	0.909

对量表进行验证性因子分析，目的是比较准模型与多个竞争模型间的优劣，确定最具拟合度的模型。模型优劣判断时主要看 χ^2/df（小于 2）、RMSEA（小于 0.08）、CFI（大于 0.90）、IFI（大于 0.90）、TLI（大于 0.90）几项拟合指数（见表 2）。

表 2   量表效度分析

变量	χ^2	df	χ^2/df	RMSEA	CFI	IFI	TLI
人格特质	977.092	546	1.790	0.048	0.919	0.920	0.907
组织公平	231.418	128	1.808	0.052	0.965	0.965	0.958
员工创新行为	90.531	56	1.617	0.043	0.977	0.978	0.969

由表 2 可知，各项拟合指标均达到理想水平，说明各量表均具有较好的结构效度。

4   数 据 分 析 与 结 果

4.1   相关性分析

首先使用 SPSS 16.0 统计分析软件检验主要研究变量之间的相关关系（见表 3）。由表 3 可知，外倾性、开放性、宜人性、尽责性与创新行为显著正相关，神经质与创新行为显著负相关。组织公平及其各维度与创新行为均显著正相关。

4.2 假设检验

以人格特质的 5 种类型为自变量，创新行为为因变量构建结构方程模型，见图 2。

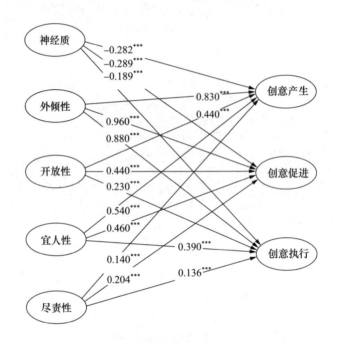

图 2　人格特质与员工创新行为关系路径

注：＊＊＊表示 $p < 0.001$，下同。

由图 2 可知，神经质到创新行为三个维度的路径系数分别为 − 0.282、− 0.289、− 0.189，均达到显著性水平，表明神经质负向影响员工创新行为。外倾性、开放性、宜人性、尽责性到创新行为三个维度的路径系数均为正数，且均达到显著性水平，表明外倾性、开放性、宜人性、尽责性正向影响员工创新行为。

表 3　人格特质、组织公平、创新行为相关分析结果

	1	2	3	4	5	6	7	8	9	10	11
1. 神经质	1										
2. 外倾性	− 0.439＊＊	1									
3. 开放性	− 0.514＊＊	0.586＊＊	1								
4. 宜人性	− 0.578＊＊	0.626＊＊	0.610＊＊	1							
5. 尽责性	− 0.534＊＊	0.486＊＊	0.610＊＊	0.580＊＊	1						
6. 组织公平	− 0.213＊＊	0.235＊＊	0.148＊＊	0.253＊＊	0.130＊	1					

续表

	1	2	3	4	5	6	7	8	9	10	11
7. 程序公平	-0.109*	0.107*	0.100	0.136*	0.074	0.748**	1				
8. 分配公平	-0.154**	0.206**	0.109*	0.201**	0.078	0.854**	0.565**	1			
9. 信息公平	-0.198**	0.214**	0.095	0.199**	0.098	0.865**	0.493**	0.640**	1		
10. 人际公平	-0.220**	0.211**	0.191**	0.283**	0.184**	0.679**	0.384**	0.407**	0.495**	1	
11. 创新行为	-0.216**	0.352**	0.382**	0.272**	0.234**	0.441**	0.313**	0.366**	0.384**	0.327**	1

注：**、*分别表示 $p < 0.01$、$p < 0.05$，下同。

根据判断模型拟合优劣的标准，由表4可知，各模型拟合情况较理想，相关分析和结构方程分析的结论均表明：神经质对员工创新行为有负向显著影响；外倾性、开放性、宜人性、尽责性对员工创新行为有显著影响。由此，假设1~假设3、假设5得到支持，假设4没有得到支持。

表4 人格特质与员工创新行为的关系

变量	χ^2	df	χ^2/df	RMSEA	CFI	GFI	IFI
神经质	365.432	171	2.137	0.058	0.915	0.914	0.916
外倾性	282.576	130	2.174	0.059	0.931	0.924	0.932
开放性	383.191	139	2.757	0.072	0.902	0.900	0.903
宜人性	402.020	171	2.351	0.063	0.904	0.902	0.905
尽责性	310.246	133	2.333	0.063	0.920	0.917	0.921

以组织公平4个维度分别为自变量，创新行为为因变量构建结构方程模型，见图3。

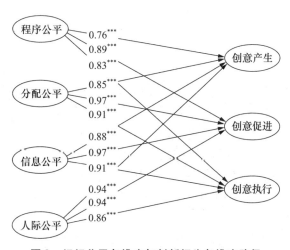

图3 组织公平各维度与创新行为各维度路径

由图 3 可知，组织公平各维度到创新行为三个维度的路径系数分别均为正数且都达到显著性水平，表明程序公平、分配公平、信息公平、人际公平均正向影响员工创新行为。

由表 5 可知，组织公平各维度分别对创新行为的 4 个模型拟合情况均较理想，相关分析和结构方程分析的结论都表明：程序公平、分配公平、信息公平和人际公平均能正向预测员工创新行为。由此，假设 6 得到支持。

表 5　组织公平各维度与创新行为的关系

变量	χ^2	df	χ^2/df	RMSEA	CFI	GFI	IFI
程序公平	189.904	109	1.742	0.050	0.950	0.933	0.951
分配公平	252.542	123	2.053	0.056	0.942	0.921	0.943
信息公平	210.041	124	1.694	0.045	0.964	0.934	0.964
人际公平	367.445	109	2.454	0.065	0.934	0.914	0.935

4.3　组织公平的调节效应检验

采用层次回归分析法，通过 SPSS 统计分析软件检验组织公平在人格特质各维度对创新行为影响中的调节效应。遵循以下步骤对组织公平的调节效应进行检验：①对 5 种人格特质和组织公平数据进行标准化处理。②生成神经质×组织公平、外倾性×组织公平、开放性×组织公平、宜人性×组织公平、尽责性×组织公平作为交互作用项。③以创新行为得分作为因变量进行分层回归分析，首先引入主效应项人格特质和组织公平，其次引入交互作用项，通过新增解释量（ΔR^2）或者交互作用项的回归系数是否显著，判断组织公平的调节效应是否显著。

由表 6 可知，交互作用项中，只有外倾性×组织公平的回归系数在以创新行为为因变量的回归方程中达到显著性水平（$\beta = 0.161$，$t = 3.488$，$p < 0.01$），且引入交互作用项后新增解释量（ΔR^2）亦达到显著性水平（$\Delta R^2 = 0.279$，$p < 0.001$），表明组织公平能调节外倾性对员工创新行为的作用关系。由此，假设 7b 得到支持。

根据文献 [34] 提出的调节效应检验程序，设自变量为 X、因变量为 Y、调节变量为 Z，如果 Z 与 X 的交互项显著，则 Z 是 X 与 Y 的调节变量。若 Z 与 X 的交互项不显著，则还要判断 Z 与 X 或 Y 是否相关，如果相关，则不是调节变量，如果不相关，需再进行分组分析，即如果各组的 R^2 有显著差异，则是调节变量，否则不是调节变量。由此，应先找到组织公平的平均数，然后对低于和高于平均数的两组分别回归。"0"代表低组织公平，"1"代表高组织公平。

表6　组织公平调节效应检验

因变量	步骤	变量	β（t）	ΔR²	F 值
创新行为	1	神经质	−0.135 ** （−2.725）	0.044 ***	16.534 ***
	2	组织公平	0.420 *** （8.470）	0.210 ***	30.960 ***
		神经质 × 组织公平	−0.083 （−1.705）		
	1	外倾性	0.273 *** （5.739）	0.122 ***	47.920 ***
	2	组织公平	0.372 *** （7.827）	0.279 ***	44.761 ***
		外倾性 × 组织公平	0.161 ** （3.488）		
	1	开放性	0.323 *** （6.980）	0.143 ***	57.691 ***
	2	组织公平	0.389 *** （8.375）	0.292 ***	47.522 ***
		开放性 × 组织公平	0.035 （0.767）		
	1	宜人性	0.176 *** （3.527）	0.071 ***	26.945 ***
	2	组织公平	0.396 *** （7.963）	0.217 ***	32.325 ***
		宜人性 × 组织公平	0.048 （1.000）		
	1	尽责性	0.179 *** （3.710）	0.052 ***	19.636 ***
	2	组织公平	0.416 *** （8.592）	0.221 ***	32.997 ***
		尽责性 × 组织公平	0.038 （0.798）		

从表7可知，神经质在低组织公平下的回归系数未达到显著性水平（β = −0.111，p = 0.160），说明组织公平对神经质与员工创新行为的关系没有影响。由此，假设7a没有得到支持。开放性、宜人性、尽责性在高、低组织公平下的回归系数均达到显著性水平。开放性、宜人性、尽责性调整后的 R² 均有显著性差异，说明组织公平对开放性、宜人性、尽责性与员工创新行为的关系起调节作用，其中，组织公平正向调节开放性、尽责性对员工创新行为的影响程度，反向调节宜人性对员工创新行为的影响程度。由此，假设7c、假设7e得到支持，假设7d没有得到支持。

表7　分组检验组织公平的调节效应

类别	分组	ΔR²	β（t）	F 值
神经质	0	0.006	−0.111 （−1.413）	1.996
	1	0.210 **	−0.163 ** （−2.193）	4.089 **
开放性	0	0.121 ***	0.356 *** （4.818）	23.215 ***
	1	0.114 ***	0.338 *** （4.768）	22.735 ***
宜人性	0	0.041 **	0.216 ** （2.792）	7.797 **
	1	0.021 **	0.163 ** （2.196）	4.821 **
尽责性	0	0.031 **	0.193 ** （2.481）	6.518 **
	1	0.033 **	1.196 ** （2.649）	7.017 **
外倾性	0	0.042 **	0.220 ** （2.853）	8.139 **
	1	0.142 ***	0.383 *** （5.497）	30.220 ***

5　结论与讨论

5.1　研究结论

本研究结果表明，在人格特质 5 个维度中，外倾性、开放性、宜人性和尽责性均正向预测创新行为，神经质负向预测创新行为。组织公平中的程序公平、分配公平、信息公平、人际公平均对创新行为具有正向预测作用。组织公平正向调节外倾性、开放性、尽责性与创新行为之间的关系，说明组织公平感越高外倾性、开放性、尽责性特质的员工创新行为就越丰富。组织公平反向调节宜人性与创新行为之间的关系，说明组织公平感开高时，宜人性人格特质员工的创新行为反而会降低。组织公平对神经质与创新行为之间的关系没有调节作用。

5.2　讨论与启示

关于人格特质与创新行为的关系，本研究验证了文献［3］、文献［4］关于外倾性、开放性、神经质与创新行为关系的观点。但与这两个研究观点不同的是，本研究证明了尽责性对创新行为同样具有正向预测作用。这是因为尽责性的员工重视自身的责任，认同自己的工作，会在本职工作范围内尽最大的可能完成组织交给的挑战性任务，并主动促进创新想法的产生与实施。此外，本研究还证明了宜人性对创新行为具有正向影响。这是因为高宜人性的员工具有乐于助人、可信赖等利他性特征，这使其在工作中会努力避免冲突，甚至为了组织的利益牺牲自己的部分利益。基于利他动机，这类员工在工作中会积极尝试新的方法来解决各种问题。本研究的结论，对推动人格特质理论在管理学领域的发展，从交叉学科视角研究管理问题有积极的意义。

关于组织公平与创新行为的关系，以往研究已证明程序公平与互动公平显著预测员工创新行为。本研究进一步验证了该观点，但与以往研究不同的是本研究将互动公平细分为人际公平和信息公平，证明了它们均对员工创新行为有显著正向影响。这与中国国情有一定关系，特别在当今社会贫富差距日益加大的背景下，基于中国文化中"不患寡而患不均"的理念，过程公平变得越来越重，它会更多地影响人们在工作中的态度和行为。

本研究结论表明，并不是单纯强调组织公平越高越好，而是要根据员工的特征和组织的创新战略要求等，有针对性地营造适合组织需要和员工特征的公平制度与政策环境，如此才能有效推动创新活动。本研究既考虑了个体特征对创新行为的影响，又突出了环境因素在其中的调节作用，更符合工作环境中的真实情景，对企业员工创新管理实践有一定的参考价值。

6 研究局限与展望

由于研究条件的限制，本研究对自变量（人格特质）、因变量（创新行为）、调节变量（组织公平）的测量采用员工自评法，虽然在研究设计时已经考虑到避免同源误差的问题，并对各量表的提问方式、角度和题项设计等方面做了考虑，但分析结果多少仍会受到同源误差的影响。在以后的研究中可采取员工自评与主管评价配对的方法对员工创新行为进行测量，以更有效地避免此类问题。

在实际抽样调查时，本研究采取的是方便抽样的方式，尽管在工作年限、职位职务上有较好的代表性，但仍受到地域的限制。在今后的研究中应尽量扩大样本量，调查的行业和地区应更具有代表性。此外，还可考虑采用现场实验或者实验室实验等方法，考察个体在不同情境下的创新行为，以便更科学地验证创新行为的影响要素及影响机理；同时，还可以结合调研数据进行跨方法检验研究假设，使研究结论更有说服力。

参考文献

［1］Costa P. T. , McCrae R. R. . Neo PI/FFI Manual Supplement ［M］. Odessa：Psychological Assessment Resources，1989.

［2］Feist G. J. . A Meta – Analysis of Personality in Scientific and Artistic Creativity ［J］. Personality and Social Psychology Review，1998，21（2）：290 – 309.

［3］田相庆. 大五人格对工作满意度及个体创新行为影响研究 ［D］. 上海：上海交通大学安泰经济与管理学院，2010.

［4］刘衡，李西垚. 研发团队公平感、领导方式对创新的影响研究 ［J］. 科研管理，2010，31（s）：24 – 31.

［5］Colquitt J. A. . On the Dimensionality of Organizational Justice：A Construct Validation of a Measure ［J］. Journal of Applied Psychology，2001，86（3）：386 – 400.

［6］Niehoff B. P. , Moorman R. H. . Justice as a Mediator of the Relationship between Methods of Monitoring and Organizational Citizenship Behavior ［J］. Academy of Management Journal，1993，36（3）：527 – 556.

［7］关莹. 组织公平对员工创造力影响研究 ［D］. 上海：上海交通大学安泰经济与管理学院，2008.

［8］Allport G. W. . Personality：A Psychological Interpretation ［M］. New York：Holt，1937.

［9］Eysenck H. J. . The Biological Basis of Personality ［M］. New Brunswick：Transaction Pub，1967.

［10］Goldberg L. R. . From Ace to Zombie：Some Explorations in the Language of Personality ［J］. Advances in Personality Assessment，1982，1（3）：203 – 234.

［11］Mccrae R. R. , Costa P. T. . Validation of the Five – Factor Model of Personality Across Instruments and Observers ［J］. Journal of Personality and Social Psychology，1987，52（1）：81 – 90.

［12］Greenberg J. . Organizational Justice：Yesterday，Today，and Tomorrow ［J］. Journal of Management, 1990, 16 (2): 399 - 432.

［13］钟建安，段锦云.“大五”人格模型及其在工业与组织心理学中的应用［J］.心理科学进展，2004, 12 (4): 578 - 583.

［14］Scott S. G., Bruce R. A.. Determinants of Innovative Behavior: A Path Model of Individual Innovation in the Workplace［J］. Academy of Management Journal, 1994, 37 (3): 580 - 607.

［15］Homans G. C.. Social Behavior: Its Elementary Forms［M］. New York: Taylor & Francis, 1974.

［16］Thibaut J. W., Walker L.. Procedural Justice: A Psychological Analysis［M］. New York: Erlbaum Associates, 1975.

［17］BIES R. J., Moag J. S.. Interactional Justice: Communication Criteria of Fairness［J］. Research on Negotiation in Organizations, 1986, 1 (1): 43 - 55.

［18］Costa P. T., Maccrae R. R.. Revised NEO Personality Inventory (NEO PI - R) and NEO Five - Factor Inventory (NEO FFI): Professional Manual［M］. Odessa: Psychological Assessment Resources, 1992.

［19］Judge T. A., Heller D., Mount M. K.. Five - Factor Model of Personality and Job Satisfaction: A Meta - Analysis［J］. Journal of Applied Psychology, 2002, 87 (3): 530 - 541.

［20］Timothy A., ILIES R.. Relationship of Personality to Performance Motivation: A Meta - Analytic Review［J］. Journal of Applied Psychology, 2002, 87 (4): 797 - 807.

［21］Raja U., Johns G., Ntalianis F.. The Impact of Personality on Psychological Contracts［J］. Academy of Management Journal, 2004, 47 (3): 350 - 367.

［22］刘薇. 员工人格特质、情绪智力与工作满意度的关系［D］. 西安：陕西师范大学管理学院，2011.

［23］张秋惠，王淼. 人格特质对心理契约的影响研究［J］. 中国人力资源开发，2011 (2): 13 - 16.

［24］West M. A., Eeron N. R.. Innovation in Top Management Teams［J］. Journal of Applied Psychology; Journal of Applied Psychology, 1996, 81 (6): 680.

［25］Masterson S. S., Lewis K., Goldman B. M., et al. Integrating Justice and Social Exchange: The Differing Effects of Fair Procedures and Treatment on Work Relationships［J］. Academy of Management Journal, 2000, 43 (4): 738 - 748.

［26］Amabile T. M., Conti R., Coon H., et al. Assessing the Work Environment for Creativity［J］. Academy of Management Journal, 1996, 39 (5): 1154 - 1184.

［27］March J. G. M., Simon H. A.. Organizations［M］. New York: Wiley, 1958.

［28］严丹，张立军. 组织公平与组织公民行为——组织承诺的调节作用实证研究［J］. 工业工程，2010, 13 (5): 106 - 111.

［29］Shaller C. E., Zhou J., Oldham G. R.. The Effects of Personal and Contextual Characteristics on Creativity: Where Should We Go from Here?［J］. Journal of Management, 2004, 30 (6): 933 - 958.

［30］Botwin M. D., Buss D. M., Shacklford T K. Personality and Mate Preferences: Five Factors in Mate Selection and Marital Satisfaction［J］. Journal of Personality, 1997, 65 (1): 107 - 136.

［31］王弘钰. 劳务派遣工的组织公平、组织认同与工作绩效关系研究［D］. 长春：吉林大学管理学院，2010.

［32］Kleysen R. F., Street C. T.. Toward a Multi - Dimensional Measure of Individual Innovative Behavior

［J］. Journal of Intellectual Capital, 2001, 2（3）: 284 – 296.

［33］卢小君，张国梁. 工作动机对个人创新行为的影响研究 ［J］. 软科学, 2007, 21 （6）: 124 – 127.

［34］Sharma S. , Dur R. M. , Gur – Arie O. . Identification and Analysis of Moderator Variables ［J］. Journal of Marketing Research, 1981, 18 （3）: 291 – 300.

A Study on Relationship between Effects of the Organizational Justice and Personality Traits on Employees' Innovative Behavior

Yao Yanhong　Han Shuqiang

（Hunan University, Changsha, China　410082）

Abstract: This paper investigates 340 employees in terms of personality traits, organizational justice and employee innovative behavior by the convenient sampling approach. According to the interaction analysis, we can conclude that i) extraversion, conscientiousness, agreeableness, openness all predict innovative behavior positively, while neuroticism predicts innovative behavior negatively; ii) organizational justice consists of distributive justice, procedural justice, interpersonal justice and information justice, and each of them has a significant impact on innovative behavior; iii) organizational justice moderates the relationship between extraversion, openness, conscientiousness and the innovative behavior positively, while moderates the agreeableness negatively and has no effect on the relationship between Neuroticism and the innovative behavior.

Key Words: Organizational Justice; Personality Traits; Employees' Innovative Behavior

开放式创新绩效的测度：
理论模型与实证检验*

蔡 宁 闫 春

（浙江大学公共管理学院，杭州 310027）

【摘　要】 创新绩效是一个多维的结构，可是现有研究对创新绩效的测度却过度关注财务视角的评价，从而不能全面衡量企业从开放式创新中得到的综合收益。在剖析现有研究中对开放式创新的绩效评价不足的基础上，提出了开放式创新绩效的概念及其维度构成，从财务和战略两个角度构建了开放式创新绩效的理论测度量表，然后收集实证数据，采用 EFA 方法进行指标筛选、维度定义和理论模型构建，并在最后通过 CFA 方法对模型进行实证检验。结果表明：开放式创新绩效的测度可以包括财务绩效和战略绩效两个维度，它们分别代表了企业从开放式创新中获得的不同类型收益。

【关键词】 开放式创新；开放式创新绩效；测度

开放式创新无论从理论上还是在实践中都代表着一种企业技术创新的新方向，可是当前关于开放式创新的理论研究却滞后于实践的需要[1]，对开放式创新知识结构的系统研究也尚未开展[2]，开放式创新绩效的综合评价就是其中相对薄弱的研究内容之一。目前，国内外对开放式创新绩效的评价基本上采用与创新绩效完全一样的指标体系，而且出于数据的客观性考虑全部采用可以获得客观数据的财务类指标。然而，单一财务维度的绩效衡量方法不能全面体现企业从开放式创新中获得的综合收益，无助于从更深入和基础的层面探究企业从开放式创新获益的形成机制，研究结论对改善企业开放式创新过程的参考价值也会受到影响。本文尝试从文献分析的角度定性探讨开放式创新绩效的概念、维度构成及其测量指标体系，然后收集实际问卷调查数据，采用探索性因子分析（EFA）对指标体系进行定量筛选和维度内涵分析，并通过验证性因子分析（CFA）检验指标体系的现实合理性。

---

*基金项目：国家自然科学基金资助项目（70973103）。

1 开放式创新绩效的概念及维度构成

开放式创新是与封闭式创新相对的一种创新范式，也是企业为了应对封闭式创新面临的 4 种腐蚀性因素而采取的一种积极创新战略，因此它必然导致与创新相关的企业内部和外部诸多因素的变革，如外部创新合作主体数量的增加和多元化、创新边界的可渗透性、创新输入和创新输出的耦合性、内外部创新资源与能力的动态协同等，这些变革最终都会反映到企业从创新开放中获得的综合收益上来。而且，这种创新综合收益的高低也不再由企业内与创新直接相关的因素决定，所有与创新有关的内部和外部主体（个人和部门）、流程、制度、参与机制等直接和间接因素都会对最终收益产生影响，也正是所有影响因素之间的协同才能保证企业开放式创新绩效的可持续性，因而有必要开发专门的绩效评价指标体系测量企业从创新开放中所获得的综合收益。

目前，在衡量开放（合作）创新对企业绩效的影响上，国外比较常用的是财务类的指标，如创新产品的销售[3]、销售增长率[4]、专利数量[5]、新产品开发速度和成本[6]等；国内也没有跳出财务评价的框架[7][8]。可是这种评价并不全面。创新绩效是一个多维度的构念[9-11]，除了常见的财务收益以外，创新效果还可以包括一些软性的或间接的收益[12][13]，而且企业也会注重开放式创新带来的整体潜在回报，而不仅仅是单一的产品销售[14]。事实上，创新绩效测度指标过于突出财务绩效的做法也反映了企业在创新导致的短期绩效和长期绩效认知上的偏差。创新是一种探索式创新任务，可是创新回报却是遥远和不确定的[15]，企业利用外部知识资源会面临交易成本和知识产权两个方面的问题，它们都可能对企业采用开放式创新产生不利影响[16]。因此，企业在获得创新潜在收益之前必须要做好承担较高成本的准备（包括项目成本和市场开发的长期等待）[6]。虽然国内在对开放式创新过程绩效的评价以及影响开放式创新结果的因素识别上的不同观点给出了衡量企业从开放式创新中获益的多维视角，如陈劲和陈钰芬把创新绩效划分为创新过程绩效和创新产出绩效两种类型，而且在不同的绩效类型中体现为不同的绩效指标[17]，何郁冰和陈劲构建的开放式立体化全面创新理论框架也指明了开放式创新绩效可以包括的 6 个维度，即制度创新、战略创新、技术创新、市场创新、文化创新、管理创新[18]，但综合衡量企业从创新开放中所获得收益的指标体系尚未建立。

基于此，本文提出开放式创新绩效的概念，即企业通过实施开放式创新可能获得的综合性财务绩效，以及为了能够维持和提升这 绩效而必须建立的保障机制的改善与优化。从而可以将开放式创新绩效的测度从现有研究中创新绩效衡量的财务维度拓展为财务和非财务两个测量维度，而且本文借鉴企业在创新输入或创新输出过程中的战略动机[19]与潜在的战略收益观点[20]，把后一个维度定义为开放创新战略绩效，意指企业从开放式创新中获得的、用来维持和促进企业开放式创新财务绩效但又不能用财务手段衡量的收益。这一定义也与 Huizingh 的观点保持了一致：关于开放式创新绩效多维评价的研究也许会引起创新绩效评价的连锁反应，从对创新绩效的短期评价到长期评价，甚至战略评价的转变[21]。

2 开放式创新绩效测度指标体系的定性构建

2.1 开放式创新财务绩效的测度指标

现有研究中，创新财务绩效的常用测度指标主要有创新产品的销售回报率（ROS）、资产回报率（ROA）、股权回报率（ROE）和专利4种。采用 ROS 衡量创新的财务绩效不仅与其他常用的创新财务绩效指标如 ROA 和 ROE 紧密相关，而且它不易受到会计处理过程的影响[22]，因而在企业绩效衡量中得到广泛应用[23][24]。创新新颖性是与专利和新产品开发与销售紧密相连的一个前置指标，采用创新新颖性和以其为基础的其他指标作为开放式创新的财务衡量指标也比较常见[25]。Laursen 和 Salter[26] 从创新新颖性与 ROS 结合的角度定义创新绩效，并且分别用三个代理变量测量探索式创新和开发式创新的财务绩效：对世界而言全新产品销售收入占全部收入的比重、对企业而言全新产品销售收入占全部收入的比重、企业重大改进产品销售收入占全部收入的比重。创新性和创新数量也是 Cheng 和 Huizingh[13] 提出的开放式创新效果多维构建过程的有机组成部分。在国内，朱朝晖和陈劲[27]、陈劲和刘振[28]、石芝玲与和金生[29] 用5个题项测量创新绩效：新产品开发速度、新产品数量、创新项目成功率、专利申请数、新产品销售收入占销售总额的比重。方刚设计了包含新技术的使用、创新的市场效果、产品创新的成功率、工艺情况以及专利数指标6个题项的量表测量企业的创新绩效[30]。

上述财务视角的创新绩效评价指标已经得到多次验证，因此本文借鉴已有的研究观点，选取其中较为常用的6个指标衡量开放式创新的财务绩效：市场全新产品 ROS、企业全新产品 ROS、新产品开发成本、专利数量、市场全新产品数量、企业全新产品数量。

2.2 开放式创新战略绩效的测度指标

封闭式创新是一种内部循环的创新范式，而开放式创新则突破企业边界的束缚将创新循环拓展到内部和外部两个既有区别又紧密相关的层面，因此衡量开放式创新绩效中非财务指标（战略绩效）也就需要同时考虑三个方面的内容：内部、外部、内外协同。目前，国内外的研究已经在定性层面对开放式创新的战略绩效构成开展了一些探讨[31][13]。Abel-Lucena[32] 的研究中也包含了非常丰富的非财务创新绩效内容，朱朝晖和陈劲、何郁冰和陈劲的研究都提供了开放式创新战略绩效评价的维度参考。归纳起来，开放式创新的战略绩效可以从以下5个细分维度进行理论建构：创新潜力、创新管理能力、创新文化氛围、管理创新、竞争地位。

2.2.1 创新潜力

在日益动态和开放的产业图景中，聚焦于从企业独特能力中获得价值已经成为企业持续发展必备的一种能力[33][34]，企业内部研发能力是企业进行创新开放以获得外部创意的必要互补[35]。因此一些企业在虽然能够身处拥有巨大技术优势的环境，可是它们同样保持了强大的研发努力[36]。现有研究也从实证的角度提供了企业研发能力对创新合作和创新绩效有积极效应的丰富证据。Fritsch 和 Lukas 的研究揭示了企业研发投资（能力）与创新合作之间的正向关联[37]。Miotti 和 Sachwald 用法国第二次创新调查数据分析发现强烈的研究导向增强了企业的合作意愿[5]。Christian 和 Rogers[38] 以知识产权和商标表示的企业创新能力与企业退出概率的研究也支持了这一观点：企业拥有的知识产权和商标数量都能显著降低企业的退出概率，拥有至少一项专利的新企业其退出概率会降低 13.9%，而拥有至少一个商标的企业其退出概率则会降低 15.5%。在指标测量上，石芝玲与和金生[29] 用 4 道题项测度开放式创新模式下企业的内部关键能力要素——企业研发人员的技术水平、企业整体研发的水平、知识库的完善情况、企业设备水平和信息基础设施水平。Kupfer 和 Avellar[39] 分析发现，开展合作研发的企业内从事研发工作的员工比例都要普遍高于创新型企业的比例。因此，可以从三个方面测量开放式创新战略绩效中的创新潜力维度：研发人员比例、研发人员素质、研发资产规模。

2.2.2 创新管理能力

开放式创新带来的一个根本变革要求是增强外部思考，管理在这个转变过程中扮演了非常重要的角色[40]。在企业的创新管理内容中，知识产权管理无疑是最关键和最重要的一个环节。企业需要针对不同的创新方式灵活建立占有制度，使其从传统理论中的外生变量转变为内生变量[41]。在开放式知识创新的条件下，仅仅发明与申请专利是不够的，重要的是对其进行运用并进一步创新[42]。在一个创新相互依存的生态系统中，企业创新必须依靠与其他企业，特别是焦点企业的合作[43]，嵌入在收益丰厚网络中的企业更有可能取得更大的创新绩效[44]。Lazer 和 Friedman[45] 验证了网络效率影响绩效的机制：开放式创新网络的广度和深度都对绩效有积极贡献，网络效率对信息扩散和信息多样性的影响方向正好相反。西班牙领先升降机企业 Orona 的合作创新网络贡献在所有创新方式的贡献中是最大的，甚至远远超过知识产权管理的贡献[46]。开展技术合作离不开内部和外部的单独努力与共同协作，开放式创新模式的采用要求有高水平的内部合作[6]。正式而灵活的知识产权管理制度和日益扩大而复杂的外部创新网络要求企业必须建立良好的内部创新管理流程体系。高效的管理体系，将有助于降低开放式创新过程中的风险，从而促进企业从进一步开放创新过程中获利[47]。因此，可以从以下三个方面对开放式创新战略绩效中创新管理维度进行测量：知识产权管理、外部创新合作网络、跨部门创新协作。

2.2.3 创新文化氛围

开放式创新是一种文化，成功的创新需要团队精神和企业文化作为支撑[48]，长远来说，开放式创新是通过持续地与外部创新者接触和保持联系的"输入"过程形成一种更具创新精神的企业文化[49]。研究发现，组织内开放的开放式创新文化支持度是导致企业产生渐进性技术创新的因素[50]。彭正龙等[51]也研究发现，由外向内开放式创新（IOI）模式下企业创新意识和创新文化都会直接影响外部知识的流入，并且间接影响企业的新产品数量和新产品上市速度。员工和经理人员的开放创新思维对创新绩效有很大影响，Shu-hsien Liao等[31]研究发现，当员工学习惯性较低而经验惯性较丰富时，组织学习的绩效会更好。开放式创新要求企业在合作研究思维上做出三个改变，而且每一个改变都是困难的[52]，其中又以经理人员创新思维的开放性培育最为关键。企业的成功在很大程度上取决于高管团队感知环境变动并将其转化为平衡开发式创新和开发式创新项目的能力[53][54]。此外，公司的技术战略导向共识也是影响创新绩效获取的关键要素之一。不同的技术战略导向会影响企业外部创新的强度和方向[21]，虽然激进型技术战略对竞争优势有贡献，但多元化技术战略才是促进绩效的根本动力[55][24]，而且在大多数企业中，技术多元化现象比产品多元化现象还要常见[56]。于是，可以从三个方面对开放式创新战略绩效中的创新文化氛围维度进行测量：开放式创新文化、开放式创新思维、多元化技术战略共识。

2.2.4　管理创新

技术创新和管理创新是一种互补关系，二者的结合能够取得更好的绩效[57]。然而，二者之间也有摩擦力，配合不当将会阻碍企业实现最优的绩效[58]。研究认为，经理人员应该创造并保持一种综合的组织设计[59]，正式而灵活的知识产权管理制度和日益扩大且复杂的外部创新网络要求企业必须建立良好的内部创新管理流程体系[60]。管理结构和信息结构可以为技术创新的实施创造有利环境[61]，拥有比较完善的信息技术系统，并不会增加组织知识共享的意愿，但是若没有良好的信息技术系统，则会降低知识共享之意愿[62]。David Naranjo-Gil[57]对开放式创新背景下医院管理创新的度量就是依据医院采用不同管理信息和控制系统的程度（如平衡计分卡、标杆管理等）。Lichtenthaler[63]则证实了企业中心化程度和公司/业务单元协调度与技术外部开发程度之间有倒"U"型关系。参考West和Anderson[64]对管理创新测量和Shin和McClomb[65]针对非营利组织创新量表中管理创新的题项设置，本文从三个方面测量开发创新战略绩效中管理创新细分维度的指标设置：创新管理体系、管理技术、组织结构。

2.2.5　竞争地位

前面的4个开放式创新战略绩效维度全部都是企业内部要素，除此之外，一些外部因素也会影响开放式创新的绩效，其中企业的行业竞争地位就是一个。对企业来说，内部和外部资源的相对重要性取决于企业的技术地位，并且在不同的行业又有所不同[66]。在组织间合作中，创新企业如果没有优势地位，即使拥有共同专门互补性资产，甚至在占有制度强的情况下，更多的新创价值也可能被更具有谈判能力的供应商、顾客、互补者等其他组织拿走[67]。Blundell等[68]对英国制造企业的大规模研究证实了行业地位（用市场份额衡量）与企业创新动机之间的显著正向关系，Grindley和Teece[69]与Ziedonis[70]则得出企业的竞争地位会对企业财务绩效产生间接影响的结论。关于创新输出（技术许可）的绩效研究也提供了很好的理论支持。研究发现，技术许可产生的战略收益由两部分构成：提高企业的产品市场地位和技术地位[71][72]。王雎和曾涛[73]也指出从创新中获利的关键已经从互补性资产的投资与拥有转移到企业在组织间合作中优势地位的获取以及占有制度的灵活运用两个方面。此外，企业声誉也会影响企业的新产品销售数量和利润[51]。因此，开放式创新战略绩效的竞争地位可以包括三个方面的指标内容：产品/市场地位、技术地位、品牌价值。

于是，可以得到包括5个细分维度、15个测量指标的开放式创新战略绩效评价指标体系。再结合前面关于开放式创新财务绩效评价指标体系的内容，可以构建开放式创新绩效评价的测量量表（见表1）（为了便于后面的定量分析，表1中在每一道题项后面的括号内给出了该指标的简称）。

表1　开放式创新绩效测量量表的问卷题项内容及指标简称

绩效维度	细分维度	问卷题项（指标简称）
开放式创新财务绩效		● 开发的国内或国际市场上全新产品的销售回报率有了显著提高（市场全新产品 ROS）
		● 开发的企业内全新产品或现有基础上重大改进产品的销售回报率有了显著提高（企业全新产品 ROS）
		● 新产品开发成本显著降低（新产品开发成本）
		● 专利申请或注册数量有了显著增加（专利数量）
		● 开发的国内或国际市场上全新产品的数量显著增加（市场全新产品数量）
		● 开发的企业内全新产品或现有基础上的重大改进产品数量显著增加（企业全新产品数量）
开放式创新战略绩效	创新潜力	● 研发人员占总员工的比例有了较大增加（研发人员比例）
		● 研发人员素质有了较大提高（研发人员素质）
		● 研发资产规模有了较大增长（研发资产规模）
	创新管理能力	● 实施了正式而灵活的知识产权管理制度（知识产权管理制度）
		● 构建了高效的外部创新合作网络（外部创新合作网络）
		● 构建了良好的跨部门创新协作机制（跨部门创新协作）
	创新文化氛围	● 形成了良好的创新文化氛围（创新文化构建）
		● 员工与经理人员的开放性创新思维有了显著改善（开放式创新思维）
		● 达成了更高程度的多元化技术战略共识（多元化技术战略共识）
	管理创新	● 建立了高效运行的创新管理流程体系（创新管理流程）
		● 采用了新的管理技术（如 ERP、局域网等）（新的管理技术）
		● 公司组织结构对创新的适应性显著增强（组织结构适应）
	竞争地位	● 行业内公司的产品市场地位有了显著提升（产品市场地位）
		● 行业内公司的技术市场地位有了显著增强（技术市场地位）
		● 公司的品牌价值有了显著增加（品牌价值）

3　开放式创新绩效测度指标的定量筛选

在从文献分析角度详细探讨了开放式创新绩效测度指标体系构成之后，本文将以问卷调查的方式收集实证数据，通过探索性因子分析（EFA）对开放式创新绩效测度指标进行定量筛选和量表的构念效度检验，然后再用验证性因子分析（CFA）方法检验筛选出指标的合理性。

3.1　问卷发放与回收

本次问卷调查的最终目的是深化创新开放度与开放式创新绩效的机理研究，构建更加整合的开放式创新分析框架，主要是在已经揭示的创新开放度与创新绩效之间的作用路径上增添商业模式的中介作用和技术搜索的调节作用，而开放式创新绩效的评价则是整合模型构建的一个基础性前提。为了降低数据获取的难度，采用一次调查、两步分析的方法进行数据获取和统计分析。

在组织管理实证研究中，客观数据和主观数据各有优劣势，Dess 和 Robinson 的研究表明，在企业创新绩效评价上主观数据评价结论和客观数据评价结论指标存在高度相关关系[74]；Venkatraman 和 Ramanujam 的研究甚至表明主观数据较存档数据（客观数据）表现出更少的偏差[75]。由于开放式创新战略绩效的评价无法用客观数据的方式进行衡量，因此为了保持数据的一致性，所有题项都采用里克特 7 点量表法进行打分，而且要求问卷填答人至少为企业内具体负责技术研发工作的中层或高层人员，相对提高了数据的构念效度和信度。从另一个角度来看，创新以及与创新有关的财务数据属于企业的核心商业机密，采用量表法收集数据在一定程度上也可以降低得到不真实数据的概率，这种处理也符合马庆国提出的"对于有可能得不到诚实回答而又必须了解的数据可以通过其他方法处理"的原则[76]。问卷调查的时间跨度为三个月（2012 年 1 月至同年 3 月），通过个别走访、企业内员工联系、MBA 和研究生班学员、邮件或邮寄联系等方法，共发放问卷 770 份，回收问卷 383 份，有效问卷 297 份，有效问卷回收率为 38.57%，然后从中随机抽取 100 份问卷用于开放式创新绩效的评价指标体系分析。一般来说，样本容量与构念指标数量的比例不低于 5.0，由于表 1 中的开放式创新财务绩效与战略绩效在统计分析时是独立的，其中财务绩效的指标数量为 6 个，战略绩效的指标数量为 15 个，因此问卷数量满足这一要求。即使把两个维度指标看成一个变量（开放式创新绩效），样本规模与测量题项的比例也接近最低要求（100/21 = 4.76），基本满足 EFA 分析的样本容量要求。

3.2　财务绩效指标的探索性因子分析

首先进行开放式创新财务绩效量表的内部一致性检验。量表的总体 Alpha 系数为

0.852，全部6道问卷题项的单项—总体相关系数都超过了0.5的临界水平，最小值为0.816，最大值为0.846，说明量表具有较好的内部一致性。KMO值为0.796，经Bartlett球形检验得到的Chi-Square值为912.426，自由度为15，显著性水平小于0.001，说明量表非常适合进行因子分析。采用主成分法和最大方差正交旋转方法进行公因子提取。

用主成分分析方法经方差最大正交旋转后得到的因子载荷矩阵如表2所示，共提取两个特征值大于1的因子，每个因子所包含的题项数量都是3道，旋转后所提取因子的共同因子都在0.50以上，最小值为0.727，最大值为0.894；所有题项的共同性也都在0.5以上。第一个因子的方差贡献率为40.71%，第二个共同因子的方差贡献率为37.28%，两个因子的累积方差贡献率为77.99%，超过了50%的临界值，表明因子的提取效果较好，用这6道题测量企业开放式创新的财务绩效具有较好的代表性。

表2　开放式创新财务绩效量表的EFA矩阵（N=100）

构念维度	测量题项	共同因子		共同性
		1	2	
显性财务绩效（FP1）	市场全新产品ROS（V1）	0.884	0.191	0.817
	企业全新产品ROS（V2）	0.860	0.205	0.753
	新产品开发成本（V3）	0.832	0.246	0.782
隐性财务绩效（FP2）	专利数量（V4）	0.112	0.894	0.698
	市场全新产品数量（V5）	0.220	0.877	0.812
	企业全新产品数量（V6）	0.411	0.727	0.818
	特征值	2.443	2.237	
	方差贡献率（%）	40.71	37.28	
	累积方差贡献率（%）	40.71	77.99	

注：指标后括号内的字符为该指标的CFA分析变量编码，表3与此相同。

表1中开放式创新财务绩效测量指标仅考虑了一个公因子，然而表2的EFA分析却提取了两个公因子，因此有必要进一步分析开放式创新财务绩效指标维度的隐含内涵。表2中，提取的第一个公因子包括三道题项：市场全新产品的ROS、企业全新产品ROS、新产品开发成本。这三道题项都直接与企业的产品销售或金钱挂钩，也是现有企业创新绩效衡量中应用最多的因变量指标。第二个公因子也包括三道题项：专利数量、市场全新产品数量、企业全新产品数量。虽然这三个指标也在一些实证研究中用作创新绩效的代理变量，可是它们与企业的产品销售或金钱挂钩的程度没有第一个公因子密切，更多的是体现了可能提高企业创新财务回报的间接因素。因此本文分别将这两个公因子命名为显性财务绩效和隐性财务绩效。

3.3 战略绩效指标的探索性因子分析

首先检验开放式创新战略绩效量表的内部一致性。结果显示，量表的总体 Alpha 系数为 0.902，除创新文化氛围中题项"多元化技术战略共识"的单项—总体相关系数为 0.444，稍低于 0.5 的临界水平外，其他题项的这一得分都超过了临界要求，说明量表具有较好的内部一致性。考虑到该题项的这一指标得分并没有与临界标准要求相差很大，后面还有其他的指标筛选步骤，所以仍然将该指标纳入 EFA 的分析程序中。经过计算，全部 15 道题项构成量表的 KMO 值为 0.880，经 Bartlett 球形检验得到的 Chi – Square 值为 2794.809，自由度为 210，显著性水平小于 0.001，说明量表非常适合进行因子分析。采用主成分法和最大方差正交旋转的方法进行公因子提取。

第一次 EFA 只能提取 4 个特征值大于 1 的公因子。旋转后所提取因子的共同因子除题项"技术市场地位"低于临界标准 0.50 以外，其他题项的得分都达到了临界要求，其中最小值为 0.549，最大值为 0.845。4 个提取公因子的累积方差贡献率为 61.448%，超过了 50% 的临界值，表明所提取因子有一定的代表性。可是共同性指标得分中有两道题项"多元化技术战略共识"和"技术市场地位"得分没有达到 0.5 的临界要求，因此有必要进行第二次分析。共同因子得分中，属于第三个公因子的题项"技术市场地位"得分最低，仅为 0.373，而且该题项在所提取的第一个公因子和第二个公因子上的共同因子分值都超过了 0.4（分别为 0.424 和 0.428），在第四个公因子上的值也达到了 0.382，表明该题项在公因子上的区分度不佳，因此第二次分析时首先就删除该题项。

用相同的步骤进行第二次因子分析，结果显示可以删除"多元化技术战略共识"题项以进一步简化量表。第三次因子分析的内部一致性检验结果显示，所有题项的单项—总体相关系数都满足了 0.5 的最低要求，最小值为 0.816，最大值为 0.840，量表的总体 Alpha 系数为 0.845，删除任何一道题项后的 Alpha 系数增幅都很小，说明量表具有很好的内部一致性。计算得到量表的 KMO 值为 0.826，经 Bartlett 球形检验得到的 Chi – Square 值为 1350.118，自由度为 78，显著性水平小于 0.001，说明量表非常适合进行因子分析。

第三次 EFA 结论如表 3 所示，最终仍然只能提取 4 个特征值大于 1 的公因子，4 个公因子的累积方差解释比例达到了 65.34%，超过了 50% 的临界要求。旋转后所有题项的共同因子得分都能够满足 0.5 的临界要求，其中最小值为 0.650，最大值为 0.852；共同性指标得分中所有题项得分也都达到了 0.5 的临界要求，说明所提取的 4 个公因子有较好的代表性，用第三次 EFA 筛选后的 13 道题项测量开放式创新的战略绩效能够满足本文的研究需要（图中指标后括号中的内容为相应的指标缩写）。

表 2 从理论上给出了开放式创新战略绩效的 5 个构念维度，可是从样本数据中只能提取 4 个公因子，理论推导与实证结论之间存在出入。对比表 2 和表 3 的结论不难看出，5 个理论构念中有三个得到了实证支持：创新潜力、管理创新和创新管理能力，而且构念的指标构成上也完全一致，说明这三个构念可以包括在开放式创新的战略绩效测量维度中。另外两个理论构念分别各有一个指标被剔除——创新文化氛围的"多元化技术战略共识"

和竞争地位的"技术市场地位"，而且两个构念剩下的两道题项被纳入了同一个共同因子，说明这4道题项以及它们原先所提出的理论构念应该重新被定义。表3提取的第三个公因子包括了这4道题项，其中属于原先假设构念"创新文化氛围"的两道题项"创新文化构建"和"开放式创新思维"描绘的都是企业内部的创新支持软环境，它们与企业内部的另外一些创新环境条件——管理创新要素之间具有一定的理论协同性，而且EFA结论也表明它们在对开放式创新的贡献方面存在不同（分属不同的共同因子）；属于原先假设构念"竞争地位"的两道题项"产品市场地位"和"品牌价值"虽然与前面分析的开放式创新隐性财务绩效指标之间存在较大的理论差异，可是更高的产品市场地位和更有价值的品牌形象无疑可以促进公司对外部创新机会的探测和获取，而且在创新合作上也会帮助公司掌握更大的主动权，因此可以认为这两个指标提供了测量企业开放式创新外部条件的一个指示器。综合"创新文化构建"、"开放式创新思维"、"产品市场地位"和"品牌价值"4道题项的属性差异，本文修正了之前提出的假设构念，将这4道题项归入一个新的构念——创新环境，其中前两道题项测量的是公司内部创新环境，后两道题项测量的是公司的外部创新环境。

表3　开放式创新战略绩效量表的第三次 EFA 分析矩阵（N = 100）

构念维度	测量题项	共同因子				共同性
		1	2	3	4	
创新潜力（SP1）	研发人员素质（V8）	0.842	0.052	0.132	0.071	0.734
	研发人员比例（V7）	0.840	0.141	0.152	0.128	0.765
	研发资产规模（V9）	0.758	0.233	0.013	0.013	0.648
管理创新（SP2）	组织结构适应（V12）	0.069	0.852	0.016	0.138	0.622
	新的管理技术（V11）	0.201	0.770	0.238	0.188	0.648
	创新管理流程（V10）	0.216	0.726	0.225	0.229	0.581
创新环境（SP3）	开放式创新思维（V14）	0.098	0.213	0.679	0.170	0.609
	创新文化构建（V13）	−0.033	0.386	0.677	−0.015	0.545
	产品市场地位（V15）	0.202	0.062	0.677	0.165	0.785
	品牌价值（V16）	0.214	−0.052	0.650	0.210	0.726
创新管理（SP4）	外部创新合作网络（V18）	0.043	0.116	0.094	0.790	0.751
	跨部门创新合作（V19）	0.063	0.198	0.096	0.728	0.630
	知识产权管理制度（V17）	0.109	0.106	0.204	0.698	0.551
	特征值	2.271	2.188	2.152	1.883	
	方差贡献率（%）	17.47	16.83	16.55	14.49	
	累积方差贡献率（%）	17.47	34.30	50.85	65.34	

4 开放式创新绩效测度模型的验证性因子分析

EFA 虽然提供了从问卷题项中提取共同因子数量和将题项进行因子归类的证据，而且对判断提取因子的解释力和代表性也提供了参考依据。然而 EFA 所提取因子是一种潜变量，它们不能直接从问卷中获得数据，因子间的关系也不能在 EFA 中给出，更不能判断在所提取的潜变量后面是否存在更高一级的潜变量。为了验证 EFA 结论的合理性和更好地剖析共同因子间的相互关系，可以采用 CFA 的方法进行判别。由于涉及潜变量分析，因此本文采用 AMOS 7.0 完成 CFA 过程。AMOS 的 CFA 功能允许多个显变量和隐变量同时进入模型，因此在分析的时候把经过 EFA 筛选出的财务绩效和战略绩效题项全部纳入模型，并构建二阶初始结构模型（图 1 中不带路径系数的图形，其中 OIP 为开放式创新绩效的变量编码）。

采用极大似然法（ML）进行 CFA 计算。最初得到的变量回归系数虽然全部都在 $p = 0.000$ 的水平上显著，可是模型的拟合度不佳，卡方值为 333.205，自由度为 146，卡方自由度比为 2.282，高于 2.0 的建议阈限值，反映模型拟合效果的重要判别指标 GFI、NFI 都没有达到 0.90 的推荐阈限值，模型修正指数（MI）显示有多个变量间可能存在未在初始模型中得到体现的相关关系，而且可以进行修正的变量间关系也没有违反 SEM 模型修正的一般原则。于是遵照 MI 提供的修正路径建议对初始模型进行修正，每次都选择 MI 值最大，而且不违背修正一般原则的路径添加变量关联路径，然后重新进行一次分析，依次类推，直到不需要或者不能再增加关联路径为止。总共可以添加 4 条关联路径，分析结果显示模型的拟合度较初始模型有了改善，说明添加的路径是合理的。修正后模型的所有路径系数都在 $p = 0.000$ 的水平上显著，取值范围也在 0.50 ~ 0.91 区间（最小值为 0.571，最大值为 0.901）[77]，所增加的 4 个协方差（即增加的 4 条修正路径，分别为 e13↔e14、e8↔e17、e13↔e23、e10↔e14）全部在 $p = 0.000$ 水平上显著，说明构建的开放式创新绩效理论模型完全满足拟合标准。表 4 给出了开放式创新绩效 CFA 模型的拟合效果检验结果，所有重要的拟合度判别指标都在推荐的判别阈值范围之内，说明模型的拟合效果良好，验证了本文构建的开放式创新绩效测量量表的有效性。

另外两个检验模型构念效果的判断指标可以进一步辅证量表的有效性。第一个是计算量表题项的组合信度和平均方差提取量。经过计算，所有题项的因素载荷都超过了 0.5 的临界值（最小值为 0.513，最大值为 0.910），细分维度的组合信度也都大于 0.5（最小值为 0.662，最大值为 0.864），平均方差提取量最小值 0.521，最大值 0.680，都能满足 0.5 的临界要求[77]。第二个是计算因素分数权重表，即检验每一道题项的所属维度及维度的题项构成，计算结果显示，开放式创新绩效在所有题项上的系数都没有非常明显的过大或过小现象，6 个二级维度指标在不同题项上的系数具有较好的区分度，而且与 EFA 的分析结论完全一致，再次证明了用经过 EFA 筛选后的 19 道题项构成了开放式创新绩效测量量表的有效性。于是，可以得到最终的开放式创新绩效结构模型图（见图 1）。

表4 开放式创新绩效 CFA 的拟合指数（N = 100）

拟合指标	拟合统计值	参考值	拟合指标	拟合统计值	参考值
卡方（CMIN）	252.662	>0	NFI	0.902	>0.90
自由度（DF）	142	>0	CFI	0.954	>0.90
卡方自由度比（CMIN/DF）	1.779	≤2	RMSEA	0.051	<0.06
GFI	0.919	>0.90	SRMR	0.0512	<0.08

注：参考值的确定参考了文献 [78] 的建议。

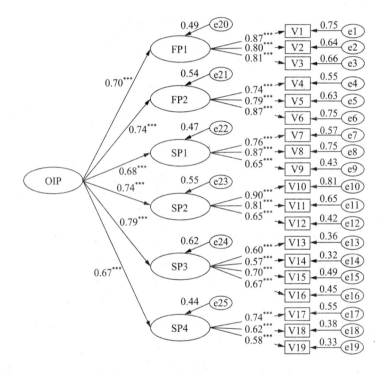

图1 开放式创新绩效测度的结构模型

5 结 论

本文在文献分析的基础上，将现有研究中常用的单一财务视角的创新绩效拓展为包括财务绩效和非财务绩效（战略绩效）两个维度的开放式创新绩效，实现了对企业开放式创新收益的单维评价向多维评价的转变。然后根据已有的研究观点，详细讨论了开放式创新财务绩效和战略绩效的细分维度及其指标构成，并据此设计调查问卷，收集实证数据，采用 EFA 和 CFA 方法对开放式创新绩效测度指标进行定量筛选和评价。结论如下：

（1）开放式创新财务绩效的指标维度与现有研究中常用的创新绩效指标构成基本相同，可是这一指标还可以进一步细分为两个维度：显性财务绩效和隐性财务绩效。前者包括了直接与销售和金钱关联的三个指标——市场全新产品的 ROS、企业全新产品 ROS、新产品开发成本；后者也包括三个指标——专利数量、市场全新产品数量、企业全新产品数量，可是更多的是体现为一种潜在的物质收益。也可以说，开放式创新财务绩效的两个细分维度也在一定程度上体现了创新结果（产品）与创新直接收益（金钱，销售）之间并不完全等价的关系。

（2）与开放式创新财务绩效相比，体现开放式创新长期收益的维度——战略绩效在理论测度内容上更加丰富，既包括了影响企业获得创新财务绩效的 4 个内部因素（创新潜力、创新管理能力、创新文化氛围、管理创新），还包括了一个外部因素（竞争地位）。可是实证分析结论显示，样本企业在创新文化氛围和竞争地位两个细分维度的评价上有一些共通之处，其中两个测量指标没有通过 EFA 筛选，而且这 5 个理论维度最后可以合并成 4 个维度，从而将筛选出的创新文化氛围和竞争地位指标内容合并成一个新的细分维度——创新环境，代表了鼓励和维持企业创新所必须的企业内部和外部（行业）软性支持环境。

（3）经过 EFA 定量筛选的开放式创新财务绩效和战略绩效测度指标最后都通过了 CFA 检验，验证了本文提出的开放式创新绩效潜变量的合理性与实践可行性，即对企业开放式创新绩效的评价不能仅仅聚焦在单一的财务维度，而是应该同时关注创新带来的财务和战略两个方面的收益，特别是不能通过财务手段直接衡量，可是又能够促进企业从开放式创新中收获财务收益，并为这种收益提供持久保障的战略收益。

对开放式创新绩效的评价不是最终目的，而是提供了一个帮助探究创新开放与创新绩效之间更为综合和深层关系的基础，即企业创新开放中的不同类型影响因素如何分别作用于开放式创新绩效中的财务和/或战略绩效要素，并通过开放式创新绩效构成要素间内部的互动得以体现。因此，对开放式创新绩效构成要素间的互动关系剖析，以及创新开放与这些要素的直接或间接关系的研究将是下一个有待开展的方向。

参考文献

[1] Van de Vrande, de Man A. P. A Response to "Is Open Innovation a Field of Study or a Communication Barrier to Theory Development?" [J]. Technovation, 2011, 34 (4): 185 – 186.

[2] Hsin – Ning Su, Pei – Chun Lee. Framing the Structure of Global Open Innovation Research [J]. Journal of Informetrics, 2012 (6): 202 – 216.

[3] Zeng S X, Xie X M, Tam C M. Relationship between Cooperation Networks and Innovation Perform-

ance of SMEs［J］. Technovation, 2010, 30（3）：181 – 194.

［4］Cincera M, Kempen L, Van Pottelsberghe B, et al. Productivity Growth, R&D and the Role of International Collaborative Agreements：Some Evidence from the Manufacturing Companies［J］. Brussels Economic Review, 2003, 92（4）：1169 – 1184.

［5］Miotti L, Sachwald F. Co – operative R&D：Why and with Whom? An Integrated Framework of Analysis［J］. Research Policy, 2003（32）：1481 – 1499.

［6］Knudsen M P, Mortensen T B. Some Immediate – but negative – effects of Openness on Product Development Performance［J］. Technovation, 2011, 31（1）：54 – 64.

［7］陈钰芬, 陈劲. 开放式创新：机理与模式［M］. 北京：科学出版社, 2008.

［8］陈劲, 吴波. 开放式技术创新范式下企业全面创新投入研究［J］. 管理工程学报, 2011, 25（4）：227 – 233.

［9］He Z L, Wong P K. Exploration vs. Exploitation：An Empirical Test of the Ambidexterity Hypothesis［J］. Organization Science, 2004, 15（4）：481 – 494.

［10］Sidhu J, Commandeur H, Volberda H. The Multifaceted Nature of Exploration and Exploitation：Value of Supply, Demand, and Spatial Search for Innovation［J］. Organization Science, 2007（18）：20 – 38.

［11］Rothaermel F T, Alexandre M T. Ambidexterity in Technology Sourcing：The Moderating Role of Absorptive Capacity［J］. Organization Science, 2009（20）：759 – 780.

［12］Rigby D, Zook C. Open – market innovation［J］. Harvard Business Review, 2002, 80（10）：80 – 89.

［13］Cheng C, Huizingh E. Open Innovation to Increase Innovation Performance：Evidence from a Large Survey［A］. Huizingh K RE, Conn S, Torkelli M, Bitran I. Proceedings of the XXI ISPIM International Conference［C］. Bilbao, Spain, 2010, 6：6 – 9.

［14］Lichtenthaler U. Integrated Roadmaps for Open Innovation［J］. Research Technology Management, 2008, 51（3）：45 – 49.

［15］Levinthal D A, March J G. The Myopia of Learning［J］. Strategic Management Journal, 1993（14）：95 – 112.

［16］Keupp M, Gassmann O. Determinants and Archetype Users of Open Innovation［J］. R&D Management, 2009, 39（4）：331 – 341.

［17］陈劲, 陈钰芬. 企业技术创新绩效评价指标体系研究［J］. 科学学与科学技术管理, 2006（3）：86 – 91.

［18］何郁冰, 陈劲. 开放式全面创新：理论框架与案例分析［J］. 西安电子科技大学学报（社会科学版）, 2009, 19（3）：59 – 64.

［19］Lichtenthaler U. Leveraging Technology Assets in the Presence of Markets for Knowledge［J］. European Management Journal, 2008（26）：122 – 134.

［20］Kline D. Sharing the Corporate Crown Jewels［J］. Sloan Management Review, 2003, 44（3）：89 – 93.

［21］Huizingh E. Open Innovation：State of the Art and Future Perspectives［J］. Technovation, 2011, 3（91）：2 – 9.

［22］Ray G, Barney J B, Muhanna W A. Capabilities, Business Processes, and Competitive Advantage：Choosing the Dependent Variable in Empirical Tests of the Resource – based View［J］. Strategic Management

Journal, 2004, 25 (1): 23 - 37.

［23］Hendricks K B, Singhal V R. Association between Supply Chain Glitches and Operating Performance ［J］. Management Science, 2005, 51 (5): 695 - 711.

［24］Lichtenthaler U. The Role of Corporate Technology Strategy and Patent Portfolios in low -, medium - and high - technology firms ［J］. Research Policy, 2009, 38 (3): 559 - 569.

［25］Cockburn I, Wagner S. Patents and the Survival of Internet - related IPOs ［J］. Research Policy, 2010, 39 (2): 214 - 228.

［26］Laursen K, Salter A. Open for Innovation: The Role of Openness in Explaining Innovation Performance among UK Manufacturing Firms ［J］. Strategic Management Journal, 2006, 27 (2): 131 - 150.

［27］朱朝晖, 陈劲. 开放创新的技术学习模式 ［M］. 北京: 科学出版社, 2008.

［28］陈劲, 刘振. 开放式创新模式下技术超学习对创新绩效的影响 ［J］. 管理工程学报, 2011, 25 (4): 1 - 7.

［29］石芝玲, 和金生. 基于技术能力和网络能力协同的企业开放式创新研究 ［J］. 情报杂志, 2011, 30 (1): 99 - 105.

［30］方刚. 基于资源观的企业网络能力与创新绩效关系研究 ［D］. 浙江大学博士学位论文, 2008.

［31］Shuhsien Liao, Chenfei Wu, Chihtang Liu. Relationships between Knowledge Inertia, Organizational Learning and Organization Innovation ［J］. Technovation, 2008, 28 (4): 183 - 195.

［32］Abel Lucena. The Organization of the Firm's Search Strategies and Their Performance Implications. Working Paper, 2011, 1 (43).

［33］Chesbrough H, Schwartz K. Innovating Business Models with Co - development Partnerships ［J］. Research Technology Management, 2007, 50 (1): 55 - 59.

［34］Teece D J. Explicating Dynamic Capabilities: The Nature and Micro - foundations of (Sustainable) Enterprise Performance ［J］. Strategic Management Journal, 2007, 28 (13): 1319 - 1350.

［35］Dahlander L, Gann D. How Open Is Innovation? ［J］. Research Policy, 2010, 39 (6): 699 - 709.

［36］Williams C, Lee S H. Exploring the Internal and External Venturing of Large R&D - intensive Firms ［J］. R&D Management, 2009, 39 (3): 231 - 246.

［37］Fritsch M, Lukas R. Who Cooperates on R&D? ［J］. Research Policy, 2001, 30 (2): 297 - 312.

［38］Christian H, Rogers M. Innovation and the Survival of New Firms in the UK ［J］. Review of Industrial Organization, 2010, 36 (3): 227 - 248.

［39］Kupfer D, Avellar A. Innovation and Cooperation: Evidences from the Brazilian Innovation Survey ［Z］. Proceedings of the 37th Brazilian Economics Meeting, 2009: 1 - 51.

［40］Johan Grönlund, David Rönnberg Sjödin, Johan Frishammar. Open Innovation and the Stage - gate Process: A Revised Model for New Product Development ［J］. California Management Review, 2010, 52 (3): 106 - 131.

［41］Pisano G P, Teece D J. How to Capture Value from Innovation: Shaping Intellectual Property and Industry Architecture ［J］. California Management Review, 2007, 50 (4): 277 - 296.

［42］Sawhney M, Prandelli E. Communities of Creation: Managing Distributed Innovation in Turbulent Market ［J］. California Management Review, 2000, 42 (4): 20 - 54.

［43］ Adner R. Match Your Innovation Strategy to Your Innovation Ecosystem ［J］. Harvard Business Review, 2006, 84（4）: 98 – 107.

［44］ Powell W, Koput K, Smith – Doerr L. Inter – organizational Collaboration and the Locus of Innovation: Networks of Learning in Biotechnology ［J］. Administrative Science Quarterly, 1996, 41（1）: 116 – 145.

［45］ Lazer D, Friedman A. The Network Structure of Exploration and Exploitation ［J］. Administrative Science Quarterly, 2007, 52（4）: 667 – 694.

［46］ Igartua I, Garrigós A, Hervas – Oliver L. How Innovation Management Techniques Support an Open Innovation Strategy ［J］. Research Technology Management, 2010, 53（3）: 41 – 52.

［47］ Lichtenthaler, U. Open Innovation: Potential Risks and Managerial Countermeasures ［A］. Paper presented at the R&D Management Conference, Manchester, Great Britain, 2010: 1 – 12.

［48］ Kirschbaum R. Open Innovation in Practice ［J］. Research Technology Management, 2005, 48（4）: 24 – 28.

［49］ Docherty M. Primer on Open Innovation: Principles and Practice ［J］. PDMA Visions Magazine, 2006, 30（2）: 13 – 17.

［50］ 陈衍泰, 何流, 司春林. 开放式创新文化与企业创新绩效关系的研究——来自江浙沪闽四地的数据实证 ［J］. 科学学研究, 2007, 25（3）: 567 – 572.

［51］ 彭正龙, 蒋旭灿, 王海花. 开放式创新模式下组织间知识共享动力因素建模 ［J］. 情报杂志, 2011, 30（8）: 163 – 169.

［52］ Euchner J A. Two Flavors of Open Innovation ［J］. Research Technology Management, 2010, 53（4）: 7 – 8.

［53］ Zollo M, Winter S G. Deliberate Learning and the Evolution of Dynamic Capabilities ［J］. Organization Science, 2002, 13（3）: 339 – 353.

［54］ O' Reilly C A, Tushman M L. Ambidexterity as a Dynamic Capability: Resolving the Innovator's Dilemma ［J］. Research of Organizational Behavior, 2008（28）: 185 – 206.

［55］ Ernst H. Patent Applications and Subsequent Changes of Performance: Evidence from Time – series Cross – section Analyses on the Firm Level ［J］. Research Policy, 2001, 30（1）: 143 – 157.

［56］ Garcia – Vega M. Does Technological Diversification Promote Innovation? An Empirical Analysis for European Firms ［J］. Research Policy, 2006, 35（2）: 230 – 246.

［57］ David Naranjo – Gil, The Influence of Environmental and Organizational Factors on Innovation Adoptions: Consequences for Performance in Public Sector Organizations ［J］. Technovation, 2009, 29（12）: 810 – 818.

［58］ Donaldson L. The Contingency Theory of Organizations ［M］. Thousand Oaks, CA: Sage, 2001.

［59］ Tushman M, O' Reilly C A. Ambidextrous Organizations: Managing Evolutionary and Revolutionary Change ［J］. California Management Review, 1996, 38（4）: 8 – 30.

［60］ Lichtenthaler U. Relative Capacity: Retaining Knowledge Outside a Firm's Boundaries ［J］. Journal of Engineering and Technology Management, 2008, 25（3）: 200 – 212.

［61］ Bruque S, Moyano J. Organisational Determinants of Information Technology Adoption and Implementation in SMEs: The Case of Family and Cooperative Firms ［J］. Technovation, 2007, 27（5）: 241 – 253.

［62］ Hendriks P. Why Share Knowledge? The Influence of ICT on the Motivation for Knowledge Sharing ［J］. Knowledge and Process Management, 1999, 6（2）: 91 – 100.

［63］ Lichtenthaler U. Organizing for External Technology Exploitation in Diversified Firms ［J］. Journal of Business Research, 2010, 63 (11): 1245 – 1253.

［64］ West A, Anderson N. Innovation in Top Management Teams ［J］. Journal of Applied Psychology, 1996, 81 (6): 680 – 693.

［65］ Schin J, McClomb E. Top Executive Leadership and Organizational Innovation: An Investigation of Nonprofit Human Service Organizations ［J］*. Administration in Social Work, 1998, 22 (3): 1 – 21.

［66］ Klevorick K, Levin C, Nelson R, et al. On the Sources and Significance of Inter – industry Differences in Technological Opportunities ［J］. Research Policy, 1995, 24 (2): 185 – 205.

［67］ Kang J, Afuah A. Profiting from Innovations: The Role of New Game Strategies in the Case of Lipitor of the US Pharmaceutical Industry ［J］. R&D Management, 2010, 40 (2): 124 – 137.

［68］ Blundell R, Griffith R, Van Reenen J. Market Share, Market Value and Innovation in a Panel of British Manufacturing Firms ［J］. Review of Economic Studies, 1999 (66): 529 – 554.

［69］ Grindley P C, Teece D J. Managing Intellectual Capital: Licensing and Cross – Licensing in Semiconductors and Electronics ［J］. California Management Review, 1997, 39 (2): 8 – 41.

［70］ Ziedonis A A. Real Options in Technology Licensing ［J］. Management Science, 2007, 53 (10): 1618 – 1633.

［71］ Lichtenthaler U. The Drivers of Technology Licensing: An Industry Comparison ［J］. California Management Review, 2007 (49): 67 – 89.

［72］ Nagaoka S, Kwon H U. The Incidence of Cross – licensing: A Theory and New Evidence on the Firm and Contract Level Determinants ［J］. Research Policy, 2006, 35 (9): 1347 – 1361.

［73］ 王睢, 曾涛. 开放式创新: 基于价值创新的认知性框架 ［J］. 南开管理评论, 2011, 14 (2): 114 – 125.

［74］ Dess G D, Robinson R B. Measurement Organization Performance in the Absence of Objective Measures: The Case of the Privately – held Firm and Conglomerate Business Unit ［J］. Strategic Management Journal, 1984, 5 (3): 265 – 273.

［75］ Venkatraman N, Ramanujam V. Measurement of Business Economic Performance: An Empirical Examination of Method Convergence ［J］. Journal of Management, 1987, 13 (1): 109 – 122.

［76］ 马庆国. 管理统计——数据获取、统计原理、SPSS 工具与应用研究 ［M］. 北京: 科学出版社, 2002.

［77］ 吴明隆. 结构方程模型——AMOS 的操作与应用 ［M］. 重庆: 重庆大学出版社, 2010.

［78］ 邱皓政, 林碧芳. 结构方程模型的原理与应用 ［M］. 北京: 中国轻工业出版社, 2009.

The Measurement of Open Innovation Performance： Theoretical Model and Its Empirical Verification

Cai Ning　Yan Chun

（College of Public Adminstration，Zhejiang University，Hangzhou　310027，China）

Abstract：Innovation performance is not a singular dimension；it should include abundant content and measuring index. But extant studies of innovation performance evaluation focus only on the financial perspective，such as Return On Sales（ROS）of new products，quantity of patents，and so on. This kind of innovation performance evaluation does not sufficient to measure the comprehensive gains that enterprises get form open innovation. On the basis of systematic literal analysis，the article raises the concept of open innovation performance，discussed its dimension composing from two viewpoints – financial and strategic. Based on this two – dimensional categorization，sub – dimension of financial open innovation and strategic open innovation performance are also detailed analyzed. Theoretical analysis result indicates that the strategic open innovation performance contains five sub – dimensions，which are innovation potential，innovation management capacity，innovation culture atmosphere，management innovation，competition position. The outcome of theoretical analysis is a scale which can be used for questionnaire setting. After that，through collecting practical surveying data，the selection of dimension items and dimension re – definition are conducted via Exploratory Factor Analysis（EFA）. Then construct a theoretical structural model for the assessment of latent variable setting. This step is carried out through Confirmatory Factor Analysis（CFA）. The final conclusion shows，the evaluation of open innovation performance should be consider financial and strategic simultaneously. This research extends the appraisal of total gains enterprises get from open innovation from simple financial viewpoint to a morecomprehensive degree；thereby provide a basic foundation for more dedicated exploration of relations between open innovation and its benefits.

Key Words：Open Innovation；Open Innovation Performance；Measurement

产学研合作创新效率及其影响因素的实证研究[*]

肖丁丁　　朱桂龙

（华南理工大学工商管理学院，广州　510640）

【摘　要】 本文基于 2005 ~ 2009 年广东省部产学研合作的面板数据，应用超越对数随机前沿模型测评了 260 家合作企业的创新效率，并基于系统视角考察了影响合作创新效率的关键因素。实证结果表明，样本期内产学研合作创新效率处于偏低但稳步提升的状态；系统内关键因素的作用路径与效果存在差异性，其中，企业家精神、外部技术依存和政府资助对合作效率有显著的正向影响，且政府资助的影响效果具有长效性，出口导向与合作模式对合作效率有显著的负向影响，且出口导向的非效率影响程度更高，而行业差异对合作效率的影响未通过显著性检验。最终，结合相关理论与实践对结果进行讨论，并指出研究局限和未来研究方向。

【关键词】 产学研合作；创新效率；协同创新；随机前沿模型

1　引言

改革开放以来，中国经济增长方式逐渐由要素驱动型转变为创新驱动型，区域创新体系内科技资源的集约配置、科研主体间的协同创新成为产业升级的关键支撑。以广东省为例，为摆脱科技资源匮乏且分布不均衡的困境，自 2005 年起，相继与教育部、中科院等机构签署产学研合作协议，在政府主导下将外部优势资源植入本区域产业创新系统，并初

───────────────

＊基金项目：国家自然科学基金项目：以产业技术为导向的产学研联盟组织模式与治理机制研究（70973038），起止时间：2010. 1 ~ 2012. 12；国家自然科学基金项目：区域创新资源约束下嵌入式产业创新系统再造研究（71073057），起止时间：2011. 1 ~ 2013. 12；国家自然科学基金青年基金项目：产学研合作与企业内部研发的关系研究：基于互补性的视角（70903022），起止时间：2010. 1 ~ 2012. 12。

步形成了国内外科研力量汇聚南粤、助力广东转型升级的发展格局①。但是，科技资源的规模优势仅仅是建设创新型广东的必要而非充分条件，高校与科研机构的潜在技术能力不等价于企业或产业的显性竞争优势，尤其是在合作主体目标导向存在差异的前提下，要实现合作网络内不同主体之间的耦合互动，并将有限的创新资源最大化转化为企业与产业竞争力，产学研合作创新的效率问题就变得尤为突出。

本文旨在探索产学研合作的创新效率问题，针对该主题的研究主要集中于两个方面：一是定性揭示影响产学研合作效率的关键因素，如郭斌等（2003）分析了参与者特征、项目特性等因素的影响[1]，Salomon（2008）发现开放程度间接促进了高校向企业的成果转化[2]，Fernando 等（2011）基于项目层面分析了技术转移办公室（TTO）与产权保护等政策因素的影响效果[3]；二是定量测评区域或行业层面产学研合作的效率水平，如王秀丽和王利剑（2009）运用 DEA 方法测算了省级层面的合作效率[4]，刘民婷和孙卫（2011）对陕西省制造业的产学研合作效率进行了测评，并探讨了行业间效率差异的引致原因[5]，Brimble（2007）发现泰国高科技行业（如生物医药）产学研成果转化率较高，而纺织行业未能得到政府资助导致合作成效不明显[6]。总之，由于学者在研究视角、考察对象、指标选取等方面存在差异，所得结果也未能达成一致性结论。

纵观上述研究，尚存在两点不足。第一，在研究对象选择方面，缺乏以企业为样本的微观层面实证支撑。囿于样本数据的可得性，现有研究均以区域或产业等宏观指标进行测评，但是，企业作为技术创新体系的主体，其创新效果更能直接反映产学研合作的质量，从合作网络内部体现创新主体之间的耦合效果，同时为产学研资助结构、扶持领域与合作模式的调整提供反馈信息。第二，在影响因素选择方面，未能反映出产学研主体间协同创新的本质关系。上述研究对影响因素的选取相对单一，缺乏针对产学研合作主体间联结关系及其外在环境影响的分析，从而弱化了合作网络内在的互补性作用，因此，基于系统视角选择影响参与主体和合作程度的关键因素，并探寻其对合作效率的差异化影响，对于推进产学研组织研发与创新资源优化协调具有重要的现实意义。

为弥补上述研究缺陷，从微观层面探索产学研合作创新效率问题，本文以广东省部学研合作企业为研究对象，应用随机前沿模型对 2005～2009 年的合作创新效率进行测评，基于系统视角分析了表征创新主体特征、参与主体联结关系及外在环境的关键因素，并就创新效率时间趋势及差异化水平下的引致原因做进一步探讨，以期为"十二五"期间科技政策的制定、创新资源的配置以及产学研合作的纵深化发展提供借鉴。

---

① 截至 2011 年初，在"三部两院一省"合作机制下，广东省各级财政累计投入 70 多亿元专项资金，引导企业投入达 800 多亿元，全国 300 多家高校（其中国家重点建设高校 90 余所）的 10000 余名专家学者（其中广东省外专家学者超过 5000 名）与广东近万家企业开展了产学研合作。

2 研究方法与模型

2.1 研究方法

"前沿效率分析方法"根据投入产出观测值构造所有可能组合的生产可能性边界，并通过比较样本与效率前沿的距离来测定相对效率[7]。与非参数方法（如 DEA）相比，参数方法则以随机前沿分析（SFA）为代表，其优点在于将随机误差与非效率值相分离，并采用计量方法对前沿函数进行估计[8]，同时，SFA 方法不仅可以测算个体的技术效率，还可以定量分析相关因素对个体效率差异的影响。这与本文系统探究产学研合作效率与非效率影响因素，以及随机误差项与非效率项对效率影响程度的研究目标相契合，也将弥补现有研究仅仅测度合作效率水平，而未能进一步探索非效率影响因素的研究缺陷。

2.2 随机前沿模型的构建

本文采用 Kumbhakar 和 Lovell（2000）[9] 提出的面板数据随机前沿模型，其一般形式为：

$$Y_{it} = f(x_{it}, t)\exp(v_{it} - u_{it}) \tag{1}$$

其中，Y_{it} 表示企业 $i(i=1, \cdots, N)$ 在时期 $t(1, \cdots, T)$ 内的实际产出，$f(\cdot)$ 表示生产可能性边界所确定的前沿产出，x_{it} 表示一组单位投入向量。误差项 $v_{it} - u_{it}$ 为复合结构，第一部分 v_{it} 服从 $N(0, \sigma_{v2})$，表示随机扰动的影响；第二部分 u_{it} 为技术非效率项，服从非负断尾正态分布（u, σ_u^2），表示对个体冲击的影响。技术效率 $TE_{it} = \exp(v_{it} - u_{it})$，表示实际产出期望与效率前沿面产出期望的比值，其值介于 0 和 1 之间，$TE_{it} = 1$ 表示决策单元位于生产可能性边界上，即技术有效，否则技术无效。

将式（1）两边分别取对数，则得到对数形式的随机前沿模型如式（2）所示：

$$\ln Y_{it} = \beta x_{it} + v_{it} - u_{it} \tag{2}$$

根据 Battese 和 Coelli（1995）[10] 的研究设计，本文设定方差参数 $\gamma = \sigma_u^2/(\sigma_v^2 + \sigma_u^2)$ 来检验复合扰动项中技术无效项的影响程度，γ 值介于 0 和 1 之间，若 $\gamma = 0$ 被接受，则表示实际产出与最大产出之间的差距来自不可控的随机因素，此时无须使用 SFA 技术分析面板数据，只需采用 OLS 方法即可。

同时，为进一步解释个体之间的技术效率差异，本文将引入 Battese 和 Coelli（1995）[10] 研究中的技术非效率函数，如式（3）所示：

$$u_{it} = \delta_0 + z_{it}\delta + w_{it} \tag{3}$$

其中，δ_0 为常数项，z_{it} 为影响技术效率的外生变量，δ 为外生变量的系数向量，若系数为负，说明外生变量对技术效率有正向影响，反之有负向影响，w_{it} 为随机误差项。

沿袭白俊红等（2009）的设计原则[8]，本文选择超越对数形式的随机前沿模型进行分析，灵活的函数形式有利于避免函数形式误设带来的估计偏差，放宽技术中性和产出弹性固定的假设将提升面板数据处理效果的准确性，具体形式如下：

$$\ln Y_{it} = \beta_0 + \sum_j \beta_j \ln x_{jit} + 1/2 \sum_j \sum_i \beta_{ji} \ln x_{jit} \ln x_{lit} + \nu_{it} - u_{it} \tag{4}$$

其中，参数 β 表示待估测变量的系数，j 和 i 分别代表第 j 和 i 个投入变量。

3 数据与变量

本文以广东省部产学研合作为研究背景，所用样本为 2005～2009 年合作企业的跟踪观测数据，其中涉及 34 个产学研联盟的 399 家企业，观测值包括企业特征、研发投入和创新产出等 44 个关键指标。截至 2009 年底，课题组与广东省科技厅联合发放问卷 508 份，回收 399 份，其中，61 份问卷的部分内容缺失，64 份问卷数据出现异常，14 份问卷出现重复现象，上述情况均视为无效问卷，最终共获得 260 家企业的数据样本，有效问卷回收率为 51.2%。

3.1 投入变量

研发投入一般由经费与人员两个部分来表征[8]。与自主研发不同，产学研合作中的参与主体与投入结构相对复杂，其中，经费投入以研发活动中用于产学研合作的经费数额来衡量，主要来源于企业自筹、政府科技计划和合作伙伴等部门。根据吴延兵（2008）的研究[11]，采用永续盘存法核算 R&D 资本存量，以 2005 年为基期对名义 R&D 支出进行平减，得到各考察期内企业的实际 R&D 支出额。人员投入以参与合作的企业内外部 R&D 人员的全时当量来衡量，主要包括企业内部研发人员、来企业工作的高校、科研院所工作人员等技术工作者，其值为当期 R&D 全时人员数与非全时人员按工作量折算成全时人员数的总和。

3.2 产出变量

对于创新产出衡量指标的选取，学术界一直存在争议。囿于数据的可得性与权威性，以往学者较多使用发明专利授权量作为考核指标。但是，由于部分创新成果以商业秘密形式存在，且专利间的质量差异因此其无法全面反映研发成果的科技与经济价值[8]。基于此，一些学者尝试使用新产品开发项目数、新产品销售收入来刻画创新成果[11]，相比而言，新产品销售收入更能够体现企业技术创新的直接效果，因此，本文采用新产品销售收入来表征创新产出，其值为报告期内通过产学研合作开发新产品实现的销售额。

3.3 影响因素

产学研合作体现了区域创新体系内大学、企业与政府三者之间的联结关系，其合作模式、过程与效率将受到多个方面因素的影响[1]。为突出合作网络中各主体间优势互补、有机耦合的关系特征，本文基于系统视角，将合作效率影响因素划分为三个部分：一是参与主体的组织特征，包括企业家精神与行业差异；二是参与主体之间的联结关系，包括合作模式、企业对高校的技术依存度；三是参与主体的外在环境，包括政府资助和出口导向。

3.3.1 主体特征

经济转轨时期，本土企业家的创新精神为企业技术能力成长提供了基础条件，企业家的创新与冒险精神渗透于企业动态的创新网络中，从而使整个企业具有利用和拓展网络的能力。对于产学研合作，企业家精神体现在与高校、科研院所或其他企业共同研发、风险共担的合作过程中，涉及联盟中合作伙伴选择、共同战略制定和共性技术分享等多个方面。同时，产学合作模式取决于行业特征和技术特性[1]。对于企业而言，行业差异将影响产学关系的紧密程度，同时也导致联盟运作模式与治理机制的差异性[12]；对于高校而言，以应用研究为主的高校与科研机构更易与企业建立研发合作关系，其职能定位、合作经验与学科优势为合作关系的持续性奠定了基础[13]。

3.3.2 联结关系

产学研合作本质是区域创新体系内企业、高校、科研院所等主体之间的协同创新[8]。具体到省部产学研实践，一方面通过多元化合作模式深化校企合作水平，从单一的技术转让拓展到共建研发实体等模式，合作模式多元化有利于企业研发战略的制定，而合作层次提升将反馈于企业研发行为，促进自主研发的增加[12]；另一方面通过科技特派员与成果研讨会等形式满足企业的外部技术依存需求，推动学研机构与企业之间的技术对接。因此，合作主体间的联结关系直接影响协同创新网络的构建与运行过程，而联结关系的紧密程度与技术供求契合度也是提升合作绩效的关键因素。

3.3.3 外在环境

由于省部产学研合作带有明显的政府驱动导向，其对参与主体的倾向性资助是区域间创新资源重新配置的本质反映。其中，政府研发退税对企业研发强度提升有长效的积极影响[14]，但政府科技投入也可能"挤出"企业自主投入，公共资源的有限性决定了政府将不能资助所有科技项目，进一步探讨产学研合作过程中政府资助导向与效率问题具有重要的现实意义。同时，对传统外向型贸易方式的依赖为广东企业打上了出口导向的烙印。"从出口中学习"假说认为出口型企业通过吸收国外的知识溢出，从而强化技术能力、提升创新效率，但是，"三来一补"却成为限制高科技研究机构进驻珠三角的障碍，从而导致其长期陷入"低技术均衡"状态[15]，产学研合作提升企业技术能力、调整产品出口结构的作用效果，仍然需要微观层面的实证检验。

为准确估计上述关键要素对产学研合作效率的影响，本文将添加企业规模、研发强度、所有制结构作为控制变量。综上，可构建如下模型：

$$\ln Y_{it} = \beta_0 + \beta_k \ln K_{it} + \beta_l \ln L_{it} + 1/2\beta_{kk}(\ln K_{it})^2 + 1/2\beta_{ll}(\ln L_{it})^2 + \beta_{kl}\ln k_{it}\ln L_{it} + \nu_{it} - u_{it} \qquad (5)$$

$$u_{it} = \delta_0 + \delta_1 Entre + \delta_2 Industry + \delta_3 Pattern + \delta_4 Tech - depend + \delta_5$$

$$Export + \delta_6 Gov + \delta_7 Size + \delta_8 Intensity + \delta_9 Owner + w_{it} \qquad (6)$$

其中，Y_{it}、K_{it} 和 L_{it} 分别表示 i 企业 t 报告期的新产品销售收入、R&D 资本存量和研发人员。Entre 表示企业家精神，其值为当年企业参与产学研合作项目数；Industry 为行业差异，根据《国民经济行业分类》二位码标准分为轻工、电子等 12 个类别；Pattern 表示合作模式，其值为企业当前合作模式等级的对应分值①；Tech - depend 表示企业对高校的技术依存度，其值为特派员对企业技术创新活动的贡献程度②；Export 表示出口导向，其值为产学研合作开发产品实现的出口创汇额；Gov 表示政府资助，其值为企业产学研经费中的政府资助额；Size 表示企业规模，其值为年度销售收入；Intensity 表示研发强度，其值为企业 R&D 经费与销售收入的比值；Owner 表示所有制形式，包括民营企业、国有企业、外资企业和港澳台企业。

4 分析结果

本文使用 Frontier 4.1 软件对 SFA 模型进行估计，分别对随机前沿生产函数的适用性、前沿技术进步的存在性、非技术效率的影响作用和产学研合作效率的时变性进行统计与分析。

4.1 产学研合作效率的描述性统计

根据 Battese 和 Coelli（1995）的研究[10]，首先检验随机前沿模型的适用性，进一步验证本文选取超越对数生产函数的依据。在式（5）的基础上建立原假设 H_0，即假设二次项系数 β_{kk}、β_{ll}、β_{kl} 为零，从而用广义似然率 λ 来检验 CD 函数时样本数据的拟合情况（见表 1）。从检验结果来看，各模型 λ 值均大于 5% 显著性水平下的卡方临界值，拒绝原假设 H_0，即本文适合采用超越对数形式的前沿函数。

为检验产学研合作效率及其前沿水平，对样本数据进行描述性统计（见表 2）。未考虑影响因素时，各个模型测算的合作效率平均值都较低，无时滞的模型 1 平均值最小为 0.301，即产学研合作根据对合作中资源利用率停留在 30% ~ 50%。加入影响因素之后，

---

① 根据对合作模式的归纳，本文将现有合作模式从低到高划分为技术转让、委托开发、合作开发、共建研发机构、共建经济实体、共同组织重大项目招标或重大技术引进 7 个等级，并分别赋予 1~7 等分值。

② 与合作模式相一致，将表征外部技术依存度的科技特派员职能分为促进企业与科研机构之间的交流沟通、帮助凝练技术需求、帮助研发新产品与新技术、帮助培养创新人员、帮助企业确立产业技术发展方向、寻求外部创新资源 6 个等级，并分别赋予 1~6 等分值。

各模型估计值均有不同程度提升，但即使效率最高的模型 8 仍然显示出 40% 的改善空间。效率均值的变化反映了影响因素的冲击作用，缺少影响因素的前沿模型估值将会偏低。虽然产学研合作作为创新资源配置与产业体系重构提供了良好的模式，但是倾向性投入并未有效转化为创新产出，并呈现高投入低产出的非均衡状态。

表 1　前沿函数适用性检验

变量	模型 1（无时滞）	模型 2（时滞 1 年）	模型 3（时滞 2 年）	模型 4（时滞 3 年）
$L（H_0）$	− 193. 346	− 171. 065	− 154. 330	− 127. 581
广义似然率 λ	124. 13	109. 752	78. 301	23. 586
临界值	7. 81	7. 81	7. 81	7. 81
检验结果	拒绝	拒绝	拒绝	拒绝

标注：临界值为显著性水平 0. 05 下的 χ^2 检验值，自由度为受约束变量的个数。

表 2　考虑影响因素的产学研合作效率对比统计结果

变量	未考虑影响因素				加入影响因素			
	模型 1（无时滞）	模型 2（时滞 1 年）	模型 3（时滞 2 年）	模型 4（时滞 3 年）	模型 5（无时滞）	模型 6（时滞 1 年）	模型 7（时滞 2 年）	模型 8（时滞 3 年）
样本量	1300	1040	780	520	1300	1040	780	520
平均值	0. 301	0. 388	0. 452	0. 513	0. 397	0. 448	0. 504	0. 587
标准差	0. 121	0. 107	0. 134	0. 169	0. 245	0. 216	0. 260	0. 273
最大值	0. 551	0. 706	0. 697	0. 892	0. 902	0. 821	0. 901	0. 962
最小值	0. 032	0. 054	0. 022	0. 041	0. 071	0. 040	0. 038	0. 048

4.2　产学研合作效率的影响因素分析

为了探究合作效率偏低的原因，本文将对各因素的影响效果做进一步分析。未考虑影响因素时，随机前沿模型的极大似然估计结果如表 3 所示。其中，σ^2 和 η 的估计值均通过了 1% 显著性检验，说明技术非效率在产学研合作过程中显著存在，同时也验证了本文采用随机前沿模型的合理性。η 值为正且显著异于零，表明合作效率是不断改善的，技术非效率的影响程度随着时间不断减弱。

表3　未考虑影响因素的估计结果

变量	模型1	模型2	模型3	模型4
常数项	-3.209*** （3.232）	7.846*** （4.952）	8.072*** （6.491）	8.307*** （7.056）
LnK	-0.032 （-0.069）	-0.231 （-0.529）	-0.206* （-1.368）	-0.260** （-2.401）
LnL	0.095 （0.374）	-0.497* （-1.355）	-0.469 （-1.106）	-0.410 （-1.158）
[LnK]²	0.0176 （0.096）	-0.302 （-2.254）	-0.031 （0.229）	0.303** （1.721）
[LnL]²	0.104** （1.668）	-0.669 （-0.596）	-0.511 （-0.593）	-0.718 （-0.149）
[LnK][LnL]	-0.277 （0.022）	0.384*** （2.473）	0.029 （-0.204）	0.012 （0.064）
σ^2	0.671*** （5.982）	0.329*** （5.712）	0.261*** （7.117）	0.347*** （4.534）
γ	0.233*** （5.98）	0.967*** （13.086）	0.957*** （13.692）	0.966*** （10.806）
η	0.097*** （7.336）	0.142*** （9.706）	0.126*** （8.466）	0.130*** （11.412）
Log 函数值	-145.05	-122.87	-148.62	-111.77

标注：***表示在1%水平上显著；**表示在5%水平上显著；*表示在10%水平上显著；下同。

从考虑影响因素的结果来看（见表4），前沿函数中参数的估计结果变化不大，在影响因素的估计中，企业家精神、技术依存度与政府资助通过了显著性检验且系数为负，说明其对产学研合作效率的正向作用效果。与表2、表3的结果相一致，χ^2 和 γ 的估计值均通过了显著性检验，其中，γ 值显著为正则表明技术非效率是产学研合作未能达到效率前沿面的重要原因。

表4　考虑影响因素的估计结果

变量	模型5	模型6	模型7	模型8
前沿函数估计				
常数项	-2.254*** （-3.307）	-4.102 （-0.410）	-3.619 （-0.362）	2.978* （1.375）
LnK	-0.181 （-0.792）	-1.356*** （-3.235）	-0.329 （-0.042）	-0.234** （-2.527）
LnL	0.038 （0.754）	-0.086** （-2.034）	0.077 （0.049）	-0.035 （-0.261）
[LnK]²	-0.031* （-1.632）	0.250 （0.023）	0.056*** （2.571）	-0.071 （-0.067）
[LnL]²	0.063** （1.756）	-0.118 （-0.012）	-0.135 （-0.036）	0.022 （0.315）
[LnK][LnL]	-0.198*** （-3.043）	0.338 （-0.023）	-0.687 （-0.039）	-0.173* （-1.419）
效率影响因素估计				
Entre	-1.384* （-1.292）	-3.374*** （-2.357）	-1.448*** （-6.135）	-3.572*** （-4.072）
Industry	0.747*** （3.017）	1.422 （1.013）	-3.357** （-2.042）	-1.416 （-1.009）
Pattern	1.063 （1.357）	1.225 （1.469）	1.319* （1.773）	1.346* （1.781）
Tech-depend	-0.329 （-1.593）	-0.513** （-2.116）	-0.487** （-2.230）	-0.491*** （-3.173）

变量	模型5	模型6	模型7	模型8
		效率影响因素估计		
Export	2.011 *** (4.039)	2.398 *** (4.160)	4.103 (0.319)	3.163 *** (4.157)
Gov	1.427 (0.748)	4.517 (0.135)	1.084 (0.055)	−2.695 *** (−4.865)
Size	1.287 ** (2.081)	1.131 (2.030)	2.078 (0.019)	1.247 * (1.393)
Owner	−1.306 ** (−2.272)	−3.116 *** (−7.378)	−1.202 *** (−4.238)	−1.193 ** (−1.713)
Intensity	−3.556 *** (−7.406)	−2.157 *** (−3.614)	−2.068 *** (−3.104)	−4.423 *** (−6.127)
δ_0	1.025 *** (3.405)	0.976 *** (2.730)	2.149 *** (4.218)	2.624 *** (4.063)
σ^2	0.206 *** (26.738)	0.196 *** (19.330)	0.185 *** (18.584)	0.164 *** (30.072)
γ	0.746 ** (3.266)	0.499 *** (5.413)	0.503 *** (3.736)	0.827 *** (13.029)
Log 函数值	−181.4	−178.3	−132.7	−168.1

主体特征变量中，企业家精神（Entre）回归系数为负且通过了1%的显著性检验，说明其对合作效率有显著的正向影响。经过金融风暴洗礼之后，珠三角企业已充分意识到技术创新的迫切性，而产学研合作为技术追赶与产业结构调整提供了契机，作为经济与技术前沿的感知者，企业家是产学与产研联结关系的最有力协调者。然而，行业差异（Industry）未能得到一致性检验结果，行业间技术门槛等要求不同导致合作行为呈现内生化差异[16]。初创期企业倾向于以"短平快"项目形式对相对成熟技术进行改进，从而呈现出开发周期短、合作效率高的表象；而知识密集型企业有能力承担高投入、高风险、周期长的研发活动，其合作的目标是战略性储备专利和竞争前技术，从而导致合作效率不佳的状况。

联结关系变量中，合作模式（Pattern）在模型7、模型8中的回归系数为正，且通过了10%的显著性检验，表明其对合作效率有显著的负向影响，这与本文预期存在较大差异。合作模式深化意味着资源配置的有效性与战略性不断增强，但由于缺乏完善的运行与监督机制，导致高层次合作未能有效实施与公正评价，甚至出现共建研发实体仅名义存在的现象，这将严重削弱科技资源的配置效率。而技术依存度（Tech－depend）在模型6、模型7和模型8中的回归系数为负，分别通过了5%和1%的显著性检验，表明其对合作效率存在显著的正向影响。在技术供求结构不对称的情形下，科技特派员实现了校企之间的"点对点"对接，推动了技术供求的市场化发展，为高校技术转移、企业科技规划与人才培养提供了关键支撑。

外在环境变量中，出口导向（Export）在模型5、模型6和模型8中的回归系数为正，且均通过了1%的显著性检验，表明其对合作效率有显著的负向影响。"三来一补"贸易模式使广东企业具备了突出的制造能力，但也导致珠三角长期处于产业链的低端而未能突破国际分工的技术门槛，偏弱的技术能力限制了对高校成果的转化，阻碍了产学研合作中的常态化知识流动。政府资助（Gov）在模型8中的回归系数为负，且通过1%的显著性检验，说明其对合作效率有显著的正向影响，且影响效果具有长期性。省部产学研的本质是政府主导下的区域间创新资源再配置，根据企业技术能力结构现状，促进关键产业共性技术平台建设，弥补产业技术体系中的社会供给缺位，将成为政府协调产学研合作关系的重要着力点。

在控制变量中，企业规模（Size）在模型5、模型8中的回归系数为正，且分别通过5%和10%的显著性检验，说明其对合作效率有显著的负向影响。与调研结果相一致，自身资源禀赋现状决定了合作模式的选择，大规模企业往往自主研发关键产业技术或产品技术，对产学合作的依赖性仅体现在技术交易与联合人才培养方面。研发强度（Intensity）与所有制结构（Owner）在各个模型中回归系数均为负值，且通过1%的显著性检验，说明其对合作效率存在正向影响，即研发投入比重越高，其参与产学研合作的积极性与创新效率也越高，同时，与安同良（2006）等的研究结果相一致[16]，企业所有制对合作效率的影响存在显著差异，外资企业的技术溢出壁垒与本土企业的创新需求促使R&D主体、频率与结构发生变化。

4.3　产学研合作效率的时间趋势分析

为进一步探究产学研合作效率的宏观趋势，本文描绘了报告期内的效率变化趋势图（如图1、图2所示）。无论是否考虑影响因素，合作效率均处于持续稳定上升的状态，且考虑影响因素后的平均效率有一定程度的提升。对于合作效率提升的原因，除了合作创新过程的自我调节与优化之外，更重要的是区域创新体系内科技资源的互补性配置与技术供求关系的有效协调，即企业与高校、科研院所之间的联结关系有效促进了创新效率提升。对比报告期截面数据，企业参与产学研合作项目数逐年上升，合作模式由单一的技术转让发展到共建科研实体等多样化格局，其合作目的不再是追求短时间内的经济利益，而更多关注合作研发技术对企业持续竞争优势的影响作用，同时，合作效率的整体提升为区域创新体系内产业结构的优化升级奠定了基础，这种良性互动效果与政策设计者的初衷正相契合。

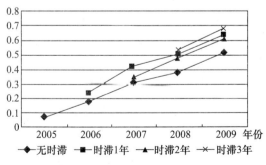

图1　未考虑影响因素的合作效率时间趋势分析

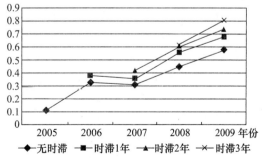

图2　考虑影响因素的合作效率时间趋势分析

5 结论与启示

本文以广东省部产学研合作为背景，应用随机前沿模型实证测评了 260 家合作企业的产学研创新效率，并基于系统视角考察了影响合作效率的关键因素。研究表明：样本期内，产学研合作创新效率处于相对较低但稳步上升状态，不同目标导向下参与主体间的协同创新效果逐渐凸显；系统内各部分因素的作用路径与效果存在差异，在主体特征因素中，企业家精神推动了本土企业能力结构的变革，从而对合作效率提升有显著的正向影响；在联结关系因素中，企业对学研机构的依存弥补了产业技术供给的社会缺位，二者的互补关系对合作效率有显著的正向影响，而合作模式与企业技术能力的匹配性较低对合作效率产生负向影响；外在环境因素中，政府资助对产学合作关系维持及效率提升具有长效的正向影响，而出口导向型经济模式延缓了企业技术能力提升的步伐，从而对合作效率产生了负向影响。

基于上述结论，提出如下研究启示：①合作模式选择应与企业技术能力结构相匹配，提升对产业应用技术的转化与吸收能力，实现供给与需求方技术对接的效用最大化；②发挥政府科技投入的杠杆效应，引导高校与企业共建关键产业技术研发平台，弥补技术供给体系中的社会缺位；③注重培养和发挥本土企业家的创新潜质，优先布局战略性新兴产业，借此改善出口产品结构与附加值。此外，由于样本数据容量与指标设计的限制，本文未能深入讨论行业差异性对合作效率的影响，而技术能力结构对产学研合作的影响将是进一步研究的方向。

参考文献

[1] 郭斌，谢志宇，吴惠芳. 产学合作绩效的影响因素及其实证分析 [J]. 科学学研究，2003，21 (S)：140 – 147.

[2] R. Salomon. Does Knowledge Spill to Leaders or Laggards? Exploring Industry Heterogeneity in Learning by Exporting [J]. Journal of International Business Studies，2008，39 (1)：132 – 150.

[3] J. Fernando, J. Mikel, L. Zofíoc, E. Castro. Evaluating Research Efficiency within National R&D Programmes [J]. Research Policy，2011 (40)：230 – 241.

[4] 王秀丽，王利剑. 产学研合作创新效率的 DEA 评价 [J]. 统计与决策，2009 (3)：54 – 56.

[5] 刘民婷，孙卫. 基于 DEA 方法的产学研合作效率评价研究——以陕西省制造业为例 [J]. 科学学与科学技术管理，2011，32 (3)：11 – 15.

[6] P. Brimble, R. Doner. University – industry Linkages and Economic Development：The Case of Thailand [J]. World Development，2007，35 (6)：1021 – 1036.

[7] M. Farrell. The Measurement of Productive Efficiency [J]. Journal of the Royal Statistical Society，1957，120 (3)：253 – 290.

［8］白俊红，江可申，李靖. 应用随机前沿模型评测中国区域研发创新效率［J］. 管理世界，2009（10）：51 – 61.

［9］Kunbhakar S., Lovell C. Stochastic Frontier Analysis［M］. New York：Cambridge University Press，2000.

［10］Battese E，Coelli T. A Model for Technical Inefficiency Effects in a Stochastic Frontier Production Function for Panel Data［J］. Empirical Economics，1995（2）：325 – 332.

［11］吴延兵. 组织研发、技术引进与生产率——基于中国地区工业的实证研究［J］. 经济研究，2008（8）：51 – 64.

［12］R. Bekkers，M. Isabel，F. Bodas. Analyzing Knowledge Transfer Channels Between Universities and Industry：To What Degree do Sectors Also Matter？［J］. Research Policy，2008，37（10）：1837 – 1853.

［13］A. Spyros，K. Ursina，W. Martin. University – industry Knowledge and Technology Transfer in Switzerland：What university scientists think about cooperation with private enterprises？［J］. Research Policy，2008，37（10）：1865 – 1883.

［14］R. Harrisa，Qian Cher Li，M. Trainor. Is a Higher Rate of R&D Tax Credit a Panacea for Low Levels of R&D in Disadvantaged Regions？［J］. Research Policy，2009，38（1）：192 – 205.

［15］张涛，张若雪. 人力资本与技术采用：对珠三角技术进步缓慢的一个解释［J］. 管理世界，2009（2）：75 – 82.

［16］安同良，施浩，L. Alcorta. 中国制造业企业 R&D 行为模式的观测与实证［J］. 经济研究，2006（2）：21 – 30.

The Innovation Efficiency of Industry – University – Research Institution Collaboration and Its Influence Factors

Xiao Dingding   Zhu Guilong

(School of Business Administration, South China University of Technology, Guangzhou 510640, China)

Abstract：Based on the panel data of the Industry – University – Research institution Collaboration (IURC) in Guangdong Province from 2005 to 2009, the innovation efficiency of 260 companies is empirically evaluated using the stochastic frontier model, and the key factors influencing IURC efficiency are researched from the system perspective. The results show that the cooperative innovation efficiency in the sample period is still low but is steadily increasing；the influence effect and path are diverse among key – factors in the system. Entrepreneurship, external technology dependency, and government subsidy have a significantly positive effect on IURC efficiency, among them government subsidy has a long – acting effect on it; the cooperation pattern shows a significant negative impact on IURC efficiency, while export orientation has a higher non – efficiency impact degree. The impact of industry differences on IURC efficiency is unable to pass the significance test. Finally, the limitations and future directions are discussed according to the related theory and practice.

Key Words: IURC; Innovation Efficiency; Synergic Innovation; Stochastic Frontier Model

开放式创新背景下产业集聚与创新绩效关系研究

——以中国高技术产业为例[*]

陈　劲[1]　梁　靓[2]　吴　航[2]

（1. 浙江大学公共管理学院，杭州　310027；

2. 浙江大学管理学院，杭州　310058）

【摘　要】产业集聚对高技术产业创新具有重要影响。本文在开放式创新的背景下，整合集聚经济理论、资源观理论和制度理论三种理论视角，以中国高技术产业为研究对象选取了 221 个样本，对产业集聚程度和创新的关系进行了探索。研究发现，在不同的集聚程度下，产业集聚对创新的影响存在区别：集聚程度较低时，专业化集聚有利于创新，而多样化集聚抑制创新；相反，集聚程度较高时，专业化集聚不利于创新，而多样化集聚促进创新。此外，企业开放式的创新战略能够有效提高多样化集聚对创新绩效的影响。

【关键词】开放式创新；专业化集聚；多样化集聚；创新绩效

　　产业集聚是促进区域经济全面发展的一个重要因素[1][2]，对企业的行为和绩效有着显著影响[3]，能够有效提高企业的生产率[4]，影响企业的创新行为[5]。然而，地区经济的产业结构却呈现出两种截然不同的形式：以美国"硅谷"为代表的一部分地区围绕某个产业，表现出高度专业化的产业集聚；而以纽约和东京为代表的另一部分地区却容纳了许多并无直接关联的产业，表现出高度多样化的产业集聚[6]。这些地区的成功经验说明，研究的核心问题不是"专业化和多样化的产业集聚孰优孰劣"，而是"专业化或者多样化的产业集聚在什么条件下能够促进创新"。

　　集聚经济理论是解释产业集聚现象的重要理论依据[7]。基于集聚经济理论，知识溢出是产业集聚影响创新的主要因素[8]。但是，以往的研究文献存在着一定的局限性：第一，忽视了资源环境和制度环境对创新的影响。产业集聚的研究不应该局限于经济学的理

＊基金项目：国家自然科学基金资助项目（71272171）。

论视角[9]，组织管理的相关理论也可以对集聚现象给出解释[9][10]。基于资源观理论，集群内的企业可以获得更多的资源优式[11]，但是企业的创新资源容易外溢到其他企业；同时，制度理论的观点认为，制度规范的产生和扩散会形成集群的"宏观文化"，并由此产生集群内企业的同质性和思维定式，影响企业的创新[10][11]。

第二，研究情境局限于欧美等发达国家。作为世界上最大的发展中国家，中国在短短30年内实现了技术和市场能力的有效追赶，东部沿海地区呈现出非常普遍的高技术产业集聚现象，但是其资源环境和制度环境又存在很大的不确定性和特殊性[12]，因此非常有必要在中国情境下探讨高技术产业集聚与创新的关系[10]。

第三，过分强调知识溢出的重要性，忽略了开放式创新背景下的知识转移。企业之间的"知识流动"包含"知识溢出"和"知识转移"两种方式，区别的关键在于知识拥有方是否具有向外输出知识的意愿[13]。在开放式创新的背景下，越来越多的企业已经开始通过交易和合作等"知识转移"的方式获取有利于创新的外部知识[14]。因此，在开放式创新的背景下整合"知识溢出"和"知识转移"，对研究产业集聚和创新绩效之间的关系具有重要意义。

本文在开放式创新的背景下，整合集聚经济理论、资源观理论和制度理论的最新发展，以中国东部沿海五省市的高新技术产业为样本进行实证分析，分别研究了专业化和多样化的产业集聚和创新绩效的关系；同时，进一步研究了企业通过技术转移获取外部知识（开放度）对产业集聚和创新绩效关系的调节作用，为基于产业集聚的区域经济发展战略提供一定的借鉴意义。

1　理论与假设

基于集聚经济理论，学者们提出了两种不同的产业集聚方式。一方面，以 Marshall、Arrow 和 Romer 为代表的学者提出了专业化集聚的概念[15-17]，并且由 Glaeser 将其整合为 Marshall - Arrow - Romer（MAR）模型[18]。该模型认为在特定区域内，提高一个产业的集聚化程度能够促进企业之间的知识溢出效应，从而有利于提高该产业的创新绩效。专业化集聚强调了一个产业内部的企业之间所产生的知识溢出，并且认为这种知识溢出效应只能由相同或相似产业的集聚化所产生[18]。另一方面，Jacobs 所提出的多样化集聚认为，知识溢出效应最重要的源头在企业所处的产业之外。她的理论强调在特定区域内，不同产业之间的集聚能够促进异质性的知识溢出，有利于产业的创新和经济增长[19]。

综上所述，专业化集聚和多样化集聚都强调了外部知识对企业创新的重要性，区别在于知识是否存在产业边界[7]。然而，两种观点都存在一个重要的假设前提，即产业集聚能够一直为集群内的企业提供有利于获取外部知识的环境。事实上，随着集聚程度的加深，产业集群中的资源环境和制度环境也会随之变化[11]，从而影响企业获取外部知识的动机和方式，产业集聚与创新的关系也会随着环境因素的变化而动态演变。

1.1 专业化集聚对创新绩效的影响

基于集聚经济理论，专业化集聚的概念最早可以追溯到 Marshall 对产业集聚外部性的研究。Marshall 提出了导致产业集聚外部性的三个原因[9][16]：①劳动力市场的规模效应。产业集聚能够形成专业化的劳动力市场，既有利于企业雇佣到专业的劳动力，也可以降低劳动者的失业风险。②中间投入品的规模效应。产业集聚可以为企业提供多种类、低成本的中间投入品，降低企业的生产成本。③知识溢出效应。同类企业之间的近距离接触加速了企业之间的知识溢出，一家企业的技术创新可以很快在整个产业内部得到扩散。知识溢出效应能够补充企业创新所需的外部知识，显著提高集群内企业的创新绩效[7][20]。

然而，从战略管理的角度来看，集聚效应实质上体现了企业战略决策与外部环境交互影响的结果[10]。企业创新战略的制定需要考虑包括资源和制度在内的外部环境因素的影响，产业集聚可以形成特殊的资源环境和制度环境，并且随着集聚程度的加深而改变。具体而言，专业化集聚能够影响创新的原因有以下 4 点：第一，专业化集聚表现为同一产业的相关企业在地理上的集聚，这种集聚能够在区域内形成完善的产业链，为集群内的企业提供更丰富的创新资源。企业之间的地理距离缩短后，也有利于企业之间知识资源的流动，降低知识和技术的搜索成本和交易成本，创造更有利于创新的资源环境[10][11]。第二，和集群外的企业相比，专业化集聚能够为集群内的企业提供更多的创新资源，从而影响集群外企业的战略决策，吸引更多的企业参与到产业集群中。但是，由于资源的有限性，当集聚程度加深后，企业不得不面临激烈的市场竞争，产业集聚的资源优势逐渐淡化。此时，集群内技术人员流动频繁，创新成果容易在短时间被其他企业抄袭和模仿，创新型企业的资源优势容易外溢到其他企业，严重影响企业的创新动机和方式[9][11]。第三，制度环境的形成受到企业战略决策的影响。产业集聚作为企业战略决策的结果，促进了相互信任、规范、权威和制裁等制度的建立和维持，有利于形成协调一致的行为规范，提高集群内企业的分工协作和资源的快速传播[11][21]，帮助企业提高自身的创新能力。第四，企业的战略决策也会受到制度环境的影响。位于同一"制度场"内的企业会因为制度压力而选择相似的战略决策，从而造成集群内企业的逐渐同化。因此，随着集聚程度的加深，集群内企业会由于"合法性"的制度压力而出现制度趋同现象。这种制度趋同达到一定程度后，并不利于企业的创新，反而会诱发企业间的过度竞争，同时还会降低企业创新与差异化的可能[11][21]。

所以，我们可以假设：当专业化集聚程度较低时，产业集聚有利于创新绩效的提高；但是当集聚程度达到一个阈值后，产业集聚将抑制创新绩效的提高。基于以上分析，本文提出如下假设：

H1：专业化集聚和创新绩效之间存在着倒"U"型的相关关系。

1.2 多样化集聚对创新绩效的影响

基于集聚经济理论的视角，专业化集聚的形成存在一个重要假设：知识受到产业边界的限制，知识溢出发生于同类产业中的企业之间，因此只能够被特定产业的产业集聚所支撑。这一假设受到了 Jacobs 等的质疑，他们认为知识溢出能够产生于互补性的产业之间，因为一个产业的知识也能够应用于其他的产业。

事实上，多样化集聚强调了不同产业之间的异质性知识存在互补的可能性，并且这种互补的知识对企业创新有着非常重要的促进作用[19]。从战略管理理论的视角来看，一方面，企业的竞争优势取决于企业异质并难以模仿的资源[12]；另一方面，制度趋同使得同一产业集聚下的企业之间逐渐缺乏多样性。如果企业能够吸收和整合产业外的异质性知识资源，那么无疑可以使企业的创新成果获得独特的竞争力，这种独特性在高水平的产业集聚中显得尤为重要。因为此时，集群内的企业会由于制度趋同而逐渐同化[10][11]，造成企业之间的产品差异性不显著，创新缺乏新颖性和竞争力。所以，当集聚程度较高时，多样化的产业集聚能够为企业提供异质性的互补知识，提升企业的创新竞争力。但是，当多样化集聚程度较低时，由于产业之间存在着制度差异，位于不同产业的企业难以形成统一协调的行为规范，资源和知识的流动与共享存在很大的障碍[10]，多样化集聚有可能不利于企业的创新。

因此，我们可以假设：一方面，集聚程度较低时，多样化集聚不利于创新绩效的提高，但是当集聚程度达到一个阈值后，多样化集聚将促进创新绩效的提高。另一方面，专业化和多样化是两种截然不同的集聚方式，两者相互排斥。现实中，专业化集聚可能会降低多样化集聚对创新绩效的影响，反之亦然。基于以上分析，本文提出如下假设：

H2：多样化集聚和创新绩效之间存在着正"U"型的相关关系。

H3：专业化集聚和多样化集聚的交互负向影响创新绩效。

1.3 开放度对集聚效应与创新绩效关系的调节作用

产业集聚效应对创新绩效的作用受到开放度的影响。为了描述开放式创新背景下企业面对外部创新要素的开放程度，Laursen 和 Salter 在 2006 年提出了"开放度"的概念，并且将这一概念细分为两个维度：广度和深度。其中，开放的广度指企业与外部合作的创新要素的数量；开放的深度指企业与外部各个创新要素之间的合作程度[22][23]。在产业集聚的环境下，开放度会影响企业利用外部知识的效率，以及企业之间制度环境的建立，从而影响集聚效应对创新绩效的作用。

具体而言，开放度可以提高专业化集聚对创新绩效的影响。当专业化集聚程度较低时，开放广度比较高的企业拥有更多的外部合作者，可以获取更多的创新资源[22]。同时，高水平的开放深度表明企业与合作者之间有着深度的接触，这种接触可以强化企业之间的熟悉程度和信任感，并由此建立起更为有效的制度环境[11]。此时，开放度可以提高专业化集聚对创新绩效的促进作用。

当专业化集聚提高到一定程度时，合作者之间的深度接触会加快集群内部的制度趋同现象。同时，高水平的开放广度和深度会放大企业内部知识溢出的可能性[23]，促进专业化集聚对创新绩效的抑制作用。因此，当专业化集聚程度较低时，较高的开放度使得专业化集聚与创新绩效之间的正向效应增强，而当专业化集聚程度较高时，较高的开放度使得专业化集聚与创新绩效之间的负向效应增强。鉴于此，本文提出如下假设：

H4a：开放度正向调节专业化集聚与创新绩效之间的关系。

开放度同样可以提高多样化集聚对创新绩效的影响。一方面，当多样化集聚程度较低时，高水平的开放广度和深度会增加企业寻找产业外合作者的搜索成本。但是由于产业间的制度差异，企业很难在短时间内寻找到适当的合作者，高额的搜索成本无疑会成为企业创新的负担[22][23]。此时，开放度促进了多样化集聚对创新绩效的抑制作用。另一方面，当多样化集聚提高到一定程度后，较高的开放深度能够巩固来自不同产业的企业之间的制度环境，降低企业间的搜索成本。同时，较高的开放广度能够帮助企业通过更多的合作者获取产业外的异质性知识，提高多样化集聚对创新绩效的促进作用[11]。因此，当多样化集聚程度较低时，较高的开放度使得多样化集聚与创新绩效之间的负向效应增强，而当多样化集聚程度较高时，较高的开放度使得多样化集聚与创新绩效之间的正向效应增强。鉴于此，本文提出如下假设：

H4b：开放度正向调节多样化集聚与创新绩效之间的关系。

2　研究设计

2.1　数据来源

本文选择省际层面的高技术产业作为研究对象，选择了北京、上海、江苏、浙江和广东5个最具代表性的东部沿海发达省市。这是因为在开放式创新的背景下，产业集聚和技术创新对高技术产业以及区域经济的发展是至关重要的。另外，虽然改革开放以后，我国高技术产业发展迅速，取得了卓越的成绩，但是高技术产业的发展在地理分布上显得非常不平衡，主要集中在东部沿海的发达省市。因此，东部发达省市的高技术产业比较适合进行集聚效应和创新的研究，也能够为我国高技术产业的发展提出切实可行的政策建议。

本文的数据来源于2001～2010年的《中国高技术产业统计年鉴》，收集了东部沿海五省市的高技术产业相关数据①，有效样本数为221个②。为了确保不同年度数据的可比性，对新产品销售收入、研发投入、国内技术购买、工业总产值等数据采用GDP平减指数折算到2000年的价格水平[24]。

---

① 样本总量为225，但是由于浙江省航空航天产业2000～2003年数据缺失，所以有效样本数为221个。

② 《中国高技术产业统计年鉴》参考了OECD高技术产业的界定范围，涵盖医药制造业、航空航天器制造业、电子及通信设备制造业、电子计算机及办公设备制造业和医疗设备及仪器仪表制造业共5类产业。

2.2 变量与测量

本文选择创新绩效作为研究的因变量,专利和新产品开发绩效是测量企业创新绩效最常用的指标[25]。但是,技术创新强调了新技术(包括新产品和新工艺等)的首次商业化这样一个具有经济意义的概念[26]。在此背景下,投入到市场中的新产品显然比专利更适合用来测量创新绩效。相比于投入,商业化的新产品会有一定的产出滞后,本文选择滞后两年的新产品销售收入(NEWP)来测量高技术产业的创新绩效。

本文选择专业化集聚和多样化集聚作为研究的自变量,大量研究文献对专业化集聚和多样化集聚的测量做出了贡献,其中应用最为广泛的测量方式是基于 Hirschman – Herfind-ahl 指数和从业人员数量的测量方法[7]。Combes 对 Hirschman – Herfindahl 指数的测量方法进行了修正[27],本文参考 Combes 的研究,采用以下方法计算专业化集聚和多样化集聚。

专业化集聚:$SPE_{i,j} = \dfrac{emp_{i,j}/emp_j}{emp_i/emp}$

多样化集聚:$DIV_{i,j} = \dfrac{1/\sum\limits_{\substack{i=1 \\ i\neq i}}^{I}\left[emp_{i,j}/(emp_j - emp_{i,j})\right]^2}{1/\sum\limits_{\substack{s=1 \\ s\neq s}}^{S}\left[emp_i/(emp - emp_i)\right]^2}$

上述两式中,$SPE_{i,j}$代表 j 地区 i 产业的专业化集聚程度,$DIV_{i,j}$代表 j 地区 i 产业的多样化集聚程度。$emp_{i,j}$代表 j 地区 i 产业的从业人员年平均人数,emp_j代表 j 地区高技术产业的从业人员年平均人数,emp_i代表全国范围内 i 产业的从业人员年平均人数,emp 代表全国范围内高技术产业的从业人员年平均人数。

在开放式创新的背景下,企业主要通过技术购买和技术引进两种方式获取外部知识[23]。因此,本文利用技术购买和技术引进所产生的知识存量之和来衡量企业在开放式创新背景下的开放程度①,即开放度(OPEN),并将此作为研究的调节变量。知识存量的核算采用永续盘存法[28],计算公式为:

$$K_{i0} = \frac{E_{i0}}{g + \delta}$$

$$K_{it} = (1 - \delta) \times K_{i(t-1)} + E_{i(t-1)}$$

本文分别计算技术购买和技术引进所产生的知识存量。上述两式中,K_{it} 和 $K_{i(t-1)}$ 分别表示产业 i 在第 t 年和第 t – 1 年的知识存量,K_{i0} 为基期的知识存量;δ 为折旧率,本研究取 15% ;g 为考察期内经费支出的平均增长率;E_{it} 为产业 i 在第 t 年的经费支出。

本文选择产业类别、产业所属地区和企业平均规模作为研究的控制变量[3]。其中产业类别用哑变量 $INDU_1$ 和 $INDU_2$ 表示,产业所属地区用哑变量 $AREA_1$ 和 $AREA_2$ 表示,

---

① 本文所测量的开放度用于反映开放式创新战略的应用程度,不仅包括企业从所在区域内获得的外部知识,也包括来源于区域外的外部知识。

哑变量取值为 0，1，−1。企业平均规模（$FSIZE_{ijt}$）采用 j 地区的产业 i 在第 t 年的工业总产值和企业总数的比值来测量。

3　数据分析与结果

表 1 给出了主要研究变量的均值、标准差和相关系数矩阵。其中专业化集聚（SPE）和多样化集聚（DIV）均与创新绩效（NEWP）存在显著性相关关系，相关系数分别为 $0.238(p<0.01)$ 和 $-0.338(p<0.01)$。

表 1　描述性统计量和相关系数矩阵（N = 221）

	$INDU_1$	$INDU_2$	$AREA_1$	$AREA_2$	FSIZE	OPEN	SPE	DIV	NEWP
INDU1	1								
INDU2	0	1							
AREA1	0.018	0	1						
AREA2	0.017	0	−0.025	1					
FSIZE	0.450 **	0.294 **	0.069	0.165 *	1				
OPEN	−0.271 **	−0.284 **	−0.012	−0.297 **	−0.229 **	1			
SPE	−0.093	−0.266 **	0.033	−0.063	0.176 **	−0.221 **	1		
DIV	−0.019	−0.068	−0.110	−0.155 *	−0.121	0.241 **	−0.159 *	1	
NEWP	0.356 **	−0.186 **	0.149 *	0.191 **	0.277 **	−0.062	0.238 **	−0.338 **	1
均值	0.5928	0	0.6109	−0.0441	2.4144	2.0109E6	0.9692	0.8936	1.8784E6
标准差	0.49244	0.90453	0.48866	0.6309	3.27228	1.16869E7	0.58360	0.19108	3.29874E6

注：** 表示在 0.01 水平（双侧）上显著相关；* 表示在 0.05 水平（双侧）上显著相关。

为了检验理论假设，本研究将相关变量经过标准化处理后，采用逐步加入控制变量、调节变量、自变量、交互项的层级回归模型进行数据分析。模型 1 是只含有控制变量和调节变量的回归模型；模型 2 是控制变量、调节变量和自变量对因变量的主效应模型；模型 3 在模型 2 的基础上加入了自变量的交互项和平方项；模型 4 在模型 3 的基础上加入了自变量平方项与调节变量的交互。回归分析结果如表 2 所示。

由模型 2 可得，专业化集聚有利于创新，而多样化集聚不利于创新，结论与 MAR 模型的研究相一致。进一步研究后，由模型 3 可得，专业化集聚的平方项和创新绩效负相关，支持假设 H1；并且，多样化集聚的平方项和创新绩效正相关，支持假设 H2。同时还发现，专业化集聚和多样化集聚的交互效应对创新绩效有负向影响，支持假设 H3。由模型 4 可得，开放度对专业化集聚和创新绩效的调节作用不显著，假设 H4a 没有得到支持。

但是，开放度和多样化集聚（平方项）的交互效应对创新绩效具有显著正向影响，支持假设 H4b。并且，在模型 3 和模型 4 中，调整后的 R^2 分别为 0.542 和 0.612，表明开放度的调节效应占了创新绩效 7% 的方差解释。

表2　集聚效应、开放度对创新绩效的层级回归模型

	因变量：创新绩效（新产品销售收入）			
	模型 1	模型 2	模型 3	模型 4
$INDU_1$	0.276 ***	0.392 ***	0.350 ***	0.292 ***
$INDU_2$	−0.230 ***	−0.266 ***	−0.150 **	−0.171 ***
$AREA_1$	0.135 *	0.124 *	0.114 *	0.182 ***
$AREA_2$	0.171 **	0.210 ***	0.224 ***	0.258 ***
FSIZE	0.193 **	0.085	0.071	0.098
OPEN	0.044	0.198 **	0.324 ***	0.088
SPE		0.347 ***	0.302 ***	0.307 ***
DIV		−0.284 ***	−0.319 ***	−0.364 ***
SPE × DIV			−0.231 ***	−0.413 ***
SPE^2			−0.258 ***	−0.202 ***
DIV^2			0.160 *	0.197 ***
$SPE^2 \times OPEN$				−0.021
$DIV^2 \times OPEN$				0.500 **
Adjusted R^2	0.223	0.416	0.542	0.612
F − value	11.537 ***	20.618 ***	24.698 ***	27.646 ***

注：表中系数为标准化回归系数。*** 表示 $p < 0.001$；** 表示 $p < 0.01$；* 表示 $p < 0.05$。

4　结论与启示

以往研究大多基于集聚经济理论探讨产业集聚和创新之间的关系[8][18][20]。本文在开放式创新的背景下，整合集聚经济理论、资源观理论和制度理论，以中国高技术产业为样本，研究了产业集聚和创新绩效之间的关系，同时还探索了开放度对两者关系的调节作用。实证结果表明，产业集聚与创新绩效之间存在"U"型曲线的关系，这一结论呼应了 DeLucio 等[29]的研究，进一步证实了两者之间非线性的相关关系。

总的来说，当集聚程度较高时，专业化集聚不利于创新，而多样化集聚能够促进创新的提高。这一结论呼应了 Feldman 等[8]的研究，验证了多样化集聚对创新的重要性；也检

验了 Pouder 等[11]的研究假设，进一步证实了过度竞争的资源环境和制度趋同下的集群同化不利于集群内企业的创新，同时也证实了异质性资源对企业创新的促进作用[7][12]。另外，当集聚程度较低时，专业化集聚能够促进企业创新，而多样化集聚不利于创新，这在一定程度上呼应了 Van der Panne[20]的研究，说明产业集聚所产生的集聚效应、资源优势和制度环境对于集群内企业的创新起着至关重要的作用。研究还发现，开放度能够正向调节多样化集聚和创新绩效之间的关系，这一结论说明由于制度环境的缺失，不同产业内的企业难以通过知识溢出的方式传播技术和知识，强调了在开放式创新背景下运用知识转移主动获取外部知识的重要理念[23]，同时也再一次证明了异质性的外部知识对企业创新的重要性。

然而，有趣的是，我们的研究并没有发现开放度能够有效调节专业化集聚和创新绩效的证据。对此，原因可能是在中国情境下，高技术企业作为后发企业，需要对欧美等发达国家进行技术追赶[12]，企业实施开放式创新的战略更倾向于从国外企业购买技术，而不是产业集群内的同行企业，因此企业的开放度并不能显著影响区域内的专业化集聚和创新的关系。另外，中国企业面临高度不确定的制度环境[12]，尤其是对知识产权保护方面的制度相对缺失，这在一定程度上也影响了企业的开放式创新战略。为了避免企业内部的知识和技术被同行抄袭和模仿，企业更多地通过与政府、研究所、高校和其他非竞争性组织合作来实现开放式创新[23]，从而限制了开放度对专业化集聚和创新绩效的调节作用。

本文的理论贡献有两点。第一，传统的基于集聚经济理论的文献认为产业集聚所产生的知识溢出效应能够为企业提供有利于创新的外部知识[7][8]。本文在此基础上，又整合了资源观理论和制度理论，关注中国情境下的高技术产业集聚所形成的资源环境和制度环境对集群内企业创新的影响，进一步深化了专业化集聚、多样化集聚与企业创新的研究。第二，本文在开放式创新的背景下，整合了知识溢出和知识转移的研究视角[13]，强调了企业获取外部创新资源的重要性，发现集群内企业的开放程度能够促进企业通过多样化集聚获取外部资源。这一研究发现增添了产业集聚作用于创新的理论解释，同时也说明了异质性的外部资源对企业创新的作用。

本文对于集群内企业管理实践和区域经济政策也具有重要启示。对于高技术产业集群内的企业而言，应该积极利用集群内部的资源环境和制度环境，重视开放式的企业创新战略，在保护企业知识产权的同时，充分整合企业外部的创新资源。此外，企业也要重视对产业外异质性资源的获取，积极参与产业外其他高技术企业之间的合作创新，从多方面获取创新资源。对于政府而言，应该在积极建设专业化产业园区的同时，注重区域内多样化的产业结构，鼓励和促进产业内部和外部的产学研深度合作，同时通过各种政策措施保护企业的自主知识产权，为开放式创新背景下的创新合作建立良好的制度环境。

本文的研究还存在一定的局限性。第一，研究在测量专业化集聚和多样化集聚时只考虑了基于 Hirschman – Herfindahl 指数的测量方法，没有考虑不同的测量方法对研究结论的影响[7][13]；第二，本文的数据来自于《中国高技术产业统计年鉴》，研究结论局限于高技术产业，因此研究结论的概化性存在限制。未来的研究可以考虑基于多种测量方法设计更为严谨的测量指标，并且扩大样本数量和产业范围，进一步完善和验证研究结论。

参考文献

［1］Porter M. E. Clusters and the New Economics of Competition ［J］. Harvard Business Review, 1998, 76 (6)：77 - 90.

［2］Porter M. E. Location, Competition, and Economic Development：Local Clusters in a Global Economy ［J］. Economic Development Quarterly, 2000, 14 (1)：15 - 34.

［3］陆毅，李冬娅，方琦璐，等. 产业集聚与企业规模——来自中国的证据 ［J］. 管理世界, 2010 (8)：84 - 89.

［4］Ciccone A., Hall R. E. Productivity and the Density of Economic Activity ［J］. American Economic Review, 1996, 86 (1)：54 - 70.

［5］Carlino G. A., Chatterjee S., Hunt R M. Urban Density and the Rate of Invention ［J］. Journal of Urban Economics, 2007, 61 (3)：389 - 419.

［6］李金滟，宋德勇. 专业化，多样化与城市集聚经济——基于中国地级单位面板数据的实证研究 ［J］. 管理世界, 2008 (2)：25 - 34.

［7］Beaudry C., Schiffauerova A. Who's Right, Marshall or Jacobs? The Localization Versus Urbanization Debate ［J］. Research Policy, 2009, 38 (2)：318 - 337.

［8］Feldman M. P., Audretsch D. B. Innovation in Cities：Science - based Diversity, Specialization and Localized Competition ［J］. European Economic Review, 1999, 43 (2)：409 - 429.

［9］苏依依，周长辉. 企业创新的集群驱动 ［J］. 管理世界, 2008 (3)：94 - 104.

［10］谭劲松，何铮. 集群研究文献综述及发展趋势 ［J］. 管理世界, 2007 (12)：140 - 147.

［11］Pouder R., John, St, C. H. Hot Spots and Blind Spots：Geographical Clusters of Firms and Innovation ［J］. Academy of Management Review, 1996, 21 (4)：1192 - 1225.

［12］江诗松，龚丽敏，魏江. 转型经济背景下后发企业的能力追赶：一个共演模型——以吉利集团为例 ［J］. 管理世界, 2011 (4)：122 - 137.

［13］Ibrahim S., Fallah M. H. Drivers of Innovation and Influence of Technological Clusters ［J］. Engineering Management Journal, 2005, 17 (3)：33 - 41.

［14］Chesbrough H. W. Open Innovation：The New Imperative for Creating and Profiting From Technology ［M］. Boston：Harvard Business Press, 2003.

［15］Arrow K. J. The Economic Implications of Learning by Doing ［J］. The Review of Economic Studies, 1962, 29 (3)：155 - 173.

［16］Marshall A. Principles of Economics：An Introductory Volume ［M］ (Eight ed.). London：The Macmillan Press (First edition published 1890), 1920.

［17］Romer P. M. Increasing Returns and Long - run Growth ［J］. The Journal of Political Economy, 1986, 1002 - 1037.

［18］Glaeser E. L., Kallal H. D., Scheinkman J A, Shleifer A. Growth in Cities ［J］. Journal of Political Economy, 1992, 100 (6)：1126 - 1152.

［19］Jacobs J. The Economy of Cities ［M］. New York：Random House, 1969.

［20］Van der Panne G. Agglomeration Externalities：Marshall versus Jacobs ［J］. Journal of Evolutionary

Economics，2004，14（5）：593 – 604.

[21] 吴结兵，徐梦周. 网络密度与集群竞争优势：集聚经济与集体学习的中介作用——2001～ 2004 年浙江纺织业集群的实证分析 [J]. 管理世界，2008（8）：69 – 76.

[22] Laursen K.，Salter A. Open for Innovation：The Role of Openness in Explaining Innovation Performance among UK Manufacturing Firms [J]. Strategic Management Journal，2006，27（2）：131 – 150.

[23] 陈钰芬. 开放式创新的机理与动态模式研究 [D]. 浙江大学博士学位论文，2007.

[24] 王万珺. FDI，装备制造业增长和地区差异——基于 2001～2007 年我国面板数据的实证分析 [J]. 科学学研究，2010，28（3）：365 – 373.

[25] Capaldo A. Network Structure and Innovation：The Leveraging of a Dual Network as a Distinctive Relational Capability [J]. Strategic Management Journal，2007，28（6）：585 – 608.

[26] 陈劲，郑刚. 创新管理：赢得持续竞争优势 [M]. 北京：北京大学出版社，2008.

[27] Combes P. P. Economic Structure and Local Growth：France，1984 – 1993 [J]. Journal of Urban Economics，2000，47（3）：329 – 355.

[28] Li X. Sources of External Technology，Absorptive Capacity，and Innovation Capability in Chinese State-owned High – tech Enterprises [J]. World Development，2011，39（7）：1240 – 1248.

[29] De Lucio J. J.，Herce J A，Goicolea A. The Effects of Externalities on Productivity Growth in Spanish Industry [J]. Regional Science and Urban Economics，2002，32（2）：241 – 258.

Industrial Agglomeration and Innovation Performance Under the Background of Open Innovation：Evidence from Chinese High – tech Industries

Chen Jin[1]   Liang Liang[2]   Wu Hang[2]

（1. School of Public Management，Zhejiang University，Hangzhou 310027，China；

2. School of Management，Zhejiang University，Hangzhou 310058，China）

Abstract：Industrial agglomeration plays a critical role on the innovation of high – tech industries. Under the background of open innovation，this paper studies 221 samples of the high – tech industries in China and examines the relationship between industrial agglomeration and innovation performance based on the theory of agglomeration economies，resource – based view and institutional theory. The results show that the impact of industrial agglomeration on innovation is dependent on the degree of agglomeration. In lower degree，specialization agglomeration is positive to innovation and diversification agglomeration restrains innovation; while in higher degree, specialization agglomeration is negative to innovation and diversification agglomeration promotes innovation. In addition, open innovation can effectively improve the impact of diversification agglomeration on industrial innovation.

Key Words: Open Innovation; Specialization Agglomeration; Diversification Agglomeration; Innovation Performance

R&D 投入、技术获取模式与企业创新绩效
——基于浙江省高技术企业的实证[*]

严　焰[1]　池仁勇[2]

（1. 浙江工业大学经贸管理学院，杭州　310023；
2. 浙江外国语学院国际工商管理学院，杭州　310012）

【摘　要】现有研究在探讨企业 R&D 投入与创新绩效之间的关系时，忽略了技术获取模式在其中的调节作用。本文以企业技术获取模式为调节变量，提出了 R&D 投入、技术来源、国外技术引进方式和企业创新绩效的理论模型，并结合浙江高技术企业的问卷调查结果，采用分组回归方法进行实证分析。研究发现：企业 R&D 投入与创新绩效显著正相关；以自主研发作为企业主要技术来源，以及以购买技术资料或专利作为引进国外技术的主要方式，对企业 R&D 投入与创新绩效的关系起正向调节作用；以合作研发为主要技术来源，以及以购买设备、购买样品、聘请国外技术人员等为引进国外技术主要方式，对企业 R&D 投入与创新绩效的关系起反向调节作用。

【关键词】R&D 投入；技术获取；创新绩效；调节效应

1　引言

研究与开发（Research and Development，R&D）活动在企业技术创新过程中起着十分关键的作用，是企业、产业乃至国家发展的重要创新源。在技术创新活动过程中，R&D投入必不可少，其规模和强度是衡量企业创新能力的重要指标，是形成企业核心竞争力的主要途径之一。R&D 投入不足势必会影响到企业的创新能力，进而影响企业创新绩效。学者们对 R&D 投入与企业创新绩效的关系给予了极大的关注。大部分研究结果显示，

　*基金项目：国家自然科学基金面上项目"创新要素集聚方式、区域创新网络开放性与中小企业集群动态能力"（71173194）；浙江省哲学社会科学规划课题"跨国公司研发投资与区域创新互动研究"（12YD17YBM）资助。

R&D 投入与企业创新绩效显著正相关[1-5]。但随着研究的不断深入，人们发现 R&D 投入对创新绩效的影响并不确定，两个 R&D 投入相同的同类型企业可能会有不同的创新能力，最终产生不同的创新绩效[6]，在某些情况下两者之间还可能表现出非显著相关性[7]。为什么相同的 R&D 投入对企业创新绩效的影响在不同企业之间会产生如此巨大的差异？部分学者开始关注影响这两者关系的其他因素。与企业创新活动相关的各种内外部条件，如企业规模、融资体系和公司治理[8]等逐步进入研究视野，成为影响 R&D 投入与企业创新绩效的各种调节变量。

尽管有不少学者注意到企业技术获取模式，尤其是外部技术获取对企业创新绩效产生的影响[9-11]，指出不同类型的技术获取模式，会以不同的方式影响企业创新绩效[12]，但从目前的研究来看，技术获取模式并没有作为影响 R&D 投入与企业创新绩效的调节变量引起学者们的关注。本质而言，R&D 投入与企业创新绩效的关系可视为一种简单的投入—产出关系，其结果与整个研发活动过程有关。企业在创新活动过程中所采取的主要技术获取模式，不仅直接作用于企业创新绩效，还会对 R&D 过程中的成本、资源配置、风险及收益产生影响，进而势必对 R&D 投入与企业创新绩效的关系产生影响。故此，企业技术获取模式理应视为影响 R&D 投入与企业创新绩效的重要调节变量。企业技术获取模式是否对 R&D 投入与创新绩效的关系具有调节作用？不同的技术获取模式（如不同的技术来源、不同的技术引进方式和内容等）又是否会产生不同的调节作用？这些调节作用分别是怎样的？这些问题都尚未得到很好的回答。

基于此，本文创新性地将企业技术获取模式作为调节变量引入，探讨其对 R&D 投入与企业创新绩效关系的影响，拓展了现有研究视角，对进一步明确 R&D 投入与创新绩效关系异质性的作用机理具有重要理论意义。同时，论文以浙江高技术企业为研究对象展开实证研究，其研究成果是对现有研究的有益补充，并希冀能够为我国企业提升技术创新绩效提供参考和建议。

2　理论假设

2.1　R&D 投入与企业创新绩效

以往许多研究致力于探索 R&D 投入与企业绩效之间的直接关系。研究结果显示，R&D 投入可以引导技术原型的产生和发展，有利于新产品进入市场，与企业技术创新绩效存在直接的正相关关系[3][4]，且对制造业部门企业绩效的积极作用要大于服务业部门[2]。R&D 资本存量与高新技术产业专利申请受理量、新产品销售收入、利润等产出指标均存在显著的正线性相关关系[5]。进一步对 R&D 投入进行分类，获得显性知识的 R&D 经费投入相对于获得隐性知识的其他类型 R&D 投入，呈现出与创新绩效更为显著的正相关[13]。R&D 经费投入对专利申请量、新产品销售收入和新产品产值存在显著影响，而 R&D 人员投入对新产品开发存在显著影响[14]。在我国高技术产业中，R&D 资本对技术创新绩效的贡献率远高于 R&D 人员对技术创新绩效的贡献率，并且两种投入要素产出弹性之和大于 1，呈现出规模经济的特性[15]。企业规模对 R&D 经费支出存在负面影响，不同主体的 R&D 投入与企业技术创新绩效的关系也存在差异，外资、私营、集体、股份和国有企业的 R&D 边际产出依次递减[16]。

也有学者指出，R&D 投入对企业绩效的影响并不都是积极的，甚至可能是负面的。R&D 投入并不会比其他形式的投资支出更有利于提高企业绩效[7]。因为溢出效应的存在，R&D 投入企业可能并不能获得全部创新收益，而遭到竞争者的模仿，面临更为激烈的竞争[17]。由于资源存在被无效配置和利用的可能，R&D 投入对企业绩效的促进作用关键取决于这些支出是否被有效利用[18]。

通过对上述相关理论和实证研究成果的梳理，本研究提出 R&D 投入与企业创新绩效之间有待检验的假设：

H1：R&D 投入与企业创新绩效之间存在显著正相关关系。

2.2 技术获取模式对 R&D 投入与企业创新绩效的调节作用

2.2.1 不同技术来源的调节作用

技术获取模式从技术来源角度，根据研发参与程度的强弱可分为独立研发、合作研发和购买引进等模式[19]。其中独立研发属于内部技术获取，合作研发和购买引进属于外部技术获取。不同类型的技术获取模式以不同的方式影响创新绩效，内部和外部研发在不同程度上可能互补，也可能相互替代[12]。一般认为，独立研发虽然投入较大、风险较高，但亦体现企业具有较强创新能力，一旦成功，在相同 R&D 投入的情况下，企业往往能够利用研究成果获取高额垄断收益。因此，独立研发对 R&D 投入与企业创新绩效之间的调节作用可假设为：

H2a：独立研发对 R&D 投入与创新绩效的关系起正向调节作用。

随着技术更新速度加快和复杂性加强，企业越来越依赖外部技术获取[20]。一方面，有学者认为，从外部获取技术有助于企业集中资本、提高劳动生产率，对企业绩效具有显著的正面效应[9]。另一方面，也有学者认为，搜寻和选择合作伙伴，配置各种附加资源，协调和管理合作成员的研发活动所产生的高额交易成本降低了外部创新活动的收益，还会给企业带来组织结构调整的挑战[21]。外部技术获取在一定程度上带来更高的创新绩效，但超过一定阈值后会降低企业创新绩效，而且随着企业内部技术知识存量的增加，研发边界开放会导致机会成本的增加，这种负面影响会越发显著[11]。就具体的外部技术获取模式而言，研究显示，企业间合作研发实践的失败率较高，与竞争者的合作研发[22]以及与研发机构的合作研发[23]均对企业创新绩效产生负面影响；而技术购买引进在我国技术基础薄弱的初期阶段对技术追赶和经济发展起到了重要的作用，但随着我国经济发展和企业技术能力的提升，技术引进的"天花板"效应逐步显现，对企业创新绩效的积极效应逐渐减弱[24]。因此，外部技术获取模式对 R&D 投入与创新绩效关系的调节效应可假设为：

H2b：合作研发对 R&D 投入与创新绩效的关系起反向调节作用。

H2c：购买引进对 R&D 投入与创新绩效的关系起反向调节作用。

2.2.2　国外技术引进方式的调节作用

购买引进作为常见的外部技术来源获取模式在我国企业中较为普遍。调查结果显示，我国企业在技术引进过程中，更倾向于从国外引进[25]。企业对国外技术的引进内容各不相同，不同引进方式和内容将会形成不同层次的技术能力，对企业的创新绩效产生不同影响[26]。具体而言，企业引进国外技术的主要方式和内容包括购买设备、购买技术资料或专利、购买样品、聘请国外技术人员等。在这些引进方式中，购买技术资料或专利直接有利于企业新产品的开发与生产，购买国外先进设备后企业新产品的产量通常会增加，因此采购先进的设备或直接购入专利技术均能在短期内提高企业技术创新的速度和绩效[13]；购买样品、聘请国外技术人员及其他方式对企业自身的学习和技术内部化能力要求更高，而当前我国高技术企业的学习和吸收能力较弱，技术内部化能力也不强[25]，因此这些方式对企业新产品开发与生产的促进作用可能相对有限。

基于以上分析，具体到不同国外技术引进方式，提出以下有待检验的进一步假设：

H3a：购买设备对 R&D 投入与创新绩效的关系起正向调节作用。

H3b：购买技术资料或专利对 R&D 投入与创新绩效的关系起正向调节作用。

H3c：购买样品对 R&D 投入与创新绩效的关系起反向调节作用。

H3d：聘请国外技术人员对 R&D 投入与创新绩效的关系起反向调节作用。

2.3　研究框架

依据以上的理论假设，我们构建出 R&D 投入、技术获取模式（不同技术来源和国外技术引进方式）和企业创新绩效间的假设模型，如图 1 所示。

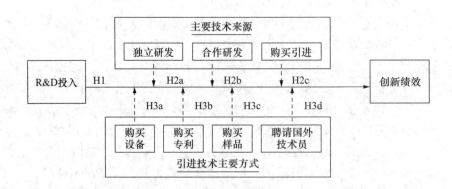

图 1　R&D 投入、技术来源、国外技术引进方式和企业创新绩效的假设模型

3 研究设计

3.1 研究方法

本文中待检验的研究假设为调节变量的作用。当前对调节效应检验的普遍做法，主要是采用多层次回归方程方法进行检验。然而，根据显变量的调节效应分析方法，当自变量是连续变量，调节变量是类别变量时，应选择分组回归方法[27]。本研究中，自变量为R&D投入（连续变量），调节变量为企业主要技术来源和国外技术主要引进方式（类别变量），故应采用分组回归方法。

3.2 变量测度

（1）因变量——企业创新绩效。以往的研究中，关于企业创新绩效的测度主要包括专利申请量和新产品产出两类。考虑到新产品销售收入直接反映企业创新活动所产生的收益，是极为显性的衡量技术创新绩效的指标，比专利更能反映出研发成果的商业化水平，本研究选择新产品销售收入来测度企业创新绩效。

（2）自变量——R&D投入。R&D投入通常可分为R&D经费投入和R&D人员投入。研究显示，R&D经费投入与技术创新绩效存在明显的正相关关系，其对技术创新绩效产出的贡献率远高于研发人员的贡献率[28]。同时，考虑到作用的时滞性，本研究选择以企业上一年的R&D经费投入来测度自变量。

（3）调节变量——技术获取模式。该变量从企业主要技术来源和引进国外技术主要方式两个角度来测度。具体地，企业的主要技术源可以分为独立研发、合作研发和购买引进三类；引进国外技术的方式可分为购买设备、购买技术资料或专利、购买样品和聘请国外技术人员4类。

（4）控制变量。该变量主要考虑企业的规模、年龄、所属行业以及性质等企业层面的特性。技术创新与企业规模的关系一直是技术创新研究领域的热点，本研究采用一般研究中惯常采用的员工数量来测度企业规模。企业年龄用企业的创办年数来测度。由于研发投入和企业规模对创新绩效产出的影响程度存在行业差异[28]，研究将高技术企业所属行业纳入控制变量，主要包括电子信息、生物医药、新材料、光机电一体化、新能源和环境保护6类。此外，本研究还试图探寻企业所有权性质对创新绩效的影响，主要包括国有及国有控股、三资、民营和上市企业4种类型。这 影响效果并不明确，在接下来的分析中我们拟通过计量分析，明确是否应将其纳入控制变量。

3.3 数据收集

课题组利用浙江省科技统计部门组织的全省会议，向浙江省各地市高新技术企业发放关于企业自主创新能力的调查问卷 2200 份, 回收 2000 份, 其中有效问卷 1717 份。研究提取问卷中涉及企业特性、创新投入和产出、主要技术来源和国外技术引进方式等 10 余项问题的调查结果作为横向截面样本数据。对相关问卷进行进一步筛选, 剔除不符合研究行业要求等条件以及近两年无创新活动、无创新绩效 (无新产品销售收入) 的企业后, 有效样本数量为 964 家。其中, 主要技术来源为独立研发的有 657 家, 占 68.15%; 为合作研发的有 286 家, 占 29.67%; 为购买引进的有 21 家, 占 2.18%。引进国外技术的主要方式为购买设备的有 391 家, 占 40.56%; 为购买技术资料或专利的有 162 家, 占 16.8%; 为购买样品的有 192 家, 占 19.92%; 为聘请国外技术人员的有 94 家, 占 9.75%; 为其他方式①的有 125 家, 占 12.97%。

4 假设检验及其结果

4.1 主效应检验及其结果

为了便于计算分析, 将新产品销售收入、R&D 经费投入和企业规模进行对数化处理。研究变量的类型有所不同, 其中自变量和因变量为连续变量, 调节变量为类别变量, 控制变量中部分为连续变量, 部分为类别变量。要进行回归分析, 首先需要将所有的类别变量转化为哑变量[29]。将 R&D 经费投入、企业规模、年龄、所属行业和所有权性质作为自变量, 创新绩效作为因变量进行回归分析, 主效应检验结果如表 1 所示。R&D 投入和企业规模与创新绩效之间的回归系数均通过 0.01 的显著性检验; 企业所属行业作为哑变量进行回归的结果显示, 其与创新绩效之间显著相关; 年龄和所有权性质与创新绩效之间则并无显著的统计学意义。回归方程的 F 值具有显著性, 故假设 H1 成立。

表 1 R&D 投入、控制变量与创新绩效之间的回归结果

R&D 投入	规模	年龄	行业 (哑变量)	性质 (哑变量)	R^2	调整后 R^2	F 值	DW	容差	VIF
0.321 *** (0.032)	0.474 *** (0.049)	−0.007 (0.004)	显著相关	非显著相关	0.575	0.570	117.136 ***	2.004	>0.5	<4

注: 括号内数值为标准差。* 表示 $p < 0.1$; ** 表示 $p < 0.05$; *** 表示 $p < 0.01$ (以下各表同)。

同时, 结果显示回归方程各变量的方差膨胀因子 (VIF) 的值在 1.052 ~ 4.148 区间,

① 注: 其他国外技术引进方式是指除了所列举方式外的其他可能方式, 也包括主要方式不明确或不存在技术引进的情况。

平均值远低于可接受水平 10，容差值在 0.527 ~ 0.932，符合较接近 1 的原则，故变量之间不存在多重共线性问题。由于 t 检验和方差分析对数据背离正态分布有较好的稳健性，因此研究对数据的正态分布只需要一个粗略的了解，Histogram 图可大致显示数据不存在严重的异方差性。

主效应检验结果还有助于对本研究控制变量的选择进行调整。进行调节效应分析时，一般要求所选取的控制变量与因变量之间显著相关[30]。因此，在之后的调节效应检验过程中，仅保留企业规模和所属行业这两个主要控制变量。

4.2 调节效应检验及其结果

模型 1（M1）是仅包含自变量和控制变量的基准模型；模型 2 为调节变量"主要技术源"对自变量和因变量的分组回归模型，包括 M2a、M2b 和 M2c 三组模型，分别检验企业不同技术来源——独立研发、合作研发及购买引进的调节作用；模型 3 为调节变量"引进国外技术主要方式"对自变量和因变量的分组回归模型，包括 M3a、M3b、M3c 和 M3d4 组模型，分别检验企业不同国外技术引进方式——购买设备、购买技术资料或专利、购买样品及聘请国外技术人员的调节作用。调节效应检验结果如表 2 和表 3 所示。

表 2　企业主要技术来源对 R&D 投入与创新绩效关系的调节效应

	M1	M2a	M2b	M2c
自变量				
R&D 投入	0.321 *** （0.032）	0.338 *** （0.041）	0.293 *** （0.054）	
是否显著相关	是	是	是	
控制变量				样本数量过少，无法进行分组回归，调节效应未检验
规模	0.472 *** （0.047）	0.454 *** （0.058）	0.508 *** （0.084）	
行业（哑变量）	是	是	是	
R^2	0.573	0.591	0.556	
调整后 R^2	0.570	0.587	0.547	
F 值	183.298 ***	134.154 ***	58.342 ***	
DW	2.009	1.947	2.122	

表 2 中，企业主要技术来源的调节效应检验结果显示，在 M2a 模型中，F 值具有显著性，R&D 投入与企业创新绩效的回归系数在 0.01 水平上显著正相关，且大于 M1 的回归系数，说明由于调节变量的作用，R&D 投入对创新绩效的正向影响更为显著。企业主要技术源为独立研发时，其对 R&D 投入与创新绩效之间的关系起正向调节作用，H2a 成立。

在 M2b 模型中，F 值具有显著性，R&D 投入与企业创新绩效的回归系数在 0.01 水平上显著正相关，但小于 M1 的回归系数 0.321。故此，企业的主要技术来源为合作研发时，其对 R&D 投入与创新绩效之间的关系起反向调节作用，H2b 成立。

经济管理学科前沿研究报告

由于被调查企业中主要技术来源为购买引进的仅 21 家，样本量达不到分组回归的要求，因此 M2c 模型无法进行，相应的 H2c 假设亦无法获得检验。

然而，尽管将购买引进作为主要技术来源的企业数量较少，但被调查企业绝大部分都有较为频繁和明确的国外技术引进活动①，因此我们有足够的样本对不同引进国外技术主要方式的调节效应展开进一步探索。检验结果如表 3 所示。

表3　引进国外技术主要方式对 R&D 投入与创新绩效关系的调节效应

	M1	M3a	M3b	M3c	M3d
自变量					
R&D 投入	0.321 ***	0.321 ***	0.395 ***	0.267 ***	0.223 ***
	(0.032)	(0.052)	(0.066)	(0.066)	(0.081)
是否显著相关	是	是	是	是	是
控制变量					
规模	0.472 ***	0.433 ***	0.475 ***	0.425 ***	0.653 ***
	(0.047)	(0.074)	(0.098)	(0.112)	(0.103)
行业（哑变量）	是	是	是	是	是
R^2	0.573	0.531	0.551	0.573	0.687
调整后 R^2	0.570	0.523	0.542	0.559	0.669
F 值	183.298 ***	62.033 ***	57.372 ***	41.332 ***	38.51 ***
DW	2.009	2.004	1.850	1.913	2.249

表3 中，企业引进国外技术主要方式的调节效应检验结果显示，在 M3a 模型中，F 值具有显著性，R&D 投入与企业创新绩效的回归系数与 M1 相同，且均在 0.01 水平上显著正相关。但进一步地，M3a 回归模型的调整后 R^2 由 M1 的 0.570 下降到 0.523，说明企业引进国外技术的主要方式为购买设备时，其对 R&D 投入与创新绩效之间的关系起一定反向调节作用，H3a 不成立。

在 M3b 模型中，F 值具有显著性，R&D 投入与企业创新绩效的回归系数在 0.01 水平上显著正相关，且大于 M1 的回归系数 0.321，说明由于调节变量的作用，R&D 投入对创新绩效的正向影响更为显著。企业引进国外技术的主要方式为购买技术资料或专利时，其对 R&D 投入与创新绩效之间的关系起明显的正向调节作用，H3b 成立。

在 M3c 和 M3d 模型中，回归方程的 F 值均具有显著性，且自变量均通过 t 检验，在

① 注：本课题调研采取的是单项选择的问卷模式，即关注的重点为企业的主要技术来源和主要国外技术引进方式。现实中，除了主要技术来源，企业往往还会同时拥有其他技术来源，购买引进国外技术的行为在国内企业中较为普遍，且方式和内容多种多样。因此，课题针对此项展开进一步的探索。

0.01 水平上显著。两个模型自变量的回归系数均远小于 M1 的回归系数。因此，企业引进国外技术的主要方式为购买样品或聘请国外技术人员时，对 R&D 投入与创新绩效之间的关系起反向调节作用，H3c 和 H3d 均成立。

调节变量对 R&D 投入与创新绩效的调节效应检验结果总结如表 4 所示。

表 4 调节变量对 R&D 投入与创新绩效关系的调节效应检验结果一览

调节变量		假设提出	检验结果
主要技术源	独立研发	H2a：正向调节作用	成立
	合作研发	H2b：反向调节作用	成立
	购买引进	H2c：反向调节作用	未检验
引进国外技术主要方式	购买设备	H3a：正向调节作用	不成立
	购买技术资料或专利	H3b：正向调节作用	成立
	购买样品	H3c：反向调节作用	成立
	聘请国外技术人员	H3d：反向调节作用	成立

5 结 论 及 启 示

本研究结果验证了技术获取模式是 R&D 投入与企业创新绩效的重要调节变量，是对现有研究的补充。同时，对不同国外技术引进途径的调节作用展开深入分析，是对现有研究成果的更为微观和具体的实证检验，具有重要的研究价值和意义。本文获得的主要结论包括：①R&D 投入与企业创新绩效显著正相关。②独立研发作为主要技术来源在企业 R&D 投入与创新绩效之间起正向调节作用；合作研发作为主要技术来源则会削弱 R&D 经费投入与创新绩效的正相关性。③国外技术引进方式中，购买技术资料或专利在企业 R&D 投入与创新绩效之间起正向调节作用，而购买设备、购买样品和聘请国外技术人员均具反向调节作用。

上述结论对于我国企业选择技术创新策略，提高技术创新绩效具有重要的启示意义。

第一，对企业 R&D 投入与创新绩效之间起反向调节作用的技术获取模式（合作研发、购买设备和购买样品等）具有正反两方面的实践启示。一方面，采用这些技术获取模式可能导致 R&D 经费投入的增加并不能带来创新绩效的提升；另一方面，采用这些技术获取模式亦有可能克服企业 R&D 经费投入不足对创新绩效产生的不良影响，使这两者之间的关系显著弱化甚至并无显著相关。这一结论为我国企业主要技术来源的选择提供了参考，亦为通过选择不同技术来源提升企业创新绩效的可能带来启发。

第二，引进国外技术的 4 类主要方式中，除了购买技术资料或专利对企业 R&D 投入与创新绩效之间的关系起正向调节作用外，其余均具反向调节作用。这从某种程度上说明"天花板效应"在浙江高技术企业的国外技术引进中的确存在，亦反映出当前浙江高技术企业对国外引进技术的学习效应不明显，技术消化、吸收能力不强，技术内部化能力弱。技术转化成本较高、风险较大，并不能将国外技术真正内化为给企业带来效益、促进创新绩效提升的有效投入。在以后的发展中，要致力于提升企业的学习吸收能力和技术内部化能力。

第三，研究结论为制定引导企业技术获取模式选择的相关政策提供了参考。政府及相关部门应加大和完善扶持力度和政策支持，鼓励高技术企业购买、采用和吸收国外技术资料或专利，进一步强化企业自主研发能力，提升企业创新绩效。

相对于以往的研究，本研究深入和具体地探讨了不同技术获取模式对企业 R&D 投入与创新绩效之间关系的调节作用，进一步明确了 R&D 投入对企业创新绩效的影响机制，丰富和完善了相关理论，并为企业的创新实施和政府的政策制定提供了有益参考。但也还存在一些不足和有待解决的问题，例如研究样本来自于知识流动快速、技术更新频繁的高技术企业，而对于知识流动和技术更新都较慢的传统企业，该研究结论是否仍然适用有待进一步检验。同时，探寻不同技术获取模式调节作用产生的机理和原因，以及企业如何凸显反向调节作用的有利面，需要更进一步地深入研究。

参考文献

[1] 程宏伟，张永海，常勇. 公司 RD 投入与业绩相关性的实证研究 [J]. 科学管理研究，2006 (6)：110 – 113.

[2] Ike C. Ehie, Kingsley Olibe. The Effect of R&D Investment on Firm Value: An Examination of US Manufacturing and Service Industries [J]. Int. J. Production Economics，2010 (128)：127 – 135.

[3] Pilar Beneito. Choosing among Alternative Technological Strategies: An Empirical Analysis of Formal Sources of Innovation [J]. Research Policy，2003 (32)：693 – 713.

[4] 何庆丰，陈武，王学军. 直接人力资本投入、R&D 投入与创新绩效的关系——基于我国科技活动面板数据的实证研究 [J]. 技术经济，2009 (4)：1 – 9.

[5] 张小蒂，王中兴. 中国 R&D 投入与高技术产业研发产出的相关性分析 [J]. 科学学研究，2008 (6)：526 – 529.

[6] 任海云. 公司治理对 R&D 投入与企业绩效关系调节效应研究 [J]. 管理科学，2011 (10)：37 – 47.

[7] Erickson G.，Jacobson R.. Gaining Comparative Advantage Through Discretionary Expenditures: The returns to R&D and advertising [J]. Management Science，1992 (38)：1264 – 1279.

[8] 任海云. R&D 投入与企业绩效关系的调节变量综述 [J]. 科技进步与对策，2011 (3)：155 – 160.

[9] Kozo Kiyota, Tetsuji Okazaki. Foreign Technology Acquisition Policy and Firm Performance in Japan, 1957 – 1970: Micro – aspects of Industrial Policy [J]. International Journal of Industrial Organization，2005 (23)：563 – 586.

[10] Kuen – Hung Tsai, Jiann – Chyuan Wang. External Technology Sourcing and Innovation Performance

in LMT Sectors：An Analysis Based on the Taiwanese Technological Innovation Survey ［J］. Research Policy，2009（38）：518 – 526.

［11］ Luca Berchicci. Towards an Open R&D System：Internal R&D Investment，External Knowledge acquisition and Innovative Performance ［J］. Research Policy，2012：1 – 11.

［12］ Cassiman B. ，Veugelers R. . In Search of Complementarity in Innovation Strategy：Internal R&D and External Knowledge Acquisition ［J］. Management Science，2006（52）：68 – 82.

［13］ 丁宝军，朱桂龙. 基于知识结构的 R&D 投入与技术创新绩效关系的实证分析 ［J］. 科学学与科学技术管理，2008（09）：29 – 34.

［14］ 徐盛华. 企业科技创新的投入与产出关联度实证分析 ［J］. 科技管理研究，2005（11）：220 – 222.

［15］ 李晨. 高技术产业研发投入对技术创新绩效的影响研究 ［D］. 浙江大学硕士学位论文，2009.

［16］ Albert Guangzhou HU，Gary H. Jefferson. Returns to Research and Development in Chinese Industry：Evidence from State – owned Enterprises in Beijing ［J］. China Economic Review，2004（15）：86 – 107.

［17］ 吴航. "武汉·中国光谷"高新技术企业创新投入与创新绩效关系研究 ［D］. 中国地质大学硕士学位论文，2010.

［18］ 任海云. 公司治理对 R&D 投入与企业绩效关系调节效应研究 ［J］. 管理科学，2011（10）：37 – 47.

［19］ Dae – Hyun Cho，Pyung – Il Yu. Influential Factors in the Choice of Technology Acquisition Mode：An empirical Analysis of Small and Medium Size ? Firms in the Korean Telecommunication Industry ［J］. Technovation，2000（20）：691 – 704.

［20］ Calantone R. J. ，Stanko M. A. . Drivers of Outsourced Innovation：An Exploratory Study ［J］. Journal of Product Innovation Management，2007（24）：230 – 241.

［21］ Gulati R. ，Singh H. . The Architecture of Cooperation：Managing Coordination Costs and Appropriation Concerns in Strategic Alliances ［J］. Administrative Science Quarterly，1998（43）：781 – 814.

［22］ Nieto M. J. ，Santamar a L. . The Importance of Diverse Collaborative Networks for the Novelty of Product Innovation ［J］. Technovation，2007（27）：367 – 377.

［23］ Caloghirou Y. ，Kastelli I. ，Tsakanikas A. . Internal Capability and External Knowledge Sources：Complements or Substitutes for Innovative Performance? ［J］. Technovation，2004（24）：29 – 39.

［24］ 张米尔，田丹. 从引进到集成：技术能力成长路径转变研究——"天花板"效应与中国企业的应对策略 ［J］. 公共管理学报，2008（1）：84 – 90.

［25］ 池仁勇，周丽莎，张化尧. 企业外部技术联系渠道与技术创新绩效的关系 ［J］. 技术经济，2010（10）：6 – 9.

［26］ 宋宝香，彭纪生. 外部技术获取模式与技术能力的关系：技术学习过程的中介作用 ［J］. 管理学报，2010（10）：1463 – 1471.

［27］ 温忠麟，侯杰泰，张雷. 调节效应与中介效应的比较和应用 ［J］. 心理学报，2005（37）：268 – 274.

［28］ 胡义东，仲伟俊. 高新技术企业技术创新绩效影响因素的实证研究 ［J］. 中国科技论坛，2011（4）：80 – 85.

［29］邱皓政. 量化研究与统计分析［M］. 四川：重庆大学出版社，2009.

［30］卢谢峰，韩立敏. 中介变量、调节变量与协变量——概念、统计检验及其比较［J］. 心理科学，2007（4）：934 – 936.

R&D Investment，Technology Acquisition Pattern，and Enterprise Innovation Performance – Based on a Demonstration of High – tech Enterprises in Zhejiang Province

Yan Yan[1]   Chi Renyong[2]

（1. College of Economy and Management，Zhejiang University of Technology，Hangzhou 310023，China；2. School of International Business Administration，Zhejiang University of International Studies，Hangzhou 310012，China）

Abstract：When the relationship between enterprise R&D investment and innovation performance is explored，the existing studiesignore the regulation effect of technology acquisition pattern on the relationship. By taking technology acquisition pattern of enterpriseas a regulation variable，a theoretical model involving the R&D investment，the source of technology，the introductive patternof foreign technology，and the enterprise innovation performance is presented，an empirical analysis is conducted by using agrouping regression method，combining with the results of a questionnaire survey for the high – tech enterprises in Zhejiang Province. The findings provided are as follows：There is a significantly positive correlation between enterprise's R&D investment andinnovation performance. Independent R&D as the main source of enterprise technology，and the purchases of technical data or patentsas primary pattern of foreign technology introduction make a positive regulation effect on the relationship between enterprise's R&D investment and innovation performance. Whereas cooperative R&D as the main source of technology，and the purchases offoreign equipments or samples as well as the engagement of foreign technical personals as the primary pattern for bring in foreigntechnology all have a negative regulation effect on the relationship.

Key Words：R&D Investment；Technology Acquisition；Innovation Performance；Regulation Effect

组织氛围感知对员工创新行为的影响
——基于知识共享意愿的中介效应*

王士红[1]   徐   彪[2]   彭纪生[3]

（1. 南京审计学院国际审计学院，南京   211185；

2. 南京大学政府管理学院，南京   210093；

3. 南京大学商学院，南京   210093）

【摘　要】本文研究组织氛围感知对员工创新行为的影响，引入了知识共享意愿作为中介变量，通过对459份问卷进行实证研究发现，友好关系感知、创新氛围感知对员工创新行为有正向影响，公平氛围感知对员工创新行为没有显著影响；知识共享意愿在创新氛围感知与员工创新行为关系中起部分中介作用，知识共享意愿在友好关系氛围感知与员工创新行为关系中起部分中介作用。本文对研究结进行了分析和讨论。

【关键词】组织氛围感知；知识共享意愿；员工创新行为；中介效应

1　引言

员工的创新对组织的整体创新与变革起关键的作用[1]，然而，学者们发现如何促进员工的创新行为却成为组织创新的瓶颈[2]。许多组织为了激发员工的创新行为，添置了先进的设备，在资金上给予大力支持，但是创新成果仍然不是很理想，这种现象背后的根

*基金项目：教育部人文社科青年项目（10YJC630247；10YJC630061；10YJC630174），起止时间2011.1～2013.12；江苏省教育厅高校哲学社会科学研究项目（2012SJB630043），起止时间：2012.1～2014.12；江苏省博士后基金（1201052C）；国家自然基金面上项目（70972036；71173102），起止时间：2010.1～2012.12以及2012.1～2014.12；国家自然基金面上项目（71272097），起止时间：2013.1～2016.12；国家自然基金青年项目（71102038；71102031），起止时间：2012.1～2014.12；教育部人文社会科学研究规划基金项目（09YJA630061），起止时间：2009.1～2012.12。

本原因并非是缺乏资金与设备等,而是组织缺乏公正的、友好的、鼓励创新的氛围。

组织氛围对员工的创新行为的影响引起了许多学者的关注,但是对二者之间的作用机制的研究较缺乏。根据组织学习理论,员工必须互相学习来吸收大量的知识,并依靠知识管理和整合来实现组织创新、提高创新效能以获得竞争优势[3,4]。员工通过互相学习能够激发新的灵感,产生新点子,促进创新。知识共享越好的员工,越能促进创新行为[5]。

由此可见,个体的创新在很大程度上受到组织氛围的影响,而知识共享在一定程度上又影响了创新行为。因此,本文主要研究组织氛围感知对员工创新行为的影响,进而探讨知识共享意愿的中介作用。

2 理论背景和研究假设

2.1 组织氛围感知与员工创新行为

2.1.1 组织氛围感知

有的学者认为组织氛围感知就是组织成员对组织公平氛围、组织创新氛围以及人际关系氛围等方面的感知。有的学者认为组织氛围就是组织成员对集体主义、稳定性等方面的感知[6]。还有的学者把公平感、创新感等作为组织氛围的维度进行了研究,他们认为公平感是员工感知组织是公正的,创新感是员工对组织鼓励创新的感知[7]。

2.1.2 员工创新行为

个体创新对于组织的创新越来越重要,也因此引起了诸多学者们的关注。有的学者认为创新行为是员工有了新的想法并付诸了实施的行为[5]。有的学者认为创新行为是员工有了新的想法并可能把它转化为新的产品的行为[8]。还有的学者认为创新行为指的是员工不仅有了新的想法还要付诸实施的行为[9]。刘云和石金涛(2009)认为创新行为就是员工有了新的想法并能提高工作效率的行为[10]。顾远东和彭纪生(2010)认为创新行为就是员工产生了新的想法并体现为各种创新的行为[11]。

结合本研究的目的,本文借鉴刘云等对创新行为的定义。

2.1.3 组织氛围感知与员工创新行为

Ajzen 和 Fishbein(1980)研究发现个人的行为意愿受组织氛围的影响[12]。员工如果感知到自己处在公平的、友好的、鼓励创新的组织氛围中,员工就会积极地去创新。综合学者们的研究可以发现,组织氛围感知在一定程度上影响了员工的创新行为,因此,可以得出以下假设:

H1a:公平氛围感知对员工创新行为有显著正向影响。

H1b:创新氛围感知对员工创新行为有显著正向影响。

H1c:友好关系氛围感知对员工创新行为有显著正向影响。

2.2 组织氛围感知与知识共享意愿

2.2.1 知识共享意愿

有的学者从知识学习的角度来定义知识共享[13]，有的学者从交易的角度来定义知识共享[14]，有的学者从沟通的角度来定义知识共享[15,16]。史江涛（2007）认为知识共享意愿就是员工愿意捐献自己的知识，也愿意获取知识的程度[17]。根据学者们的研究，本研究认为知识共享意愿就是员工愿意把自己的隐性和显性知识与他人共享的程度。

2.2.2 组织氛围感知与知识共享意愿

谢荷锋（2007）研究发现创新氛围、公平氛围、支持氛围等对员工的知识共享都有不同程度的影响[18]。李志宏等（2010）等研究发现友好关系、创新以及公平氛围等对知识共享有显著的影响[19]。因此，本文提出如下研究假设：

H2a：友好关系氛围感知对知识共享意愿有显著正向影响。

H2b：创新氛围感知对知识共享意愿有显著正向影响。

H2c：公平氛围感知对知识共享意愿有显著正向影响。

2.3 知识共享意愿与员工创新行为

有的学者认为个体知识共享会导致创新行为[20,21]。Weiss（1999）认为共享过去的经验并应用于新的情况有利于知识创新[22]。个体间通过共享新的知识，会促进创新的行为。因此，提出以下假设：

H3：知识共享意愿对创新行为有显著正向影响。

2.4 知识共享意愿的中介作用

曹科岩（2009）等研究发现知识共享在组织文化与组织创新关系之间起中介作用[23]。王端旭（2009）等研究了知识共享对团队承诺与研发人员创造力之间关系的中介作用，结果表明，知识共享中介作用显著[24]。因此，我们认为知识共享意愿在组织氛围感知对创新行为的作用过程中起到中介作用,组织氛围感知的不同维度通过知识共享意愿发挥作用,因此，本文提出：

H4：知识共享意愿在组织氛围感知与创新行为关系中起中介作用。

综合以上假设，本文的研究模型可总结为图1：

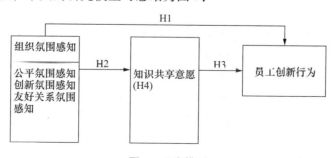

图1 研究模型

3 研究设计

3.1 问卷设计和数据收集

本研究在进行问卷设计时，遵循李怀祖（2004）[25]提出的问卷调查原则来筛选。在正式调查之前，进行了预调查，笔者共选取了120名南京部分高科技企业的员工进行调查，针对预调查的120份样本数据，通过探索性因子分析和信度分析，对问卷的测量量表进行修改完善，然后进行正式大规模调查。正式问卷调查历时三个月，主要在高新技术企业较多的城市如南京、苏州、上海、深圳等地进行调研，在800份调查问卷中，459份是有效的，基本情况统计见表1。

表1 正式测试有效样本情况统计

名称	类别	数量(人)	百分比（%）	名称	类别	数量（人）	百分比（%）
性别	男	296	64.4	年龄	30周岁以下	232	50.5
	女	163	35.6		30~40周岁	106	23.1
学历	中专及同等学历	42	9.2		40~50周岁	101	22
	大专及同等学历	108	23.5		50周岁以上	20	4.4
	本科及同等学历	267	58.2	职位	基层员工	270	58.8
	硕士、博士及同等学历	42	9.1		一般管理人员	151	32.9
					中高层管理人员	38	8.3

3.2 测量工具

本研究为确保测量工具的效度及信度，测量量表均选自于成熟量表，并根据中国实际情况进行适当的修正。

3.2.1 组织氛围感知

组织氛围感知的测量主要依据 Bock 等（2005）的测量工具，包括友好关系感知、创新氛围感知与公平氛围感知。原始量表的友好关系的信度是0.89，创新氛围感知的信度是0.87，公平氛围感知的信度也是0.87，信度良好。创新氛围感知的测量包括以下三个题项："我们部门鼓励新的观点；我们部门很看重冒险、允许犯错；我们部门鼓励在执行任务过程中采用新的方法。"公平氛围感知的测量包括以下三个题项："我们部门成员相信部门领导的判断是正确的；我们部门给我们定的目标都是很客观的、有道理的；我们的部门领导对所有的员工一视同仁"等。

3.2.2 知识共享意愿

知识共享意愿的测量量表在 Bock 等 （2005） 的量表[7]基础上略有修改，最后的测量题项为 4 个，原始量表信度超过了 0.90。

3.2.3 创新行为

对于个体创新行为的测量主要有 Scott 和 Bruce （1994）[8]与 Zhou 和 George （2001） 设计的量表[9]。Scott 和 Bruce[8]的创新行为问卷包括问题确立、构想产生、寻求创新支持以及创新计划的落实等。本文主要采用刘云等 （2009）[10]的量表，并借鉴 Scott 和 Bruce （1994）[8]与 Zhou 和 George （2001） 的量表[9]，包括下列题项："我会向同事或领导推销自己的新想法，以获得支持与认可；为了实现同事的创新性构想，我经常献计献策"等。

4 实证分析

4.1 信度和效度分析

4.1.1 组织氛围感知的信度和效度分析

组织氛围感知的 KMO 值为 0.770，通过抽取三个特征根大于 1 的公共因子进行探索性因子分析 （EFA），解释总方差的 61.825%，因子负荷在 0.474 ~ 0.873。组织氛围感知三个维度的 Cronbach's α 系数在 0.722 ~ 0.747，问卷信度良好。通过构建 2 阶 3 因子模型对组织氛围感知进行验证性因子分析 （CFA），模型与数据拟合良好，见表 2。

4.1.2 知识共享意愿的信度和效度分析

知识共享意愿的 KMO 值为 0.783，Bartlett 球形检验在 0.01 水平上显著。通过抽取一个特征根大于 1 的因子对知识共享意愿进行探索性因子分析，解释总方差的 56.024%，因子负荷在 0.767 ~ 0.860。知识共享意愿的 Cronbach's α 系数为 0.733。最后，构建了一阶结构方程模型对知识共享意愿进行验证性因子分析，模型与数据拟合良好，见表 2。

表 2   测量问卷的验证性因子分析拟合指标 （N = 459）

变量	Chi – square/df	RMSEA	NFI	IFI	CFI	GFI
组织氛围感知	2.034	0.081	0.930	0.950	0.950	0.910
知识共享意愿	2.281	0.078	0.932	0.937	0.936	0.956
创新行为	1.747	0.069	0.946	0.954	0.953	0.977

4.1.3 员工创新行为的信度和效度分析

员工创新行为的 KMO 值为 0.730，Bartlett 球形检验在 0.01 水平上显著。通过抽取了一个特征根大于1的因子对员工创新行为进行探索性因子分析,解释总方差的51.314%,因子负荷在0.656~0.742。员工创新行为Cronbach's α系数为0.754。最后,构建了员工创新行为的一阶结构方程模型进行验证性因子分析,模型与数据拟合良好,见表2。

4.2 研究结果与假设检验

本研究对各变量进行了描述性统计分析,结果如表3所示。

表3 变量相关系数

变量	均值	标准差	1	2	3	4	5
1. 友好关系感知	5.125	1.097	1.000				
2. 公平感知	4.919	1.186	0.601	1.000			
3. 创新感知	5.945	0.815	0.291	0.300	1.000		
4. 知识共享	5.597	0.825	0.326	0.282	0.311	1.000	
5. 员工创新行为	5.461	0.849	0.317	0.284	0.316	0.597	1.000

注:***表示在0.01水平上显著,**表示在0.05水平上显著,*表示在0.1水平上显著。

根据表4发现,友好关系感知对员工创新行为有显著正向影响($\beta = 0.191$,$p < 0.01$),假设H1c得到支持;公平氛围感知对员工创新行为影响不显著,假设H1a没有得到支持,创新感知对员工创新行为有显著正向影响($\beta = 0.230$,$p < 0.01$),假设H1b得到支持。

表4 变量的回归分析

变量	员工创新行为 Model 1		知识共享意愿 Model 2		员工创新行为 Model 3		员工创新行为 Model 4	
	β	t	β	t	β	t	β	t
性别	-0.010	-0.219	-0.029	-0.639	0.017	0.446	0.005	0.129
年龄	-0.057	-1.211	-0.001	-0.019	-0.050	-1.208	-0.056	-1.402
学历	-0.003	-0.059	0.035	0.777	-0.013	-0.321	-0.021	-0.537
职位	0.107**	2.297	0.094**	2.033	0.061	1.484	0.058	1.448
工龄	0.000	-0.002	0.019	0.397	-0.027	-0.648	-0.010	-0.242
友好关系	0.191***	3.504	0.207***	3.797			0.084*	1.771
公平	0.096	1.741	0.083	1.511			0.053	1.118
创新感知	0.230***	5.011	0.226***	4.925			0.113***	2.802
知识共享意愿					0.517***	12.756	0.594***	15.646

续表

变量	员工创新行为 Model 1		知识共享意愿 Model 2		员工创新行为 Model 3		员工创新行为 Model 4	
	β	t	β	t	β	t	β	t
Durbin – Watson	1.827	1.879	1.819	1.809	1.827	1.879	1.819	1.809
R^2	0.172***	0.175***	0.354***	0.393***	0.172***	0.175***	0.354***	0.393***
F	11.655	11.734	42.641	32.179	11.655	11.734	42.641	32.179

注：***表示在 0.01 水平上显著，**表示在 0.05 水平上显著，*表示在 0.1 水平上显著。

从表 4 中可以发现，友好关系感知对知识共享意愿有显著正向影响（$\beta = 0.084$，$p < 0.1$），假设 H2a 得到支持；创新氛围感知对知识共享意愿有显著正向影响（$\beta = 0.226$，$p < 0.01$），假设 H2b 得到支持；公平氛围感知对知识共享意愿影响不显著，假设 H2c 没有通过检验。

从表 4 中可以发现，知识共享意愿对员工创新行为有显著正向影响（$\beta = 0.517$，$p < 0.01$），假设 H3 得到支持。

通过假设 1、假设 2、假设 3 的回归检验发现，只有友好关系、创新感知对知识共享意愿和创新行为有显著正向影响，满足中介作用的前提条件[26]。中介效应分析结果见表 3 Model 4，同时放入友好关系、创新感知（自变量）和知识共享意愿（中介变量）预测创新行为（因变量）。对于创新行为而言，知识共享意愿的预测效果显著（标准化回归系数和显著性水平分别为 $\beta = 0.594$，$p < 0.01$），且友好关系、创新感知的影响效果显著减少，满足部分中介要求。

5 主要研究结论

研究结果表明，友好关系感知以及创新氛围感知对员工知识共享意愿、创新行为都有显著正向影响，公平氛围感知对员工知识共享意愿、创新行为影响都不显著；知识共享意愿的中介作用得到了部分验证。

（1）组织氛围感知的各个维度对创新行为有不同的影响。此研究结论可能有以下两个方面的原因：首先，员工如果感觉组织是公平的，自己的付出得到了回报，就会处于一种心满意足的状态，享受目前的工作状态，不愿意去积极地发挥创造力，而导致没有创新行为。其次，根据公平理论，员工把自己的付出和回报相比较，如果感觉组织是不公平的，或把自己和同事相比较，会感觉组织对待自己极其不公，就会有一种好胜心，积极地去创造发明，以证明自己的价值。

（2）组织氛围感知的各个维度对知识共享意愿有不同的影响。此结论的原因可能是友好关系体现员工间的相互帮助、互相关心，因为与同事关系友好，大家在一种友好的氛围中，就愿意与同事共享知识，对组织有一种奉献精神；员工感知组织创新的鼓励，在创新氛围的影响下，员工就会不断地去发明创造，并且与同事共同研究探讨新发现、共享新思想；员工如果感觉组织是公正的，自己取得成绩就会得到组织的奖励，但有些员工可能就会担心与同事分享了自己的独特知识，自己失去了拥有独特知识所带来的权利，出于自私的心理，就不愿去共享自己的知识。

（3）知识共享意愿在组织氛围感知与员工创新行为关系中起部分中介作用。此研究结论的原因可能是组织处于竞争激励的情况下，组织要求员工不断地学习[27]，员工在互相学习过程中，激发了灵感，产生了新的想法，促进了创新，因此，知识共享意愿的中介作用得到了检验。

本研究还存在一些不足之处：①组织氛围感知、知识共享意愿和员工创新行为三个量表都是由同一个人回答，可能导致数据存在同源方差。通过分析，尽管同源偏差并不严重，将来的研究尽量避免此类问题的出现。②抽样方式的限制。由于条件所限，本文所检验的样本是通过方便抽样获得，样本主要集中于南京、苏州、上海、深圳等地，可能导致研究结论有一定的局限性，将来的研究应广泛地选择全国不同省市的企业作为研究对象，使研究结论更有普遍性。③本研究采用截面研究的方法，研究结论有一定的局限性。因此，在将来的研究中，以期能够进行动态的纵向研究，更深入地分析组织氛围感知、知识共享意愿与员工创新行为的关系，不断地修正理论模型，使其更加完善。

参考文献

［1］Hult, G. T. M., Hurley, R. F., Knight, G. A. Innovativeness: Its Antecedents and Impact on Business Performance ［J］. Industrial Marketing Management, 2004, 33 (5): 429 – 438.

［2］Gong, Y. P., Huang, J. C., Farh, J. L. Employee Learning Orientation, Transformational Leadership, and Employee Creativity: The Mediating Role of Employee Creative Self – efficacy ［J］. Academy of Management Journal, 2009, 52 (4): 765 – 778.

［3］Nonaka, I. and H. Takeuchi. The Knowledge – creating Company: How Japanese Companies Create the Dynamics of Innovation ［M］. New York: Oxford University Press, 1995.

［4］简兆权，刘荣，赵丽姝. 网络关系、信任与知识共享对技术创新绩效的影响研究 ［J］. 研究与发展管理，2010，22 (2): 64 – 71.

［5］Amabile, T. M.. A Model of Creativity and Innovation In Organizations ［J］. Research in Organizational Behavior, 1988, 10: 123 – 167.

［6］Jarvenpaa, S. L., Staples, D. S. Exploring Perceptions of Organizational Ownership of Information and Expertise ［J］. Journal of Management Information Systems, 2001, 18 (1): 151 – 183.

［7］Bock, G. W., Zmud, R. W., Kim, Y. G., Lee, J. N. Behavioral Intention Formation in Knowledge Sharing: Examining the Roles of Extrinsic Motivators, Social – psychological Forces, and Organizational Climate ［J］. MIS Quarterly, 2005, 29 (1): 87 – 111.

［8］Scott, S. G., Bruce, R. A.. Determinants of Innovative Behavior: A Path Model of Individual in the

Workplace［J］. Academy of Management Journal, 1994, 37（3）: 580 – 607.

［9］Zhou, J., George, M. J. When job Dissatisfaction Leads to Creativity: Encouraging the Expression of Voice［J］. Academy of Management Journal, 2001, 44（4）: 682 – 696.

［10］刘云，石金涛. 组织创新气氛对员工创新行为的影响过程研究: 基于心理授权的中介效应分析［J］. 中国软科学, 2010（3）: 133 – 144.

［11］顾远东，彭纪生. 组织创新氛围对员工创新行为的影响: 自我效能感的中介作用［J］. 南开管理评论, 2010（13）: 30 – 41.

［12］Ajzen, I., Fishbein, M. Understanding Attitudes and Predicting Social Behavior［M］. Englewood Cliffs, NJ: Prentice – Hall, 1980.

［13］Senge, P. M. Sharing Knowledge［J］. Executive Excellence, 1998, 15（6）: 11 – 12.

［14］Davenport, T. H., Prusak, L. Working Knowledge: How Organization Manage What They Know［M］. Cambridge, MA: Harvard Business School Press, 1998: 17 – 18.

［15］Hendriks, P. Why Share Knowledge? The Influence of ICT on Motivation for Knowledge Sharing［J］. Knowledge and Process Management, 1999, 6（2）: 91 – 100.

［16］Bock, G. W., Kim, Y. G.. Breaking the Myths of Rewards: An Exploratory Study of Attitudes about Knowledge Sharing［J］. Information Resource Management Journal, 2002, 15（2）: 14 – 21.

［17］史江涛. 员工关系、沟通对其知识共享与知识整合作用的机制研究［D］. 浙江大学博士学位论文, 2007.

［18］谢荷锋，马庆国. 组织氛围对员工非正式知识分享的影响［J］. 科学学研究, 2007（2）: 306 – 311.

［19］李志宏，朱桃，罗芳. 组织气氛对知识共享行为的影响路径研究［J］. 科学学研究, 2010（6）: 894 – 901.

［20］Ipe, M. Knowledge Sharing on Organizations: A Conceptual Framework［J］. Human Resource Development Review, 2003, 2（4）: 337 – 359.

［21］Nonaka, I. A Dynamic Theory of Organizational Knowledge Creation［J］. Organization Science, 1994, 5（1）: 14 – 37.

［22］Weiss, L. Collection and Connection: The Anatomy of Knowledge-Sharing in Professional Service［J］. Organization Development Journal, 1999, 17（4）: 61 – 72.

［23］曹科岩. 组织文化、知识分享与组织创新的关系研究［J］. 科学学研究, 2009（12）: 1869 – 1876.

［24］王端旭，朱晓婧，王紫薇. 团队承诺影响研发人员创造力的实证研究: 知识共享的中介作用［J］. 科学学与科学技术管理, 2009（12）: 184 – 187.

［25］李怀祖. 管理研究方法论［M］. 陕西: 西安交通大学出版社, 2004: 118 – 146.

［26］Baron, R. M., Kenny, D. A. The Moderator – mediator Variable Distinction in Social Psychological Research: Conceptual, Rtrategic, and Statistical Considerations［J］. Journal of Personality and Social Psychology, 1986, 51（6）: 1173 – 1182.

［27］常亚平，覃伍，阎俊. 研究生团队隐性知识共享机制研究［J］. 科研管理, 2010, 31（2）: 86 – 93.

The Impact of Organizational Climate Perception on Employees Innovation Behavior: Based on the Medium Role of Knowledge Sharing Intention

Wang Shihong[1]　Xu Biao[2]　Peng Jisheng[3]

(1. School of International Audit, Nanjing Audit University, Nanjing　211185, China;

2. School of Government Management, Nanjing University, Nanjing　210093, China;

3. School of Business, Nanjing University, Nanjing　210093, China)

Abstract: During the period of stiff competition, the innovation becomes the key factor for the organization to keep competitive advantage. Based on literatures review, the relationship between organizational climate perception and employee innovation behavior is explored. The empirical analysis based on 459 questionnaires results shows that there are a positively correlation relationship between friendly relationship climate, innovation climate, and employee innovation behavior; however, the correlation relationship between fairness climate perception and employee innovation behavior does not exists. Knowledge sharing intention partially mediates the relationship between innovation climate perception and employee innovation behavior. An important theoretical value and practical meaning is provided for the organization to encourage employee innovation.

Key Words: Organizational Climate Perception; Knowledge Sharing Intention; Employee Innovation Behavior; Medium Role

网络位置、地理临近性与企业创新绩效
——一个交互效应模型[*]

党兴华[1]　常红锦[2]

（1. 西安理工大学经济与管理学院，西安　710054；

2. 山西师范大学经济与管理学院，临汾　041000）

【摘　要】本文从网络中心性和结构洞两个方面研究了网络位置与地理位置的交互作用对企业创新绩效的影响。并应用多元回归分析方法对 133 家国内企业的调查数据进行实证分析。结果显示，网络中心度与地理临近性的交互作用对创新绩效有显著的正向影响作用；而结构洞与地理临近性的交互作用对企业创新绩效没有显著的影响。结果表明，地理集聚创造的优势在很大程度上依赖于企业在其所处社会网络中的位置，而地理空间能够改变信息和资源在网络空间的转移效果。

【关键词】网络位置；地理临近性；交互作用；创新绩效

1　引言

在企业创新绩效的影响因素中，学者们关注两个处于不同空间的位置概念。经济社会学关注网络空间位置，认为企业在网络中的位置形成接近创新信息和资源的入口[1-4]，影响企业获取异质资源，从而影响企业的创新绩效。而经济地理学则关注地理空间位置，强调企业的空间集聚效应，认为地理临近性有利于组织间频繁地面对面交流，促进隐性知识传播，进而提升企业的创新绩效[5]。

上述两种观点，长期以来，独立发展。然而，近年来，学者们逐渐认识到网络空间和地理空间对企业创新绩效不仅存在独立效应，还存在交互效应。例如 Ganesan 和 Malter[6]

---

*基金项目：国家自然科学基金项目"基于知识权力的技术创新网络治理机理及其实现研究"（国家自然科学基金：70972051，2009.3~2012.3）。

等认为地理临近性对新产品开发的作用依赖于企业之间的强联系。

Whittington 等[7]则认为在快速变化、研究密集的生物技术产业，全球网络中心度和地理临近性既不是简单的互补关系，也不是简单的替代关系。全球网络中心度与地理临近性是互补还是替代依赖于临近组织的类型。Lahiri[8]考察了跨国公司 R&D 活动地理分布对创新质量的影响。研究表明地理空间与网络空间之间存在显著的交互效应。

综观现有研究，主要还存在以下不足：首先，直接考察地理临近性和网络位置的交互作用对企业创新绩效影响的研究还十分少见。企业同时处在地理空间和网络空间，因此地理临近性和网络位置必然存在交互作用，共同影响企业创新绩效，单独考虑其中一种位置对企业创新绩效的影响，都存在偏颇。其次，已有的研究结果相互冲突，远未形成一致的研究结论。最后，Whittington 等[7]虽然研究了网络位置与地理临近性的交互作用对企业创新绩效的影响作用，但在其研究中仅仅考虑了网络位置的一个指标——中心度，而没有将网络位置的另一个同等重要的指标——结构洞纳入研究，影响了模型的完备性。基于以上三点不足，本文将结构洞纳入研究框架，结合社会网络分析方法、经济地理学和管理学相关理论，主要分析网络位置与地理临近性的交互作用对企业创新绩效的影响。

在创新网络中，占据良好网络位置的企业在信息收集与处理方面将更具优势。中心度和结构洞是衡量个体行动者在网络中重要程度的变量。学者们普遍认为，中心度高的企业通过信息优势和控制优势促进企业对外部信息与内部现存知识进行整合，实现创新[9]。处于结构洞位置的企业更有机会获取到新颖信息和知识，从而影响企业创新绩效[1,10]。然而，虽然良好的网络位置能够保证企业接触到不同的知识，但并不能保证这些不同知识能够在组织间顺利转移。而地理临近性则通过增加企业之间的面对面沟通，提升知识交换的效果[11]，促进创新绩效的提高。反之，地理临近性对新产品开发的作用依赖于企业之间的强联系[6]。

基于以上逻辑，本文首先提出两个相关的假设，然后应用多元回归分析方法对 133 家国内企业的调查数据进行分析，对假设进行检验。结果显示，网络中心度与地理临近性的交互作用对创新绩效有显著的正向影响作用；而结构洞与地理临近性的交互作用对企业创新绩效没有显著的影响。本文整合了认为地理临近性是企业创新绩效来源与认为社会网络位置是企业创新绩效来源的两种观点，建立了一个较有解释力的研究模型，为企业在地理上处于什么位置，企业间如何连接提供了新的思路。

2　理论与假设

2.1　中心度、地理临近性的交互作用对创新绩效的影响

合作网络中，中心度是衡量个体行动者在网络中重要程度的变量，可用来考察企业充

当网络中心枢纽的程度和对资源获取与控制的程度。地理临近性是指焦点企业与其他组织地理距离的接近程度[7]，是反映企业在地理空间所处位置的重要变量。由于创新企业同时处于地理空间和网络空间，因此，企业所处的网络位置以及与其他合作伙伴的地理临近性必然存在交互作用，共同影响企业的创新绩效。地理空间能够改变信息和资源在网络空间的转移效果[7]，而地理集聚创造的优势则在很大程度上依赖于企业在其所处社会网络结构中的位置[12]。

位于网络中心位置的企业由于其声望较高，因此，会有更多的网络成员愿意与之建立关系，因而可以迅速发现和接近正在进行有前景的创新活动的企业[13]，也就有更多的机会接触到新的信息和诀窍。但企业与合作伙伴间太大的地理距离会使企业在识别、转移和同化知识方面存在困难[14]。而随着地理临近性的增强，其一方面提高了中心位置企业与伙伴之间的接触机会和交流频率；另一方面增加了企业直接观察合作伙伴的机会，促进彼此之间的模仿[11]，因而能使企业之间重要的、隐性的知识得以流动[15]，从而有助于中心位置企业创新绩效的提高。相反，位于网络边缘的企业，虽然地理临近性的增强可以方便企业之间的沟通和协作，促进信任与合作规范的发展[11]，但由于不利的网络位置使其无法接触到大量的创新信息与知识，因此最终无法获得良好的企业创新绩效。故本文提出如下假设：

假设1：中心度与地理临近性的交互作用正向影响企业的创新绩效。

2.2　结构洞、地理临近性的交互作用对创新绩效的影响

结构洞的关注点与中心度不同，中心度强调自我的直接联系特性，而结构洞更为关注与自我联系的企业之间的关系模式[16]。结构洞是指网络中一节点（如点 i）与其他节点存在直接联系，但其他节点间不存在直接联系，节点 i 就占据了结构洞的位置[1]。通常情况下，处于结构洞位置的企业可以更多地接触多样化的信息，并在具有不同信息内容的群体之间起到桥梁作用。而地域上的临近有助于建立和维持协作关系，有利于多样化信息与知识在企业间广泛传播，从而有助于企业创新绩效的提高。

占据结构洞位置的企业不仅可以减少网络中重复的关系[1]，从而触及差异化的信息领域，而且可以利用其控制能力使知识在不同网络且经常不相连的群体间扩散以获得收益[17]。但如果企业与伙伴间的地理距离太大，将会阻碍企业进一步了解潜在的合作伙伴，因而无法高效地从众多信息中进行筛选整合，获取所需的信息[18]。随着地理临近性的增强，位于结构洞位置的企业一方面可以建立广泛的社会联系，更方便地发现和了解潜在的交易伙伴，从而为企业间的合作创造良好的初始社会资本基础。另一方面，处于地域上临近的企业之间具有的相似语言、风俗以及价值观特性能消除由于太高的网络异质性导致的知识转移障碍，提升企业间的相对吸收能力，从而提高企业的创新绩效。反之，即使企业与合作伙伴在地理上临近，但如果在网络中处于不利位置，无法接触到多样化信息，也无法获得较好的创新绩效。综上，本文提出假设：

假设2：结构洞与地理临近性的交互作用正向影响企业的创新绩效。

3 研究设计

本研究属于企业层面的研究，所需数据无法从公开资料中获得，因此本研究的数据收集采用了问卷调查的方式。本文存在控制变量、自变量以及自变量交互，而多元逐步回归分析的方法不仅能通过分步检验每一组自变量进入模型之后的变化，从而判断新的变量进入之后模型是否有所改善，而且也是检验交互效应最为有效的方法之一。因此，本文采用逐步加入控制变量、自变量，交互项的逐步回归分析方法。

3.1 样本与数据收集

本文重点研究网络位置、地理临近性与企业创新绩效之间的关系，因此研究对象最好具有明显的创新与企业间合作的特征。本文首先通过作者之前所参与的包括国家自然基金在内的各类项目所积累的协作关系，以大唐电信科技股份有限公司、华为科技、北京交大微联科技有限公司、中兴通讯等公司为基础，采用滚雪球的方式，寻找有密切技术合作的企业，最终形成由 521 家企业组成的创新网络。然后在网络内选取样本企业，为了尽可能地保证样本的完备性，我们采用分层抽样法，即首先按照地域分组，然后在各组内随机抽取样本，最终选取了 200 家样本企业。本次调研活动从 2011 年 3 月到 2011 年 11 月，问卷的填答者主要为各企业或组织的高层技术管理人员。为防止对问卷的理解有偏差，保证问卷的回收率，调查问卷的发放和回收主要采用先通过电话与所选企业的高层管理者联络，确认可以接受调查后，由事先经过专门培训的调查员采取直接走访、邮件发送的方式进行调查。在调研中，强调了本课题的重要性及实用性，保证他们的回答会以匿名处理。共发放问卷 300 份，回收问卷 167 份，回收率为 55.7%。在回收的问卷中，对于只有个别缺失值的问卷，我们采用电话联系的方式进行回访，对问卷进行完善。对于部分缺失值太多或明显虚假信息的问卷则予以剔除，最终确定有效问卷 133 份，有效回收率为 44.3%。满足了分析方法对样本量的要求（样本数量应当不少于 100 份）。

3.2 变量的测度

为了保证测量工具的效度和信度，本研究尽量采用国内外现有文献已使用过的量表，再根据本研究的目的加以适当的修改。在正式发放问卷之前，请几位西安高新区内企业高层技术管理人员进行了预填写，并根据他们的反馈，结合专家意见对问卷进行了调整。本文对问卷题项都使用了李克特 5 点计分法测量（1 代表"完全不同意"，5 代表"非常同意"）。

3.2.1 被解释变量的测量

在创新绩效测量题项的设计方面，我们首先参考 Hagedoonr 和 Cloodt[19] 与 Devinnye[20]

对创新绩效的测量量表，设计了初始测度量表。然后，采取 Cronbach'α 系数对初始量表进行了信度分析，通过因子分析删除了载荷小于 0.4 的题项和同时在多个因子上具有大致相当载荷的题项，提取特征值大于 1 的因子，最终形成了测度量表 1。

表 1　企业创新绩效的测度量表

变量	题项
创新绩效	与贵公司所在网络的其他企业相比，贵公司新产品数更多
	与贵公司所在网络的其他企业相比，贵公司申请的专利数更多
	与贵公司所在网络的其他企业相比，贵公司新产品市场占有率更大
	与贵公司所在网络的其他企业相比，贵公司新产品的开发速度更快
	与贵公司所在网络的其他企业相比，贵公司创新产品的成功率更高

3.2.2　解释变量的测量

为了确定企业在合作网络中的网络中心度、结构洞的测量值，根据构成创新网络的 521 家企业之间是否存在合作关系进行 0 - 1 编码，0 代表企业间无合作关系，1 代表企业间存在合作关系。经编码我们得到一个 521 × 521 的 0 - 1 矩阵，对称化处理后应用 UCI-NET 6.0 软件即可计算各个企业的相关网络指标。由于我们关注的是有效问卷的 133 家企业，因此本研究仅用它们的数据进行实证分析。

（1）中心度。中心度的测量可以用 UCINET 6.0 软件的 centrality 模块下的 Degree 命令直接得到。

（2）结构洞。Burt 的结构洞指标主要考虑有效规模、效率、限制度和等级度 4 个方面，其中"约束"指数是最受关注并应用最广泛的。学者们常用 1 与"约束"的差来衡量结构洞丰富程度[10]。在本文中，笔者利用 UCINET 6.0 软件计算出各被调查企业的约束值，并计算 1 与"约束"值的差来得到相对应企业的结构洞值。

（3）地理临近性。为了确定企业与其他企业的地理临近性，本文参照国内学者周浩军等对地理位置的测量，要求被调查者填写 5 个最重要的合作伙伴，并填写与 5 个合作伙伴的相对地理距离，即将相对地理位置划分为 4 个类别：1 = 同国；2 = 同省；3 = 同市县；4 = 同地点（同地点是指半小时步行范围之内）。在回归分析中，本文使用企业与 5 个主要创新伙伴的平均距离作为地理临近性的值。地理临近性数值越大，表示企业与合作伙伴在地理距离上越接近。

3.2.3　控制变量的测度

本文选取企业规模、企业年龄和企业性质作为控制变量。通常情况下，企业规模越大，拥有的资源相对越多，越有利于企业创新绩效的提高。建立时间越久的企业，相对来说越有经验优势，同时其绩效也可能更好。企业的所有制性质反映了企业内部体制的灵活程度，从而影响企业的创新绩效。表 2 给出了上述各变量的定义。

表 2　控制变量的定义

	变量	定义
控制变量	企业性质虚拟变量	民营企业取值为 1；其他取值为 0
	企业规模虚拟变量	100 人以下取值 1；101～200 人取值为 2；201～500 人取值为 3；501～1000 人取值为 4；1001 人以上取值为 5
	企业年龄虚拟变量	5 年以内的取值为 1；6～10 年取值为 2；11～15 年取值为 3；16～20 年取值为 4；21 年以上取值为 5

4　实证检验

4.1　数据质量的评价

在回收的 133 份问卷中，在公司成立历史方面，回收问卷以 6～10 年的企业占大多数，占有效问卷的 36.7%，其次是 11～15 年的企业，占有效问卷的 25.3%；在企业员工人数方面，以 201～500 人的企业占大多数，为回收样本的 40.3%，其次为 501～1000 人的企业和 1001 人以上的大型企业，分别占 20.7% 与 16.7%；其他所占的比例较平均。可见，样本具有较广的分布，达到本研究的基本要求。受访者 93% 为中高级职称，这在很大程度上保证了本研究问卷的真实性和可靠性。

本研究采用几种方法来努力解决共同方法变异的问题。首先，采纳 Podsakoff 和 Organ[21]的建议，用多个题项来测量每个变量，避免由单一题项可能造成的共同方法偏差。接着，进行了 Harmon[22]单因子检验，结果没有析出单独一个因子，也没有一个因子能解释大部分的变量变异。非回应误差的测量通过将应答者分为两组——早期应答组与后期应答组来进行。分析结果显示两组在变量的平均值及其他的人口统计学变量上没有显著的差异。

4.2　量表的信度与效度检验

借助于 SPSS 16.0 统计软件对变量创新绩效进行探索性因子分析。结果为 Cronbach's α 系数等于 0.7234，KMO 值等于 0.712。因此，满足了 Alpha 系数大于 0.5 以及 KMO 值大于 0.7 的标准。而且本研究问卷中所使用的题项全部来自过去的文献，很多学者都曾使用这些量表测量相关变量。本研究在最终确认问卷之前，通过咨询相关领域的专家，预试并修正问卷的部分提法、内容，因此问卷具有相当的内容效度，也能够符合构建效度的要求。因此可以说，检验结果显示调查问卷具有良好的信度与效度。

4.3　描述统计与相关分析

本文用 SPSS 16.0 对所获取的数据进行假设验证，表 3 是本研究主要变量的均值、标准差以及相关系数。从表 3 中可以看出，中心度、结构洞、地理临近性和企业创新绩效显著相关，因此，有必要进一步进行回归分析，以了解自变量对因变量影响的大小。

表 3　各变量均值、标准差和相关系数

变量	均值	标准差	1	2	3	4	5	6	7
创新绩效	3.02	0.981	1.000						
企业性质	0.77	0.420	-0.018	1.000					
企业年龄	2.72	1.040	-0.03	-0.614**	1.000				
企业规模	3.03	1.051	0.251**	0.084	0.139	1.000			
临近性	2.56	0.752	0.695**	0.004	-0.053	0.252**	1.000		
中心度	2.09	0.81	0.658**	0.080	-0.185	0.051	0.378**	1.000	
结构洞	0.845	0.063	0.611**	0.136	-0.105	0.217**	0.341**	0.498**	1.000

注：* 表示 $p < 0.05$，** 表示 $p < 0.01$。

4.4　回归分析

为检验本研究提出的各个假设，我们进行逐步多元回归分析，回归分析结果如表 4 所示。为了避免加入交互项带来的多重共线性问题，我们首先对自变量地理临近性、中心度与结构洞做中心化处理，再计算其交互项并代入回归方程中，从而有效地避免了多重共线性问题。

首先引入控制变量，先对模型 1 做回归分析（$R^2 = 0.078$，调整 $R^2 = 0.056$）。模型 2 加入自变量地理临近性后，自变量的系数通过了显著性检验，多重判定系数 R^2 值的变化显著（$R^2 = 0.491$，调整 $R^2 = 0.475$）。在模型 3 中，加入自变量中心度后，自变量的系数通过了显著性检验，模型解释能力加强（$R^2 = 0.681$，调整 $R^2 = 0.668$）。在模型 4 中，加入结构洞变量后，自变量的系数通过了显著性检验（$R^2 = 0.734$，调整 $R^2 = 0.722$）。本文的假设 1 提出中心度与地理临近性的交互作用正向影响企业的创新绩效。在模型 5 中，在模型 4 的基础上加入中心度和地理临近性的交互项后，交互项的系数通过了显著性检验，模型解释能力增强（$R^2 = 0.748$，调整 $R^2 = 0.734$），因此，假设 1 得到了验证。但在模型 6 中，在模型 4 的基础上加入结构洞和地理临近性的交互项后，模型的解释能力（$R^2 = 0.738$，调整 $R^2 = 0.723$）与模型 4 相比不是增大，反而减小，因此，我们无法证明地理临近性和结构洞的交互作用对企业创新绩效有影响作用，假设 2 没有得到验证。

表 4　企业创新绩效的多因素回归分析结果

	Mod1	Mod2	Mod3	Mod4	Mod5	Mod6
企业性质	−0.135 (0.257)	−0.051 (0.192)	−0.036 (0.153)	−0.065 (0.141)	−0.083 (0.139)	−0.078 (0.143)
企业年龄	−0.152 (0.104)	−0.038 (0.078)	0.049 (0.063)	0.042 (0.058)	0.024 (0.057)	0.031 (0.058)
企业规模	0.283*** (0.082)	0.091 (0.063)	0.098 (0.050)	0.057 (0.047)	0.073 (0.046)	0.068 (0.047)
临近性		0.670*** (0.086)	0.492*** (0.073)	0.453*** (0.068)	0.424*** (0.068)	0.445*** (0.068)
中心度			0.479*** (0.067)	0.358*** (0.068)	0.319*** (0.069)	0.322*** (0.076)
结构洞				0.278*** (0.859)	0.262*** (0.847)	0.301*** (0.903)
中心度×临近性					0.132** (0.045)	
结构洞×临近性						0.068 (0.056)
R^2	0.078	0.491	0.681	0.734	0.748	0.738
Adj. R^2	0.056	0.475	0.668	0.722	0.734	0.723
F	3.631	30.840	54.197	58.087	52.937	50.253

注: * 表示 $p < 0.10$, ** 表示 $p < 0.05$, *** 表示 $p < 0.01$。

4.5　稳健性检验

考虑到样本可能存在的非随机性和异常值对回归结果的影响，我们利用各去掉5%比例企业规模最高和企业规模最低的样本来进行稳健性检验，回归结果与总样本各变量的各种特征保持一致。最后，考虑到新成立企业的业绩容易出现非正常性波动，我们去掉成立小于5年的样本进行稳健性检验，回归结果与总样本回归结果基本一致。这就说明模型中我们所设定的变量之间的关系呈现出稳定效应，这在相当程度上说明我们的研究结论是可靠的（限于篇幅，略去回归结果）。

5 结论与讨论

5.1 结论

企业同时处在地理和网络空间，单一地考虑地理位置或网络位置对企业创新绩效的影响都存在偏颇。本研究通过应用多元回归分析方法对 133 家国内企业的调查数据进行分析，结合社会网络分析方法、经济地理学等相关理论，分别就网络中心度、结构洞和地理临近性的交互作用对企业创新绩效的影响作用进行了实证研究并得出了相关结论。

首先，网络中心度与地理临近性的交互作用对企业创新绩效具有正向影响作用。网络中心度高的企业凭借其较高的声望，有机会接触到多样化的创新信息与知识。但是如果企业与合作伙伴间存在较大的地理距离，将会影响企业间有效的沟通和交流，从而使企业无法有效识别、转移知识。随着地理临近性的增加，企业间通过共同知识基础、促进信任和合作等机制加强了知识转移的强度和效果，从而有利于中心企业有效地吸收所接触到的知识，进而提高企业的创新绩效。反之，当企业处于网络边缘位置时，即使与合作伙伴间具有临近的地理位置，但由于其接触到的信息和知识有限，因此，也无法及时发现并获取到有效的创新知识，从而无法获得较高的创新绩效。

其次，结构洞与地理临近性的交互作用对企业创新绩效的影响并不显著。这至少有两种可能的解释。一种可能是因为结构洞对企业创新绩效的贡献主要在于为企业提供信息和潜在的机会，即结构洞适合于探索新的独占性的知识，企业通过弱联系获取更多的信息与机遇，识别机会，避免危机，从而影响企业创新战略，提升创新绩效。处于结构洞位置的企业更多依赖于网络关系获取这些信息。只有存在需要转移的高质量、隐性知识时，才需要企业间频繁互动和面对面的交流。因此，结构洞与地理临近性的交互作用对创新绩效的影响不是很明显就不足为奇了。这种观点有待分离出企业创新绩效中的结构洞效应，并进行验证。另一种可能的原因是本文的样本企业仅限于国内企业，因此地理临近性对异质性知识的转移作用不是很明显，因此本假设有待加入国际化企业做进一步的验证。

最后，本研究具有管理方面的意义。第一，企业与伙伴的地理临近性和网络中心度的交互作用会提高企业的创新绩效，因此，占据核心位置的企业在发展网络连接的同时应该考虑到临近性对伙伴间学习与知识转移的影响。第二，本研究的结果也显示区域集群方面的研究，在制定旨在加强区域经济发展的政策时，需要同时考虑企业所处的社会结构和由于企业临近导致的知识外溢效应。

5.2 研究局限与未来研究方向

本研究的局限性主要表现在如下两个方面：首先，本研究收集的是横断面数据，所得结论本质上是变量间的相关关系，更为严谨的因果关系还需要纵向研究加以检验。因为随着时间的推移，网络结构与企业的位置都会发生变化，因此对从动态视角研究网络位置、地理临近性对创新绩效的影响无疑是一个很有趣的研究方向。其次，企业是在特定的地理区域环境中发展的，每个区域具有鲜明的体制基础设施。未来研究可以更多关注独特的体制基础设施的持久影响和进化轨迹，从而加深对网络和临近性交互影响方式的理解。

参考文献

[1] Burt R. S. Structural Holes: The Social Structure of Competition [M]. Cambridge: Harvard University Press, 1992.

[2] Andrew V. S. Firm Scope Experience, Historic Multimarket Contact with Partners, Centrality, and the Relationship between Structural Holes and Performance [J]. Organization Science, 2009, 1 (20): 85 – 106.

[3] 郑登攀，党兴华. 网络嵌入性对企业选择合作技术创新伙伴的影响 [J]. 科研管理，2012，1 (33): 154 – 160.

[4] 陈伟，张永超等. 区域装备制造业产学研合作创新网络的实证研究——基于网络结构和网络聚类的视角 [J]. 中国软科学，2012 (2): 96 – 107.

[5] Antonelli C. Collective Knowledge Communication and Innovation: The Evidence of Technological Districts [J]. Regional Studies, 2000, 6 (11): 535 – 547.

[6] Ganesan S., Malter A. J. Does Distance Still Matter? Geographic Proximity and New Product Development [J]. Journal of Marketing, 2005, 69 (4): 44 – 60.

[7] Whittington K. B., Owen – Smith J. Networks, Propinquity, and Innovation in Knowledge – intensive Industries [J]. Administrative Science Quarterly, 2009, 54 (1): 90 – 122.

[8] Lahiri N. Geographic Distribution of R&D Activity: How Does It Affect Innovation Quality? [J]. Academy of Management Journal, 2010, 53 (5): 1194 – 1209.

[9] Powell W. W., Koput K. W. Interorganizational Collaboration and the Locus of Innovation: Networks of Learning in Biotechnology [J]. Administrative Science Quarterly, 1996, 41 (1): 116 – 145.

[10] Zaheer A., Bell G. G. Benefiting from Network Position: Firm Capabilities, Structural Holes, and Performance [J]. Strategic Management Journal, 2005, 26 (9): 809 – 825.

[11] Arikan A. T. Interfirm Knowledge Exchanges and the Knowledge Creation Capability of Clusters [J]. Academy of Management Review, 2009, 34 (4): 658 – 676.

[12] Singh J. Collaborative Networks as Determinants of Knowledge Diffusion Patterns [J]. Management Science, 2005, 51 (5): 756 – 770.

[13] Casper S. Creating Silicon Valley in Europe: Public Policy towards New Technology Industries [M]. Oxford: Oxford University Press, 2007.

[14] Teece D. Competition, Cooperation, and Innovation: Organizational Arrangements for Regimes of Rapid Technological Progress [J]. Journal of Economic Behavior and Organization, 1992, 18 (1): 1 – 25.

[15] Gertler M. S. Best Practice? Geography, Learning and the Institutional Limits to Strong Convergence [J]. Journal of Economic Geography, 2001, 1: 5 – 26.

[16] 钱锡红，杨永福. 企业网络位置、吸收能力与创新绩效 [J]. 管理世界，2010 (5): 118 – 129.

［17］Burt R. S. , Hogarth R. M. , Michaud C. The Social Capital of French and American Managers ［J］. Organization Science, 2000, 11 (2): 123 – 147.

［18］McEvily B. , Zaheer A. Bridging Ties: A Source of Firm Heterogeneity in Competitive Capabilities ［J］. Strategic Management Journal, 1999, 20 (12): 1133 – 1158.

［19］Hagedoon J. , Cloodt M. Measuring Innovative Performance: Is There an Advantage in Using Multiple Indicators? ［J］. Research Policy, 2003, 32 (8): 1365 – 1379.

［20］Devinnye T. M. How Well do Patents Measure New Product Activity? ［J］. Economic Letters, 1993, 41 (4): 447 – 450.

［21］Podsakoff P. M. , D. W. Organ. Self – reports in Organizational Research: Problems and Prospects ［J］. Journal of Management, 1986, 12 (4): 531 – 544.

［22］Harmon H. H. Modern Factor Analysis ［M］. Chicago: The University of Chicago Press, 1967.

Network Position, Geographical Proximity, and Innovation Performance: An Interactive Effect Model

Dang Xinghua[1]   Chang Hongjin[2]

(1. School of Economics and Management, Xi'an University of Technology, Xi'an 710054, China; 2. School of Economics and Management, Shanxi Normal University, Linfen 041000, China)

Abstract: The effect of interaction between network position and the geographical proximity on the enterprise's innovation performance is studied from two aspects of network centrality and structural holes. And through multiple regression analysis on the survey data of 133 domestic enterprises, the results show that the interaction between network centrality and geographical proximity has a significantly positive effect on enterprise's innovation performance, however the interaction between structure holes and geographical proximity has an insignificant effect on enterprise's innovation performance. The results also indicate that the advantage of geographical agglomerative creations largely depends on the enterprise's network position, and the geographical space is able to change the transfer effect of information and resources in the network space.

Key Words: Network Position; Geographical Proximity; Interaction; Innovation Performance

社会资本、动态能力与企业创新关系的实证研究[*]

曾　萍　邓腾智　宋铁波

（华南理工大学工商管理学院，广州　510640）

【摘　要】本文以动态能力作为中介变量，构建了社会资本与企业创新之间关系的理论模型，并以广东省166家企业为调查对象进行实证检验。研究结果表明：①社会资本不能直接促进企业创新，但社会资本可以通过动态能力作为完全的中介变量，间接地促进企业创新。②不同维度的社会资本通过动态能力间接影响企业创新的程度存在差异。其中，业务社会资本对企业创新的间接影响程度最高，其次是制度社会资本，技术社会资本对企业创新的间接影响程度最低。

【关键词】社会资本；动态能力；企业创新

1　引　言

进入21世纪，随着技术进步与经济全球化进程的加速，以及中国经济与社会的转型，国内企业所面临的环境日益动态和复杂。在这种情况下，企业竞争优势的可保持性越来越低，创新和速度逐渐代替规模而成为企业竞争优势的主要来源[1]。不仅如此，创新也是国家或区域竞争优势的重要来源。由此，如何应对环境变化并有效提升企业的创新能力与创新绩效就成为了企业、政府与社会共同关注的焦点。

*基金项目：国家自然科学基金重点项目（70832003，起止时间：2009～2012）；广东省自然科学基金项目（S2011040003809，起止时间：2011～2013）；广东省哲学社会科学"十一五"规划项目（GD10CGL13，起止时间：2011～2012）；华南理工大学中央高校基本科研业务费专项资金（2011ZM0039，起止时间：2011～2012）。

基于自身的复杂和不确定性，创新往往要求企业建立并强化社会关系网络来获取多样化的资源[2]，这就凸显了社会资本对于企业创新的重要作用。至于社会资本的概念最早可以追溯到 1916 年 Hanifan 的研究。其后，Bourdieu 正式提出了社会资本概念，认为社会资本是"与群体成员相联系的现实或潜在资源的总和，它从群体拥有的角度为每个成员提供支持"。1988 年，随着 Coleman 所著 *Social Capital in the Creation of HumanCapital* 一文的发表，社会资本开始受到社会学、政治学以及经济学等诸多领域学者的广泛关注。20 世纪 90 年代后期，一些学者将社会资本概念引入企业管理研究领域，学术界才开始注意到社会资本对创新的重要影响。相应地，研究社会资本与创新关系的相关文献也逐渐丰富起来。

　　相关理论研究认为，企业通过广泛的社会交往和紧密联系，可以获得价值连城的信息，捕捉到令企业起死回生的机遇，摄取稀缺的资源，从而在越来越激烈的竞争中避短扬长，立于不败之地[3]。尤其是在中国转型经济的特殊背景下，正式制度并非健全或有效，企业的社会资本与社会关系在其资源获取、市场进入和产权保护等方面更是起到了非常重要的作用，从而促进了企业的创新活动和绩效[4-6]。然而，目前社会资本与企业创新关系的实证研究却没有为上述观点提供一致性支持。虽然多数实证研究发现，社会资本包括制度社会资本对于企业创新具有积极的影响[7-15]，但另外一些研究却表明制度社会资本对于企业创新的影响不显著[16]，甚至表现出消极的影响[17]。社会资本是否以及如何影响企业创新依然存在未打开的"黑箱"。

　　由此可见，社会资本对于企业创新影响的研究仍有待补充和完善：①社会资本是否及如何影响企业创新需要进一步的数据支持；②社会资本的不同维度对企业创新的影响是否存在差异也需要加以揭示；③社会资本作用于企业创新的内在机制需要更深入探索。从社会资本到企业创新，或许并非直接影响关系而是需要一定的中间过程。企业通过社会资本所获得的信息、知识与技术等各种外部资源，可能需要依靠内部动态能力的支持才能将其消化吸收并有效地转化为创新成果，但目前尚未有研究将动态能力作为一个独立的变量纳入到社会资本对企业技术创新作用机制的研究框架中。而这些都是企业创新理论与实践发展过程中无法回避的重要问题。本文尝试为以上问题的解决做出努力，以企业内部动态能力为视角考察社会资本对于企业创新的影响，通过文献研究与理论梳理构建概念模型，进而提出相关研究假设，然后以广东珠江三角洲地区 166 家企业为调查对象进行实证检验，试图揭示社会资本影响动态能力与企业创新的过程，以丰富社会资本与企业创新理论，并为企业创新管理实践提供指导与建议。

2 研 究 设 计

2.1 研究假设

2.1.1 社会资本对企业创新的影响

社会资本是指嵌入在组织占有的网络结构中，并通过关系网络可获得的、来自关系网络的实际或潜在资源的总和。按照在企业网络中的嵌入程度，社会资本可分为结构、关系与认知三个维度[18]。其中，结构维度是企业各种联系的总和，其主要关心网络联系的存在与否、联系强弱及网络结构；关系维度是关于企业网络存在的质量，包括信任与可信度、规范与惩罚、义务与期望等，其关注重点在于如何通过人际关系的创造和维持来获取稀缺的资源；认知维度是网络中的认知范式，即网络内部成员是否真正相互理解对方等[19]。

大量研究表明，社会资本扩大并强化了企业与拥有独特资源的外部组织之间的联系。社会资本越丰富，企业获取创新所必需的多样化信息、知识以及其他外部资源的来源就越多，效率也越高，企业的创新能力也相应更强[2,3,7,8,20]。根据相关文献，影响企业创新的社会资本主要包括：

（1）制度社会资本（企业与政府的关系）。作为公共资源的实际控制者与分配者，政府掌握了很多的战略性与创新性资源，它同时也掌握着项目审批与资源配置的决定权。转型经济条件下，政府的这种权力得到了进一步强化。这是因为，经济转型时期，由于制度并非健全有效，制度缺位与制度冲突的情况在一定范围内还长期存在。此时，政府更多地表现为"大政府"而非"小政府"，其相应掌握的创新性与战略性资源更多，对经济的干预程度也会更高，具体包括：对关键资源（如土地、金融）的严格控制、行政审批；对企业实施范围广泛的规制，如产业政策、行业准入、财税政策等[21]。

为了获得政府所控制各种稀缺的创新性资源，比如研发项目审批、科技创新资金、高新技术企业资格认定、新产品政府订单、土地与金融支持等，企业迫切需要与政府建立并维持良好的关系。事实上，企业与政府的关系是影响其技术创新投入的重要因素[22]。

（2）业务社会资本（企业与供应商以及顾客的关系）。企业与其供应商、顾客处在相同的产业链中，顾客与供应商既是企业生产经营中最为密切的商业合作伙伴，同时也是企业重要产品信息的提供者，与它们建立良好关系必然会对企业创新活动产生重要影响。事实上，为了与市场新技术始终保持同步，很多企业已经将采购网络[23]和客户[24]视为创新的重要来源，并强调与供应商进行知识分享与交流互动的重要性[25]。相关研究也表明，企业纵向的社会资本（即企业与供应商及顾客的关系）与技术创新业绩成正相关[2]。因此，我们认为，企业与供应商以及顾客的关系是促进企业产品创新中知识和资源获取的重要渠道[26]。

（3）技术社会资本（企业与高校以及科研机构的关系）。高校与科研机构是科学知识的重要来源，它们可以为企业的创新活动提供基础性知识的支持。事实上，产学研合作创新已经成为当前最重要和最流行的创新方式之一。为了解决技术难题、加快研发速度和分散创新风险，企业往往会主动与高校以及科研机构合作进行创新。另外，高校与科研机构还可以为企业的技术创新源源不断地培养具有创新能力的高素质人才[2]。企业与高校的合作对企业长期的创新绩效有非常明显的提高作用。因此，发展与高校的联系可以促进企业的技术创新和产品创新[26]。

总之，社会资本能够促进企业对外部隐性知识的吸收、传递与扩散，提高资源配置能力，从而强化企业创新[12]。例如，Cooke 与 Wills 研究发现，社会资本的构建给公司提供了连接甚至嵌入外部创新网络的机会，从而改善了公司的业务、知识以及创新绩效[27]。类似地，其他学者的研究也表明，企业社会资本可以提高技术创新的绩效[8,12]、促进产品创新[9,11]或企业创新[4,9,11]。

综合以上分析，本文提出如下假设：

H1：社会资本促进了企业创新。

H1a：制度社会资本促进了企业创新。

H1b：业务社会资本促进了企业创新。

H1c：技术社会资本促进了企业创新。

2.1.2 社会资本对动态能力的影响

以知识为基础的观点认为，企业的能力是其知识的集合，企业的知识管理活动是动态能力形成与发展的关键因素。而社会资本从机会、动机、期望和能力四方面促进了组织知识的收集、分享以及整合，使得企业的新知识不断增加，进而推动动态能力的形成与演化[28]。

具体来说，通过社会网络的广泛与深入的连接，企业可以得到广泛、及时、相关且高质量的信息资源。同时，企业与所处社会网络中其他主体的频繁联系，不仅促进了知识与信息的广泛交流、为企业带来了学习与获取新知识的机会[29]，而且给企业提供了调用社会网络中其他主体资源的便利[30]。因此，企业与政府、供应商及顾客、高校及科研机构良好关系的建立，促进了企业与这些主体的互动与交流，并为企业及时带来了丰富、独特甚至是关键性的信息和资源，例如地方政府在产业转型升级方面的重大政策调整变化、顾客需求的改变、行业内技术发展长期趋势等，从而帮助企业获得先动优势，极大地推动了企业内部消化、吸收以及充分利用这些信息与知识来增强动态能力的过程。尤其在中国目前转型经济背景下，政府环境构成了企业外部环境中最重要的部分[31,32]，企业与政府良好政治关系的建立与维持，能够有效地减少外部环境的不确定性与规避相关风险，并为企业应对环境变动的动态能力的形成和发展提供强有力的支持。

相关研究也认为，企业社会资本促进了动态能力的发展[33]。而包括企业家商业社会资本、技术社会资本的三个网络指标以及制度社会资本的网络强度，均会对组织的市场动态能力产生积极影响；企业家商业社会资本以及技术社会资本则对组织的技术动态能力有显著的正面影响[34]。

综上所述，本文提出如下假设：

H2：社会资本对动态能力有积极的作用。

H2a：制度社会资本对动态能力有积极的作用。

H2b：业务社会资本对动态能力有积极的作用。

H2c：技术社会资本对动态能力有积极的作用。

2.1.3 动态能力对企业创新的影响

进入新经济时代，外部环境变得越来越动态和复杂，在探索型创新和应用型创新的过程中，企业都需要根据创新需求对资源基础进行调整。企业动态能力的发展使建立在知识基础上的企业内外资源的整合与重构得以连续不断地进行，从而促进了企业新产品的开发、新工艺的构建、新材料的运用以及新市场的开拓等。因此，动态能力的提高加速了企业资源的重新配置过程，促进了创新活动的开展[35]，正如黄俊与李传昭基于中国汽车行业企业的研究所表明，动态能力对于企业自主创新能力具有积极影响[36]。

基于以上分析，本文研究提出如下假设：

H3：动态能力促进了企业创新。

2.1.4 社会资本、动态能力与企业创新

综合上述讨论，本文进一步认为，随着企业社会资本的丰富和发展，企业可以广泛获取、吸收并利用关键的外部环境变化的知识与信息，从而对动态能力的发展产生积极影响，而动态能力的提升又促进了创新活动的进行。于是，提出如下假设：

H4：社会资本通过动态能力促进了企业创新。

H4a：制度社会资本通过动态能力促进了企业创新。

H4b：业务社会资本通过动态能力促进了企业创新。

H4c：技术社会资本通过动态能力促进了企业创新。

2.2 研究模型

综合前述文献与理论研究结果以及随后的多个案例企业（华南资讯、粤晶高科、风华高科、广东温氏等）访谈，确定本文研究模型如图1所示。

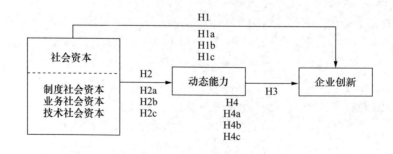

图1 研究模型

2.3 变量的界定与测量

本文采取李克特 5 点量表法测量社会资本、动态能力与企业创新等变量，其中 5 代表非常同意，1 代表非常不同意。

对于社会资本的测量，学者们的分歧非常明显。一些学者采用了 Nahapiet 与 Ghoshal 所提出社会资本框架[18]，从结构维度、关系维度和认知维度三个方面来刻画社会资本[19,37-41]。另外一些学者则从中国企业的实际情况出发，采用企业与不同类型外部组织的关系来衡量社会资本[2-4,26,34,42-44]。本文赞同第二类测量企业社会资本的方法，认为企业与拥有独特资源的不同组织之间的不同关系在很大程度上影响了动态能力与创新活动。事实上，在我们对多个案例企业的调研中，所有的受访者均强调了企业与政府、供应商及顾客、高校及科研机构关系的重要性，而且认为企业与某类组织的社会资本会表现出结构、关系与认知的一致性。例如，企业与政府的联系越多，其关系与信任程度就越高，自然也具有更多的相互理解与默契。这一点在随后的大样本企业问卷调研中得到了证实。因此，本文将企业社会资本划分为制度社会资本、业务社会资本以及技术社会资本三个维度，修订后共 9 个题项。动态能力问卷则主要参考了 Wu[45]、曾萍和蓝海林[46]等的研究，包括协调整合能力与重组转型能力两个维度，修订后共 12 个题项。在以往学者的研究中，一般将企业创新分为技术创新与管理创新两个维度，通过开发或修订相应的量表来进行测量。然而，考虑到学者们针对社会资本与创新的关系研究结论存在矛盾的焦点在于社会资本是否显著地影响了企业创新的结果，而非创新投入[47]。因此，本文研究以创新的结果——创新绩效作为企业创新的代理变量，其测量方法主要参考了 Bell[48]、Ritter 和 Gemünden[49]以及钱锡红等[50]的研究，修订后共 5 个题项。

2.4 研究样本

本文研究采用问卷调查的方法收集样本，在高层管理人员相对比较集中的华南理工大学 EMBA、MBA、ME 以及研究生课程班中选择符合要求的学员进行调查，调查时间从 2009 年 9 月到 2010 年 2 月。总共发放问卷 315 份，收回 186 份，其中关键项目填答不全的无效问卷 20 份，有效问卷 166 份，有效回收率 52.7%。

样本企业中，企业成立时间超过一年小于 3 年有 7 家，占总数的 4.2%，超过三年小于 10 年的共 59 家，占总数 35.5%，成立时间在 10 年以上的 100 家，占总数的 60.2%；员工人数在 100 人以下的有 30 家，占总数的 18.1%，100 人以上 500 人以下的 53 家，占总数的 31.9%，500 人以上的企业共 83 家，占总数的 50.0% 等；年收入额在 1000 万元以下的 30 家，占总数的 18.1%，1000 万元到 5000 万元之间的 53 家，占总数的 31.9%，5000 万元以上的 83 家，占总数的 50.0%，等等。

2.5 样本的信度与效度

本研究采用 Cronbach's α 系数来分析信度，检验结果见表 1，各变量的 Cronbach's α

系数均达到了较高水平，表明问卷具有良好的信度。

表 1　量表信度

变量	Cronbach's α	变量	Cronbach's α
社会资本	0.865	动态能力	0.879
制度社会资本	0.860	协调整合能力	0.822
业务社会资本	0.701	重组转型能力	0.854
技术社会资本	0.860	创新绩效	0.785

效度检验方面，本文研究使用了其他学者曾用过的、较为成熟的量表，并通过咨询相关领域的专家以及进行小样本的预试对其进行了修订，由此保证了量表具备较好的内容效度。结构效度方面，因创新绩效不包含子维度，故采用 PFA 方法来检验效度。创新绩效 PFA 检验的 KMO 值为 0.722，5 个题项的因素负荷分别为 0.648、0.753、0.734、0.737 和 0.792，提取因素累计变异量为 53.916%，各项指标均达到良好水平，表明创新绩效量表的结构效度良好。社会资本和动态能力分别包括三个和两个子维度，表 2 所示的二阶 CFA 结果表明，各项指标均达到可接受水平，表明组织学习与动态能力量表的结构效度较好。

表 2　变量 CFA 分析结果

拟合指标	χ^2/df	GFI	AGFI	RMSEA	NFI	CFI	PNFI	PCFI
社会资本	2.294	0.937	0.865	0.081	0.937	0.963	0.547	0.562
动态能力	1.929	0.917	0.866	0.075	0.901	0.949	0.655	0.690

3　分析结果

3.1　多元回归分析

本文研究采用多元回归分析方法来考察各研究变量之间的相互关系，并对研究假设进行初步检验。

3.1.1　社会资本对企业创新的影响

以社会资本的三个维度为自变量，以企业创新为因变量进行回归分析，得到的结果如

表 3 所示。社会资本的三个维度对于企业创新均有显著的正面影响，假设 H1、H1a、H1b 和 H1c 均获得支持。

表 3　社会资本对企业创新的回归分析

自变量	因变量
	企业创新
制度社会资本	0.167 *
业务社会资本	0.302 ***
技术社会资本	0.276 **
F 值	14.844 ***
Adjusted R^2	0.201

注：* 表示 $p < 0.05$；** 表示 $p < 0.01$；*** 表示 $p < 0.001$。

3.1.2　社会资本对动态能力的影响

以社会资本的三个维度为自变量，分别以动态能力的两个维度为因变量进行回归分析，得到的结果如表 4 所示。业务社会资本与技术社会资本对协调整合能力有显著的正面影响，而制度社会资本和业务社会资本对重组转型能力有显著的正面影响。整体而言，假设 H2、H2a、H2b 和 H2c 获得支持。

表 4　社会资本对动态能力的回归分析

自变量	因变量	
	协调整合	重组转型
制度社会资本	0.007	0.250 **
业务社会资本	0.279 ***	0.345 ***
技术社会资本	0.219 *	0.089
F 值	11.896 **	25.315 ***
Adjusted R^2	0.165	0.307

注：* 表示 $p < 0.05$；** 表示 $p < 0.01$；*** 表示 $p < 0.001$。

3.1.3　动态能力对企业创新的影响

以动态能力的两个维度为自变量，对企业创新进行回归分析，得到的结果如表 5 所示。其中可以看出，无论是协调整合能力还是重组转型能力，对企业创新均具有显著的正面影响，表明动态能力可以促进企业创新，假设 H3 获得支持。

综合 H1、H2 以及 H3 等假设的检验结果可知，社会资本的三个维度均可以通过动态能力对企业创新产生积极的影响，假设 H4、H4a、H4b 和 H4c 获得支持。

表5　动态能力对企业创新的回归分析

自变量	因变量
	企业创新
协调整合	0.159 *
重组转型	0.427 ***
F 值	32.067 ***
R^2	0.282
Adjusted R^2	0.274

注：* 表示 $p < 0.05$；** 表示 $p < 0.01$；*** 表示 $p < 0.001$。

3.2　SEM 分析

3.2.1　理论模型的检验

假如同时考虑所有的变量，原来成立的假设能否继续获得支持呢？接下来，本文研究将所有的变量都投入到一个结构方程模型中（见图2），并采用软件 AMOS 7.0 通过基本拟合标准与整体模型拟合指标来对该理论模型的适用性进行检验。其中，基本拟合标准检验结果如表6所示，因素负荷量、组合信度以及因素分析累计解释量均满足要求，说明整体理论模型符合基本拟合标准。整体模型各项拟合指标如表7所示，都达到了良好水平，说明整体理论模型的拟合度非常好。

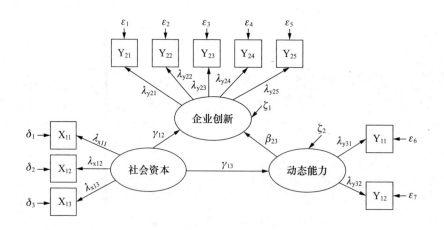

图2　整体理论模型

表6　基本拟合标准分析

因素及变量	MLE 的估计参数		组合信度	萃取变量
	因素负荷	衡量误差		
社会资本			0.75	0.50
制度社会资本	0.69***	0.52		
业务社会资本	0.73	0.47		
技术社会资本	0.71	0.50		
动态能力			0.71	0.56
协调整合能力	0.72***	0.48		
重组转型能力	0.77	0.41		
创新绩效			0.84	0.51
率先推出新产品/新服务	0.68***	0.54		
率先应用新技术	0.70	0.51		
产品改进与创新市场反应良好	0.69	0.52		
产品包含一流的技术与工艺	0.71	0.50		
新产品开发成功率很高	0.77	0.41		

注：*** 表示 $p < 0.001$（双侧检验）。

表7　整体模型拟合度分析

拟合指标	χ^2/df	GFI	AGFI	RMSEA	NFI	CFI	PNFI	PCFI
结构模型	1.984	0.938	0.900	0.077	0.902	0.945	0.601	0.630

3.2.2　假设的验证

本文研究中各变量之间的路径系数见图3。其中，社会资本与动态能力之间的路径系数 $\gamma_{13} = 0.753^{***}$，达到了极其显著的水平，表明社会资本对动态能力具有直接的正面影响，假设 H2 获得支持。动态能力与企业创新之间的路径系数 $\beta_{23} = 0.558^{**}$，也达到了显著的水平，表明动态能力对于企业创新具有直接的正面影响，假设 H3 也获得支持。社会资本与企业创新之间的路径系数未达到显著性水平，表明社会资本对于企业创新不存在显著的直接影响，假设 H1 未获得支持，但社会资本可以通过动态能力作为完全中介变量间接促进企业创新，其间接影响效应为 0.420（ $\gamma_{13} \times \beta_{23} = 0.420$ ），动态能力在社会资本与企业创新之间起到了完全中介效应，假设 H4 获得支持。

为了更加深入地分析社会资本如何通过动态能力影响企业创新，本文进一步将社会资本分为制度社会资本、业务社会资本与技术社会资本三个维度，采用结构方程模型来考察社会资本内在各维度如何影响动态能力和企业创新，结果见图4、图5、图6以及表8。

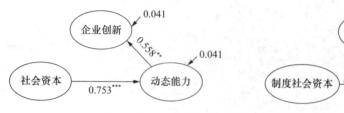

图3　SEM 结果

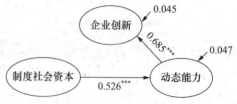

图4　SEM 结果（制度社会资本）

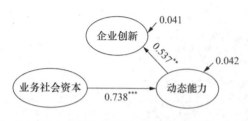

图5　SEM 结果（业务社会资本）

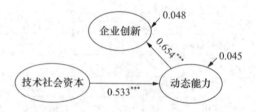

图6　SEM 结果（技术社会资本）

表8　整体模型拟合度分析（考察社会资本各维度）

拟合指标	χ^2/df	GFI	AGFI	RMSEA	NFI	CFI	PNFI	PCFI
制度社会资本	1.574	0.950	0.908	0.059	0.932	0.974	0.622	0.649
业务社会资本	1.291	0.958	0.923	0.042	0.925	0.981	0.617	0.654
技术社会资本	1.639	0.943	0.901	0.062	0.928	0.970	0.619	0.647

从图4、图5、图6和表8可以看出，制度社会资本、业务社会资本、技术社会资本与动态能力之间的路径系数分别为 0.526***、0.738*** 和 0.533***，表明社会资本的三个维度对于动态能力均有直接促进作用，假设 H2a、H2b 和 H2c 均获得支持。制度社会资本、业务社会资本以及技术社会资本与企业创新之间的路径系数均未达到显著水平，表明社会资本的三个维度对于企业创新均不存在显著的直接影响，假设 H1a、H1b 和 H1c 均未获得支持，但制度社会资本、业务社会资本以及技术社会资本均可以通过动态能力作为完全中介变量间接促进企业创新，其间接影响效应分别为 0.360（$\gamma_{13} \times \beta_{23} = 0.360$）、0.396（$\gamma_{13} \times \beta_{23} = 0.396$）和 0.349（$\gamma_{13} \times \beta_{23} = 0.349$），假设 H4a、H4b 和 H4c 均获得支持。

4　结论与启示

本文以广东省166家企业为调查对象，探讨社会资本对企业创新的影响，以及动态能力在它们之间的中介作用，获得如下研究结果：①社会资本对于企业创新没有直接影响，但社会资本可以通过动态能力作为完全的中介变量，间接地促进企业创新。②不同维度的社会资本对企业创新的间接影响程度也不同，业务社会资本对企业创新的影响程度最高，其次是制度社会资本，技术社会资本的影响程度最低。

本文的研究结论一方面揭示了动态能力在社会资本作用于企业创新的过程中起到了完全中介作用，为当前学术界社会资本与企业创新关系实证结论的不一致提供了一种合理解释；另一方面也进一步说明了动态能力与社会资本对于提升企业创新绩效的重要性。企业创新绩效的提升是一个内外部因素互动作用的结果，企业除了需要建立、保持并发展与政府、供应商及顾客、高校及科研机构的密切的网络联系之外，更重要的是需要大力培育和提升动态能力。否则，较低的动态能力将成为阻碍社会资本促进企业创新作用发挥的中间瓶颈，企业即使通过社会资本获得了丰富的外部创新资源，也很难有效地转化为最终的内部创新成果。此外，本文的研究结论也凸显了政府对于企业创新的重要作用。政府不仅可以通过制度社会资本直接影响企业动态能力的构建进而影响到企业创新，而且可以通过创造有利的政策环境来全面推动企业创新。因此，对于政府相关部门而言，应致力于打造良好的协同创新政策环境，通过制定与实施更为有效的产业政策与激励措施，快速推进知识、信息、技术与产业之间的多层互动网络与平台建设，以促进官、产、学、研之间的良好互动以及知识、信息、人才等创新资源跨组织边界的交流，从而推动企业业务社会资本、制度社会资本与技术社会资本的发展，最终促进企业动态能力与自主创新能力的提升。

参考文献

［1］蓝海林．企业战略管理［M］．北京：科学出版社，2011：109－110．

［2］陈劲，李飞宇．社会资本：对技术创新的社会学诠释［J］．科学学研究，2001，19（3）：102－107．

［3］边燕杰，丘海雄．企业的社会资本及其功效［J］．中国社会科学，2000：87－99．

［4］Peng, M. W., Luo, Y. Managerial Ties and Firm Performance in a Transition Economy：The Nature of a Micro－Macro Link［J］. Academy of Management Journal, 2000, 43（3）：486－501.

［5］Peng, M. W. Institutional Transitions and Strategic Choices［J］. Academy of Management Review, 2003, 28（2）：275－296.

［6］李西垚，弋亚群，苏中锋．社会关系对企业家精神与创新关系的影响研究［J］．研究与发展管理，2010，22（5）：39－45．

［7］Tsai, W., Ghoshal, S. Social Capital and Value Creation：The Role of Intra Firm Networks［J］. Academy of Management Journal, 1998, 41（4）：464－478.

［8］Yli－Renko, H., Autio, E., Sapienza, H. J. Social Capital, Knowledge Acquisition, and Knowledge Exploitation in Young Technology－based Firms［J］. Strategic Management Journal, 2001, 22（6－7）：587－613.

［9］Carmona－Lavado, A., Cuevas－Rodríguez, G., Cabello－Medina, C. Social and Organizational Capital：Building the Context for Innovation［J］. Industrial Marketing Management, 2010, 39：681－690.

［10］Molina - Morales，F. X.，Martínez - Fernández，M. T. Social Networks：Effects of Social Capital on Firm Innovation［J］. Journal of Small Business Management，2010，48（2）：258 - 279.

［11］Pérez - Luño，A.，Medina，C. C.，Lavado，A. C.，et al.. How Social Capital and Knowledge Affect Innovation［J］. Journal of Business Research，2011，1（14）.

［12］李红艳，储雪林，常宝. 社会资本与技术创新的扩散［J］. 科学学研究，2004，22（3）：333 - 336.

［13］王霄，胡军. 社会资本结构与中小企业创新———一项基于结构方程模型的实证研究［J］. 管理世界，2005（7）：116 - 122.

［14］成良斌. 文化传统、社会资本与技术创新［J］. 中国软科学，2006（11）：120 - 125.

［15］林筠，刘伟，李随成. 企业社会资本对技术创新能力影响的实证研究［J］. 科研管理，2011，32（1）：35 - 44.

［16］陈爽英，井润田，龙小宁，等. 民营企业家社会关系资本对研发投资决策影响的实证研究［J］. 管理世界，2010（1）：88 - 97.

［17］Wu，W.，Choi，W. L. Transaction Cost，Social Capital and Firms' Synergy Creation in Chinese Business Networks：An Integrative Approach［J］. Asia Pacific Journal of Management，2004，21：325 - 343.

［18］Nahapiet，J.，Ghoshal，S. Social Capital，Intellectual Capital，and the Organizational Advantage［J］. Academy of Management Review，1998，23（2）：242 - 266.

［19］周小虎，陈传明. 企业社会资本与持续竞争优势［J］. 中国工业经济，2004（5）：90 - 96.

［20］张方华. 企业社会资本与技术创新绩效：概念模型与实证分析［J］. 研究与发展管理，2006，18（3）：47 - 53.

［21］徐细雄，杨卓，刘星. 企业政治关系研究前沿探析［J］. 外国经济与管理，2010，32（3）：26 - 32.

［22］唐清泉，甄丽明. 透视技术创新投入的机理与影响因素：一个文献综述［J］. 科学学与科学技术管理，2009（11）：75 - 80.

［23］Quinn，J. B. Outsourcing Innovation：The New Engine of Growth［J］. Sloan Management Review，2000，41（4）：13 - 28.

［24］Helper，S. How Much Has Really Changed between U. S. Automakers and Their Suppliers?［J］. Sloan Management Review，1991，32（4）：15 - 28.

［25］Dyer，J. H.，Nobeoka，K. Creating and Managing a High - performance Knowledge - sharing Network：The TOYOTA Case［J］. Strategic Management Journal，2000，21（3）：345 - 367.

［26］徐凯，高山行. 技术资源管理对社会资本和产品创新中介作用研究［J］. 管理科学，2008，21（6）：2 - 8.

［27］Cooke，P.，Wills，D. Small Firms，Social Capital and the Enhancement of Business Performance through Innovation Programmes［J］. Small Business Economics，1999，13：219 - 234.

［28］李金星，刘强. 企业社会资本与动态能力间关系的实证研究框架———以知识创新为中介变量［J］. 南京财经大学学报，2010（2）：85 - 90.

［29］Hansen，M. The Search - transfer Problem：The Role of Weak Ties in Sharing Knowledge across Organizational Subunits［J］. Administrative Science Quarterly，1999，44（1）：82 - 111.

［30］Adler，P. S.，Kwon，S. Social Capital：Prospects for a New Concept［J］. Academy of Management

Review, 2002, 27（1）: 17 - 40.

[31] 张建君, 张志学. 中国民营企业家的政治战略 [J]. 管理世界, 2005（7）: 94 - 105.

[32] 罗党论, 唐清泉. 中国民营上市公司制度环境与绩效问题研究 [J]. 经济研究, 2009（2）: 106 - 118.

[33] Blyer, M., Coff, R. W. Dynamic Capabilities, Social Capital, and Rent Appropriation: Ties That Split Pies [J]. Strategic Management Journal, 2003, 24（7）: 677 - 686.

[34] 耿新, 张体勤. 企业家社会资本对组织动态能力的影响——以组织宽裕为调节变量 [J]. 管理世界, 2010（6）: 109 - 121.

[35] 魏泽龙, 弋亚群, 李垣. 多变环境下动态能力对不同类型创新的影响研究 [J]. 科学学与科学技术管理, 2008（5）: 44 - 47.

[36] 黄俊, 李传昭. 动态能力与自主创新能力关系的实证研究 [J]. 商业经济与管理, 2008（1）: 32 - 37.

[37] 韦影. 企业社会资本与技术创新: 基于吸收能力的实证研究 [J]. 中国工业经济, 2007（9）: 119 - 127.

[38] 杜建华, 田晓明, 蒋勤峰. 基于动态能力的企业社会资本与创业绩效关系研究 [J]. 中国软科学, 2009（2）: 115 - 126.

[39] 任俊义. 社会资本视角下企业智力资本形成机理研究 [J]. 科研管理, 2011, 32（2）: 136 - 144.

[40] 蒋天颖, 张一青, 王俊江. 企业社会资本与竞争优势的关系研究——基于知识的视角 [J]. 科学学研究, 2010, 28（8）: 1212 - 1221.

[41] 关鑫, 高闯, 吴维库. 终极股东社会资本控制链的存在与动用——来自中国 60 家上市公司的证据 [J]. 南开管理评论, 2010, 13（6）: 97 - 105.

[42] 徐尚昆, 杨汝岱. 中国企业社会责任及其对企业社会资本影响的实证研究 [J]. 中国软科学, 2009（11）: 119 - 128, 146.

[43] 石军伟, 胡立君, 付海艳. 企业社会责任、社会资本与组织竞争优势: 一个战略互动视角——基于中国转型期经验的实证研究 [J]. 中国工业经济, 2009（11）: 87 - 98.

[44] 石军伟, 付海艳. 企业的异质性社会资本及其嵌入风险——基于中国经济转型情境的实证研究 [J]. 中国工业经济, 2010（11）: 109 - 119.

[45] Wu, L. Y. Entrepreneurial Resources, Dynamic Capabilities and Start - up Performance of Taiwan's High - tech Firms [J]. Journal of Business Research, 2007, 60（5）: 549 - 555.

[46] 曾萍, 蓝海林. 组织学习、知识创新与动态能力: 机制和路径 [J]. 中国软科学, 2009（5）: 135 - 146.

[47] 丁重, 邓可斌. 政治关系与创新效率: 基于公司特质信息的研究 [J]. 财经研究, 2010, 36（10）: 85 - 100.

[48] Bell, G. G. Clusters, Networks, and Firm Innovativeness [J]. Strategic Management Journal, 2005, 26（3）: 287 - 295.

[49] Ritter, T., Gemünden, H. G. The Impact of a Company's Business Strategy on Its Technological Competence, Network Competence and Innovation Success [J]. Journal of Business Research, 2004, 57（5）: 548 - 556.

［50］钱锡红，徐万里，杨永福. 企业网络位置、间接联系与创新绩效［J］. 中国工业经济，2010（2）：78 - 88.

The Relationship Among Social Capital, Dynamic Capabilities, and Enterprise Innovation

Zeng Ping　Deng Tengzhi　Song Tiebo

(School of Business Administration, South China University of Technology, Guangzhou 510640, China)

Abstract：The importance of the relationship between social capital and enterprise innovation has been generally accepted; however the empirical research results on social capital and enterprise innovation are unable to provide the consistent support so far. At an angle of inner dynamic capability, through literature research and rationale combination, a theoretical model involving the relationship between social capital and enterprise innovation with dynamic capability as a mediative variable is built. Then with data collected from 166 enterprises in Guangdong Province, an empirical research is carried out. It is proved that social capital has an insignificant direct impact on enterprise innovation, but social capital could indirectly promote enterprise innovation by introducing dynamic capabilities as a mediative variable. Furthermore, the different dimensions of social capital indirectly impact enterprise innovation with varying degrees, in which business social capital has most indirect impact, following by institutional social capital, and technical social capital has the lowest impact.

Key Words：Social Capital; Dynamic Capability; Enterprise Innovation

双重社会资本、组织学习与
突破式创新关系研究[*]

徐　蕾[1]　魏　江[2]　石俊娜[2]

（1. 浙江工商大学工商管理学院，杭州　310018；

2. 浙江大学管理学院，杭州　310058）

【摘　要】 群企业拥有双重社会资本——既拥有丰富的本地（集群域内）社会资本，同时存在超本地（集群域外）社会资本，而不同类型的社会资本对于企业突破式创新具有不同的作用机理。本文基于社会资本、组织学习等研究，以集群企业为研究对象，试图探讨探索式和利用式学习两个构念对于本地、超本地社会资本与集群企业突破式创新之间的中介关系，并以浙江省169家集群企业的问卷数据进行验证。研究表明：①双重社会资本会对两种组织学习产生不同影响：本地社会资本相对有利于利用式学习；超本地社会资本则更有利于其探索式学习。②探索式学习与突破式创新正相关，利用式学习与之负相关。

【关键词】 双重社会资本；利用式学习；探索式学习；集群企业

1　引　言

　　突破式创新是指打破以往技术、流程和组织格局，建立新的技术、流程和组织格局并在顾客价值传递方面实现显著跳跃的S型曲线状创新，对企业快速、持续成长具有特殊重要的意义[1]。然而面对市场高动态性、产品高复杂性、技术发展高速性的大环境，企业无法通过自主研发完成所有的创新，因此，企业迫切希望通过与外部网络建立有效联系为

　　*基金项目：国家自然科学基金（71072112）；国家自然科学基金重点项目（编号：71132007）；浙江省自然科学基金杰出青年项目（R6110132）。

其提供各种创新需要的资源。于是，社会资本作为前置因素引入组织创新的研究。社会资本是嵌入于企业的、可利用的、源于个体或社会单元拥有的关系网络中的、实际的和潜在的资源，近年来受到社会科学领域空间学派的重视。空间学派认为，社会资本具有空间属性（Rutten，2010），这一观点与现实中的集群发展相对应——集群可视为基于专业化分工而形成的网络组织，其形成的根本原因在于企业在资源和能力方面的异质性，由此才通过分工和合作构成了完整的价值链，即集群在形成过程中伴随着社会资本的形成，社会资本的形成和积累又进一步促成了这一有形网络的扩展和强化。然而，已有关于集群企业社会资本的研究往往将关注点放在集群内部，将集群看作一个相对封闭、凝固的系统，较少关注集群企业与集群外部组织联系所产生的社会资本[2]。但事实上，集群企业作为一类特殊的企业，一方面根植于产业集群错综复杂的社会网络中，从中获取丰厚的社会资本；但另一方面，过度的集群内部网络嵌入有可能导致创新行为刚性和路径依赖性[3]，正如Keeble 和 Wilkinson（1999）所言，集群企业长期的集体学习和连续的知识积累可能会使一个集群被一条日渐没有竞争力的轨道锁定，需要集群企业通过超本地网络才能寻求新的知识和技术支持，实现突破性创新。于是，近年来一些研究逐渐将视角扩展到集群外部社会资本，认为发展跨越集群边界的外部社会关系并提升外部学习是破除地方产业集群路径锁定，实现集群转型升级的关键[4]。尽管有研究提出集群企业应同时利用本地、超本地社会资本以提高创新绩效，但具体如何在两者间平衡是一个值得思考的问题。

特别地，集群企业要通过双重社会资本提升创新绩效关键在于学习网络的培育和组织学习效应的实现。在此过程中，处于不同地理位置的两类社会资本各具特点，对创新绩效的影响机理各不相同。因此，深入剖析组织学习作为两者间的中介效应同样具有重要意义。

基于此，本文以浙江省制造业集群企业作为研究对象，试图分析：①集群企业双重社会资本分别对突破式创新具有怎样的作用？②双重社会资本作用于突破式创新的内在机理是什么？两类组织学习在该过程中承担怎样的中介作用？为回答上述问题，本文首先界定集群企业双重社会资本的概念，并根据相关理论建立研究假设；再通过 169 家制造型集群企业的问卷数据进行论证；最后讨论研究结果、研究局限，并提出未来展望。

2 理论与假设

2.1 集群企业双重社会资本界定

正如前文所言，集群企业具有双重社会资本：一方面，集群企业通过分工、合作从集群社会网络获取丰富的本地社会资本；另一方面，通过与集群外部各类主体的交互获取超本地社会资本。鉴于此，本文从空间视角将集群企业社会资本按照集群边界划分为本地

（集群内）、超本地（集群外）两类。前者指落于集群边界之内的通过企业整体和其他个人或组织的作用而形成的资源，连接主体包括集群内的客户、供应商、其他企业，政府，科研院所及技术中介组织等；后者指超本地的网络关系所带来的资源。

在社会资本测量上，本文延续 Gabby（1997）的研究，从结构和关系两个维度考察[5]，前者指企业和本地、超本地对象联系频繁程度、联系密切程度以及联系数量等情况；后者指企业通过关系创造的相互信任、认可等资产。

2.2 双重社会资本与创新绩效的关系

关于社会资本与创新绩效关系的研究大致认为社会资本可提高企业的吸收能力，通过有效整合企业内、外资源而获取知识[6]，从而成为企业创新的基础[7]。而集群企业既享受到来自于本地社会资本的勃勃生机，又通过跨区域交流或"全球通道"共享超本地社会资本。两种社会资本对突破式创新具有不同的影响。

总体而言，集群企业本地社会资本的关系维以基于相同、相似社会背景和文化特征的信任为特征，结构维以强连接为主，有助于改进产品性能，但不利于全新突破。具体地，从结构维度看，集群内企业间以频繁而紧密的社会互动为主，强连接有助于企业积累信息和知识，但如果企业长期与有限范围内的主体联系，获取的资源将较为重复冗余，不利于由全新知识和信息推动的突破式创新。从关系维度来看，集群内企业间基于相同或相似社会背景和文化特征的信任促使企业间互帮互助，但不足以支撑新知识拓展，企业拥有的最具价值和特色的资源很少会经由这样的信任渠道进行传递，同样也使得企业难以获得真正意义上全新的知识。因此，提出以下假设：

假设 1a：集群企业本地社会资本对突破式创新具有负向影响。即本地社会资本的结构维、关系维均与突破式创新负相关。

相反地，集群企业超本地社会资本的结构维以弱联结为主，联结数量较多且异质性较高，关系维以基于交易、合作的信任为主，利于突破式创新。具体地：从结构维度来看，集群企业与集群外部其他企业、组织大多是较为松散的弱连接，网络连接数量较多，这样的网络结构有利于承载非冗余的新颖知识，这些异质性知识也更能为企业带来突破原有经营模式的契机，从而有利于企业进行突破式创新。从关系维度来看，企业与集群外部企业的信任往往来自于多次交易后对对方信誉有长期的积极预测，这种关系使企业更具安全感，也更愿意与对方分享价值含量高、新颖度强的知识和信息，帮助企业之间进行有效的资源置换和整合[8]，促进突破性创新。因此，提出以下假设：

假设 1b：集群企业超本地社会资本与突破式创新正相关。即超本地社会资本的结构维、关系维均与突破式创新正相关。

2.3 组织学习的中介作用

积累社会资本是企业获取外部知识的有效途径[6]，而社会资本作用于创新的关键在于学习网络的培育和累积学习效应的实现，即通过组织学习使知识共享和转移成为可能。

March（1991）从学习策略角度将组织学习分为利用式学习、探索式学习。前者指组织成员学习如何提炼和改善现有的组织活动形式及程序，可用"提炼、筛选、生产、效率、选择、实施、执行"等关键词描述其学习行为；后者指组织成员不断搜寻并试验新的组织活动形式及程序来提高组织效率，其学习行为特征表现为"搜索、变化、冒险、试验、尝试、应变、发现、创新"[9]。可见，利用式学习的特质体现在通过本地搜索、经验提炼和对现有惯例的选择和重新利用[10]，对企业现有能力、技术提高及拓展，为企业提供利用已有资源的机会，使企业能够以一种相对风险较低的方式来拓展运营，并影响企业创新绩效。而探索性学习更具冒险性，能促使企业从网络关系中获取新知识，以此培育新产品或引入新技术等提高创新绩效。可见，两类学习在社会资本与创新绩效中起到不同的中介作用。

2.3.1 双重社会资本与两类组织学习的关系

不少研究证实社会资本对组织学习具有推动作用。Podolny 和 Page（1998）认为，企业外部社会关系可通过推动信息的迅速转移，以及提供其他节点的信息两种方式促进跨组织学习，节点规模正向影响跨组织学习[11]。Hansen、Podolny 和 Pfeffer（2001）发现，从事探索性研究的人员往往从广泛网络联系中获取隐性知识和新思维；从事利用性研究的则从现存的显性知识中获取所需信息。这表明，社会资本对于两类学习作用不一致[12]。

本地社会资本对于组织学习的研究由来已久，"集体学习"、"集群学习"等理论的研究焦点均在于探讨邻近性对于推动集群内主体间互动交流、知识共享，促进企业能力渐进式积累的正向作用[7]。从结构维度来看，集群企业与集群内主体联系频繁、联系密切、联系数量较多，更倾向于利用式学习。首先，集群社会网络由长久的人际交往、传统习惯、家族纽带和产业链合作等方式构建，企业间的正式和非正式联系都较频繁，有利于企业搜索和转移集群内专有知识和复杂知识，使其在现有技术领域深度挖掘，因而倾向于利用式学习。其次，相对一般企业，集群企业能够在集群内网罗到更多的联结关系，较大的网络规模能促使成本和风险下降，有利于利用式学习。

从关系维度来看，处于同一社会文化背景下的企业更能拥有基础性信任、认可，增加企业互动，促进信息共享，降低交易成本，提升交易价值[13]。进一步地，这种信任有助于搭建对话平台，促进企业对复杂知识的深化、吸收，有利于利用式学习。因此，提出以下假设：

假设 2a：集群企业本地社会资本对利用式学习有正向影响，对探索式学习没有显著影响。即本地社会资本的结构维、关系维均与利用式学习正相关。

超本地社会资本与探索式学习的关系仍可从结构、关系两个维度考察。从结构维度来看，集群企业与超本地企业多为弱连接，网络规模较大且拥有更多异质性资源，更有利于探索式学习。首先，集群企业与超本地主体交互时，互动频率相对较少，情感度相对较浅，易形成弱联结，更有利于企业突破已有知识库，在更宽领域中进行搜索。而且，弱联结对特定关系投资的需求较少，使得企业有更多的时间和资源搜索多样化知识[14]。其次，企业在超本地网络中更易建立大规模的社会关系，扩大信息获取存量；超本地网络关系的多样性也更有助于企业对异质性信息的获取[15]，这意味着企业可有更多机会使用互补性知识和技能的通道，从而获得丰裕程度较高的知识资源，有利于探索式学习。

从关系维来看，较之集群内企业间基于社会背景相似性建立的信任，超本地企业间的信任更多来于多次交易、合作以及长期利益，这类信任是由企业间积极主动交互而建立，双方更具学习的意愿与动力，在此过程中信息流动和知识互惠频繁，且不限制企业搜寻新的信息源[16]，故更有利于探索式学习。因此，提出以下假设：

假设2b：集群企业超本地社会资本与探索式学习正相关，与利用式学习不显著相关。即超本地社会资本的结构维、关系维均与探索式学习正相关。

2.3.2 两类组织学习与创新绩效的关系

利用式学习通过开发现有知识进行适应性的、回避风险的学习以提高运作效率，其所涉及的知识与企业已有知识相似[17]，是对现有知识的深化和现有能力的拓展，有利于企业提高效率。风险小、周期短的特征对于企业强化当前的生产和运营能力大有裨益，但对突破性创新绩效无直接益处[18]。

探索式学习意味着对新技术与新商业机会的把握[9]，通过探索式学习所产生的知识往往与企业现有知识体系有较大差异[19]。尽管探索式学习的风险更大，尤其在动荡和复杂的环境中会为企业带来更多不确定性因素，但只要企业建立起预先控制体系，及时对创新各环节进行监控和适当调整，往往能够帮助企业利用全新技术，转换资源结构，能够促进突破式创新[20]。因此，提出以下假设：

假设3a：利用式学习与突破式创新负相关。

假设3b：探索式学习与突破式创新正相关。

3 研 究 设 计

3.1 变量测量

为确保测量工具的效度与信度，本文尽量采用已有量表，再根据本研究的目的做出初步修改，并在学术研讨会上广泛征求专家意见，对问卷整体进行讨论调整，在问卷大规模发放前，选取目标企业进行预测试，根据反馈进行最终修订，形成问卷终稿。

（1）因变量：突破式创新。突破式创新绩效往往由新产品数、新产品产值占销售总额的比重测量[21]。本文据此设计了新产品利用数量、利用速度、新产品产值占销售总额比重、产品创新成功率4个题项。量表采用李克特7点量表。

（2）自变量：双重社会资本。本地、超本地社会资本分别通过结构、关系两个维度反映。其中，结构维由联系频繁程度[22]、联系密切程度、联系对象数量[23]测量；关系维由联系双方真诚合作、联系双方信守承诺[24]测量。

（3）中介变量：组织学习。根据 Yalcinkaya、Calantone 和 Griffith （2007） 等的研究，通过创造新产品概念、试验新工作方法、挑战传统的现有技术领域三个题项测量探索式学习；通过利用已有生产技能、产品或服务体现现有优势，现在工艺与过去的成功做法很相似等三个题项测量利用式学习[25]。

3.2 数据收集

本研究选择浙江省宁波、绍兴、温州等地的中低技术产业集群现场发放问卷 204 份，回收有效问卷 169 份，有效回收率为 82.84% 。从所有制看，民营/私营、三资、集体/国有制三类企业各占 77% 、13% 、8% ；从成立时间看，成立 11～15 年和 6～10 年的企业分别为 53% 、25% ；从规模看，销售额 1 亿～3 亿元的企业占 38% ，3000 万～1 亿元的占 23% ，3000 万元以下的占 23% 。以上分布大致体现浙江省制造型集群企业的特点。

3.3 样本信度和效度检验

本文从研究设计到统计分析均采取措施，以提高研究信度与效度。在研究设计上，本研究采用匿名调查，并告知被试问卷结果无对错之分，只用于学术研究；并在行业专家帮助下对问卷进行修订，在此基础上，随机抽取 30 位专家进行预调研，以保证量表的信度与效度。

本文首先对问卷进行信度分析，结果表明整体量表的 α 系数为 0.829，达到了显著水平，表明量表具有较好的内部一致性。接着，分别对自变量、中介变量、因变量进行探索性因子分析。结果显示：所有因子载荷均大于 0.5；除组织学习之外，所有变量 KMO 值均大于 0.805，适合做因子分析。值得注意的是，原构思评价集群企业本地、超本地社会资本的 5 个指标被归并为了两个因子，结构维 （A1/B1、A2/B2、A3/B3）、关系维度 （A4/B4、A5/B5） 被合并为一个因子，与原构思有一定出入，不过结构维和关系维的一致趋势共同反映了企业网络链接的质量，可将其被归并为一，统一称为社会资本。对应地，假设中涉及结构维和关系维的，统一改为社会资本。

表 1 集群企业本地、超本地社会资本因子分析

因子	指标	本地社会资本因子载荷		超本地社会资本因子载荷	
		1	2	1	2
F1	A1/B1：企业间联系频繁程度	0.871	-0.033	-0.186	0.658
	A2/B2：企业间关系密切程度	0.803	-0.114	-0.012	0.791
	A3/B3：企业间联系数量	0.881	-0.114	-0.016	0.745
	A4/B4：企业间真诚合作倾向	0.922	-0.039	-0.080	0.656
	A5/B5：企业间信守承诺倾向	0.908	-0.001	0.035	0.757

表2　两类组织学习探索性因子分析结果

因子	指标	因素荷重	
		探索式学习	利用式学习
F1	C1 本企业正创造一种具有突破性的新产品概念	0.688	− 0.040
	C2 本企业正试验一种具有突破性的新工作方法	0.807	0.041
	C3 本企业正挑战传统的现有技术领域	0.814	− 0.022
F2	D1 本企业最大可能地利用了已有的生产技能	0.233	0.728
	D2 本企业的产品或服务体现了现有的优势	− 0.173	0.668
	D3 本企业现在的工艺与过去的成功做法很相似	− 0.044	0.774

表3　创新绩效探索性因子分析结果

因子	指标	因素荷重
F1 突破式 创新绩效	E1 公司新产品利用数量很突出	0.818
	E2 公司新产品利用速度很快	0.845
	E3 公司新产品产值占销售总额比重很高	0.840
	E4 公司产品创新的成功率很高	0.838

4　实证结果

实证研究分为两步：首先运用回归分析分别对双重社会资本对创新绩效，双重社会资本对两类组织学习，以及两类组织学习对创新绩效的各因素间的关系进行分析；再运用结构方程（SEM）分析变量间整体关系。

4.1　变量中主要因素之间的影响关系

首先，以本地、超本地社会资本为自变量，创新绩效为因变量构筑回归方程1。结果显示，本地社会资本与突破式创新负相关，超本地社会资本与突破式创新绩效正相关。验证假设1a、假设1b。

其次，分别以利用式学习和探索式学习为因变量，以两种社会资本为自变量构筑回归方程2、方程3。结果显示：本地社会资本对利用式学习有显著正向影响，与探索式学习不显著相关；超本地社会资本与探索式学习显著正相关，与利用式学习不显著相关。初步验证假设2a、假设2b。

最后，以创新绩效为因变量，以两类组织学习作为自变量构筑回归方程4，结果显示，利用式学习与突破式创新绩效负相关，而探索式学习与之正相关。初步验证假设3a、假设 3b。

4.2 组织学习对于本地、超本地社会资本和创新绩效的中介作用

4.2.1 结构方程模型拟合结果

前文的回归分析初步讨论了各因素之间的关系，但这些相互作用忽略了整体变量间的相互作用。为综合考虑整体变量之间的相互作用，我们在证实本地、超本地社会资本对创新绩效的主效应后，再运用结构方程模型来分析组织学习的中介作用。本研究拟选取 χ^2/df、RMSEA、IFI 等指数作为评价模型的拟合指数。将有关数据代入 Amos19 运行后得到模型的主要拟合指标如下：$\chi^2/df = 2.11$（$2 < 344/163 < 5$，可接受），RMSEA $= 0.08$（< 0.1 拟合好），IFI $= 0.901$（> 0.90），CFI $= 0.899$（接近 0.90），模型可接受。PNFI $= 0.71$，PGFI $= 0.648$，均大于 0.50。说明模型能够得到数据的支持，即模型是合理的。

4.2.2 标准化路径系数及检验结果

结构方程的结果表明，各假设都得到很好的证明（见表 4、表 5）。本地社会资本对利用式学习具有显著正向影响（系数 $= 0.871$，$p = 0.000$），而对探索式学习没有显著的直接关系（$p = 0.522$），验证假设 2a；相反地，超本地社会资本对探索式学习的积极影响非常显著（系数 $= 0.989$，$p = 0.000$），而与利用式学习关系不显著（$p = 0.462$），验证假设 2b；利用式学习和探索学习对创新绩效分别起到显著的负向、正向作用，前者的标准化系数为 -0.188（$p = 0.011$），后者为 0.915（$p = 0.000$），假设 3a、假设 3b 通过检验，并且，探索式学习对突破式创新的正向作用要大于利用式学习对突破式创新的负向作用。以上结果与回归分析展示的初步结果相吻合（见图 1）。

表 4 本地、超本地社会资本对创新绩效的影响

自变量	方程 1	方程 2	方程 3	方程 4
	创新绩效	利用式学习	探索式学习	创新绩效
公司年龄	0.010	0.094	-0.009	0.094
行业	-0.026	0.075	-0.029	0.003
本地社会资本	-0.219^{***}	0.594^{***}	-0.010	
超本地社会资本	0.715^{***}	-0.096	0.758^{***}	
利用式学习				0.728^{***}
探索式学习				-0.131^{***}
R^2	0.567	0.357	0.573	0.588
调整后 R^2	0.556	0.341	0.563	0.578
F 值	53.672	22.750	55.052	58.490

注：$*$ 表示 $p < 0.05$；$**$ 表示 $p < 0.01$；$***$ 表示 $p < 0.001$；表中的系数为标准化系数。

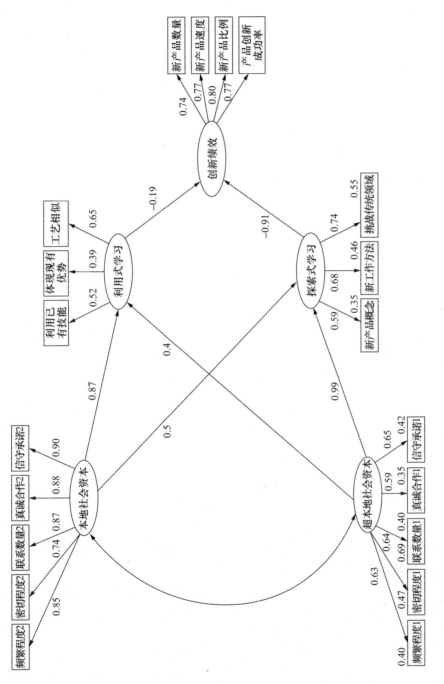

图 1　结构方程模型及变量间的关系

表 5　理论模型的路径系数与假设验证

变量间关系	路径系数（标准化值）	S. E.	C. R.	p 值	对应假设	检验结果
本地社会资本→利用式学习	0.871	0.090	6.024	***	H2a	支持
超本地社会资本→探索式学习	0.989	0.131	7.685	***	H2b	支持
本地社会资本→探索式学习	0.043	0.062	0.640	0.522	H2a	支持
超本地社会资本→利用式学习	0.064	059	0.735	0.462	H2b	支持
利用式学习→创新绩效	−0.188	0.105	−2.543	0.011	H3a	支持
探索式学习→创新绩效	0.915	0.100	8.729	***	H3b	支持

5　结论与启示

5.1　结论与讨论

本文在国内外已有研究基础上探讨集群企业双重社会资本、两类组织学习，以及创新绩效之间的关系，发现了许多值得探讨的问题。

（1）两类组织学习并非是"非此即彼"的关系，集群背景中的企业可以对两类组织学习进行平衡。

自从 March（1991）提出利用式、探索式学习范式后[9]，大量相关研究认为组织既需要利用性学习来保障当前的灵活性，又需要探索性学习来应对未来的多样性[26]，但单个企业由于资源、能力的限制，往往很难同时进行两类学习，因此如何在两者间进行抉择成为研究的热点。然而，如果将此问题放到集群背景下研究将会得到与非集群企业不同的答案。原因在于：产业集群错综复杂的社会关系网络形成了丰厚的社会资本，可增加企业间的信任与合作，降低交易成本，从而有利于企业在集群内部进行组织学习；同时，集群企业通过参与集群外部网络建立"全球管道"，进行集群外部的组织学习。因此，对于集群企业而言，本地与超本地社会资本之间的平衡问题与探索式学习、利用式学习的选择问题紧密相关。

（2）双重社会资本对组织学习的影响不一致，本地社会资本会促进企业的利用式学习，而超本地社会资本则会推动企业进行探索式学习。

结构方程与多元回归分析的结构都显示：本地社会资本促进利用式学习。这一结论与集群研究中的"溢出效应"、"集群学习"[27,28]相一致。在现实中，集群企业的本地社会资本主要来源于由供应链上企业构成的地方根植网络，企业之间的正式和非正式联系都较为频繁，因此在集群内企业间的结构维以强联结为主，联结数量则相对不多；企业相互间的信任主要基于社会背景和文化特征等特征而形成，同时表现出了语言体系和价值观共享显著的特点。这种特点导致集群内主体往往具有相似的知识基础和能力体系，企业之间的信息得到正确诠释，让越来越多的企业获得深入且一致的知识认知，有利于利用式学习。

相对地，集群企业与超本地主体以弱连接为主，具有连接对象数量较多的结构维特点，以及建立了基于多次交往而形成的信任的关系维特点。这些特点既有利于企业突破已有知识库，在更宽领域中进行搜索，也意味着企业可以有更多机会使用互补性知识和技能的通道，以获得异质性较高的知识资源，有利于探索性学习的展开。

（3）两类组织学习对创新绩效影响不同，利用式学习阻碍突破式创新，而探索式学习则推动企业突破式创新。

利用式学习的特质体现为通过本地搜索、经验提炼，以及对现有惯例的选择和重新利用[10]，从而提高或拓展企业现有能力、技术和类型，能够为企业提供利用已有或类似于已存资源的机会，使企业能够以一种风险相对较低的方式来拓展运营，以此保障企业的当前生存，并影响企业产品创新程度和最终创新绩效。利用式学习带来的直接效益是生产成本较低、工艺流程改进、产品性能改良，但利用式学习传递的信息和知识重复度高，知识的搜索范围和多样性有限，容易造成能力的结构刚性从而限制企业搜索异质性知识的意愿与动力，因此不利于突破式创新。相对地，探索性学习带有更强的冒险性，使得企业有机会在更广阔的网络空间中探索、学习全新知识，从而激发企业持续创新和不断成长[29]。

5.2 研究意义

本文通过对集群企业社会资本、组织学习、创新能力关联性的研究，对相关理论进行了拓展和深化，主要理论贡献包括以下方面：

第一，本文从空间视角，探索性地将集群企业社会资本划分为本地、超本地两类，综合考虑双重社会资本对企业突破式创新的影响。集群作为一个内外部相互关联的开放性系统，其地理边界实际上将集群企业外部社会资本进一步分成了两类，即本地社会资本和超本地社会资本。由于本地根植向来是集群优势的重要来源，因此以往研究往往将关注点放在集群内部。而事实上，企业与集群域外的联系不仅存在，而且在日渐发挥巨大的作用，正如 Keeble 和 Wilkinson（1999）所说，集群企业长期的集体学习和连续的知识积累可能会使一个集群被一条日渐没有竞争力的轨道锁定，因而向域外知识源学习对于"创新环境"的持续成功而言就非常必要（Keeble and Wilkinson，1999）。而企业社会资本突破集群边界向外获取资源是组织学习破除锁定效应的关键。因此，综合考集群企业本地、超本地社会资本对研究集群企业创新研究具有重大意义。

第二，本文创造性地提出不同空间类型的社会资本对两类组织学习的影响具有不同侧重点。March（1991）提出组织学习可分为利用式学习和探索性学习，并认为两类学习在学习方式、过程方面均大相径庭（March，1991），但已有研究很少从空间角度分析两者的不同。而事实上，随着集群内分包体系逐步完善，群内资源的同质性越来越高，集群企业在集群内所进行的组织学习是对已有组织活动形式及程序的提炼与改善，符合利用式学习"提炼、筛选、生产、效率、选择、实施、执行"的特征；相对地，集群企业通过与集群外部的商业连接，可以从合作伙伴中学习到更多样化、新颖性的市场和技术信息（Hendry，Brown and Defillippi，2000），更侧重的是一种探索式学习（Corso，Martini，Pellegrini and Paolucci，2003）。因此，从空间视角探讨组织学习的特征与影响因素具有重要的研究意义。

5.3　不足与展望

尽管我们从问卷设计到数据统计都采用各种方法以提高研究的信度与效度，得到的结论也基本验证了假设，但受条件限制，本研究仍存在一些不足：①本文基于集群背景，从空间视角将双重社会资本分为本地和超本地两类，探索两类不同社会资本对于创新绩效的不同影响，以及两者颇具差异性的实现机理，是一个有意义的尝试。不过，研究并未对本地、超本地的连接对象进行进一步区分，因此，今后的研究有必要细分各类不同主体、产业链各企业、知识型服务机构、政府与企业互动产生的社会资本的差异性。特别地，考察域内、外社会资本的交互作用对创新绩效的影响也是一个有意义的议题。②本次实地调研回收 169 份有效问卷，今后研究可通过增加集群数量或者增加集群内企业数量进一步扩大样本规模。③为控制非观察异质性的影响，本次问卷主要集中在慈溪、宁波、温州和绍兴等地发放，具有一定的地域性特征，本研究的结论可在江苏、广东等地的产业集群进行验证，以提高研究的普适性。

参考文献

［1］Kaplan，S.，F. Murray，et al. Discontinuities and Senior Management：Assessing the Role of Recognition in Pharmaceutical Firm Response to Biotechnology［J］. Industrial & Corporate Change，2003，12（2）：203 – 233.

［2］Gordon，I. R.，McCann，P. Industrial Clusters：Complexes，Agglomeration and/or Social Networks?［J］. Urban Studies（Routledge），2000，37（3）：513 – 532.

［3］周泯非，魏江. 产业集群创新能力的概念、要素与构建研究［J］. 外国经济与管理，2009（9）：9 – 17.

［4］Keeble，D.，Wilkinson，F. Collective Learning and Knowledge Development in the Evolution of Regional Clusters of High［J］. Regional Studies，1999，33（4）：295.

［5］Gabby，S. M. Social Capital in the Creation of Financial Capital：The Case of Network Marketing［M］. Illinois：Stipes Publishers，1997.

［6］Anand，V.，Glick，W. H.，Manz，C. C. Thriving on the Knowledge of Outsiders：Tapping Organizational Social Capital［J］. Academy of Management Executive，2002，16（1）：87 – 101.

［7］Maskell，P.，Malmberg，A. Localised Learning and Industrial Competitiveness［J］. Cambridge Journal of Economics，1999，23（2）：167.

［8］Tsai，W.，Ghoshal，S. Social Capital and Value Creation：The Role of Intrafirm Networks［J］. Academy of Management Journal，1998，41（4）：464 – 476.

［9］ March, J. G. Exploration and Exploitation in Organizational Learning ［J］. Organization Science, 1991, 2 （1）: 71 - 87.

［10］ Baum, J. A. C., Xiao Li, S., Usher, J. M. Making the Next Move: How Experiential and Vicarious Learning Shape the Locations of Chains' Acquisitions ［J］. Administrative Science Quarterly, 2000, 45 （4）: 766 - 801.

［11］ Podolny, J. M., Page, K. L. Network Forms of Organizations ［J］. Annual Review of Sociology, 1998, 24 （1）: 57.

［12］ Hansen, M., Podolny, J., Pfeffer, J., Gabbay, S., Leenders, R. Research in the Sociology of Organizations ［M］. Amsterdam: Elsevier Science, 2001.

［13］ Zaheer, A., McEvily, B., Perrone, V. Does Trust Matter? Exploring the Effects of Interorganizational and Interpersonal Trust on Performance ［J］. Organization Science, 1998, 9 （2）: 141 - 159.

［14］ 彭新敏. 企业网络对技术创新绩效的作用机制研究: 利用性—探索性学习的中介效应［D］. 浙江大学博士学位论文, 2009.

［15］ Uzzi, B. Social Structure and Competition in Interfirm Networks: The Paradox of Embeddedness ［J］. Administrative Science Quarterly, 1997, 42 （1）: 35 - 67.

［16］ Leana, C. R., Van Buren Iii, H. J. Organizational Social Capital and Employment Practices ［J］. Academy of Management Review, 1999, 24 （3）: 538 - 555.

［17］ Helfat, C. E. Firm - specificity in Corporate Applied R&D ［J］. Organization Science, 1994, 5 （2）: 173 - 184.

［18］ Atuahene - Gima, K., Murray, J. Y. Exploratory and Exploitative Learning in New Product Development: A Social Capital Perspective on New Technology Ventures in China ［J］. Journal of International Marketing, 2007, 15 （2）: 1 - 29.

［19］ Katila, R., Ahuja, G. Something Old, Something New: A Longitudinal Study of Search Behavior and New Product Introduction ［J］. Academy of Management Journal, 2002, 45 （6）: 1183 - 1194.

［20］ Karim, S., Mitchell, W. Path - Dependent and Path - Breaking Change: Reconfiguring Business Resources Following Business ［J］. Strategic Management Journal, 2000, 21 （10/11）: 1061.

［21］ Brouwer, E., Kleinknecht, A. Innovative Output, and a Firm's Propensity to Patent: An Exploration of CIS Micro Data ［J］. Research Policy, 1999, 28 （6）: 615.

［22］ McFadyen, M. A., Cannella Jr, A. A. Social Capital And Knowledge Creation: Diminishing Returns of The Number and Strength of Exchange Relationships ［J］. Academy of Management Journal, 2004, 47 （5）: 735 - 746.

［23］ Granovetter, M. Economic Action and Social Structure: The Problem of Embeddedness ［J］. American Journal of Sociology, 1985, 91 （3）: 481 - 510.

［24］ Yli - Renko, H., Autio, E., Sapienza, H. J. Social Capital, Knowledge Acquisition, and Knowledge Exploitation In Young Technology - Based Firms ［J］. Strategic Management Journal, 2001, 22 （6/7）: 587.

［25］ Yalcinkaya, G., Calantone, R. J., Griffith, D. A. An Examination of Exploration and Exploitation Capabilities: Implications for Product Innovation and Market Performance ［J］. Journal of International Marketing, 2007, 15 （4）: 63 - 93.

［26］Levinthal, D. , March, J. The Myopia of Learning ［J］. Strategic Management Journal, 1993, 14 (S2): 95 – 112.

［27］Lazerson, M. H. , Lorenzoni, G. The Firms That Feed Industrial Districts: A Return to the Italian Source ［J］. Industrial & Corporate Change, 1999, 8 (2): 235.

［28］Porter, M. E. Clusters and the New Economics of Competition ［J］. Harvard Business Review, 1998, 76 (6): 77 – 90.

［29］邬爱其. 超集群学习与集群企业转型成长——基于浙江卡森的案例研究 ［J］. 管理世界, 2009 (8) .

Dual Social Capital, Organizational Learning, and Penetrative Innovation Relationship

Xu Lei[1] Wei Jiang[2] Shi Junna[2]

(1. School of Business Administration, Zhejiang Gongshang University, Hangzhou 310018, China; 2. School of Management, Zhejiang University, Hangzhou 310058)

Abstract: Clustered firms not only possess rich local social capital, but also enjoy extra – local social capital, while different types of social capital act on penetrative innovation with different mechanisms. Therefore, the mediation effect of organizational learning between social capital and incremental innovation is explored. The empirical analysis based on 169 clustered firms locatedin Zhejiang Province reveals that①Dual social capital has a distinctive effect on the two paradigms of organizational learning. Extra – local social capital is beneficial to explorative learning, and local social capital is beneficial to exploitative learning, respectively. ②Taking one step ahead, explorative learning has a positive effect on radical innovation, while exploitative learning has a negative effect on that because of occupying resources.

Key Words: Dual Social Capital; Explorative Learning; Exploitative Learning; Clustered Firm

知识员工创新绩效的结构及测度研究

姚艳虹　衡元元

（湖南大学工商管理学院，长沙　410082）

【摘　要】本文选取286名企业知识员工进行实证调查，运用文献法、访谈法及开放式问卷收集题项，并采用问卷调查法进行预试，对数据进行项目分析，探索并验证知识员工创新绩效的结构维度。研究结果表明，知识员工创新绩效包含创新行动和创新效果两个维度。其中，创新行动由提出创新想法或方案、应用新技术、总结工作诀窍等要素构成，创新效果由创新成果、应用和成效构成。

【关键词】知识员工；创新绩效；创新行动；创新效果

企业作为技术创新和管理创新的主体，在新一轮通过创新实现经济转型的发展浪潮中担负着重要使命。知识员工是企业创新的支柱，他们依靠自身所储备的知识，通过知识分享、知识创造，推动着创新的进程。由于团队及组织创新绩效的实现源于个体创新，因此，知识员工个体创新绩效应是企业关注的重点。

目前，国内外学者在测量员工个体创新绩效时，通常使用创新行为和创造力的评价工具，但绩效是行为和结果的统一体[1]，不能用创新行为代替创新绩效。此外，创造力与创新也是不同的概念，创造力是个体的一种潜在能力和人格特质，可以通过思维过程或行为方式体现，但这种能力并不一定会转化为创新的行为过程，也不一定产生创新结果，员工拥有创造力是其产生创新绩效的条件，而非创新绩效本身。由此，创造力、创新行为与创新绩效三者的测量工具不能混同使用。此外，现有研究多注重评估知识员工绩效的方法，但由于知识员工工作的复杂性和隐蔽性，对其创新绩效的结构和评价维度还未有深入研究。鉴于此，如何更加科学有效地评价知识员工的创新绩效是一个值得探索的问题。本研究旨在研究知识员工创新绩效的构成要素，通过实证调研探索其结构维度，并进行验证，编制知识员工创新绩效的度量量表，试图形成知识员工创新绩效的评价尺标，以丰富个体创新绩效的研究内容，并为企业创新管理与知识管理提供科学实用的工具。

1 文献综述

知识工作者的概念最早由德鲁克提出，随后学者们丰富了知识员工的内涵，其概念和工作领域被不断拓展。Woodruffe[2]将知识员工界定为"拥有知识，并且运用其掌握的知识进行创新性工作的人"。张光进等[3]认为，知识员工所从事的工作要求知识更新速度快、更重视质量、有严格的进入门槛等。知识员工通常包括行政管理、信息系统、财务、市场销售、研发5类人员[4]。本研究的对象主要包括职能管理人员、技术研发人员、财务及少量营销人员等有关工作产出不能有效清晰量化的知识员工，这些员工在思想、管理、产品、技术或工艺等任一方面都存在创新的可能性。

Mumford[5]认为，创新绩效的内涵不仅仅是指企业赖以生存和发展的创新产品或技术，还涵盖研发人员在实现创新目标过程中的知识发现、创新流程和工作氛围等所有可能影响创新绩效的过程因素。Coombs[6]认为，创新绩效是企业研发先期投入和过程学习的结果表现，是衡量研发人员创新活动有效性的关键指标。目前，学者们大多从组织或研发的角度界定，只有少数研究定义了员工个体的创新绩效。例如，韩翼[7]认为，员工创新绩效包括创新意愿、创新行动、创新建议和创新成果以及创新思维传播。从整体上看，目前对员工个体创新绩效的界定主要划分为过程论、结果论、过程与结果结合论三类。

关于个体创新绩效的测量，现有研究使用的工具可分为以下三个方面：

（1）创新行为。文献[8]开发了包含9个题项的量表来测量个体在工作场所的创新行为，包括想法产生、想法提升和想法实现三个维度。文献[9]则利用文献[8]开发的量表测量员工创新绩效，研究创新气候、工作满意度与员工创新绩效三者之间的关系。

（2）创造力。Zhou等[10]开发了包含13个题项的量表来测量员工工作中的创造力。文献[11]则在文献[10]研究的基础上开发量表测量员工的创新绩效。此外，Franck等[12]通过测验发散性思维，以此作为衡量员工创新绩效的依据。

（3）创新绩效。韩翼等[13]在前人研究的基础上，构建了8个题项的创新绩效评价量表，包括创新意愿、创新行动和创新结果三个维度。该量表目前在研究创新氛围、组织管理对员工创新绩效的影响时已被国内较多学者使用[14]。需要指出的是，创新意愿是个人内在的一种情绪状态，员工是否愿意将自身的创造力发挥出来，与工作本身、个人的价值观和组织情境因素有关，这些因素都可能会影响员工创造力到创新的转变，左右着创造力的发挥程度，改变创新结果。但动机和意愿不是员工创新绩效的构成部分，因此，不应纳入员工创新绩效的维度，用其来衡量员工创新绩效也不尽准确。

创新绩效、创造力和创新行为三者既互不相同，又存在必然的联系。创新绩效既包括创新的行为过程又涵盖创新结果，而创造力会影响创新的行为过程和产出结果。创造力是创新过程的第一个阶段[15]，是个人发出的新奇且有用的创意，而创新则是观点或构想的实施[16]，员工的创造力是否能有效转化为创新行为或产生创新绩效，还受个体动机和组织政策的影响。鉴于此，将对员工创新行为或创造力的评价，直接作为测量员工创新绩效的方法值得商榷。由此可见，通过深入分析知识员工创新绩效内涵和表现形式，研究其创新绩效的结构维度，是科学编制知识员工创新绩效评价量表的前提。

2　方法与过程

2.1　量表题项搜集

本研究运用文献法、访谈法及开放式问卷编制员工创新绩效的测量题项。编制过程借鉴文献[17]提出的方法，具体分为以下5个方面：

（1）定义概念。借鉴文献[7]的研究，参考已有关于知识员工、个体创新绩效等相关概念的界定，将知识员工创新绩效综合概括为知识员工的一系列创新活动，以及其所产出的、能感知和测量的对组织或团队有价值的成果。这些创新活动须经历各种程序或阶段，进而产生绩效。

（2）生成题项。鉴于目前关于知识员工创新绩效的直接文献较少，考虑到团队创新绩效主要源于团队成员的创新绩效，因此，在对所搜集的量表题项进行文献分析时，主要参考了团队创新绩效和个体创新行为的相关指标，并借鉴了文献[7]、文献[8]和文献[10]的相关量表，共搜集49个题项。鉴于结构化访谈部分首先要辨别访谈对象是否理解知识员工创新绩效，进而询问创新绩效都包含什么内容，以及目前的工作会产生哪些创新绩效等问题，因此，本研究选取的访谈对象要求具备较强的语言表达能力和理解力，分为专家学者和企业员工两类人员，分别来自有关高校和长沙、深圳、上海等地的几家知名企业。参照Glaser等[18]提出的15~20人的理论抽样标准，本研究选取的访谈人数为18人。其中，性别方面，男性10人、女性8人；学历方面，本科9人、研究生9人；年龄方面，21~25岁7人、26~30岁9人、31岁及以上者2人。结构化访谈部分共搜集21个题项。开放式问卷主要是为了补充文献分析及结构化访谈整理后遗漏的内容，题目设定为"除以上题项外，您认为工作中还有哪些内容能够反映知识员工的创新绩效？"，此部分共搜集12个题项。

（3）同质性归类。首先清晰界定本研究所搜集的有关题项，将内涵相同、内容相似的题项整合，并删除过于具体、细化、难以归类的多余题项，最后剩余41个题项。

（4）问卷适合性评定。本研究邀请6位人力资源和创新领域的专业人员对归类后的41个题项的分类清晰性和表述简洁性进行评价。其中，教授一名、博士研究生三名和硕士研究生两名。评价的原则包括三个方面：表述简洁清晰、内涵无交叉无遗漏或重复、与员工创新绩效密切相关。经过讨论后，删除了9个表达不清、内涵重复或相关性低的题项，最终确定了32个题项。

（5）问卷效度评价。本研究重新修订 32 个题项的表达方式，使每个题项成为一个完整的句子，此外另邀请相关专业的 5 名教授和 20 名研究生对 32 个题项进行再次审核，评价其是否能够度量知识员工的创新绩效及认可程度，表达方式是否恰当，使各题项间具备较高的区分度，以此来保证量表的效度。对 32 个题项从 1~5 打分，删除平均分低于 3 的项目，最终形成知识员工创新绩效的预试问卷，包含 30 个题项，均采用 Likert 5 点量表设计，从 1~5 表示程度的增强，其中，1 代表"完全不同意"，5 代表"完全同意"。

2.2 量表项目分析

本研究通过预测试对知识员工创新绩效量表进行项目分析。预测试的被试人员包括专业学者、企业管理人员、企业技术研发人员及一般员工 4 类。专业学者来自湖南、北京、天津地区的高校；其他三类人员来自海南、河南、广东、湖南等地的几家大型企业，通过网上发放和实地发放两种形式，共收回有效问卷 175 份。预试问卷量表的总体信度 α 值为 0.945，数据非常理想，具有较高的稳定性和一致性。

项目分析主要通过统计分析方法检验编制的量表或个别题项的适切或可靠程度，采用极端组法检验题项的鉴别度、题项与总分相关性，以及用同质性检验法检验题项与量表的同质性[19]，使用 SPSS18.0 统计分析软件进行处理。

首先，极端组法统计结果显示，预试量表中所有题项高低分组差异的 t 统计量均大于 3，达到标准指标的均保留。其次，题项与总分相关度的统计结果显示，共有 5 个题项与总分的相关系数小于 0.4，如"使自己的新想法获得同事赞同"、"主动支持他人的新想法或方案"等，表明与整体量表的相关性不高，应予以删除。最后，进行同质性检验，需同时考虑共同性与因素负荷量，结果表明，另有 7 个题项的共同性低于 0.20，且因素负荷量小于 0.45，未达标准。如"主动评估自己新想法或方案的优缺点"、"积极推动自己新想法或方案在工作中执行"等，表明与整体量表的同质性不高，予以删除。

项目分析的最终结果显示，在极端组检验、相关性检验与同质性检验（包含共同性与因素负荷量）中，共有 12 个题项的检验值至少有一项未达标准，这些题项均被删除。此外，预试过程中，大约 20% 的调查对象反映，题项 2 中的"及时发现问题"是个人应具备的工作能力，而非创新绩效，故将题项 2 修订为"工作中，能挑战没有解决的问题"。最终剩余 18 个题项，重新排序后，形成知识员工创新绩效量表的初始量表。

3 知识员工创新绩效量表的结构探索

3.1 被试

本研究采用方便抽样的方法，向笔者所在高校的 MBA 班学员发放 150 份初始问卷，收回135份，其中有效问卷126份，问卷有效回收率为84%。其中，性别方面，女性占47.6%、男性占52.4%；年龄方面，25岁及以下占12.6%、26～35岁占41.3%、36～45岁占38.2%、46岁及以上占7.9%；学历方面，大专及以下占15.1%、本科占55.6%、研究生及以上占29.3%。工作年限方面，3年以下占31%、3～5年占34.1%、6～10年占24.6%、10年以上占10.3%。人员类别方面，技术类占33.3%、管理类占27.8%、销售类占21.4%、其他人员17.5%。

3.2 探索性因素分析

探索性因素分析主要是通过主成分分析和共同因素分析两种方法抽取成分或因素，达到因素缩减的目的。知识员工创新绩效初始问卷共有18个题项，被试为126人，比例为1:7，可以保证因素分析结果的可靠性[20]。KMO值为0.916，适合做探索性因素分析。

通过主成分分析和共同因素分析，将特征值大于1的共同因素保留。统计结果显示，共保留两个大于1的特征值，可解释64.759%的变异量，满足可接受的解释变异量程度应在50%以上的要求。但是在题项的共同性方面，第12个题项（工作中，创新投入的成本比别人少）的萃取值为0.297，小于0.4的标准，应予以删除。删除该题项后，知识员工创新绩效的初始量表包括17个题项。

对包含17个题项的知识员工创新绩效量表重新进行探索性因素分析，KMO值为0.915，球形检验P值显著，适合进行因子分析。此时，共保留两个大于1的特征根，方差解释量为67.065%。转轴后的成分矩阵显示，知识员工创新绩效可探索为两个因素。其中，题项1～6属于一个因素，称为因素1；题项7～17属于另一个因素，称为因素2。

根据理论分析及量表题项生成的过程，因素1中的题项主要表达旨在进行创新的各种行为，包括提出新想法、解决方案、应用新技术等，共6个题项，因此，命名为"创新行动"，方差解释量为9.623%，α值为0.886。因素2包含11个题项，如创造性地解决了难题、成效明显、提高了工作效率、应用到更多工作场合、产生经济效益等，旨在表达创新的结果及应用这一持续活动，因此，命名为"创新效果"，方差解释量为57.442%，α值为0.953。各题项的因素负荷结果见表1。

表1　主成分分析直接斜交法因素负荷（N=126）

题项	因素1	因素2
1. 工作中，能提供改进技术、流程、服务或生产、销售、管理等方面的新想法	0.830	
2. 工作中，能挑战没有解决的问题	0.859	
3. 工作中，能提出独创且可行的解决问题方案	0.784	
4. 工作中，能采用新方法和新技术手段降低成本、提高效率或增加产出	0.675	
5. 能总结出可行的新工作方法、服务方式等	0.865	
6. 能发现独特可行的技术或工作诀窍	0.674	

续表

题项	因素 1	因素 2
7. 能创造性地解决难题或自己的创新获得了专利	0.707	
8. 因工作中提出创新建议或做出创新性成果获得奖励	0.772	
9. 工作中，开发改进的新产品、新技术、新方法或新服务更具特色	0.859	
10. 工作中，开发改进的新产品、新技术、新方法或新服务质量更高	0.801	
11. 工作中，开发改进新产品、新技术、新方法或新服务所需时间更短	0.775	
12. 工作中，提出的解决方案或开发的产品成效明显	0.925	
13. 开发改进的新产品、新技术、新方法或新服务，受到客户好评	0.866	
14. 开发改进的新产品、新技术、新方法或新服务等被应用到较多的工作场合	0.832	
15. 开发改进的新产品、新技术、新方法或新服务等提高了工作效率	0.780	
16. 开发改进的新产品、新技术、新方法或新服务，为组织带来了经济效益	0.800	
17. 开发改进的新产品、新技术、新方法或新服务带来了社会效益	0.789	
方差解释量/%（总量 67.065）	9.623	57.442
α 系数（总体 0.953）	0.886	0.953

3.3　信度和效度分析

知识员工创新绩效量表的初始量表信度检验结果显示，总体 α 系数为 0.953，因素 1 的信度为 0.886，因素 2 的信度值为 0.953，表示量表所测结果的稳定性和一致性较高，此时所测的标准误也会较小。

效度是检验量表的有效性，一般用内容效度、建构效度与专家效度等解释[20]，建构效度由聚合效度与区分效度体现。由于在理论分析、专家评价与量表项目分析阶段已将内涵不清、表述有误、相关性低、同质性低的题项删除，从而保证了初始量表中题项的内容效度与专家效度。量表的累计方差解释量为 67.065%，表明该量表的内容具有预测或估计的能力，可清晰区分为两个因子，且同一因子中，各题项的因子负荷量均大于 0.6，说明量表具有良好的聚合效度；在非所属的因子中，题项的因子负荷量均低于 0.5，说明量表具有良好的区分效度，二者保证了知识员工创新绩效量表的建构效度。

4　知识员工创新绩效量表的结构验证

经过项目分析与探索性因素分析，删除不符合标准的题项后，形成知识员工创新绩效的正式量表，包含 17 个题项，以及创新行动与创新效果两个维度。为了确认员工创新绩效量表各层面及题项是否达到探索预期的需求，需重新通过实证调查进行验证。被试对象来自长沙、广州、深圳等几家大型企业。共发放正式问卷320份，收回300份，其中有效问卷286份，问卷有效回收率为89%。正式量表包含17个题项，样本量是量表题项的16倍，利用结构方程模型进行验证。其中，性别方面，女性占45.8%、男性占54.2%。年龄方面，25岁以下占9.2%、26～35岁占45%、36～45岁占41.3%、46岁以上占4.5%。学历方面，大专及以下占16.3%、本科占58.3%、研究生及以上占25.4%。工作年限方面，3年以下占29.6%、3～5年占21.3%、6～10年占31.2%、10年以上占17.9%。人员类别方面，技术类占37.5%、管理类占22.9%、销售类占20.8%、其他人员占18.8%。样本分布较合理，且被试对象基本为知识员工群体，保证了样本对象的有效性。

本研究采用AMOS 18.0软件对量表加以验证。探索性因素分析的结果显示，知识员工创新绩效量表可区分为两个因子，故构建二因素模型进行验证（见图1）。

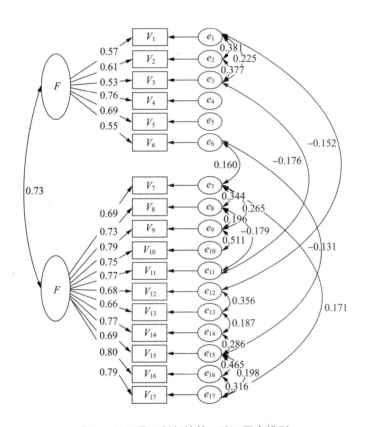

图1　知识员工创新绩效一阶二因素模型

对知识员工创新绩效一阶二因素模型进行修正后，各题项的标准化回归系数及残差变异量估计值见表2，标准化回归系数显示测量变量对各潜在因素的相对重要性。由表2可知，各题项的因素负荷量最小为0.534，最大为0.795，介于0.50～0.95区间，且大多高于 0.6，表示模型的基本适配度良好，指标变量能够有效反映需要测量的构念特质。由模型潜在因素与误差变量的测量残差变异量估计值可见，误差值均为正数且达到 0.05 的显著水平，其变异量标准误估计值也很小，仅有一个数值大于 0.1，表明无模型界定错误的问题，且模型的基本适配度良好。

表 2　知识员工创新绩效量表一阶二因素模型标准化回归系数及残差变异量估计值

类别	标准化回归系数		残差变异量估计值	SE	CR	P	Label
$V_1 \leftarrow F_1$	0.568	F_1	0.228	0.052	4.344	***	par-36
$V_2 \leftarrow F_1$	0.614	F_2	0.685	0.117	5.865	***	par-37
$V_3 \leftarrow F_1$	0.534	e_1	0.479	0.049	9.754	***	par-38
$V_4 \leftarrow F_1$	0.759	e_2	0.495	0.052	9.439	***	par-39
$V_5 \leftarrow F_1$	0.693	e_3	0.457	0.046	9.915	***	par-40
$V_6 \leftarrow F_1$	0.651	e_4	0.290	0.037	7.783	***	par-41
$V_7 \leftarrow F_2$	0.691	e_5	0.374	0.043	8.804	***	par-42
$V_8 \leftarrow F_2$	0.775	e_6	0.472	0.051	9.232	***	par-43
$V_9 \leftarrow F_2$	0.786	e_7	0.749	0.075	9.960	***	par-44
$V_{10} \leftarrow F_2$	0.748	e_8	0.511	0.058	8.858	***	par-45
$V_{11} \leftarrow F_2$	0.773	e_9	0.390	0.041	9.451	***	par-46
$V_{12} \leftarrow F_2$	0.682	e_{10}	0.458	0.048	9.569	***	par-47
$V_{13} \leftarrow F_2$	0.664	e_{11}	0.424	0.047	9.107	***	par-48
$V_{14} \leftarrow F_2$	0.768	e_{12}	0.525	0.052	10.031	***	par-49
$V_{15} \leftarrow F_2$	0.694	e_{13}	0.517	0.051	10.103	***	par-50
$V_{16} \leftarrow F_2$	0.795	e_{14}	0.456	0.048	9.464	***	par-51
$V_{17} \leftarrow F_2$	0.730	e_{15}	0.455	0.045	10.156	***	par-52
		e_{16}	0.355	0.039	9.034	***	par-53
		e_{17}	0.632	0.065	9.669	***	par-54

注：*** 表示 $p < 0.001$。

此外，探索性因素分析中两个因子的相关系数矩阵显示，因素 1 与因素 2 的相关度为 0.646，且因素 1 的方差解释量较小，因素 2 占据了因素解释量的大部分，因此，本研究将 17 个题项合并，形成单因素模型，观察模型拟合的改善状况，以确定知识员工创新绩效的最佳结构。

从模型拟合过程中发现，对大于 5 以上的修正指数进行修正后，一阶二因素模型的 P 值为 0.138，大于 0.05，表示模型与实际数据不一致的可能性较小；知识员工创新绩效单因素模型的 P 值不显著，说明模型与实际数据不一致的可能性较大，即现有数据无法有效证实该模型。

表3中的对比数据显示，虽然单因素模型的各拟合指标也达到适配标准，但均不如一阶二因素模型的拟合效果。知识员工创新绩效一阶二因素模型的所有拟合指标都达到标准，方差相对较小，且与观察数据相符，知识员工创新绩效的两个维度结构得到有效验证。

表3　知识员工创新绩效量表一阶二因素模型与单因素模型适配度检验对比

类别	绝对拟合值					增值拟合值			简约拟合值	
	χ^2	χ^2/df	GFI	RMR	RMSEA	NFI	NNFI	CFI	PGFI	PNFI
二因素模型	114.389	1.155	0.948	0.032	0.026	0.955	0.991	0.994	0.613	0.695
单因素模型	135.864	1.415	0.938	0.038	0.042	0.947	0.977	0.984	0.589	0.668
适配标准		$1 < \chi^2/df < 3$	> 0.90	< 0.05	< 0.08	> 0.90	> 0.90	> 0.90	> 0.50	> 0.50

探索性与验证性因素分析的结果表明，知识员工创新绩效由创新行动和创新效果两个维度构成（见图2）。由图2可知，创新行动包括提出创新想法或方案、采用新技术或新方法、总结诀窍等要素；创新效果包括产生创新成果、应用创新成果、应用后的创新成效等要素。

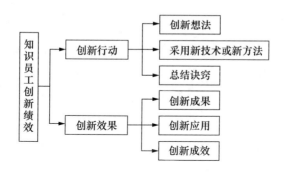

图2　员工创新绩效结构

5　结　语

本研究的结论拓展和丰富了知识员工创新绩效的研究，支持了"知识员工创新绩效是一个连续的可感知的活动过程和结果的统一体"的观点。此外，本研究从"绩效包含行为与结果"的理论概念及创新实践两个角度进行分析，证明了知识员工创新绩效的二维结构是合理的。本研究为知识员工创新绩效评价提供了科学的测量工具,在实践层面,为组织的创新管理与知识管理提供了理论参考,特别是为知识员工管理提供了可借鉴的思路。进一步的研究可以从如下三个方面予以改进和拓展:①通过扩大样本量,增强统计分析结果的准确性和模型验证的有效性。②将研发人员作为主要受试对象收集数据,构建研发人员创新绩效的评价量表。③将管理人员和研发人员作为不同的对象进行研究,比较管理创新绩效与研发创新绩效结构的差异。

参考文献

[1] Brumbrach G B. Performance Management [M]. London:The Cronwell Press,1988.

[2] Woodruffe C. What Is Meant by a Competency? Designing and Achieving Competence:A Competence-Based Approach to Developing People and Organizations [J]. Leadership and Organization Development Journal,1992,14 (1):29 – 36.

[3] 张光进,廖建桥. 绩效特征导向的知识员工考评方法的思考 [J]. 商业经济与管理,2006 (3):21 – 27.

[4] 张庆华. 知识型企业中知识员工的绩效评估研究综述 [J]. 现代管理科学,2007 (10):44 – 46.

[5] Mumford M D. Managing Creative People:Strategies and Tactics for Innovation [J]. Human Resource Management Review,2000,10 (3):313 – 351.

[6] Coombs R. Core Competencies and the Strategic Management of R and D [J]. R and D Management,1996,26 (4):345 – 354.

[7] 韩翼. 员工工作绩效模型构建与实证研究 [D]. 武汉:华中科技大学管理学院,2006.

[8] Scott S G,Bruce R A. Determinants of Innovative Behavior:A Path Model of Individual Innovation in the Workplace [J]. Academy of Management Journal,1994,37 (3):580 – 607.

[9] 王炳成. 组织创新气候、员工工作满意度与员工创新绩效关系的实证研究 [J]. 企业活力,2011 (1):58 – 62.

[10] Zhou J,George J M. When Job Dissatisfaction Leads to Creativity:Encouraging the Expression of Voice [J]. Academy of Management Journal,2001,44 (3):682 – 696.

[11] Zhang X M,Kathryn M. The Influence of Creative Process Engagement on Employee Creative Performance and Overall Job Performance:A Curvilinear Assessment [J]. Journal of Applied Psychology,2010,95 (5):862 – 873.

[12] Franck Z,Todd L. Pleasantness of Creative Tasks and Creative Performance [J]. Thinking Skills and Creativity,2011,6 (1):49 – 56.

[13] 韩翼,廖建桥,龙立荣. 雇员工作绩效结构模型构建与实证研究 [J]. 管理科学学报,2007,10 (5):62 – 77.

[14] 郑建君,金盛华. 组织创新气氛对创新绩效的影响作用 [J]. 中国临床心理学杂志,2010,18 (1):100 – 102.

[15] West M A. Creativity and Innovation in Organizations [J]. Management of International Encyclopedia of the Social and Behavioral Sciences,2002,26 (2):2895 – 2900.

[16] Amabile T M. A Model of Creativity and Innovation in Organizations [J]. Research in Organizational

Behavior，1988，10（3）：123 – 167.

　［17］Devellis R F. Scale Development：Theory and Applications ［M］. Newbury Park：Sage，1991.

　［18］Glaser B G，Strauss A L. The Discovery of Grounded Theory：Strategies for Qualitative Research［M］. Chicago：Aldine，1967.

　［19］吴明隆. 问卷统计分析实务——SPSS 操作与应用 ［M］. 重庆：重庆大学出版社，2010：158 – 160.

　［20］Gorsuch R L. Factor Analysis ［M］. NJ：Lawrence Erlbaum，1983.

Construct and Measurement of Knowledge Staff's Innovation Performance

Yao Yanhong　Heng Yuanyuan

（Hunan University，Changsha，410082　China）

Abstract：In this paper，we use three methods to collect items：literature analysis，interviews and open – ended questionnaire，then start the program analysis through the pre – test. In the formal survey，we select 286employees，explore and verify the structure of knowledge staff's innovation performance. The results show that knowledge staff's innovation performance is composed of two dimensions，innovation action and innovation effect. Among them，innovation action includes promoting innovative ideas，applying new technology，summarizing knacks and so on；innovation effects include the elements such as innovation achievement，application and results.

Key Words：Knowledge Staff；Innovation Performance；Innovation Action；Innovation Effect

外部社会资本与集群企业创新绩效的关系：
知识溢出与学习效应的影响*

王 雷

（东华大学旭日工商管理学院，上海 201620）

【摘 要】本文以知识溢出、学习效应为中介变量，研究跨国公司主导下外部社会资本对集群创新的影响。基于上海浦东 ICT 集群的实证研究显示，外部社会资本的三个维度均不直接影响集群企业的创新绩效，而是通过知识溢出和学习效应间接产生影响。其中，外部结构资本通过知识溢出和学习效应间接影响集群企业创新绩效；外部关系资本和外部认知资本通过知识溢出间接影响集群企业创新绩效。

【关键词】跨国公司；社会资本；集群企业；创新绩效

1 文献回顾及问题的提出

社会资本最早由社会学者用来研究人际关系中普遍存在的、表现为社会网络资源的资本财产，后来被集群学者引入集群理论的分析框架，用于分析网络结构、信任关系、认知程度等因素对集群创新的影响，并被认为是集群创新优势的重要源泉。在传统的研究框架下，社会资本被认为是集群内部的产物，其形成动力来自群内相似的文化背景、密切的产业关系、共同的技术基础以及邻近的地缘血缘关系[1]。由此，学者们主要从本土化视角分析社会资本对集群创新的影响。如 Yli - Renko 等[2]分析了社会资本对集群中新创企业获取外部知识的影响。Panteli 等[3]探讨了信任和冲突对联等[4]研究了信任和交流等社会"关系"对知识转移的影响。朱秀梅等[5]实证研究了集群中社会资本对知识溢出的影响。

然而，全球化的飞速发展使跨国公司在地方集群中扮演的角色日益受到重视。跨国公

---

*基金项目：国家哲学社会科学基金资助青年项目（10CGJ024）；国家软科学研究资助项目（2010GXS5D202）。

司不仅直接参与了集群创新网络的构建，而且为集群区域与外界的联系架起了一座桥梁，扩大了集群可以利用的资源边界，在一定程度上突破了地方集群发展所固有的内在封闭性与保守性，从而成为决定集群创新的关键因素。比如，Thompson[6]认为，集群中跨国公司知识溢出效应较分散的 MNE 更明显。Saliola 等[7]认为，跨国公司的知识转移效应是影响地方集群技术能力的重要因素。Guimaraes 等[8]实证研究检验了集群区域跨国公司的技术溢出效应。王雷[9]研究了集群区域跨国公司技术溢出的实现机制及效应评价。

学者们从社会资本和跨国公司视角展开集群创新理论研究已取得丰富成果，但也存在一些不足：①缺乏有关跨国公司与社会资本的整合研究。从社会资本视角展开的研究主要关注文化背景、产业联系、地缘血缘关系等内部因素，忽略了跨国公司所构建的外部联系的重要作用；从跨国公司视角展开的研究则将重点关注集群中跨国公司溢出途径及相应的效应评价，对跨国公司所构建的外部社会资本关注较少。②未能充分考虑学习效应对跨国公司溢出效应的影响。尽管 Borensztein 等[10]关注到东道国的学习效应，但他们仅使用人力资本或研发能力等单一指标来衡量则显得过于片面。③从微观视角展开的集群创新理论研究相对较少，相关的实证研究尤其匮乏。

为弥补相关研究的不足，本研究从跨国公司视角出发，分析外部社会资本对集群企业创新绩效的影响。拟进行以下工作：①以跨国公司主导的外部社会资本为自变量，知识溢出与学习效应为中介变量，集群企业创新绩效为因变量，构建跨国公司影响集群企业创新绩效的理论模型，完整刻画外部社会资本影响集群企业创新绩效的作用机理。②借鉴社会资本和跨国公司理论的研究基础，对跨国公司构建的外部社会资本进行分类和测量，选择跨国公司最为集中的上海 ICT 产业集群（Information and Communications Technology）为样本进行实证检验，运用结构方程系统分析这些变量之间的相互关系。

2　理论基础及研究假设推演

从现有文献来看，学者们对社会资本的研究通常从三个维度展开，即结构维度、关系维度与认知维度[11]。Nahapiet 等[12]在吸收前人研究的基础上将社会资本划分为结构资本、关系资本和认知资本三个维度，分别用来表示网络成员间的网络联系、信任关系和认知程度。由于本研究主要关注以跨国公司为纽带所建立的外部社会资本对集群创新的影响，因此，分别从这三个维度验证社会资本对集群创新绩效的影响。

2.1　跨国公司主导下集群知识溢出、学习效应及其对创新绩效的影响

知识溢出包括显性知识溢出与隐性知识溢出，前者主要通过可编码的标准化知识与技术进行传播转移，后者则是指不可编码的、缄默性的知识转移。由于集群地区拥有不受市场交易限制的知识连锁，以及便利的基础设施、共同的社会规则、类似的语言和文化等，

使集群区域具备更好的知识溢出效应[13]。知识溢出对集群创新绩效的贡献在已有研究中不断得到证实，比如，Visser[14]关于利马服装产业集群的实证研究，Nadvi 等[15]对巴基斯坦的医学器械产业集群的实证研究，王雷[9]对广东东莞 IT 制造业集群的实证研究。这些都证明了集群中知识溢出效应能引导出更好的创新绩效。

学习效应包括学习意愿和学习投入，前者是促进集群中知识溢出和学习的条件，后者直接影响企业对外部知识的"吸收能力"[16]。吸收能力作为决定跨国公司技术溢出的关键因素，已得到国内外大量研究的证明[17]，因此，吸收能力的提高必然对集群区域外资企业的技术溢出效应产生积极的影响。此外，本土企业对员工教育培训等学习投入的增加还将改善本土企业对内部知识的整合能力，对外部知识的同化吸收能力，从而改善和提高企业创新绩效。上述分析表明，学习效应不仅有助于改善集群中外资企业的知识溢出效应，还将对集群创新绩效产生直接的促进作用。为此，提出假设：

假设 1a：知识溢出对集群创新绩效有正向影响。

假设 1b：学习效应对集群创新绩效有正向影响。

2.2　外部结构资本对集群中知识溢出与学习效应的影响

本研究将外部结构资本划分为外部网络密度和外部网络强度，前者指跨国公司与本地供应商、客户、科研机构、中介机构、服务机构等网络节点建立的联系密度，后者指跨国公司与本地集群成员开展合作及交流的深度。从外部网络密度来看，跨国公司与本地供应商、客户、科研机构、中介组织等建立的联系越多，则其技术溢出的范围越广、途径越多，同时也给本地集群成员创造更多学习的机会；从外部网络强度来看，跨国公司嵌入本地集群网络的程度越深，与本地企业在产品开发、技术培训等方面的合作越深入，其溢出效应越强，同时也有助于强化企业的学习意愿，改善和提升其学习能力。比如，Nachum 等[18]以伦敦传媒业为案例的研究表明，进入集群有助于"缄默化"知识的流动和对集群行为的模仿，从而产生更强的溢出效应。Pietrobelli 等[19]认为，供应商越深入参与采购商的活动，生产效率就越高。黄延聪[20]的实证研究表明，本土企业与国际代工客户的互动频率越高越有利于知识的传播。由此，提出假设：

假设 2a：外部结构资本对跨国公司知识溢出有正向影响。

假设 2b：外部结构资本对集群企业学习效应有正向影响。

假设 2c：外部结构资本对集群企业创新绩效有正向影响。

2.3　外部关系资本对集群中知识溢出与学习效应的影响

外部关系资本是集群中内外资企业之间互相理解的程度，主要指企业在长期的生产合作过程中建立起来的信任关系。由信任而产生的社会资本是维系组织生存的重要因素[21]。信任关系的建立可以使本地企业有更多机会接触和学习跨国公司带来的先进知识，促使本地企业与跨国公司之间的沟通更加开诚布公，增强组织的开放性，加速知识分享和信息交流的透明化[22]，促进成员间合作期限和合作程度的提升；更有利于本地企业学习跨国公司的先进技术，改善跨国公司的知识溢出效应，并对集群企业创新绩效产生直接的促进作用。由此，提出假设：

假设3a：外部关系资本对跨国公司知识溢出有正向影响。

假设3b：外部关系资本对集群企业学习效应有正向影响。

假设3c：外部关系资本对集群企业创新绩效有正向影响。

2.4 外部认知资本对集群知识溢出与学习效应的影响

认知资本是指本土企业与外资企业之间的共同愿景、共同语言及组织相似性，由此来衡量外部认知资本。共同愿景用来描述组织成员的共同目标和抱负，共同愿景的建立有助于企业间预见资源交换、信息交流的潜在价值，增强彼此合作的意愿，避免机会主义行为，从而促进知识与技术的传播，改善和提高企业的学习效应。

外资企业进入集群区域是为了获得人才、信息、市场等地方化的优势资源[23]，一方面外资企业会采取雇用本地员工、本地采购等方式尽快融入本地经济，从而使内外资企业在语言习惯、企业文化、组织管理等方面趋于相似；另一方面，外资主导下的集群通常会形成以外资企业为核心的生产组织结构，内外资企业之间建立的生产合作关系使内外资企业在产品的研发设计、质量控制、品牌形象方面具有一致的利益关系，有助于共同愿景的建立，从而强化内外资企业的认知程度，更好地理解彼此的行为，减少沟通障碍，最终改善集群中跨国公司知识溢出效应，提高集群企业的学习能力，并最终促进集群企业的创新绩效。为此，提出假设：

假设4a：外部认知资本对跨国公司知识溢出有正向影响。

假设4b：外部认知资本对集群企业学习效应有正向影响。

假设4c：外部认知资本对集群企业创新绩效有正向影响。

综合上述分析，提出如下概念模型：外部社会资本的三个维度不但直接影响集群创新绩效，还通过知识溢出与学习效应间接影响集群创新绩效（见图1）。

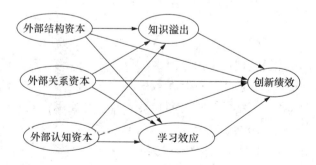

图1 跨国公司视角下外部社会资本影响集群创新绩效的概念模型

3 研究设计：变量测度与样本数据

3.1 变量与问卷设计

本研究旨在探讨社会资本对集群企业创新绩效的影响，用于变量测量的相关问题参考了已有研究成果，并根据预调研中的问题反馈及专家意见进行了调整，具体的测量指标见表1。变量的题项采用 Likert 5 级量表进行设计，从"非常认同"到"非常不认同"分别给予 1~5 不同程度的评价。

（1）被解释变量。衡量创新绩效的量表以 Yang[24] 的研究为基础，从财务指标和非财务指标两个方面设计题项进行测量。

（2）解释变量。衡量外部结构资本的量表以吴波等[25] 的研究成果为基础，从外部网络密度和外部网络强度两个方面设计题项来测量。衡量外部关系资本的量表以 Lane 等[26] 的研究为基础，从内外资企业之间的信任关系和理解程度两个方面设计题项来测量。衡量外部认知资本的量表以 Stafford[27]、陶锋等[28] 从文化背景、企业文化、行事方式三个方面设计题项来测量。

（3）中介变量。衡量知识溢出的量表借鉴朱秀梅等[5] 的研究，从显性知识溢出（专利和技术）和隐性知识溢出（开发及生产技能）两个方面设计题项来度量知识溢出效应。衡量学习效应的量表以 Baker 等[29] 的研究成果为基础，从学习意愿和学习投入两个方面设计题项来测量。

3.2 研究样本

本研究选取上海浦东 ICT 产业集群为研究样本。本集群是由外资驱动的区域性产业集群，其"外资主导、本地生产、全球销售"的发展模式体现了我国沿海区域通过外资驱动带动本地集群发展，进而嵌入全球价值链参与国际分工的典型特征。

问卷发放通过两种途径实现：①由上海张江高科管委会通过邮寄和面访的方式直接将问卷发放给集群内企业高层管理人员；②在东华大学 MBA 和 EMBA 学员中选择符合要求的企业，通过面访、邮寄或网络的方式将问卷发放给企业高层管理人员。共发放问卷 300 份，实际回收问卷 165 份，问卷回收率 55%，剔除填答不全等无效问卷 23 份，实际有效问卷 142 份。受访公司成立时间和企业规模大致呈正态分布。样本企业中民营和国企占 45%，外商独资企业占 15%，合资企业占 40%。从内外资企业两个角度收集问卷，避免了问卷来源单一所导致的片面性，使问卷获得的信息更为客观。受访者中，80% 以上为中高层管理人员，88% 的服务年限在三年以上，这在很大程度上保证了本问卷的真实性和可靠性。

3.3 效度和信度分析

本研究使用问卷项目主要来自已有文献的成熟题项，在最终确认问卷之前，咨询相关领域的专家、预试并修正问卷的部分提法、内容，因此问卷具有较高的内容效度。另外，检验了测量模型的建构效度（见表1）。所有题项在其相关构念上的因子载荷均大于0.6，且自变量和因变量累计方差解释量大于60%，都说明该度量具有良好的聚合效度。本研究各因素及各变量的 Cronbach's α 值都大于0.7（见表1），表明各变量具有良好的信度。

表1　变量因子分析结果与 Cronbach's α 系数

变量	题项	因子荷载	方差解释量/%	Cronbach's α	AVE	CR
外部结构资本	外资企业与本地供应商建立广泛的联系	0.769	15.98	0.866	0.59	0.88
	外资企业与本地中介服务机构建立广泛联系	0.766				
	外资企业经常提供技术指导和培训	0.782				
	内外资企业共同解决产品问题	0.780				
	内外资企业致力于保持长久的合作关系	0.737				
外部关系资本	内外资企业的合作建立在信任的基础之上	0.733	9.55	0.808	0.62	0.83
	外企充分相信本地企业的生产技术能力	0.832				
	内外资企业之间能够较好地理解对方	0.805				
外部认知资本	内外资企业具有相似的文化背景	0.803	9.60	0.778	0.62	0.83
	内外资企业具有相似的企业文化	0.784				
	内外资企业具有相似的行事方式	0.766				
知识溢出	本土企业通过外企掌握更多管理知识	0.792	10.94	0.818	0.60	0.86
	本土企业通过外企掌握更多新产品开发知识	0.764				
	本土企业通过外企掌握新技术	0.827				
	本土企业通过外企获得新专利	0.710				
学习效应	本土企业管理层十分重视企业的学习能力	0.832	10.31	0.753	0.56	0.83
	本土企业将学习视为投资，而非成本	0.756				
	本土企业十分重视员工教育培训方面的投入	0.695				
	本土企业十分重视研发方面的投入	0.690				
创新绩效	销售收入有明显提升	0.659	9.82	0.735	0.51	0.81
	利润率有明显提升	0.752				
	产品市场份额有明显提升	0.745				
	产品创新赢得比对手更好的市场反映	0.695				

3.4 整体模型的检验

（1）基本的适配度。由表1可见，各个潜在因素的衡量指标的因素负荷量均达显著水平，且处于0.5~0.9的可信区间，表明理论模型符合基本适配标准。

（2）内在结构适配度。由表1可见，潜在题项的组合信度CR均大于0.7，萃取变异量AVE均大于0.5，表明整体理论模型有较好的内在结构适配度。

（3）整体模型适配度。通过AMOS软件，可得：①$\chi^2 = 338.861$，df = 219，$\chi^2/df = 1.547 < 3$，GFI = 0.828，RMR = 0.083，RMSEA = 0.062，说明模型绝对拟合效果较好。②IFI = 0.906，NFI = 0.774，CFI = 0.904，可见只有NFI略低于0.9的水平，表明模型增量拟合效果可以接受。③PNFI = 0.670，PCFI = 0.782，说明模型精简拟合指数可以接受。

4 研究结果

4.1 变量间结构方程检验结果

模型的验证结果见表2。假设1a、假设1b、假设2a、假设2b、假设3a、假设4a都获得了验证。

表2 理论模型的路径系数与假设检验

路径	路径系数	p值	对应假设	检验结果
知识溢出→创新绩效	0.389**	0.001	1a	成立
学习效应→创新绩效	0.187*	0.054	1b	成立
外部结构资本→知识溢出	0.193**	0.005	2a	成立
外部结构资本→学习效应	0.370**	0.001	2b	成立
外部结构资本→创新绩效	−0.037	0.554	2c	不成立
外部关系资本→知识溢出	0.241**	0.008	3a	成立
外部关系资本→学习效应	0.117	0.131	3b	不成立
外部关系资本→创新绩效	−0.067	0.295	3c	不成立
外部认知资本→知识溢出	0.175**	0.045	4a	成立
外部认知资本→学习效应	−0.056	0.472	4b	不成立
外部认知资本→创新绩效	−0.018	0.768	4c	不成立

注：***、**、*分别表示$p < 0.01$、$p < 0.05$、$p < 0.1$，下同。

4.2 变量间的影响效果分析

变量间的影响效果分析包括直接影响效果、间接影响效果及总影响效果三个方面，见图2。根据各个因素间的关系对创新绩效产生影响的路径值进行计算，得到表3。例如，外部结构资本对创新绩效产生的总影响为 $0.193 \times 0.389 + 0.370 \times 0.187 = 0.144$。研究发现，虽然外部结构资本对创新绩效没有直接的显著影响，但通过知识溢出与学习效应对创新绩效的影响仍然是显著的；外部关系资本和外部认知资本虽然未对创新绩效产生直接的显著影响，但通过知识溢出对创新绩效的影响也是显著的，总的影响值分别为 0.094 和 0.068，可见，虽然社会资本对创新绩效没有直接的显著影响，但通过知识溢出和学习效应，对创新绩效的影响也是显著的。

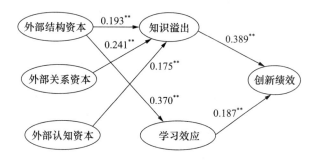

图2 修正后整体理论模式及参数关系

表3 各变量对集群创新绩效的影响分析

	直接影响	间接影响		总影响
		知识溢出	学习效应	
外部结构资本		0.193 **	0.370 **	0.144
外部关系资本		0.241 **		0.094
外部认知资本		0.175 **		0.068
知识溢出	0.389 **			0.389 **
学习效应	0.187 *			0.187 *

5　结果与讨论

本研究以知识溢出、学习效应为中介变量，研究外部社会资本对集群企业创新绩效的影响，通过文献研究和个案访谈构建理论模型，以上海浦东 ICT 产业集群为实证对象进行检验，研究表明，外部关系资本、外部结构资本、外部认知资本均不直接影响集群企业创新绩效，而是通过知识溢出和学习效应间接影响集群创新绩效。其中，外部结构资本通过知识溢出和学习效应两个途径间接影响集群企业创新绩效；外部关系资本和外部认知资本通过知识溢出这个途径间接影响集群企业创新绩效。

（1）知识溢出和学习效应对集群企业创新绩效均有显著的正向影响，且知识溢出对集群创新的影响系数远大于学习效应，表明外部社会资本对集群企业创新绩效的影响主要通过被动接受外资溢出效应实现，而非通过主动学习获得。由此，要改善集群企业创新绩效，不仅要积极利用外资溢出效应来弥补多数集群企业创新资源相对匮乏的先天缺陷，更应该重视学习能力的提升，通过组织学习团队，制订学习计划、疏通学习渠道等措施不断增强和提高集群企业的学习能力，使集群企业从被动的知识接受者转变为主动的知识学习者。

（2）外部结构资本通过知识溢出和学习效应间接对集群企业创新绩效有正向影响，表明外部结构资本不仅有助于外资溢出效应的提升，而且有助于集群企业学习效应的改善。其原因在于，外部结构资本的强化不仅会给集群企业带来更多学习与模仿的机会，还会在集群成员间产生强大的竞争激励效应，迫使本地供应商不断改善和提高其学习能力。比如，在台商主导的苏州笔记本电脑集群和美资主导的上海微电子集群中，集群企业为了进入外资控制的供应商体系，纷纷进行设备更新和技术升级，并加大员工培训的力度，有力提升了本地企业的学习与创新能力。由此，完善金融、物流、中介等服务机构，增强集群网络节点与跨国公司的联系，促进外部结构资本的培育与发展，不仅有助于强化跨国公司的溢出效应，也有助于提升本地企业的学习能力，从而成为提升集群创新绩效的有效途径。

（3）外部关系资本通过知识溢出间接对集群企业创新绩效有正向影响，即跨国公司与本地企业联系越广泛、信任关系越深入，其溢出效应也越强。这表明集群中信誉机制的建立是决定外资企业溢出效应的重要因素，并间接影响集群创新绩效。为此，应采取积极的措施强化知识分享和信息交流的透明化；推动内外资企业之间建立长期稳定的合作关系和信任机制；促进内外资企业的流通交流，消除其合作的障碍。

（4）外部认知资本通过知识溢出间接对集群企业创新绩效有正向影响，表明外资企业与集群企业在语言习惯、文化背景、工作方式等方面的差异越小，越有利于双方的沟通与合作，从而有利于跨国公司的知识溢出。为此，推动集群企业与跨国公司子公司在技术、文化等方面的沟通与合作，缩小集群企业与跨国公司在语言习惯、文化背景、工作方式方面的差距，也有助于强化跨国公司的溢出效应，最终改善集群企业的创新绩效。本研究的贡献在于以下三点：①建立了外部社会资本影响集群创新的理论模型，清晰地揭示了外部社会资本影响集群创新的作用机理，有助于更好地理解外部社会资本对集群企业创新绩效的影响，对于深入集群创新及升级理论研究有重要的参考价值。②在借鉴社会资本理论和跨国公司理论的基础上，对外部社会资本进行分类和测量，分析及检验了外部社会资本的不同维度对集群环境下的知识溢出、学习效应和创新绩效的影响，丰富了集群理论的研究工具和研究方法，有助于提出更具理论价值和应用性的研究成果。③解释并证明了知识溢出与学习效应在外部社会资本与集群企业创新绩效间所产生的不同的中介作用，对集群企业改善和提升学习能力，更好地整合利用外部资源具有现实的指导价值。

本研究也存在一些不足之处：①全球化背景下集群企业的创新绩效受到跨国公司战略、集群环境、集群企业创新能力以及政策环境等多种因素影响，是各种因素共同作用的结果。而本研究只是从跨国公司视角出发，构建社会资本影响集群企业创新绩效的模型，并未考虑多种因素交互作用下的综合影响，因此，其研究结果具有一定的片面性。②所选研究样本仅为上海地区，如果能以不同区域集群为样本进行对比分析，将可以更好地揭示跨国公司所构建的社会资本对集群企业创新绩效的影响。本研究的不足，也是今后研究的一个重要方向。

参考文献

［1］Rabellotti R. Recovery of a Mexican Cluster：Devaluation Bonanaza or Collective Efficiency？［J］. World Development，1999，27（9）：1571－1585.

［2］Yli－Renko H，Autio E，Sapienza H J. Social Capital，Knowledge Aequisition，and Knowledge Exploitation in Young Technology－based Firms［J］. Strategic Management Journal，2001，22（6/7）：587－613.

［3］Panteli N，Sockalingam S. Trust and Conflict within Virtual Inter－organization Allianees：A Framework for Faeilitating Knowledge Sharing［J］. Decision Support System，2005，39（4）：599－617.

［4］Ramasamy B，Goh K W，Yeung M C H. Is Guanxi（Relationship）a Bridge to Knowledge Transfer？［J］. Journal of Business Researeh，2006，59（1）：130－139.

［5］朱秀梅，蔡莉. 基于高技术产业集群的社会资本对知识溢出影响的实证研究［J］. 科学学与科学技术管理，2007（4）：117－122.

［6］Thompson E. Clustering of Foreign Direct Investment and Enhanced Technology Transfer：Evidence from Hong Kong Garment Firms in China［J］. World Development，2002，30（5）：873－889.

［7］Saliola F，Zanfei A. Multinational Firms，Global Value Chains and the Organization of Knowledge Transfer［J］. Research Policy，2009，38（2）：369－381.

［8］Guimaraes P，Figueiredo O，Woodward D. Agglomeration and the Location of Foreign Direct Investment in Portugal［J］. Journal of Urban Economics，2000，47（1）：115－135.

［9］王雷. FDI驱动型集群演化机制及其锁定效应［J］. 改革，2008（3）：47－52.

［10］Borensztein E，Gregorio J D，Lee J W. How Does Foreign Direct Investment Affect Economic Growth？

[J]. Journal of International Economics, 1998, 45 (8): 115 – 135.

[11] 福山 F. 信任——社会美德与创造经济繁荣 [M]. 董武译. 海口：海南出版社, 2001.

[12] Nahapiet J, Ghoshal S. Social Capital, Intellectual Capital, and the Organizational Advantage [J]. Academy of Management Review, 1998, 23 (2): 242 – 266.

[13] Kesidou E. Do Local Knowledge Spillovers Matter for Development? An Empirical Study of Uruguay's Software Cluster [J]. World Development, 2008, 36 (10): 2004 – 2028.

[14] Visser E J. A Comparison of Clustered Anddispersed Firms in the Small – scale Clothing Industry of Lima [J]. World Development, 1999, 27 (9): 1553 – 1570.

[15] Nadvi K, Halder G. Local Clusters in Global Value Chains: Exploring Dynamic Linkages between Germany and Pakistan [J]. Entrepreneurship &Regional Development: An International Journal, 2005, 17 (5): 339 – 363.

[16] Caloghirou Y, Kastelli L, Tsakanikas A. International Capabilities and External Knowledge Sources: Complements or Substitutes for Innovative Performance? [J]. Technovation, 2004, 24 (1): 29 – 39.

[17] Sampson R C. R&D Alliances and Firm Performance: The Impact of Technological Diversity and Alliance Organization on Innovation [J]. Academy of Management Journal, 2007, 50 (2): 364 – 386.

[18] Nachum L, Keeble D. MNE Linkages and Localized Clusters: Foreign and Indigenous Firms in the Media Cluster of Central London [J]. Jornal of International Management, 2003, 38 (9): 171 – 192.

[19] Pietrobelli C, Saliola F. Power Relationships along the Value Chain: Multinational Firms, Global Buyers, and Local Suppliers' Performance [J]. Cambridge Journal of Economics Advance Access, 2008, 16 (3): 1 – 16.

[20] 黄延聪. 跨国代工联盟中产品开发知识取得与能力发展 [D]. 台北：台湾大学商学研究所博士学位论文, 2002.

[21] 张其仔. 社会资本论 [M]. 北京：社会科学文献出版社, 1997.

[22] Entry J K. Exit and Knowledge: Evidence from a Cluster in the Info – communications Industry [J]. Research Policy, 2004, 33 (10): 1687 – 1706.

[23] Wathne K, Roos J, Krough G V. Towardsa Theory of Knowledge Transfer in a Cooperative Context: Perspectives on Cooperation and Competition [M]. London: Sage, 1996.

[24] Yang J. Knowledge Intergration and Innovation Secturing New Product Advantage in High Technology Industry [J]. Journal of High Technology Management Research, 2005, 16 (1): 121 – 135.

[25] 吴波, 李生校. 全球价值链嵌入是否阻碍了发展中国家集群企业的功能升级 [J]. 科学学与科学技术管理, 2010 (8): 59 – 63.

[26] Lane P J, Salk J E, Lyles M A. Absorptive Capacity, Learning and Performance in International Joint Vertures [J]. Strategic Management Journal, 2001, 22 (12): 1139 – 1161.

[27] Stafford E R. Using Co – operative Strategies to Make Alliances Work [J]. Long Range Planning, 1994, 27 (3): 64 – 74.

[28] 陶锋, 李诗田. 全球价值链代工过程中的产品开发知识溢出和学习效应——基于东莞电子信息制造业的实证研究 [J]. 管理世界, 2008 (1): 115 – 122.

[29] Baker W E, Sinkula J M. The Synergistic Effect of Market Orientation and Learning Orientation on Organizational Performance [J]. Journal of the Academy of Marketing Science, 1999, 27 (4): 411 – 427.

Relation between External Social Capital and Cluster Enterprise Innovation Performance： The Effect of Knowledge Spillover and Learning Effect

Wang Lei

（Dong Hua University， Shang Hai， China   201620）

Abstract： Based on the mediator of knowledge spillover and learn effect， this article researches the effect of the external social capital to Cluster innovation performance. The empirical study on Shanghai Pudong ICT cluster indicates that external social capital does not straightly affect the Cluster innovation performance； external structure capital indirectly affect cluster innovation performance by knowledge spillover and learning effect； external cognition capital and external relation capital indirectly affect Cluster innovation performance by Knowledge Spillover.

Key Words： Multi – national Corporation； Social Capital； Cluster Enterprise； Innovation Performance

转型经济中企业自主创新能力
演化路径及驱动因素分析
——海尔集团 1984 ~ 2013 年的纵向案例研究*

许庆瑞[1]　吴志岩[1]　陈力田[2]

(1. 浙江大学管理学院，杭州　310058；2. 浙江工商
大学工商管理学院，杭州　310018)

【摘　要】首先，本研究针对现有研究存在企业自主创新概念界定与划分模糊的问题，基于"能力的本质是知识"的基础观点，从核心技术知识所处边界的角度出发，辨析了二次创新能力、集成创新能力和原始创新能力的关系。其次，针对目前学界缺乏严谨的转型经济中企业自主创新能力演进路径的研究，本文通过对海尔集团的纵向案例研究，分析和归纳了转型背景下的企业自主创新能力演化的路径特征。研究表明：海尔集团作为以技术引进为起点的企业，其自主创新能力演化是以二次创新能力为起点，向集成创新能力过渡，最终走向原始创新能力的动态累积过程。最后，本研究弥补了自主创新能力演进的驱动因素研究不足的问题，提出吸收能力的构建是这种演化模式下的内在基础，历史压力和随机事件在这一过程中起着外部推力的作用。本研究打开了企业自主创新能力及其演进过程的黑箱，联结并深化了动态能力观、演化理论和技术追赶理论，并对转型背景下企业创新与发展具有一定的实践启示。

【关键词】自主创新能力；能力演化；驱动因素；案例研究

1　引言

改革开放 30 多年来，中国 GDP 高速发展，年均增长率达 9.9%。在这一过程中，制

＊本文获得"中国企业管理案例与质性研究论坛（2012）"暨"第六届中国人民大学管理论坛"最佳论文。本项研究获得国家自然科学基金面上项目（71172115）、浙商研究专项经费重大招标项目（C65713）、浙商研究专项经费博士生项目（c65726）、教育部博士研究生学术新人奖的资助。

造业贡献巨大（江诗松等，2011）。目前，中国制造占全球制造业市场份额的1/5（Economist，2012），竞争力水平居全球首位（Deloitte Touehe Tohmatsu Limited's & U. S. Couneilon Competitiveness，2012），并且中国已超越日本成为第二大经济体（BBC News，2012）。然而，从我国高技术产业新产品产值占工业总产值的比率来看（如图1所示），我国经济增长方式远非创新驱动，更多的还是依赖于低成本、大市场容量和政府推动（Wu et al.，2009；Kim，1997；Wu et al.，2010）。为了实现转变经济发展方式，亟须企业转型升级、提升创新能力。在改革开放初期，由于技术基础和资金积累的限制，中国企业的技术追赶多依托于技术引进，并在此基础上进行二次创新（吴晓波等，2009）。然而，随着我国企业在全球竞争中的迅速崛起，很多国外技术转让方开始对技术授权采取保守态度，技术引进的"天花板"效应逐步显现，竞争优势难以持续（张米尔和田丹，2008）。因此，从国家综合竞争力、富民强国和国家安全的角度出发，研究转型经济中企业自主创新能力的演化路径及驱动因素具有重大意义（韵江和刘立，2006）。

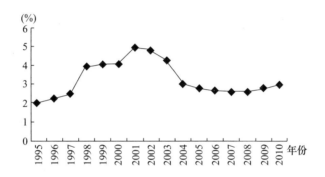

图1　高技术产业新产品产值/工业总产值（1995~2010）

资料来源：《中国统计年鉴》（2000~2011）、《中国高技术产业统计年鉴》（2000~2011）。

　　然而，现有理论在解释自主创新能力演化及其驱动因素上存在以下问题：首先，现有文献存在自主创新概念界定和划分模糊的问题，阻碍了自主创新能力演进路径和驱动因素的研究。从我国科技发展史的角度出发，三种自主创新行为是并存的（杨帆、石金涛，2007），但这三种自主创新行为的界定和划分问题一直没有得以很好的解决（高旭东，2007）。这也使得现有研究大多将自主创新能力作为一个黑箱进行研究。其次，现有文献缺乏严谨的转型经济背景下自主创新能力演进路径的研究。现有研究多关注能力的量变，很少关注能力的质变（Lavie，2006；Kor and Mesk，2013）。Lavie（2006）提出了能力重构的三种方式，但是缺乏从技术创新角度针对能力演进路径的研究，且缺乏对情境性的考虑。最后，现有文献关于推进自主创新能力演进的驱动因素研究不足。基于演化理论提出的"个体随环境适应"的能力演进逻辑，其本质是指能力演进来源于企业的主动选择还是被动适应。这一问题一直是创新管理领域的一个盲点。我国企业是在极其复杂的转型经济中完成技术追赶和自主创新实践的，却鲜有文献探讨转型经济制度特征在企业创新能力发展过程中扮演的角色和影响机理，因而限制了这些文献对转型经济情境的指导作用（江诗松等，2011）。

因此，探究转型经济中我国企业创新能力培育和演化问题，不仅有助于理解转变经济发展方式的微观机制（江诗松等，2011），丰富相关理论，还有助于领先企业经验的复用，为后发企业提供借鉴。

基于上述研究问题，本研究拟采用纵向案例研究方法，选取自主创新实践的标杆企业海尔集团为研究对象，分析和归纳其自主创新能力演化的路径特征及其驱动因素，为我国企业实现转型升级提供一定的借鉴和参考。

本文结构如下：第二部分，对相关理论进行回顾，梳理理论缺口；第三部分，介绍本文的研究设计与方法；第四部分和第五部分，对案例企业的自主创新能力演化路径进行纵向分析和引申讨论；最后，在结论与展望部分提出一个整合的研究框架，阐述本研究的理论贡献与实践启示。

2 文献回顾

2.1 能力与自主创新能力：知识基础观

"自主创新"概念是我国学者陈劲于 1994 年提出的，他认为自主创新是企业在技术引进消化吸收再创新之后的一种特定的技术创新范式（陈劲，1994），即企业依靠自主研发力量完成技术突破，并取得原创性的科技成果。后来，"自主创新"的概念被拓展成为二次创新、集成创新和原始创新三个类别（吴晓波等，2009）。然而，现有文献存在自主创新概念界定和划分模糊的问题（高旭东，2007）。这主要是由于大多数关于自主创新的研究，都是从模式角度出发，而模式具有排他性和互斥性，这不符合自主创新行为可多种并存的客观现象。为此，更好的方法是寻找更具包容性的视角为突破口。这正是能力视角的优势所在。能力的本质是一种高级知识，嵌入在行为过程中，表现为行为惯例，可用行为的效率进行测度（Dutta et al.，2005；Nelson and Winter，1982）。因此，可以从知识本质的角度去探索和辨析自主创新能力的概念和分类。但现有研究很少触及这个层面进行分析和讨论。

2.2 自主创新能力演进路径：动态能力观和能力重构过程

演化经济学和能力理论提出了路径依赖和能力刚性的观点，它们都强调能力具有一定的稳定性和惰性，并倾向于随着时间的推移"传输"其特性（Nelson and Winter，1982；Leonard – Barton and Leonard，1998）。

为了动态适应环境，需要动态能力的观点来克服能力刚性（Teece et al.，1997）。能力演化是从量变到质变的演进过程，本质上是能力的复制和重构过程。但现有研究多关注能力的量变，很少关注能力的质变（Lavie，2006；Kor and Mesko，2013）。动态能力观虽提供了能力发展的逻辑，但在概念基础和经验研究上都受到质疑（Barreto，2010）。更重要的是：动态能力观解释的是企业是否适应变化的环境，但其仍不能反映出能力的动态演化过程，对于能力如何形成和发展理解甚少（Barreto，2010；Helfat and peleraf，2003；Wang and Ahmed，2007）。

相比而言，能力重构领域的研究更进一步，其强调企业如何适应变化的环境，这弥补了现有动态能力研究的缺憾按照演化理论的观点，企业能力重构是"变异→选择→保留与传衍"的过程。Lavie（2006）提出了三种能力重构方式：能力替代、能力转换和能力进化。在转型经济情境下，这三种方式分别对应于中国学界强调的"二次创新"、"集成创新"和"原始创新"。二次创新过程本质上是能力替代过程。这一观点在能力提高、能力破坏理论框架中已被提到，延续了熊彼特的"技术发展可为不连续变化过程"的思路。在快速变化的环境下，贬值的能力会造成核心刚性，阻碍企业适应新的竞争形势。从企业外部引进、获取特定的知识和能力，并替换已有能力是一种能力更新以适应环境的重要选择。集成创新过程本质上是能力转变过程。这一过程涉及目标驱动的惯例集成和修改。这涉及企业的内部知识和外部知识之间的整合。能力变化后的结构是导向性的，而不是反复试错得来的。原始创新过程本质上是能力进化过程。在此过程中，企业修改已有能力的惯例。这一过程是反复试错的过程，因此成本和不确定性也最高。

然而，国外文献只从相对静态的视角切入，识别了三种能力重构方式，但缺乏从创新角度切入、针对能力重构方式之间演化关系的研究。中国学界同样缺乏严谨的适应转型经济情境的自主创新能力演进路径研究。创新绩效是衡量自主创新能力和环境对齐与否的重要指标。因此，通过比较三种自主创新能力（二次创新能力、集成创新能力、原始创新能力）对创新绩效的影响，可以揭示出自主创新能力随环境变化演进的路径。但现有研究虽然识别了三种能力的提升对于创新绩效的重要作用，但缺乏三者效用的对比（杨燕、高山行，2011），且缺乏对情境性的考虑。

2.3 转型经济与自主创新能力演进的驱动因素：制度观和演化理论

动态能力观和能力重构领域的研究虽然为企业自主创新能力演化路径提供了基础，但路径的驱动机理尚不清晰。明晰驱动因素是明确驱动机理的前提。

以外部权变视角来研究企业自主创新能力演化过程中外部推动因素的代表理论为早期制度理论和定位观。转型经济的一大特征就是快速变化的环境、随机事件和制度压力。沿袭早期制度理论，制度变革具有外生性，且对组织行为具有决定性。该理论认为，制度对组织的效应是自上而下和决定性的。组织若希望生存，就必须遵循制度环境的规定并获得合法性（Castel and Friedberg，2010），这和Porter（1996）的定位观逻辑一致。管理认知（Dijksterhuis et al.，1999）和知识基础观（Van den Bosch et al.，1999）都认为知识环境的特性会影响到吸收能力的性质。当知识环境动荡时，企业会倾向培育探索性的能力，更少地聚焦效率，更具有柔性；当知识环境稳定时，企业更加注重效率和改进能力，比较不重视柔性和知识创造能力（Vanden Boseh et al.，1999；Zahra and Ceorge，2002）。这些观点虽然有趣，但都是案例研究或理论述评，还没有实证大样本来验证。

然而，以上这些理论视角过于重视外部环境因素，忽视了技术创新能力的内在路径依赖性及阶段性差异，从而不能解释同一情境下企业能力的异质性（Zahra and George，2002；Crossan and Apaydin，2009）。内外权变视角的整合有助于更加全面和深入地理解企业创新能力演化路径实现的机理。转型经济情境的一大特征是广泛的跨层联系，外部环境的随机性、偶然性，以及企业自身的资源和能力基础可能会同时对知识积累的方向产生质的影响（Castel and Friedberg，2010；Lu et al.，2008）。然而，阻碍内、外权变视角整合的关键是两种理论基础假设的矛盾，即战略管理领域的"选择—适应"基础争论（Hannan and Freman，1984）：演化理论提出的"个体随环境适应"的能力演进逻辑，其本质是指能力演进来源于企业的主动选择还是被动适应。这一问题一直是创新管理领域的一个盲点。对于样本企业的客观观察，有助于填补这一缺口。

2.4 研究述评与缺口

尽管自主创新方面的研究有助于理解创新能力提升的路径和机理，但仍存在一些研究缺口。首先，自主创新概念界定与分类模糊（高旭东，2007），因此，大多数研究将自主创新（能力）作为黑箱处理，回避二次创新能力、集成创新能力、原始创新能力之间的辨析问题。其次，中国企业面临的制度和学习环境具有特殊性，使得创新能力演化路径与其他国家后发企业的技术追赶路径不完全相同，从而限制了这些理论在中国情境的普适性和指导意义（江诗松等，2011）。最后，"选择—适应"核心争论阻碍了转型经济中企业自主创新能力演化驱动要素领域内不同视角的整合。在有限的基于转型经济中企业自主创新能力驱动因素的研究中，韵江和刘立（2006）的研究是探索性的，有待于基于不同的企业样本做理论对话。综上，我们希望回答如下问题：①自主创新能力究竟该如何清晰地界定和划分？②转型经济中，我国企业自主创新能力的演进路径是什么？③驱动能力演进的因素又是什么？

3 研究设计与方法

针对现有理论缺口，本文旨在研究企业自主创新能力动态演化过程的路径和驱动因素。选择合适的研究方法是本文首先要考虑的问题。案例研究是基于丰富的定性数据，对某一特定现象问题进行深入描述和剖析的方法（Yin，1994），并且，这种方法有助于理解某一特定现象背后的动态复杂机制（Eisenhardt，1989），尤其适合用于观察和总结企业内部的纵向演变机制（Pettigrew，1990），所以本研究采用案例研究的方式探讨我国典型企业的自主创新能力演化路径。此外，和多案例研究相比，单案例研究更适合提炼出解释复杂现象的理论或规律（Eisenhardt and Graebner，2007），且单案例研究更适合纵向过程的研究与分析（Eisenhardt，1989），有利于捕捉管理实践中涌现出来的新现象（Petigrew，1990）。因此，本研究采用单案例研究方法来展开。

3.1　案例企业选择

通过研究小组的讨论，本研究最终选择白色家电制造业作为我们的研究母本。改革开放初期，和发达国家相比，我国白色家电产业仍属于技术追赶型产业；改革开放至今，我国白色家电产业科技创新投入不断增加、产业升级步伐全面提速，目前已经拥有一批具有自主知识产权的核心技术，且跃升为全球白色家电生产第一大国。换言之，白色家电产业是从技术追赶到技术领先的典范行业，为本研究提供了一个很好的研究背景。

在白色家电制造业中，我国的领先企业也有很多，如海尔、海信、格力、美的等。但是，案例企业的选择必须满足案例研究的典型性和代表性（Eisenhardt，1989），并且，要根据其是否非常适合发现和扩展构念之间的关系和逻辑来决定的（毛基业和李晓燕，2010）。为此，本研究确定了如下案例企业选择的标准：第一，企业专注于自主创新实践已有较长时间，有较为丰富的经验积累，这有利于本研究发现和挖掘不同层次的自主创新能力间的关系；第二，企业在同行业中处于领先地位，并且是从后发企业逐渐成长起来的，这样的企业在转型经济中才具有代表性和典型性，其成长历程也对其他企业具有参考和借鉴性；第三，考虑到本研究拟采用长期的纵向案例研究方法，前期的相关研究越丰富、资料掌握越翔实，越有利于本研究的顺利展开。基于上述标准，本研究确定以海尔集团为本案例研究的样本企业。首先，就企业本身而言，海尔集团从最初引进德国设备和技术的小厂，发展成为全球十大创新企业之一，并连续 4 年蝉联全球白色家电第一品牌。在自主创新探索的实践过程中，海尔集团成功开发了中国第一颗自主产权的数字电视解码芯片，连续 10 年获得国家级技术中心评价第 1 名（2001～2010 年），累计获得国家科技进步奖 1 项，是目前唯一进入 IEC—PACT 国际标准组织未来高技术委员会的发展中国家企业。可以说，海尔集团为我们提供了一个极佳的研究样本。其次，自 20 世纪 90 年代以来，浙江大学创新管理研究团队始终坚持跟踪和总结海尔集团的自主创新实践，积累了大量的研究素材和纵向数据。2006 年，双方联合成立了"浙江大学—海尔集团创新管理与持续竞争力联合研究中心"，实现了研究资源共享。本文第二作者也到海尔集团进行长期蹲点调研，积累了大量的一手资料和数据，保证了本研究纵向数据的可获得性。

3.2　构念测度

案例分析首先要对构念进行清晰的界定和测度，否则，将会导致对组织现象不正确的认识（毛基业和李晓燕，2010）。为此，本节将对本研究中使用到的构念的定义和测量方法予以详细介绍。

3.2.1 自主创新能力的测度

本研究考察的重点是企业发展不同阶段选择的自主创新能力。基于能力的本质，自主创新能力的内涵可表达为"嵌入在自主创新行为过程中的高级知识"。自主创新能力依赖于嵌入在自主创新过程中的核心技术知识，是企业研发（独立研发或合作研发）或/和使用核心技术的能力。根据行为的不同，自主创新能力又可分为二次创新能力、集成创新能力和原始创新能力（吴晓波等，2009）。

目前，关于原始创新能力、集成创新能力和二次创新能力之间的关系仍存在很大争论，对三者之间关系的界定很难达成共识（高旭东，2007）。比较得到共识的定义是，原始创新能力是指企业实现突破性的技术发明或颠覆性的科学发现的能力；集成创新能力是指企业整合各创新元素、利用创新要素间的协同作用加速创新效率的能力（Tidd et al.，2005）；二次创新能力是指"在技术引进的基础上进行的，囿于已有技术范式，并沿既定技术轨迹而发展的技术创新（能力）"（吴晓波，1995）。但本研究从"能力的本质是知识"的角度出发，认为二次创新能力、集成创新能力、原始创新能力的本质差异在于核心技术知识的来源，如图2所示。首先，原始创新能力的核心技术知识是被企业所完全掌握的，企业凭借这种技术优势开发新产品完成原始创新过程，表现为突破性的技术发明、颠覆性的技术创新、技术标准制定、自主产权开发、自主设计、自主品牌构建、自主研发等。其次，集成创新能力的核心技术知识不完全分布在组织边界之外，是企业整合内外核心技术知识完成自主创新的过程，所依赖的能力就是集成创新能力，表现为联合研发、联合制造、共建专利池、合作申报标准、合资设厂等。而二次创新能力的核心技术知识来源于组织边界之外，是企业借助外力实现创新的过程，表现为设备引进、技术引进、消化吸收、技术改造、模仿创新等。

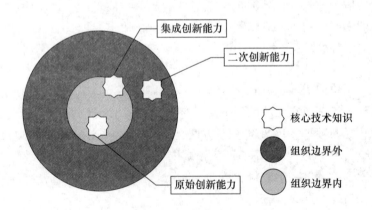

图2 自主创新能力的辨识示意图

3.2.2 驱动因素的测度

对于企业自主创新能力演化的动态过程，本研究从内外权变观的角度来度量企业自主创新能力演化过程中的驱动因素类型。内外权变观是从空间维、行为维对影响企业动态演进的驱动因素进行测度的。如果企业的动态演化来源于企业内部的主动选择，则为内部驱动因素的作用结果；如果企业的动态演化来源于企业对外部环境的被动适应，则为外部驱动因素的作用结果。

关于企业的内部驱动因素，吸收能力是重要的变量（韵江和刘立，2006）。吸收能力是指企业识别、消化以及利用外部知识，并使之商业化的能力（Cohen and Levinthal，1990）。本文遵照上述定义，认为企业识别、消化并利用外部知识的过程是企业吸收能力的行为表征，如参观学习、实验室建设、技术咨询、合作生产、合资设厂、海外设厂等。

企业的外部驱动因素有很多，如环境的复杂性和动荡性所带来的机会和威胁（Teece et al.，1997；Eisenhardt，1989；Castel and Friedberg，2010；Zahra and George，2002）。其中，历史压力和随机事件是最活跃的外部影响因子（韵江、刘立，2006）。历史压力是一个情境化的概念，主要有两类：一是环境对企业发展的约束，如政治体制和经济制度；二是企业内部可感知的发展"瓶颈"，如文化差异、观念束缚（韵江和刘立，2006）。随机事件主要是指在企业发展过程中，在偶然意义上，对企业发展方向产生扰动作用的重要事件等影响因子。因此，本文从偶发性的视角，分别从历史压力和随机事件对企业的外部驱动因素进行度量。所谓偶发性，是指环境中对企业行为有影响的、不可预见的扰动性。如果企业所面临的是非偶发的环境因素，则为历史压力，如后发劣势、政府政策支持、经济体制束缚、文化差异、观念束缚等；如果企业所面临的是偶发性的环境因素，则为随机事件，如经济泡沫、"零"的突破、市场拐点等。

3.2.3 创新绩效的测度

创新绩效是企业创新目标的达成情况（Eoomb and Bierly，2006）。创新绩效的测度指标分为两类：主观指标（相比于竞争对手的产品创新绩效）和客观指标（财务绩效的相关指标）。由于主观指标更有利于反映出企业相对于竞争对手的竞争优势，本文采用主观指标对创新绩效进行测度，并遵照 Zhang 和 Li（2010）的建议，从产品创新（相对于竞争对手的产品竞争力）的角度对企业的创新绩效进行测度，并将产品竞争力的层次划分为企业首次、国内最早、国内最好、国内最大、国内领先、亚洲最大、国际领先等。

3.3 数据收集

案例研究的数据应当有不同的来源，以保证研究的信度和效度（Yin，1994）。本研究采用半结构化访谈、非正式访谈、现场观察和二手资料收集等多种不同的数据收集方法，通过多样化的信息和资料收集渠道，形成对研究数据的三角测量（毛基业、张霞，2008），交叉验证研究数据和信息，尽可能获得翔实的信息（Eisenhardt，1989），避免了共同方法偏差（彭新敏等，2011），提高了研究的信度和效度。

3.3.1 半结构化访谈

半结构化访谈是一种有效收集数据和信息的方式，尤其是被研究对象具有明显的、随时间演变的特征（Eisenhardt and Graebner，2007）。本研究小组采访了 6 位来自不同职能部门的中高层管理者，并采用半结构化访谈的方式开展深入访谈。参与半结构化访谈的中高层管理者包括集团总裁、副总裁，中央研究院技术研发中心主任，中央研究院全球研发资源整合部总经理，中央研究院科技政策部部长以及美国运营中心用户需求经理等。6 名访谈对象的确定是从提高研究信度和效度的角度考虑进行选择的。他们都具有以下特点：①在海尔工作相当长的时间，信息全面准确；②工作职能与研究内容契合度高；③在各部门的行政管理职务高，或者是在相关部门的工作资历较深。这些特征使得他们提供的信息能够紧密围绕访谈目的，且充实准确。因此，在经费、时间等条件限制下，本研究精选了这 6 位访谈对象，从而尽可能地深入交流，提高了研究的信度和效度。具体的访谈焦点和访谈对象信息如表 1 所示。在访谈过程中，研究小组主要是对已收集到的材料进行确认，并询问在公开材料中难以确认的问题和研究小组比较关心的问题。每次访谈的平均时间为 1~2 小时。

表 1   半结构化访谈的焦点与被访谈者信息

访谈对象		访谈焦点	自主创新能力演化	自主创新能力演化的驱动因素	
职务	职能	工作年限		内部	外部
总裁	内外部环境监测和战略制定	***	√	√	√
副总裁	黑色家电的战略制定与执行	***	√	√	√
技术研发中心主任	技术研发与管理	***	√	√	
全球研发资源整合部总经理	创新源的选择和推介	***	√		
科技政策部部长	科技政策的搜寻与推介	***			√
美国运营中心公用户需求经理	美国市场需求的搜寻与推介	*	√		

注：*代表 0~5 年；**代表 6~10 年；***代表 10 年及以上；√表示不同被访谈者半结构化访谈的焦点。

本研究小组对半结构化访谈的过程进行了录音，并尽量详细地记录访谈笔记，对没有记录完全的访谈内容，在访谈结束后通过访谈录音进行补充和整理，并梳理访谈中提到的信息和数据。其中，整理访谈笔记遵循两个原则（Eisenhardt，1989）：第一，研究小组在访谈结束 24 小时内对访谈笔记进行整理；第二，最终的访谈笔记应当包含访谈中涉及的全部资料、信息和数据，无论这些材料对研究问题是否有直接价值和意义。

3.3.2   非正式访谈

根据 Hargadon 和 Sutton（1997）的方法，本文第二作者在海尔的长期蹲点调研中，也通过非正式访谈了解到了很多海尔内部广为流传的历史和故事，为本研究提供了很多素材，并对中高层管理者的半结构化访谈的相关内容进行了交叉验证。笔者与中央研究院全球研发资源整合部的每一位员工，以及海尔美国运营中心的部分员工都进行过非正式的交流，包括简短的办公交流和长时间的午餐交流。另外，笔者还参加了海尔及其技术合作方合办的技术研讨会，笔者与来访交流的外部技术专家也进行过简短交流，从他们的角度了解海尔创新的情况。

3.3.3 现场观察

本文第二作者还实地参观了海尔创新生活馆以了解海尔创新的发展史。海尔创新生活馆主要展示了海尔历年来的创新产品，并通过产品的展览，向参观者传达了海尔创新理念的变革。海尔创新生活馆中既有海尔生产的第一台冰箱，又有最新的、通过破坏式创新研发取得的无尾系列产品。这为本研究小组了解和梳理海尔自主创新实践提供了翔实的文字和图片资料。另外，笔者还参观了海尔技术研发中心、开放式创新中心、创牌中心等部门，在参观中与技术人员和管理人员进行交流，了解在海尔创新生活馆中看到的产品背后的故事，为本研究积累了大量的原始素材。

3.3.4 二手资料

本研究二手资料主要包括文献资料和档案记录。

首先，文献资料的收集主要包括4个环节。第一，通过海尔集团的官方网站了解海尔集团的发展历程和基本情况；第二，在中国知网学术文献总库检索与海尔集团相关的学术文献，包括一篇博士论文、37篇硕士论文、108篇期刊论文；第三，在中外专利数据库服务平台检索海尔集团的专利申请情况；第四，通过Gogle等搜索引擎检索海尔集团的相关信息。

其次，档案记录的收集主要包括三个环节。第一，查阅海尔集团的产品开发情况介绍和企业内部的高层讲话资料；第二，查阅有关海尔集团自主创新方面的新闻报道，包括《人民日报》、《经济日报》、《中国企业报》、《华尔街日报》等；第三，查阅浙江大学创新管理研究团队连续20余年的调查、访谈和记录而整理下来的海尔自主创新实践的内部资料。

3.4 阶段划分

纵向案例研究中，阶段划分是要优先进行的（彭新敏等，2011）。本研究小组根据海尔集团成长过程中的重要事件，将其发展阶段划分为三个时期，总结见表2。

表2 海尔自主创新发展过程的阶段划分

阶段	第一阶段	第二阶段	第三阶段
时间范围	1984~1991年	1992~1997年	1998年至今
阶段特征	技术引进	联合研发/制造	自主研发
重要事件	引进当时亚洲第一条四星级电冰箱生产线	合资设厂	成立中央研究院
产品竞争力	同期国内领先	同期国际先进	同期国际领先

3.5 数据编码与信度检验

3.5.1 编码原则

本研究采用内容分析法。首先，一名研究小组成员将完整的一手调研札记、访谈记录和二手资料进行汇总。其次，本文的两位作者在通读汇总的案例材料后，参照了彭新敏等（2011）的数据编码方法，采用双盲方式，对收集到的素材进行多级编码。在编码过程中，以主要构念及其测度方式为依据，以表格形式进行总结，进而完成整个编码过程。在编码完成后，两位编码者分别记录自己的编码情况，并采用评分者间信度（Inter – rate Reliability）检验，以保证编码结果的客观性与准确性。换言之，两位编码者在背对背编码（双盲方式的编码）后，比较彼此的编码结果，如果二者的编码结果一致性高，则本研究的评分者间信度较高（Tashakkori and Teddlie, 1998）。

3.5.2 多级编码与信度检验

首先，按照资料来源对案例汇总资料进行一级编码，编码原则如表3所示。其中，对同一来源中同意思和相似意思的表述只记录为一条条目。通过对汇总材料的一级编码，共得到含19条一级条目的一级条目库。

表3 一级编码原则

数据来源	数据分类	编码
访谈素材	通过半结构化访谈获得的资料	11
	通过非正式访谈获得的资料	12
	通过现场观察获得的资料	13
二手资料	通过企业网站获得的资料	S1
	通过学术文献获得的资料	S2
	通过搜索引擎获得的资料	S3
	通过专利数据库获得的资料	S4
	通过内部材料获得的资料	S5
	通过新闻报道获得的资料	S6
	通过浙江大学创新管理团队内部文件获得的资料	S7

其次，对已经得到的一级条目按前文所述的三个时期进行二级编码，得到各个时期的二级条目库。其中，第一时期有59条二级条目，第二时期有63条二级条目，第三时期有7条二级条目。

再次，对二级条目库中的二级条目按照自主创新能力、内部驱动因素、外部驱动因素、创新绩效进行三级编码，并将三级编码后的条目分配到4个构念条目库（三级条目库）中。其中，整个三级编码过程为两位编码者的背对背编码，旨在通过双盲方式，保证编码结果的信度（Marques and MeCall, 2005）。本研究采用了 Marques 和 MeCall（2005）建议的混淆矩阵（Confusion Matrix）以完成评分者间信度检验，如表4所示。其中，i 表示行，j 表示列，X_{ij} 则表示编码者 A 对某一条目编码为第 j 列所代表的变量，而编码者 B 对同一条目的编码结果为第 i 列所代表的变量的条目数。例如，表4 中的 X_{21} = 5，表示编码者 A 将 5 个条目编码为"自主创新能力"变量，而编码者 B 将同样的 5 个条目编入到"内部驱动因素"变量下，显然，二者编码结果不一致。换言之，只有当 i = j

时，混淆矩阵对角线上的数量为两位编码者背对背编码结果一致的数量。三级编码的有效条目数为 $59 + 26 + 44 + 23 = 162$。本次编码的评分者间信度为 $162 \div 199 \times 100\% = 81.4\%$。

表4 三级编码结果的混淆矩阵

		编码者A的编码结果				编码者B的编码结果总和
		自主创新能力	内部驱动因素	外部驱动因素	创新绩效	
编码者B的编码结果	自主创新能力	59	3	3	5	70
	内部驱动因素	5	26	1	3	35
	外部驱动因素	1	2	44	4	51
	创新绩效	7	5	8	23	43
编码者A的编码结果总和		72	36	56	35	199

最后，在各个构念条目库中，对其条目，按照测度变量完成四级编码。为了保证后续编码的准确性，本文在编码库中删除了两位编码者不一致的编码条目，即在162条有效的三级条目中进行四级编码。其中，自主创新能力条目库中的条目根据核心技术知识源的位置进行编码，内部驱动因素条目库中的条目根据吸收能力的定义（Cohen and Levinthal，1990；Zahra and George，2002）进行编码，外部驱动因素条目库中的条目根据驱动因素的偶发性进行编码，创新绩效条目库中的条目根据产品竞争力进行编码。四级编码前，两位编码者先将测度变量转化为若干关键词。之后，采用背对背编码，两位编码者分别按照自己的理解，将关键词与各构念条目库中的条目进行比较归类，对语义相同或相似的，编码为其关键词隶属的测度变量下，并记录编码结果。四级编码结果，继续采用 Marques 和 MeCall（2005）建议的混淆矩阵以完成评分者间信度检验，如表5所示。四级编码结果共得到 $14 + 15 + 26 + 19 + 16 + 20 + 14 = 134$ 条有效条目，评分者间信度为 $134 \div 162 = 82.7\%$。同样，在后续案例讨论前，本研究删除了不一致的四级编码结果。本文的后续分析均是基于134条有效的四级编码条目。

表5 四级编码结果的混淆矩阵

		编码者A的编码结果							编码者B的编码结果总和
		二次创新能力	集成创新能力	原始创新能力	吸收能力	历史压力	随机事件	产品竞争力	
编码者B的编码结果	二次创新能力	14	2	0	4	0	0	0	20
	集成创新能力	0	15	3	1	0	0	1	20
	原始创新能力	0	2	26	1	0	0	1	30
	吸收能力	2	1	0	19	0	0	1	23
	历史压力	0	0	0	0	16	0	1	17
	随机事件	0	0	0	2	3	20	1	26
	产品竞争力	1	0	1	0	0	0	24	26
编码者A的编码结果总和		17	20	30	27	19	21	28	162

另外，表6列举了上述编码过程中涉及的构念、测度变量、关键词及其最终的有效编码数量。

表6　相关构念、测度变量和关键词的编码条目统计

构念	测量变量	关键词	时期一	时期二	时期三	小计
自主创新能力	二次创新能力	设备引进、技术引进、消化吸收、技术改造、模仿创新等	14	0	0	14
	集成创新能力	联合研发、联合制造、共建专利池、合作申报标准、资源整合等	0	12	3	15
	原始创新能力	突破性的技术发明、颠覆性的技术创新、技术标准制定、自主产权开发、自主设计、自主品牌构建、自主研发等	0	1	25	26
内部驱动因素	吸收能力	参观学习、实验室建设、技术咨询、合作生产、海外设厂等	6	7	6	19
外部驱动因素	历史压力	后发劣势、政府政策支持、经济体制束缚、文化差异、观念束缚、竞争格局等	2	5	9	16
	随机事件	经济泡沫、"零"的突破、市场拐点等	4	7	9	20
创新绩效	产品竞争力	企业首次、国内最早、国内最好、国内最大、国内领先、亚洲最大、国际领先等	7	5	12	24

4　案例分析

4.1　为我所用的二次创新阶段（1984～1991年）

改革开放以来，很多家电企业开始引进国外先进的技术或设备，海尔也不例外。1984年，海尔集团的前身青岛电冰箱总厂和德国利勃海尔公司签约引进当时亚洲第一条四星级电冰箱生产线。当时很多家电企业止步于技术或设备引进，陷入了"引进—落后—再引进—再落后"的怪圈（彭新敏等，2011）。然而，海尔集团意识到了上述问题的严重性，于是用了6年时间，通过委派技术人员学习、在实践中摸索等方式，消化并吸收了2000余项国外先进的冰箱生产的技术知识。另外，当时的冰箱质量普遍存在质量隐患，张瑞敏以著名的"砸冰箱"事件为原点，带领青岛电冰箱总厂（海尔集团前身）改进技术管理体系、严抓产品质量。也正源于此，1991年，在全国首次驰名商标评比中，海尔品牌被

评为"全国十大驰名商标"。

海尔人自己总结了这一时期的成功经验，即在引进技术和设备的基础上，通过消化吸收，再植入海尔的创新基因，以差异化的产品质量立足于市场，成为国内家电领域的领先者。因此，从总体上来看，这一时期，海尔主导的自主创新能力主要表现为二次创新能力，具体的典型引用语举例及其编码结果如表7所示。

表7　海尔自主创新第一时期典型引用语举例及其编码结果

构念	测度变量	典型引用语举例	来源	关键词	编码结果
自主创新能力	二次创新能力	青岛电冰箱总厂和德国利勃海尔公司签约引进当时亚洲第一条四星级电冰箱生产线	S1	设备引进	二次创新能力
		我们向德国引进了成套的（技术）标准，转化为我们自己的（技术）标准，这对提升我们的能力起到很重要的作用	S7	技术改造	
内部驱动因素	吸引能力	海尔通过委派技术人员赴德国利勃海尔公司接受培训、学习模仿四星级电冰箱的产品开发	S7	参观学习	吸引能力
外部驱动因素	历史压力	1984年，青岛电冰箱总厂（海尔集团前身）亏空147万元，也没有先进的生产线，面临倒闭的风险	11	先天劣势	历史压力
	随机事件	进入1987年，当时海尔在世界卫生组织招标中一举中标，这也是我们后来的实施国际化战略的萌芽	11	"零"的突破	随机事件
创新绩效	产品竞争力	1988年，海尔冰箱在全国冰箱评比中，以最高分获得中国电冰箱史上的第一枚金牌	S1	国内第一	国内领先

4.2　以我为主的集成创新阶段（1992~1997年）

1991年12月20日，在兼并了青岛冰箱总厂和青岛空调器总厂之后，海尔集团成立。随着企业规模扩大，一些"大企业病"也逐渐出现在海尔集团的运营中。在解决这些"大企业病"的摸索过程中，海尔人提出了"斜坡球体定律"，也被称为"海尔发展定律"。为了解决"斜坡下滑"的问题，海尔创造性地提出了"旧清法"（Overall Every Control and Clear，OEC），即每人每天对每件事进行全方位的控制和清理，目的是旧事日毕，日清日高"，这一方法很好地提升了海尔的运营效率。除此之外，海尔集团还在技术创新方面大胆尝试，认为"用户的难题就是我们的开发课题"，又一次创造性地提出了技术创新课题市场化的研发指导方针，并通过合作设厂、技术合作等方式完善其研发体系。如1992年与1994年，海尔集团分别与三菱重工、意大利梅格尼建立了合资工厂，在合作中学习对方的技术和管理理念，进而提升其自身技术能力。此外，海尔为开发高清液晶无绳电视机，与多家相关领域技术领先企业开展合作。如与日本NEC合作开发视频编码和解码技术，与美国飞思卡尔合作开发无线传输技术，与美国环球科技公司合作开发软件控制系统。1998年，美国《家电》周刊高度评价了海尔在世界家电业中的崛起与壮大。

从这段时期整体上看，海尔集团不仅完成了"做大"，同时也实现了"做强"。这一成功归功于它在此时期内主导的自主创新能力，即通过联合研发、联合制造等方式，不断提升其集成创新能力。这一时期的具体的典型引用语举例及其编码结果如表 8 所示。

表 8　海尔自主创新第二时期典型引用语举例及其编码结果

构念	测度变量	典型引用语举例	来源	关键词	编码结果
自主创新能力	集成创新能力	海尔为开发高清液晶无绳电视机，与多家相关领域技术领先企业开展合作：与日本 NEC 合作开发视频编码研发创新能力能力和解码技术；与美国飞思卡尔合作开发无线传输术；与美国环球科技公司合作开发软件控制系统	S3	联合研发	集成创新能力
		1992 年，海尔集团分别与三菱重工联合设厂，以生产商用空调	S7	联合制造	
内部驱动因素	吸收能力	我们与三菱重工合资设厂的目的之一就是学习他们生产管理的方式和方法	11	合作生产	吸收能力
外部驱动因素	历史压力	1992 年，海尔兼并山东省 13 家亏损企业，成立了海尔集团，通过兼并，海尔成长很快，但是并购带来的管理压力也越来越大	11	文化差异	历史压力
	随机事件	当时，一些标杆企业在产品研发上不仅是满足消费者现实需求，而且更注重研究未来 3 年，甚至 10 年的市场需求，这一理念，是我们后来成立超前部门（从事破坏性创新研发）的出发点之一	11	市场拐点	随机事件
创新绩效	产品竞争力	1994 年，海尔超级无氟电冰箱参加世界地球日的展览，成为唯一来自发展中国家的环保产品	S1	国际最好	国内先进

4.3　舍我其谁的原始创新阶段（1998 年至今）

1995 年 12 月 26 日，海尔中央研究院正式成立，并致力于自主研发。自成立至今，海尔中央研究院累计获得国家科技进步奖 11 项，连续 10 年蝉联国家认定企业技术中心评价排行榜榜首，累计主持和参与国家标准 152 项、国际标准 9 项。2003 年，海尔中央研究院自主研制出中国第一颗自主产权的数字电视解码芯片，并大规模投入生产。2010 年，海尔集团发布送风模块的标准化接口，这是全球白色家电领域内第一个模块标准化接口，海尔也成为全球白色家电领域第一家做模块化的企业。

总体来说，这一时期，海尔集团在自主研发方面创造了一个又一个"第一"，由此可见，海尔集团在这一时期主导的自主创新能力为原始创新能力。这一时期具体的典型引用语举例及其编码结果如表 9 所示。

表9　海尔自主创新第三时期典型引用语举例及其编码结果

构念	测度变量	典型引用语举例	来源	关键词	编码结果
自主创新能力	原始创新能力	2003年，海尔中央研究院自主研制出中国第一颗自主产权的数字电视解码芯片，并大规模投入生产	S5	自主产权开发	原始创新能力
		2006年，由海尔自主研发的"防电墙"技术成为我国第一个由国内企业参与制定的家电国家强制性标准。它也是我国家电领域第一个自主创新、拥有自主知识产权的国际标准提案	S5	自主研发	
内部驱动因素	吸收能力	海尔每天都会有像苹果、阿里巴巴、凯捷咨询这类的公司来海尔大学开展讲座，海尔的员工可以通过这样的讲座，结合自己的产品线来学习以及与外界互动	13	技术咨询	吸收能力
外部驱动因素	历史压力	2009年，全球研发网络竞争的趋势加剧，谁能最快、最廉价地利用到最合适的资源，谁就是赢家，这也是我们为什么成立开放式创新中心的原因之一	11	竞争格局	历史压力
	随机事件	2005年，海尔成为北京奥运会白电赞助商，这是我们国际化战略的重要机遇之一	11	"零"的突破	随机事件
创新绩效	产品竞争力	2010年，海尔集团发布送风模块的标准化接口，这是全球白色家电领域内第一个模块的标准化接口，海尔也成为全球白色家电领域第一家做模块化的企业	S1	全球第一	国际领先

5　案例讨论

5.1　三种自主创新能力的关系及其演化路径

从表面上看，二次创新能力和原始创新能力中均或多或少地涉及技术集成的创新活动，但实际上，正如前文所述，能力的本质是一种高级知识（王翔，2006），为了更深入地理解和辨析二次创新能力、集成创新能力与原始创新能力之间的关系，需要从知识本质的角度出发。

由图2可知，二次创新能力所需的核心技术知识处于组织边界之外，企业要想完成二次创新过程，需要将必需的核心技术知识引入到企业内部来，但这种引进是机械的（无大规模改造核心知识的能力），并通过辅助知识（如市场知识）来对核心知识进行渐进式的包装和改进，以实现满足市场需求的二次创新过程。因此，二次创新能力在企业中一般表现为技术引进与设备改造，没有核心技术合作研发的环节。与二次创新能力不同，集成创新能力则表现为拥有部分核心技术知识，但不足以完成基于核心技术的创新过程，需要与外部组织进行技术合作。这种核心技术知识和外部知识源的整合是有机的，甚至产生协同价值，最终帮助企业完成更高级的创新过程。具备原始创新能力的企业拥有原始创新过程所需的全部核心技术知识。这类企业完成原始创新过程，如果需要与外部企业进行合作，更多的是作为节约研发效率、降低研发成本的一种策略。

由此可见，二次创新能力和原始创新能力是相互独立和对立的两种创新能力。而集成创新能力则处于一种临界状态：相比于二次创新能力，集成创新能力拥有部分核心技术知识，因此更高级；相比于原始创新能力，集成创新能力缺少对大部分核心技术知识的掌握，因此更低级。换句话说，集成创新能力是一种从低阶能力走向高阶能力的过渡状态。三种自主创新能力的关系如表10所示。

表10　三种自主创新能力的关系

能力划分	自主创新能力		
	二次创新能力	集成创新能力	原始创新能力
核心技术知识位置	组织边界外	组织边界内、外	组织边界内
核心技术知识掌握程度	·外来引进，机械式掌握 ·无大规模改造能力，只能渐进式地改进与包装	·部分掌握，需要与外部组织进行互动合作 ·协同作业、互利共赢	·全部掌握
能力层次	低阶	过渡	高阶

综上所述，本研究认为自主创新能力有两个层次，即低阶的二次创新能力和高阶的原始创新能力，而集成创新能力是从低阶走向高阶的过渡能力。

5.2　内部驱动因素：吸收能力

吸收能力可以帮助企业进行知识创造和配置，进而建立其他方面的创新能力，如市场能力、制造能力等（Zahra and George，2002）。换句话说，吸收能力是企业进行创新活动的基础能力（韵江和刘立，2006）。企业吸收能力的构建主要靠对组织学习的长期投资和关注（韵江和刘立，2006）。从知识源的角度分析，组织学习的方式主要包括"干中学"、"用中学"、"互动中学"（Jensen et al.，2007）和"研发中学"、"在前沿科技中学"（韵江和刘立，2006）。此外，吸收能力具有累积性的特征（Cohen and Levinthal，1990），即吸收能力的类型和强弱决定了其对创新活动的推动作用。

在家电行业，产品质量和性能是影响一个家电企业地位的关键因素。海尔集团在研发过程中，积极寻求能够提升产品质量和性能的技术，并实时了解顾客对产品的使用反馈，并对此组织学习机制投资，以构建吸收能力。

在二次创新阶段，海尔集团当时从德国引进了亚洲最先进的电冰箱生产线，并投入使用，并在其后的6年中不断选派技术人员赴德学习，以在生产线使用过程中了解、掌握关键技术，保证了核心技术的复制能力。这种"用中学"的吸收能力构建方式帮助海尔集团成功完成了关键技术引进后的消化吸收工作。在生产过程中，海尔集团的领袖张瑞敏发现国内市场的冰箱普遍存在质量问题，消费者抱怨不断，于是张瑞敏以"砸冰箱"事件为起点，将全面质量管理体系引入海尔冰箱生产线，以高质量的产品和品牌形象迅速占领国内市场，成为冰箱生产商的领跑者。这种在实践中，以市场反馈信息改进生产技术的做法，是一种"干中学"的吸收能力构建过程。

由于知识的传递性，在二次创新阶段，海尔集团完成了关键技术和市场知识的原始积累，并在外部知识源搜寻方面进行积极探索，进入了集成创新阶段。在开发高清液晶无绳电视机过程中，为解决这一技术难题，海尔集团与多家相关领域技术领先企业开展合作。这种与"技术专家企业"的合作模式，使得海尔集团实现了"互动中学"，并有效地完成了创新活动。这种"互动中学"主要是建立在前期"用中学"和"干中学"的吸收能力基础上，为其技术创新活动提供必要的支撑，也帮助海尔集团走上了国际化道路。

在完成了"用中学"、"干中学"和"互动中学"后，海尔集团已经积累了很强大的技术实力，并于1998年成立海尔中央研究院，开始进行自主研发，并基于先前积累的技术知识，完成了"研发中学"的过程，这一过程帮助海尔中央研究院于2003年自主研制出中国第一颗自主产权的数字电视解码芯片，并大规模投入生产。另外，海尔集团还在全球范围内构建自身的研发网络，如综合研究中心、全球设计中心和全球信息中心，以跟踪和捕捉前沿科技，这些在"前沿科技中学"的投资使得海尔产品的技术充满前瞻性，确保了其在家电领域的领跑者地位。

综上所述，海尔集团的组织学习模式不断深入、吸收能力不断得到夯实和提升，为企业获取外部知识、整合内外知识提供了一种平台能力，提升了海尔集团创新的效率和效果。这种多元的组织学习和吸收能力构建模式也帮助海尔集团内化外部知识、整合内外知识、完成吸收能力的构建和提升，进而促进创新活动的升级和自主创新能力的跃迁。因此，可以说，吸收能力是海尔集团自主创新能力不断升级的内在驱动力和重要基础。

5.3 外部驱动因素：历史压力与随机事件

近20年，中国一直处于转型经济期，转型的复杂性和动态性会产生一些随机事件或扰动，并影响企业的自主创新实践（韵江和刘立，2006）。这可能会促使海尔集团的自主创新能力演化呈现出一定的中国特色性。因此，有必要对海尔集团自主创新三阶段的历史压力和随机事件进行讨论。

图3梳理了一些影响海尔自主创新能力演化的关键性历史压力和随机事件。企业成立初期，面对的是几乎空白的国内白色家电市场，海尔集团前身青岛电冰箱总厂由于缺少先进的核心技术，只能从国外引进以实现生产，走"曲线创业"的道路。倘若没有冰箱质量普遍存在质量隐患的市场信息反馈，也很难会使海尔集团成功走向"先进技术＋空白市场＋全面质量管理"的二次创新实践。进入1987年，海尔集团若没有在世界卫生组织招标中一举中标，可能就不会有尝试国际化道路的雄心，或者至少会推迟若干年才会产生

此雄心。面对全球化压力，海尔集团凭借全球化研发网络的优势，完成了一个又一个具有自主知识产权的国家和国际标准，这样就会形成一个正反馈，进而促进原始创新能力的提升，在技术瞬息万变的时代，领跑于白色家电行业。

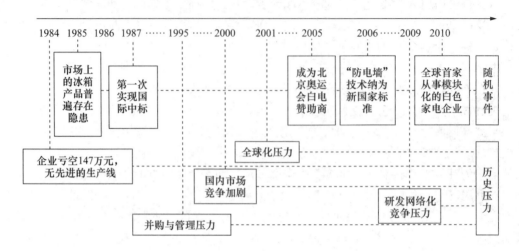

图3　海尔集团自主创新过程中的历史压力与随机事件影响

因此，可以说，历史压力和随机事件使得海尔集团不断进行惯性突破，是其自主创新能力演化的外在推动力量。

6　结论与展望

6.1　研究结论

本研究通过对海尔集团自主创新实践的纵向案例研究，梳理了海尔集团自主创新能力的演化过程。为了更清晰地理解这种演化的路径和驱动因素，本文提出了一个整合性的研究框架，如图4所示。这一框架涵盖了本研究的全部结论和见解。

第一，海尔集团的自主创新过程是一个动态积累的过程，主导能力从二次创新能力过渡到集成创新能力，最终走向原始创新能力。这一过程是企业面对技术引进的"天花板"效应所做出战略选择的结果，看似是一种随机过程，但实际上是一系列有组织的核心技术源的汲取和内化过程：企业从缺乏核心技术知识时以二次创新起步，逐步积累技术知识；当积累到一定程度，企业开始在创新网络中寻找创新合作方，整合内外技术知识，并不断完成先进技术的内化过程；最后，企业凭借多年的技术积累和大量的技术知识库，开始进行原创性的自主研发。这一发现相比于前人研究，其新意表现为以下两点：①从动态能力视角切入，辨析了三种自主创新能力。现有研究认为三种自主创新行为是并存的、有重叠的、复合的、不完全独立的（杨帆和石金涛，2007；高旭东，2007），但从核心技术知识所处边界的角度出发，可以厘清3种自主创新能力的关系。②更加严谨地验证了自主创新能力演进的路径。前人研究虽然提出了能力重构的三种方式，但缺乏从自主创新角度，对能力演进路径的研究（Lavie，2006；杨燕和高山行，2011）。本文通过对比三种自主创新能力对创新绩效的效用发现，在转型经济背景下，自主创新能力沿"二次创新能力→集成创新能力→原始创新能力"的发展路径演进，这是从量变到质变的过程，是能力复制和重构的过程，并导致创新绩效不断提升，随转型环境共进。相比于前人先验式的研究，本文结论具有更高的信度和效度。

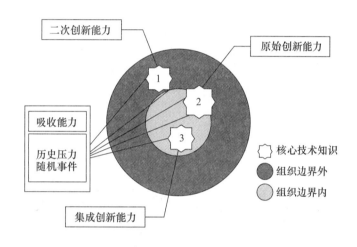

图4　自主创新能力演化的路径与驱动因素

第二，上述自主创新能力演化路径是内因和外因共同作用产生的结果。首先，吸收能力是海尔集团能够完成各阶段能力积累和跃迁的内在基础和动力，它帮助企业通过多种组织学习的方式，实现内外知识的有效整合，进而推动企业的能力升级。其次，历史压力和随机事件是促进海尔集团在转型背景下实现自主创新能力演化的外部推力，并使得这种演化路径呈现出中国特色："零"技术基础的企业，通过以技术引进等方式为起点完成技术追赶，不断夯实技术能力，最终实现技术赶超和领先。这一结论与韵江和刘立（2006）的观点是基本一致的。这一发现弥补了大量实证研究只关注不同技术源对特定能力提升的静态作用机制，却无法得知能力如何重构的问题，基于动态的视角发现了促发能力重构升级的影响因素。

6.2　理论贡献

案例分析的目的是要从实证数据中得出涌现的理论，并弥补现有理论缺口（毛基业和李晓燕，2010）。通过前文的分析和讨论，本研究的理论贡献主要有三点。

第一，针对现有文献存在自主创新概念界定和划分模糊的问题（杨帆和石金涛，2007；高旭东，2007），本研究首先打开了自主创新能力的黑箱，从核心技术知识源的角度，将二次创新能力、集成创新能力和原始创新能力进行区分和界定，这为以往学者针对三种自主创新能力区分不明确的争论提供了一种新的视角和切入点。这一切入点有助于解决现有关于自主创新模式的研究过于排他、不符合自主创新行为可并存的客观现象的问题，从而为后续转型经济情景下创新领域的研究提供了基础。

第二，现有文献缺乏严谨的转型经济背景下自主创新能力演进路径的研究，其本质上是由于现有的技术追赶理论缺乏和动态能力观与演化理论的对话（杨燕和高山行，2011；黄俊等，2007）。现有技术追赶方面的研究多侧重于行为和结果的静态关系，对于行为的演变过程关注较少。本文抓住了能力这一引发行为的本质性重要因素，通过剖析能力的重构和演进，识别转型经济情景下技术追赶的机理，从而建立了动态能力观、演化理论和技术追赶理论的联结。本研究初次提出集成创新能力是从二次创新能力走向原始创新能力的过渡能力，并且指出，这一演化过程不是随机完成的，而是一种有组织的中国式创新能力演化的关键路径之一。这种研究视角也打破了以往自主创新能力研究的静态视角，从动态演进的角度，剖析了自主创新能力演进的动态规律性，深化了技术追赶理论、动态能力观和演化理论。

第三，现有文献存在关于推进自主创新能力演进的驱动因素研究不足的问题，本研究基于外部权变观和能力基础观等视角，在演化经济学的启发下，揭示了两类影响自主创新能力演化的重要驱动因素：①作为内在基础的吸收能力；②作为外部推力的历史压力和随机事件。这说明自主创新能力演化不单纯是企业主动选择或被动适应环境的行为，而是一种主动选择与被动适应相互作用的结果。这一发现，对企业共演机理的研究提供了一个新的视角。此外，转型经济背景是本研究嵌入的重要情境。当前中国情境下的研究多是采用中国数据来验证西方理论。而实际上，一种更具意义的情境化研究是引入情境特有的构思和变量，构建情境性的理论框架，中西方学界近年来正大力呼吁此种研究（陈晓萍等，2012）。本文响应了这一呼吁，考虑到转型经济情境，本文引入了历史压力和随机事件变量，以解释驱动自主创新能力演进的因素。

6.3 实践启示

由于海尔集团以技术引进为起点开创了其白色家电事业，这一"无技术基础"背景，使得其成功经验对于我国很多后发企业都具有普适的借鉴意义。对于技术引进型企业，要想打破技术引进的"天花板"效应、获得持续增长，可以考虑积极推动二次创新，以完成原始的技术积累；在积累到一定程度之后，可以利用自身的技术知识，尝试与外部专家企业进行技术合作，以学习和积累更加先进的技术知识；此后，慢慢开始尝试自主研发，真正实现原始创新。

6.4　研究局限与未来展望

尽管本研究尽可能地选取自主创新实践领域的代表企业做典型分析，但由于案例研究本身的局限性，使得本研究结论的普适性成为不可忽略的局限之一。并且，本研究所展示的自主创新能力路径仅仅是众多演化路径之一，而不是唯一的路径，也有企业从原始创新开始并取得成功（韵江和刘立，2006）。未来研究可以通过多案例研究、动态仿真等方式对研究结论的有效性进行检验和扩展。

参考文献

［1］Barreto I. Dynamic Capabilities：A Review of Past Research and an Agenda for the Future ［J］. Journal of Management，2010，36（1）：256 – 280.

［2］BBC News. China Manufacturing Activity Expands for Fifth Month，2012，5.1.

［3］Castel P.，Friedberg E. Institutional Change as an Interactive Process：The Case of the Modernization of the French Cancer Centers ［J］. Organization Science，2010，21（2）：311 – 330.

［4］Cohen W. M.，Levinthal D. A. Absorptive Capacity A New Perspective on Learning and Innovation ［J］. Administrative Science Quarterly，1990：128 – 152.

［5］Coombs J. E.，Bierly P. E. Measuring Technological Capability and Performance ［J］. R&D Management，2006，36（4）：421 – 438.

［6］Crossan M. M.，Apaydin M. A Multi – Dimensional Framework of Organizational Innovation：A Systematic Review of the Literature ［J］. Journal of Management Studies，2009，47（6）：1154 – 1191.

［7］Deloitte Touche Tohmatsu Limited`s（DTTL）；US Council on Competitiveness，2012，2013 Global Manufacturing Competitiveness Index.

［8］Dijksterhuis M. S.，Van den Bosch F. A. J.，Volberda H. W. Where Do New Organizational Forms Come From？ Management Logics as a Source of Coevolution ［J］. Organization Science，1999，10（5）：569 – 582.

［9］Dutta S.，Narasimhan O. M.，Rajiv S. Conceptualizing and Measuring Capabilities：Methodology and Empirical Application ［J］. Strategic Management Journal，2005，26（3）：277 – 285.

［10］Anonymous. The End of Cheap China：What Do Soaring Chinese Wages Mean for Global Manufacturing？ ［J］. Economist，2012，3.10.

［11］Eisenhardt K. M. Building Theories from Case Study Research ［J］. Academy of Management Review，1989：532 – 550.

［12］Eisenhardt K. M. Making Fast Strategic Decisions in High – Velocity Environments ［J］. Academy of Management Journal，1989：543 – 576.

［13］Eisenhardt K. M.，Graebner M. E. Theory Building from Cases：Opportunities and Challenges ［J］. Academy of Management Journal，2007，50（1）：25 – 32.

［14］Hannan M. T. Freeman J. Structural Inertia and Organizational Change ［J］. American Sociological Review，1984：149 – 164.

［15］Hargadon A.，Sutton R. I. Technology Brokering and Innovation in a Product Development Firm ［J］. Administrative Science Quarterly，1997，42（4）：716 – 749.

［16］Helfat C. E. ，Peteraf M. A. The Dynamic Resource – Based View：Capability Lifecycles ［J］．Strategic Management Journal，2003，24（10）：997 – 1010.

［17］Jensen M. B. ，Johnson B. ，Lorenz E. ，Lundvall B. A. Forms of Knowledge and Modes of Innovation ［J］．Research Policy，2007，36（5）：680 – 693.

［18］Kim L. Imitation to Innovation ［M］．Massachusetts：Harvard Business School Press，1997.

［19］Kor Y. Y. ，Mesko A. Dynamic Managerial Capabilities：Configuration and Orchestration of Top Executives Capabilities and the Firm's Dominant Logic ［J］．Strategic Management Journal，2013，34（2）：233 – 244.

［20］Lavie D. Capability Reconfiguration：An Analysis of Incumbent Responses to Technological Change ［J］．Academy of Management Review，2006，31（1）：153 – 174.

［21］Leonard – Barton D. ，Leonard D. Wellspring of Knowledge：Building and Sustaining the Sources of Innovation ［M］．Massachusetts：Harvard Business Press，1998.

［22］Lu Y. ，Tsang E. W. K. ，Peng M. W. Knowledge Managent and Innovation Strategy in the Asia Pacific：Toward an Institution – Based View ［J］．Asia Pacific Journal of Management，2008，25（3）：361 – 374.

［23］Marques，J. F. ，McCall C. The Application of Interrater Reliability as a Solidificatio Instrument in a Phenomenological Study ［J］．The Qualitative Report，2005，10（3）：439 – 462.

［24］Nelson R. R. ，Winter S. G. An Evolutionary Theory of Economic Change ［M］．Massachusetts：Belknap Press，1982.

［25］Pettigrew A. M. Longitudinal Field Research on Change：Theory and Practice ［J］．Organization Science，1990：267 – 292.

［26］Porter M. E. What is Strategy? ［J］．Harvard Business Review，1996，6（74）：61 – 78.

［27］Tashakkori A. ，Teddlie C. Mixed Methodology：Combining Qualitative and Quantitative Approaches ［M］．Thousand Oaks：Sage Publications，1998.

［28］Teece D. J. ，Pisano G. ，Shuen A. Dynamic Capabilities and Strategic Management ［J］．Strategic Management Journal，1997，18（7）：509 – 530.

［29］Tidd ，J. ，Bessant J. ，Pavitt K. Managing Innovation：Integrating Technological，Market and Organizational Change，3rd edition ［M］．John Wiley and Sons，2005.

［30］Van den Bosch F. ，Volberda H. W. ，de Boer M. Coevolution of Firm Absorptive Capacity and Knowledge Environment：Organizational Forms an Combinative Capabilities ［J］．Organization Science，1999，10（5）：551 – 568.

［31］Wang C. L. ，Ahmed P. K. Dynamic Capabilities：A Review and Researeh Agenda ［J］．Intenational Journal of Management Reviews，2007，1：31 – 51.

［32］Wu X. ，Ma R. ，Shi Y. How Do Latecomer Firms Capture Value from Disrnptive Technologies? A Secondary Business – Model Innovation Perspective ［J］．Engineering Management，IEEE Transactions on，2010，57（1）：51 – 62.

［33］Wu X. ，Ma R. ，Xu G. Accelerating Secondary Innovation through Organizational Learning：A Case Study and Theoretical Analysis ［J］．Industry and Innovation，2009，16（4 – 5）：389 – 409.

［34］Yin R. K. Case Study Research：Design and Methods，2nd ed ［M］．Sage Publications，Thousand Oaks，1994.

［35］Zahra S. A. ，George G. Absorptive Capacity：A Review，Reconceptualization and Extension ［J］．Academy of Management Review, 2002: 185 – 203.

[36] Zhang, Y., Li H. Y. Innovation Search of New Ventures in a Technology Cluster: The Role of Ties with Service Intermediaries [J]. Strategic Management Journal, 2010, 31 (1): 88 – 109.

[37] 陈劲. 从技术引进到自主创新的学习模式 [J]. 科研管理, 1994 (15).

[38] 陈晓萍, 徐淑英, 樊景立. 组织与管理研究的实证方法（第二版）[M]. 北京: 北京大学出版社, 2012.

[39] 高旭东. 企业自主创新战略与方法 [M]. 北京: 知识产权出版社, 2007.

[40] 黄俊, 李传昭, 张旭梅. 动态能力与自主创新能力关联性研究 [J]. 科学学与科学技术管理, 2007 (12).

[41] 江诗松, 龚丽敏, 魏江. 转型经济背景下后发企业的能力追赶: 一个共演模型——以吉利集团为例 [J]. 管理世界, 2011 (4).

[42] 毛基业, 李晓燕. 理论在案例研究中的作用——中国企业管理案例论坛（2009）综述与范文分析 [J]. 管理世界, 2010 (2).

[43] 毛基业, 张霞. 案例研究方法的规范性及现状评估 [J]. 管理世界, 2008 (4).

[44] 彭新敏, 吴晓波, 吴东. 基于二次创新动态过程的企业网络与组织学习平衡模式演化——海天 1971 ~ 2010 年纵向案例研究 [J]. 管理世界, 2011 (1).

[45] 王翔. 企业动态能力演化理论和实证研究 [D]. 复旦大学博士学位论文, 2006.

[46] 吴晓波, 马如飞, 毛茜敏. 基于二次创新动态过程的组织学习模式演进——杭氧 1996 ~ 2008 纵向案例研究 [J]. 管理世界, 2009 (5).

[47] 吴晓波. 二次创新的周期与企业组织学习模式 [J]. 管理世界, 1995.

[48] 杨帆, 石金涛. 中国模仿创新与自主创新历程——追溯儒家伦理动因 [J]. 科学学研究, 2007 (6).

[49] 杨燕, 高山行. 创新驱动、自主性与创新绩效的关系实证研究 [J]. 科学学研究, 2011 (10).

[50] 韵江, 刘立. 创新变迁与能力演化: 企业自主创新战略——以中国路明集团为案例 [J]. 管理世界, 2006 (12).

[51] 张米尔, 田丹. 从引进到集成: 技术能力成长路径转变研究——"天花板"效应与中国企业的应对策略 [J]. 公共管理学报, 2008 (1).

An Analysis of the Evolution Path to and the Driving Factors of the Independent Innovation of Enterprises in the Transitional Economy: A Longitudinal Case Study on Haier Group from 1984 to 2013

Xu Qingrui[1]　Wu Zhiyan[1]　Chen Litian[2]

(1. School of Management, Zhejiang llniversity, Hangzhou　310058;

2. School of Business Administration, Zhejiang Gongshang llninersity, Hangzhou　310018)

Abstract: Firstly, considering the gap on the controversy about the indigenous innovation coneopt and dimension, based on knowledge – based view of capabilities, this paper diferentiated and analyzed secondary innovation capability, integrated innovation capability and original innovation capabilitiy. Secondly, according to the lack of current academic research on the evolution path of indigenous innovation capabilities of enteprises under the transition context, this paper analyzes and summarizes the evolution path of indigenous innovation capabilities under the transition context through a longitudinal case study of Haier Group. The results show that: for the enterprise, which introduced technology from outside as a starting point, the evolution path of its indigenous innovation capabilities is starting from secondary innovation capability, and transferring to integrated innovation capacity, and ultimately to original innovation capability. Last but not least, the absorptive capacity is inherent basis in this evolution mode. In addition, the historial pressure and random events in this process play a role of an external thrust. This study opens the black box of indigenous innovation capabliities, and riches dynamic capabilities, technology catch – up and the co – evolution theory as well as provides practical suggestion for firms innovation and development activities under transition context.

Key Words: Original Innovation Capability; Capabillty Evolution; Driviting Factors; Case Study

战略柔性、原始性创新与企业竞争力
——组织合法性的调节作用*

裴云龙[1] 江 旭[2] 刘 衡[3]

（1. 西安交通大学管理学院，西安　710049；2. 西安交通大学
管理学院，过程控制与效率工程教育部重点实验室，西安　710049；
3. 中山大学岭南学院，广州　510275）

【摘　要】现有理论对于哪些要素驱动原始性创新以及如何从此类创新中获益还存在争议。基于此，本文探讨了影响原始性创新的企业资源基础（资源柔性）和能力基础（能力柔性）以及原始性创新对企业竞争力的作用，并对组织合法性在原始性创新与竞争力关系间的调节作用进行研究。本文的样本包含303家中国企业，每个企业选择2个关键信息提供者（Key Informants），共获得606份样本数据。基于这些数据的统计结果表明，资源柔性对原始性创新产生了非线性（倒"U"型）影响，而能力柔性对原始性创新产生显著的正向促进作用。此外，原始性创新对企业竞争力的促进作用取决于组织合法性的有力支撑。文章最后对研究的理论价值和实践意义进行了讨论。

【关键词】原始性创新；资源柔性；能力柔性；企业竞争力；组织合法性

中国政府于2006年制定并颁布了《国家中长期科学和技术发展规划纲要（2006～2020）》，这是中国科技领域的长期战略规划和政策指引，目的在于通过增强中国企业的自主创新能力，摆脱长期以来对发达国家的技术依赖，最终使我国转型升级成为创新型国家。我国提出这一政策纲要的主要原因在于，在相当长一段时期内，我国企业试图采取"市场换技术"或模仿等策略以获取西方的核心技术，但事实证明这些既有策略大都没有成功[1]。因此，实施以自主知识产权的技术开发与产品创新为代表的新政策，对中国企业以及社会的发展都具有关键意义。纲要中所提出的自主创新分为三种模式：原始性创新、集成创新和引进消化吸收再创新。其中，原始性创新意味着发明了一种之前所未有的

＊基金项目：中央高校基本科研业务费专项资金（2011JDHZ19，2012JDGZ10）；教育部新世纪优秀人才支持计划项目（NCET - 11 - 0420）。

技术，是熊彼特提到的"创造性破坏"能力最强、影响最深远的自主创新模式，对生产力的提高和社会进步具有核心意义，是企业创造力的核心体现。因此，原始性创新能否成功是决定我国自主创新战略成败的关键性指标，也是能否实现我国科学技术跨越式发展的关键。

尽管开展原始性创新的必要性得到了共识，但如何取得原始性创新成功、其实现途径和条件等问题还缺乏必要的研究。我国正处于经济转型时期，企业所面临的环境具有高度的不确定性和复杂性，顾客、竞争者、技术以及政策等环境要素变化很快，这给企业进行原始性创新带来了多重挑战。为此，动态能力学派的学者认为，企业应通过提高自身的灵活性和环境应对能力，培育一定的战略柔性（Strategic Flexibility），以更好地适应环境变化、减少环境动荡带来的冲击。从这个意义上看，企业内部的资源要素（如资源柔性）和能力要素（如能力柔性）成为决定企业原始性创新成败的关键因素。现有文献中，已有一些学者从资源和能力角度去研究企业的创新行为[2-4]，但这些研究通常并没有深入剖析战略柔性的具体内涵，也没有充分论述战略柔性如何影响原始性创新战略的实施，留下了关键的研究不足。

从根本上说，中国企业只有通过原始性创新开辟新的技术路线和技术范式，发明前所未有的技术并将其商业化，才是提高我国企业在国内外市场上竞争能力的根本途径。杨燕和高山行认为，原始性创新产生的技术和产品能够为企业带来明显高于行业平均回报的超额收益，有利于为企业创造持续的竞争优势[5]。从这个意义上，原始性创新对提高企业竞争力具有正向促进作用。然而，相较于其他类型的创新，原始性创新具有更高的风险和不确定性，许多企业在实现技术的突破后，却无法顺利地在市场上推出相应的产品并占据优势，最终导致创新的失败[6]。因而，对原始性创新是否真正能够促进企业竞争力的提升是一个值得进一步探讨的问题。

现有研究指出，企业要想把原始性创新转化为竞争优势，就必须拥有获取原始性创新收益的途径[7]。发达国家解决这一难题的核心手段是健全完善的知识产权法律体系，用法治的力量保护并激励原始性创新。然而，我国面临的现实情况是正式的知识产权制度还相当薄弱，许多相关法律法规还有待完善，这意味着西方基于正式制度保护的创新激励观点遭受到我国企业现实的挑战，而来源于非正式制度观的组织合法性，可能在原始性创新转化为组织竞争力的过程中扮演替代性的激励角色。制度学派的学者指出，当同行、上下游企业、社会公众和政府部门对企业的认可程度（即企业的合法性）更高时，企业更容易获得社会资源的支持[8]，这为企业相对快速地获取创新收益创造了条件。因此，我们认为组织合法性对企业通过原始性创新提高竞争力具有重要的调节作用。

基于以上分析，我们提出如下研究问题：战略柔性（包括资源柔性和能力柔性）对企业原始性创新具有怎样的影响？中国企业的原始性创新是否真正能够提高企业的竞争力？组织合法性对它们之间的关系又产生了何种作用？虽然这些问题有着重要的理论意义与实际应用价值，但目前还未发现有研究对此进行深入、全面的分析。本文在整合相关文献的基础上，提出了如图1所示的概念模型，并采用来自303家中国企业的双份样本数据

（Two Key Informants）对相关研究假设进行实证检验，目的在于丰富中国企业原始性创新的理论基础，并提供相关的管理实践启示。

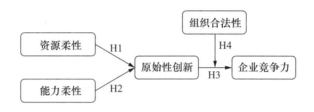

图1　概念模型：原始性创新的资源与能力基础及竞争力结果

1　文献回顾与研究假设

1.1　文献回顾

1.1.1　战略柔性

在动荡且不确定的环境中，企业的战略选择主要取决于组织内部资源的灵活性和组织能否熟练地运用这些资源于不同的场合[9]。战略柔性（Strategic Flexibility）这一概念被学者们用来描述企业决策的灵活程度，并被定义为企业通过主动的或反应性的方式对市场机遇或威胁做出迅速回应，以达到管理风险或不确定性的目的[10]。从战略决策的角度看柔性体系，在公司层面，战略柔性是组织改变自身定位并使战略保持一致的能力；在职能层面，它是指制造、营销等职能快速且低成本地改变产出的种类、数量和进度安排的能力；在资源层面，则与员工或机器从事多种任务之间切换的难易程度有关[11]。总体来看，战略柔性取决于构成各系统要素的资源柔性和领导层在运用和配置资源时的能力，这种能力扩大了企业所能利用的资源和能力基础，并为进行原始性创新创造了内生条件。

基于柔性来源的不同，现有研究把战略柔性划分为资源柔性和能力柔性两种类型[12][9]。资源柔性（Resource Flexibility）包含两方面含义：一是指资源具有多样的可选择性和适用性；二是指当前不能够被企业利用，但能够转化为企业可利用的资源的一种属性。现有文献认为，资源柔性具有三个基本维度：资源的有效使用范围、资源的转换成本以及资源的转换时间[9]。与此相对应，能力柔性（Capability Flexibility）是指"企业在应对环境变化的过程中，采用探索式的方式发现新资源并整合、配置它所拥有的各种资源以使资源发挥更大价值的能力选择范围"[12]。能力柔性可以促使企业在动态环境下有效调整企业的战略和目标，包含三个方面的内容：应付环境的不确定性、发现并配置新的资源以及发现并配置现有资源的新用途。

1.1.2 原始性创新

国内外很多学者都对原始性创新提出了自己的定义。Goldenberg 等认为，原始性创新是由内部因素驱动、高度动态和不确定的、能够更简单有效地降低系统复杂性的一种解决方案[13]。陈雅兰等把原始性创新定义为"通过科学实验和理论研究探索事物的现象、结构、运动及其相互作用规律，或者运用科学理论解决经济社会发展中关键的科学技术问题的过程"[14]。陈劲等认为，原始性创新是在研究开发方面，特别是在基础研究和高技术研究领域做出前人所没有的发现或发明，推出创新成果，且这一创新成果具有突破性意义[15]。结合我国的自主创新战略，本文把原始性创新定义为：通过研究开发做出前所未有的、具有突破性的、拥有自主知识产权的新发明和新技术。

从根本上说，原始性创新是一种与现有技术范式完全不同的科技创新，它可以使跟随型企业摆脱对领先企业技术发展模式的依赖，并且开辟一条新的技术路线，最后实现技术差异化的竞争战略。原始性创新属于"熊彼特创新范式"内的突变程度较高的创新类型，包含知识生产和对新知识的应用两个过程，它一般体现为重大科学发现、重大理论突破和重大技术和方法发明三种类型。从过程论的角度看，在科学发展早期，原始性创新往往表现为重大科学发现；随着科学技术水平的不断提高，以重大理论突破为特征的原始性创新不断增多；而在科学高度成熟、科学与技术联系日益紧密的阶段，将出现更多的重大技术和方法的发明[15]。

1.1.3 研究模型的提出

现有研究已经提出一些有创见性的研究框架来分析原始性创新的成功驱动机制。例如，我国学者陈雅兰等在考虑了原始性创新的长期性、高度不确定性和成果滞后性等特征下，认为原始性创新是在知识与技能原始积累、核心人物的战略选择等激发因子的作用下产生，在符合原创特点的动力（如领导人物、创新文化、激励机制、原创技巧、科研兴趣及团队协作等）的支撑下完成，其成果受到知识产权保护法规的保护，并最终做出具有突破性并拥有自主知识产权的新发明和技术[14]。

基于 Teece 的创新互补性资产和创新收益获取的概念框架[7]，本文关注与原始性创新的成功息息相关的两个研究重点。一方面，从资源观和动态能力视角看，多数中国企业受困于自身规模和经验的限制，加之外部市场支撑机制并不完善，因而缺乏对原始性创新的必要资源与能力的支撑。通过适当地利用组织资源和能力方面的战略柔性，有利于扩大企业所能利用的资源和能力基础，为企业进行原始性创新创造内生的支撑条件，因而探讨资源和能力方面的柔性对原始性创新的影响具有重要理论价值。另一方面，从创新收益获取角度看，企业可以通过商业化具有原创性的新发明和新技术以获取创新收益，但现实情况却表现出许多创新成果很快被竞争者恶意模仿，而不完善的知识产权保护制度使得原始性创新收益的获取成为另一个核心困难，这意味着传统上基于正式制度保护的创新激励观点遭受到我国企业现实的挑战，而来源于非正式制度观的组织合法性，在将原始性创新转化为组织竞争力的过程中扮演了替代性的外部激励角色，这意味着原始性创新的获益能力及其中可能存在的影响因素需要进一步研究。接下来，我们将逐一论述两类战略柔性、原始性创新、企业竞争力及组织合法性之间的联系。

1.2 研究假设

1.2.1 资源柔性与原始性创新

在竞争激烈的市场中，原始性创新的成功往往需要大量新的资源组合和资源投入，例如知识储备、资金支持和技术人才等[14]。而处于转型时期的中国企业大都存在资源短缺的问题[16]，尤其是技术资源和知识资源的缺乏，这意味着企业所拥有的资源柔性在一定程度上充当了创新助推器的作用，对原始性创新成果具有重要的影响。当企业资源柔性较低时（如固定资产比重过高或缺乏必要的专业技术人才），企业资源的专用性很强，资源的使用范围较小，很难应用到新的用途中，无法为原始性创新提供足够的资源保障。随着企业资源配置的灵活性增加，企业不仅可以在现有资源的基础上产生新的资源组合，而且可以快速和低成本地转换现有资源的用途，以满足原始性创新的需要。例如，Kraatz 和 Zajac 认为，组织的资源柔性可以作为企业应对环境变化的缓冲器[17]，当企业进行高风险的创新活动时，资源柔性越高，企业越有能力应付随时可能出现的不确定因素。

然而，我们认为资源柔性对原始性创新的影响不是线性的，而是倒"U"型关系，过高的资源柔性会对企业原始性创新产生不利的影响。首先，一些研究业已指出，高度柔性的资源具有重要的价值，代表了一种高度的组织承诺和企业对原有战略的信心，这使得拥有高度资源柔性的企业不愿意跟随环境变化而改变竞争策略，相反，它们将更倾向于维持现状[4]，这在很大程度上降低了企业进行原始性创新的动机。其次，资源的柔性越高，其专用性越低，这种资源的使用效率会低于一般的专用资产[12]。因此，过高的资源柔性不利于提高原始性创新的效率。最后，过高的资源柔性往往会产生"能力陷阱"（Competence Trap），即这类企业往往更专注于现有资源，却忽视了新资源的获取和吸收[18]。在原始性创新的过程中，企业原有的资源和能力往往无法满足创新需求，这时需要企业从外部获取和学习新的知识和技能，而企业原有的资源柔性所形成的能力陷阱，使企业对外部环境变化的关注较少，不利于企业获取原始性创新所需要的新资源和新知识，阻碍了企业利用新知识进行自主研发和原创性产品开发等活动。因此，我们提出：

假设 1：资源柔性与原始性创新呈倒"U"型相关关系。

1.2.2 能力柔性与原始性创新

企业开展原始性创新活动，不仅需要对自身的资源进行有效的利用，还需要获取新的资源，并创造性地解决研发过程中遭遇的各种前所未有的难题。能力柔性则恰恰反映了企业开发和利用资源并解决新问题的能力[10]，对企业的原始性创新活动具有重要的促进作用。首先，具有能力柔性的企业，可以开发现有资源的新用途，从而使企业资源的用途实现多样化，扩展了资源的使用范围，提高现有资源的使用效率，这对实施自主创新尤其是原始性创新具有重要的支撑作用。其次，企业的能力柔性越高，其探索并利用新资源的能力越强，能够促使企业引入大量新的资源，并通过发挥这些新资源组合的潜在价值开展自主研发和原创性产品开发活动。最后，能力柔性不仅包括自身构成要素的整体协调，而且包含了资源—能力的互动作用，因此企业能够凭借能力柔性组织和运用它所拥有的各种资源以发挥其更大价值，为企业提供了面对环境变化时的快速反应能力[12]和解决问题时的灵活性和创造性[9]。此外，在经济转型中，市场环境的动荡性和复杂性较高，能力柔性高的企业可以根据环境变化更有效地重新配置资源，从而提高了企业原始性创新成功的概率。基于此，本文提出：

假设2：能力柔性与原始性创新绩效呈正相关关系。

1.2.3 原始性创新与企业竞争力

新的竞争和市场需求环境变化意味着原始性创新对于组织竞争力的塑造起着越发重要的作用。技术的快速进步使得产品生命周期缩短、市场竞争加剧，企业现有的经营活动和产品线无法保证未来的发展，企业需要不断寻找新的市场机会，通过创造具有自主知识产权的新技术和新产品来获利。诺基亚公司在手机领域长达十余年的霸主地位遭到苹果公司的强有力挑战正是由于苹果公司在新兴智能手机领域的原始性创新所引发。在全球化的竞争市场中，中国企业面临着技术领先的跨国公司强有力的竞争，在走出国门的过程中，特别是在尝试向发达国家市场突破的过程中，通过原始性创新在消费者需求层面塑造差异化产品定位和品牌区分度，是我国企业真正能成为国际化前沿公司的重大尝试。因此，原始性创新对中国企业提高竞争力有着更为重要的作用。

从根本上说，原始性创新产出从多个方面强化了企业在市场上的竞争力。一方面，基于知识的观点认为，稀缺且有价值的知识资源是企业创造持续竞争优势的基础[19]。由于原始性创新所包含的知识和 know - how 具有系统性和复杂性，竞争对手难以真正了解创造价值的是何种知识，因此相对而言被外界模仿的难度变大[20]，这对维持企业竞争优势具有重要的作用。另一方面，原始性创新实现了原理、方法或技术的突破，包含了最前沿的知识，其创新产品能够为消费者创造出前所未有的消费体验；一旦取得创新成功，能使企业占得技术发展的先机，为企业带来市场领先地位[21]，从而帮助企业获得一定时间周期内的垄断利润，有助于提高其竞争力。我们提出：

假设3：原始性创新与企业竞争力呈正相关关系。

1.2.4 组织合法性的调节作用

在战略管理和社会学研究中，组织合法性（Organizational Legitimacy）被视为一种能够帮助组织获得其他资源的关键组织要素[8]，通常是指一种新的组织形式和行为在多大程度被视为符合已被认可的原则或标准。组织的合法性过程可以通过有效的管理控制来达到目标[8]，因此组织可以主动追求合法性以适应外部环境的压力。随着企业的组织形式或其业务活动逐渐为外界认可，企业所获得的合法性也将越来越高，它也越来越容易获取外部资源、吸引潜在客户、回应外界对其能力的质疑、有效地抗击外部威胁并提高自己在相关利益群体眼中的可靠性。这种通过塑造和维持合法性来提升组织竞争力的手段被称为合法性战略[22]。

企业获取原始性创新收益是一个重大挑战[7]。企业只有获取创新收益，才能把原始性创新转化为可持续的竞争优势，这需要大量公众、商业团体和政府部门的认可[23]。组织合法性作为一种关键组织要素，通过同行、供应商、经销商、顾客、公众和政府部门等利益相关群体的认可，可以为企业带来一致性和可信性[23]，帮助企业获取资源，并使得企业的创新产出为公众所接受的概率加大，对于企业获取原始性创新的收益具有重要影响。

具体而言，我们从4个方面说明为何组织合法性的提升会强化原始性创新与企业竞争力间的联系。首先，被同行高度认可的企业可以获得更多外部合作的机会，这为企业实现原创性技术的商业化奠定了良好的基础。其次，受到供应商和经销商高度认可的企业可以获得更稳定的原材料供应和更通畅的分销渠道，这为企业实现技术商业化提供了更强大的渠道支持。再次，受到顾客和公众高度认可的企业能更有效地进行创新产品的推广，更快地获得创新收益并建立竞争优势。最后，受到政府及其所属部门（如市场监管部门、国有金融机构和公共利益团体等）高度认可的企业可以更容易获得政策支持和补贴，这为企业实现技术商业化提供了更强大的资源基础和制度支持。总之，在中国知识产权法律保障相对薄弱的情境下，组织合法性扮演了非正式的创新收益保障机制，帮助企业面对在技术商业化过程中遭遇的多重挑战，增强企业获取原始性创新收益的能力，进而扩大了原始性创新对企业竞争力的促进作用。因此可以提出如下假设：

假设4：组织合法性程度越高，原始性创新与企业竞争力之间的正相关关系越强。

2 样本、数据与变量测量

2.1 样本与数据收集

本文采用大样本问卷调查方式收集中国制造业企业的数据，以检验图1中的概念模型。问卷是在大量文献整理的基础上开发的，多数问卷题项都来源于现有文献。此外，我们还设计了一些新的问题用来度量那些缺乏现有量表的变量。开发的原始问卷是英文形式，然后将其翻译为中文以方便理解和回答，最后，这些中文问卷又被翻译回英文，以确保语义在跨文化翻译的过程中保持一致性[24]。2010年6月，我们选择10家当地企业进行了预调研，根据调查访谈的结果，确定了正式调研问卷的形式和内容。

调研样本从全国各主要开发区管委会提供的企业目录中随机抽样产生，抽样范围主要选取制造类的企业。最终，我们选取样本企业1500个，遍布东部、中部和西部，涵盖国有企业、民营企业、集体（合伙）企业、中外合资（合作）企业、外商独资企业等，主要集中在能源、化工、机械和电子等制造行业。

正式调研从2010年8月至2011年1月，采用上门面访和发送电子版问卷的方式进行。每个企业发放问卷一式两份，每套问卷都由被访问企业的两名中层以上管理人员独立填写，其中A卷由企业高层人员填写、B卷至少由企业中层人员填写，这可以有效保证所获取的企业信息的真实性和准确性。最终，收回490家企业填写的问卷。删除其中只有单份反馈或双份反馈中某一份或两份缺失值较多的187家企业问卷，最终获得303家企业填写的有效双份问卷606份（即每家企业填写的A卷和B卷均为303份）。

2.2 变量测量

本文所使用的变量都采用多指标进行度量，且每个指标都是随机排序以防止调研过程中的任何偏差。除特别说明外，变量都采用李克特7点量表进行测量，其中1代表"完全不同意"，7代表"完全同意"。为了消除同源方差，我们的因变量——企业竞争力采用来自B卷的数据，其他变量包括自变量和控制变量均来自A卷。

2.2.1 战略柔性

现有文献通常把战略柔性分为资源柔性和能力柔性[4][12][25]。基于Sanchez的研究量表[9]，资源柔性采用如下四个指标进行测量：资源的适用范围、资源的转换时间、资源的转换成本和资源在企业内部各部门间的共享程度。

能力柔性实质上体现为企业对机会的识别和把握，以及企业对环境变化做出反应的时间和成本，根据Li等的研究[4]，本文采用以下4个指标对能力柔性进行测量：①公司允许各部门打破正规工作程序，以保持工作灵活性和动态性；②公司内部运营的工作模式因人而异、因时制宜；③公司有非常畅通的内部沟通渠道和机制；④公司能够积极、主动地对外部竞争做出反应。

2.2.2 原始性创新

现有文献中，尚未发现有对原始性创新进行测量的量表，本文根据对已有文献的整理和专家访谈，自主开发以下4个指标对原始性创新进行测量：①公司已实现核心技术的突破；②公司自主研发新产品和新工艺；③公司致力于开展突破性科学研究和技术发明；④公司的产品和服务具有很高的新颖性和原创性。

2.2.3 组织合法性

根据Elsbach的研究[26]，本文采用7个指标来衡量组织的合法性，即企业行为分别得到同行、供应商、顾客、社区公众、市场监管部门（如工商、税务、质检等部门）、国有金融机构（如国有银行）和公共利益团体（如消协、环保机构）的认可程度。

2.2.4 企业竞争力

大多先前的研究都将企业财务数据作为企业绩效的测量指标，但Wu等认为，财务数字并不能显示企业长期的竞争优势[27]。我们认为如果在过去几年中，某企业比竞争对手表现更出色，那么其更有可能长期盈利。Wu的研究也表明，这样的主观测量企业竞争力的方法与客观财务数据测量企业绩效的方法具有类似的结论，但拥有更好的跨行业可比性[28]。沿用Wu等的测量方法[27]，我们用5个指标来衡量企业的竞争力：①本公司经常战胜竞争对手；②本公司可以提供更高质量的产品和服务；③本公司能够更快速地认识市场（例如竞争、规则等）的变化；④本公司能够更快速地对出现的市场新机会做出反应；⑤本公司的关系网络能够帮助我们更快速地应对市场需求。

2.2.5 控制变量

遵循现有的研究惯例，本文还选取了 5 个控制变量。企业所有制（Firm Ownership）类型被定义为哑变量，1 代表国有企业，0 代表非国有企业。企业年龄（Firm Age）是计算自从被访企业成立之时到 2010 年的年数，为了使其服从正态分布，我们对其取自然对数作为企业年龄的测量指标。企业规模（Firm Size）采用企业员工数的自然对数进行测量。行业发展阶段（Industrial Development Stage）采用产品生命周期的四个阶段来度量：1 为引入阶段，2 为发展阶段，3 为成熟阶段，4 为衰退阶段。行业竞争程度（Industrial Competition）用企业所处行业的 5 种竞争程度来度量：1 为基本没有竞争，2 为有竞争但不很激烈，3 为竞争程度中等，4 为竞争很激烈，5 为竞争异常激烈。

3 统计过程及其分析

3.1 信度与效度检验

我们使用 SPSS15.0 对模型中的潜变量进行因子分析。Cronbach α 系数可以对指标的内部一致性进行估计和验证，表 1 给出了本文信度分析的结果。结果显示所有变量的 Cronbach α 值都超过了 0.7，表明变量的信度通过了检验。

表 1　量表、信度和聚敛效度

测量指标	因子载荷	α 系数	AVE（%）
原始性创新		0.886	74.848
1. 核心技术的突破	0.887		
2. 新产品和新工艺的自主研发	0.884		
3. 突破性科学研究和技术发明的开展	0.850		
4. 产品和服务的原创性和新颖性	0.839		
资源柔性		0.877	73.119
5. 资源在各部门间的共享程度	0.823		
6. 资源适用于开发、制造和销售不同产品或服务的程度	0.873		
7. 资源的转换成本	0.869		
8. 资源的转换时间	0.854		
能力柔性		0.820	65.215
9. 内部部门工作程序的灵活性	0.847		
10. 内部运营的工作模式的动态性	0.841		
11. 内部沟通渠道和机制的通畅性	0.807		

测量指标	因子载荷	α 系数	AVE (%)
12. 应对环境变化的主动性	0.730		
组织合法性		0.906	64.098
13. 同行的认可程度	0.832		
14. 供应商的认可程度	0.831		
15. 顾客的认可程度	0.817		
16. 社区公众的认可程度	0.806		
17. 市场监管部门的认可程度	0.788		
18. 国有金融机构的认可程度	0.767		
19. 公共利益团体的认可程度	0.760		
企业竞争力		0.877	67.256
20. 经常战胜竞争对手	0.782		
21. 提供更高质量的产品和服务	0.799		
22. 对市场变化更为敏感	0.875		
23. 对市场新机会反应更迅速	0.877		
24. 构建了强有力的关系网络	0.760		

聚敛效度的检验包括两个方面：首先，检验某个指标在所测量因子变量上的路径值（Loading Value）或称因子载荷在给定的可靠度是否显著。表1表明，所有变量的因子载荷都达到了大于0.7的标准，这表明在这些指标和结构变量之间存在统计上的显著性，也就是反映了单个指标的可靠性。其次，计算从每一个因子中提取的可解释方差百分比（AVE），如果该值达到0.50就认为这些变量是有效的[29]。表1表明，本文提出的变量对因子的累计解释程度都在0.6以上，所以我们提出的这些变量度量指标都是有效的，即满足聚敛效度。

区别效度（Discriminant Validity）可以通过每个隐性变量能解释的方差百分比的平方根（结构变量的内部方差）是否大于结构变量之间相关系数（结构变量之间的方差）来判断[30]。如果某一变量能解释的方差百分比的平方根值比这个变量与其他所有变量的相关性值都大，则数据满足区别效度。从表2可以看出，对角线上的粗体数值比其所在行和列的所有相关性系数值都大，说明所采用的指标都具有良好的区别效度。

表2 相关性系数表与区别效度

变量	1	2	3	4	5	6	7	8	9
1. 原始性创新	0.865								
2. 资源柔性	0.437**	0.855							

续表

变量	1	2	3	4	5	6	7	8	9
3. 能力柔性	0.482**	0.646**	0.808						
4. 组织合法性	0.473**	0.502**	0.569**	0.800					
5. 企业竞争力	0.323**	0.376**	0.423**	0.380**	0.820				
6. 企业年龄（log）	0.062	-0.028	-0.081	-0.001	-0.026	1			
7. 企业规模（log）	0.048	-0.030	-0.044	0.100	0.010	0.517**	1		
8. 行业竞争程度	-0.004	-0.013	0.021	0.106	-0.071	0.600	0.147*	1	
9. 行业发展阶段	0.060	-0.053	-0.121*	-0.065	-0.066	0.236**	0.217**	0.115	1
10. 所有制类型	-0.080	-0.145*	-0.157**	-0.049	-0.126*	0.288**	0.168**	-0.135*	0.133*

注：对角线（粗体）为能解释方差值的平方根。对角线下面的数值为变量间的相关性系数（2 - tailed）。p < 0.05；＊＊p < 0.01。

3.2 实证结果

为了避免潜在的多重共线性问题，我们对涉及交互作用和平方项的因素全部进行了中心化处理[31]。具体的检验结果见表3。模型1是基础模型，仅包含控制变量，从中可以看出更大的企业规模其原始性创新绩效更高，而所有制类型对原始性创新则没有显著影响。模型2加入了自变量，统计结果表明资源柔性与原始性创新绩效呈显著的倒"U"型关系（β = -0.200，p < 0.001），假设1得到了支持。另外，能力柔性与原始性创新继续显著正相关（β = 0.384，p < 0.001），表明假设2获得了通过。

表3 假设检验结果

	原始性创新		企业竞争力	
	模型1	模型2	模型3	模型4
控制变量				
企业年龄（log）	-0.120+ (0.068)	0.047 (0.058)	-0.112* (0.068)	0.011 (0.069)
企业规模（log）	0.189*** (0.066)	0.127* (0.057)	0.145** (0.065)	0.013 (0.065)
行业竞争程度	-0.090 (0.063)	-0.061 (0.055)	-0.072 (0.059)	-0.109* (0.060)
行业发展阶段	0.124+ (0.065)	0.113* (0.056)	-0.099+ (0.060)	-0.058 (0.060)
所有制类型	-0.075 (0.064)	-0.025 (0.056)	-0.002 (0.061)	-0.074 (0.061)
主效应				
资源柔性		0.373*** (0.069)		
资源柔性平方		-0.200*** (0.069)		
能力柔性		0.384*** (0.066)		

	原始性创新		企业竞争力	
	模型 1	模型 2	模型 3	模型 4
原始性创新			0.434*** (0.057)	0.164*** (0.070)
调节效应				
组织合法性				0.309*** (0.068)
原始性创新 × 组织合法性				0.132* (0.071)
R^2	0.06	0.332	0.225	0.262
$\triangle R^2$		0.272		0.037
Adjusted R^2	0.033	0.283	0.186	0.207
F 值	2.203*	6.776***	5.734***	4.749***

注：+表示 $p < 0.1$；＊表示 $p < 0.05$；＊＊表示 $p < 0.01$；＊＊＊表示 $p < 0.001$。括号内为标准误。

从模型 3 的统计结果可以看出企业原始性创新的绩效越高，其竞争力越强（β = 0.434，$p < 0.001$），因此假设 3 也获得了支持。模型 4 的统计结果表明，原始性创新与组织合法性的乘积项与企业竞争力显著正相关（β = 0.132，$p < 0.05$），即企业在高合法性的背景下，其原始性创新对企业竞争力的促进作用更大，表明假设 4 得到了支持。

4 讨论与结论

针对如何驱动原始性创新和怎样从中获益的关键问题，本文探讨了企业内部资源要素（资源柔型）和能力要素（能力柔性）对其原始性创新的影响，并对原始性创新与企业竞争力的关系进行了分析，此外还研究了组织合法性对企业通过原始性创新提高竞争力的调节作用。基于 303 家企业配对问卷调查的数据，本文的概念模型从总体上得到了验证，扩展了我们对原始性创新及其相关问题的理解和把握。

4.1 对研究结果的讨论

从本文的统计结果来看，不同类型的战略柔性对企业原始性创新具有不同的影响，这与 Silverman 的研究一致[32]，该研究将原有战略柔性二分性的观点[9]在原始性创新研究领域进行了有益的拓展。本文的研究发现，适中水平的资源柔性不仅能为企业的原始性创新带来更多的资源选择范围，而且能为企业在面对环境不确定性时提供必要缓冲作用，从而更好地促进企业原始性创新。但是资源柔性并非越高越好，过高的资源柔性会使企业减少对环境变化的关注，并降低企业的资源使用效率，忽视新资源的获取和吸收，从而阻碍企业原始性创新的进一步提升。

而能够反映企业资源开发和组织状况的能力柔性，则对企业的原始性创新具有显著的促进作用，这支持了 Sanchez 关于产品研发过程中越来越多的协调柔性能使企业加快创新速度的论点[9]。能力柔性不仅能够为企业带来新的资源组合和资源用途，而且能够使企业更重视对环境变化的分析、评估和适应过程，从而更有效地应对环境变化。这些结论表明，企业仅仅拥有资源是远远不够的，只有对企业资源进行有效的管理和配置才能保证资源柔性的有效发挥，也才能使战略柔性成为企业原始性创新成功的有效促进工具，这也同时为新兴的资源管理观点中提到的"整合"（Bundling）的必要性提供了一定的实证支持[33]。

对于原始性创新与企业竞争力的关系，本文的统计结果表明二者呈显著正相关，验证了杨燕和高山行的结论。这表明原始性创新可以使跟随型企业在技术发展路线上另辟蹊径，从而摆脱对技术领先者的追随和模仿，同时提高自身技术结构的异质性，最终建立差异化的竞争优势。这对于正试图在技术上赶超竞争对手的中国企业而言，具有极其重要的意义。不同于引进吸收再创新，原始性创新对企业提出了更高水平的能力要求，我们的研究指出，此类要求可以部分通过组织柔性的适当提升以获得，而成功的原始性创新尝试的确显著的提升了组织竞争力。这说明尽管我国企业面临着知识产权保护不利，市场秩序水平低，消费者成熟度水平相对低下等不利环境的挑战，进行原始性创新仍然是企业获取可持续竞争力的必要手段。熊彼特"创造性破坏"的论断在我国的产业竞争环境下仍然有很大的解释能力。

特别地，原始性创新对企业竞争力的作用受到了来自组织合法性的正向调节作用，也就是说，组织合法性能够促使原始性创新提高企业竞争力作用的发挥。一方面，组织合法性可以为企业带来较为宽松的生存环境，使企业专注于原始性创新的商业化；另一方面，高合法性使企业推出的创新产品更容易被公众接受，有利于新产品的市场推广。组织合法性为企业获取创新收益奠定了必要的资源基础，这从侧面支持了 Zimmerman 和 Zeitz 基于战略视角的组织合法性理论[8]；也有力地回应了 Teece 提出的创新收益获取的理论框架[7]，但不同于 Teece 提到的正式法律机制的保护，在这一方面，我们借助社会学的相关观点，指出组织合法性机制同样能够为创新收益的获取提供一定的保障。这在一定程度上暗示，这种社会机制是对正式的法律机制不健全的一种补充。

4.2 本文的实践意义

本文研究的一些新颖的结论，对于我国企业的原始性创新实践提供了一些有益的启示。首先，原始性创新的成功需要企业对各种资源进行有效的配置，即企业需要具有一定灵活性的资源储备，比如适当的现金水平或者其他可转化资源，以应对原始性创新的各种资源需求。然而，这种灵活性资源储备如果过高，就会造成资源浪费，导致低效率的资源利用和组织惰性，这对企业的原始性创新不利。此外，企业还要充分意识到资源柔性在能力和动机层面上对组织创新产生的复杂性影响并做好平衡。其次，大量的资源投入只是原始性创新的基础，企业还必须培养有效管理和运用资源的内部能力，注重资源的使用效率以及新资源的引进和吸收，才能提升原始性创新成功的概率。从政策设计和实施的角度看，战略柔性与原始性创新之间的关系也启示我国的政府机构在识别哪些企业更有可能进行原始性创新并取得成功时重点分析其组织柔性特征的水平。最后，原始性创新企业要采用适当的公关策略，与竞争者、供应商、经销商、公众和政府机构等外部实体维持良好的关系，以培养和提高组织合法性，并获得社会资源的支持，才能更容易借助原始性创新提升市场竞争力。换句话说，成功的原始性创新战略是组织资源与能力的合理配置与组织合法性战略相匹配共同作用的结果。

4.3　研究局限与未来研究展望

尽管本研究对企业原始性创新的理论和实践提供了有益的启示，但同样也存在一些局限性，需要进一步研究。首先，本文是从组织层面研究企业内部资源和能力对原始性创新的影响，但从组织成员特别是核心科学家等个人层面对原始性创新的影响同样不可忽视，未来的研究可以运用多层次分析法（HLM）综合组织和个人层面来研究原始性创新的影响因素。其次，本研究未考虑不同企业类型如国有企业和私营企业的差别，未来可以进行相关所有制类型企业的比较研究，得出来的结论将为我国的政策调整提供有益的指导。最后，本文仅对模型中各变量间的直接关系进行了分析和检验，没有考虑原始性创新可能产生的中介效应或全模型可能存在有调节的中介效应（Moderated Mediation），未来研究可以考虑对相关模型进行扩展和更为深入的分析，以期对原始性创新的产生和作用机理进行更为透彻的研究。

总之，在前人理论研究的基础上，本文是为数不多的针对企业原始性创新问题的大样本实证研究，其建立的资源/能力—原始性创新收益的合法性获取—竞争力框架为未来的研究提供了一个有益的借鉴，且鉴于原始性创新对于我国企业升级转型的核心意义，本文期望更多的研究深入探讨这一话题。

参考文献

［1］He L. The Chinese Path of Economic Reform and Its Implications［J］. Asian Affairs, An American Review, 2005, 31（4）：195–212.

［2］Hemphill D F. Flexibility, Innovation, and Collaboration［J］. Adult Learning, 1996, 7（1）：21–24.

［3］Levy T M. Flexibility, Innovation, and Learning［J］. Atlantic Economic Journal, 1993, 21（3）：76–95.

［4］Li Y, Liu Y, DuanY, Li M. Entrepreneurial Orientation, Strategic Flexibilities and Indigenous Firm Innovation in Transitional China［J］. International Journal of Technology Management, 2008, 41（1–2）：223–246.

［5］杨燕，高山行. 基于知识观的三种自主创新模式的实证研究［J］. 科学学研究, 2010, 28（4）：626–634.

［6］蔡新蕾，高山行．企业创新商业化实证研究——创新独占性和专有互补资产的调节作用［J］．科学学研究，2011，29（9）：1397 – 1405.

［7］Teece D J. Profiting from Technological Innovation：Implications for Integration，Collaboration，Licensing and Public Policy［J］. Research Policy，1986，15：285 – 305.

［8］Zimmerman M A，Zeitz G J. Beyond Survival：Achieving New Venture Growth by Building Legitimacy［J］. Academy of Management Review，2002，27（3）：414 – 431.

［9］Sanchez R. Strategic Flexibility in Product Competition［J］. Strategic Management Journal，1995，16（s1）：135 – 159.

［10］Grewal R，Tansuhaj P. Building Organizational Capabilities for Managing Economic Crisis：The Role of Market Orientation and Strategic Flexibility［J］. Journal of Marketing，2001，65（2）：67 – 80.

［11］王迎军，王永贵．动态环境下营造竞争优势的关键维度——基于资源的"战略柔性"透视（上）［J］．外国经济与管理，2000，22，（7）：2 – 5.

［12］周玉泉，李垣．合作学习、组织柔性与创新方式选择的关系研究［J］．科研管理，2006，27（2）：9 – 14.

［13］Goldenberg J，Mazursky D，Solomon S. Templates of Original Innovation：Projecting Original Incremental Innovations from Intrinsic Information［J］. Technological Forecasting and Social Change，1999，61（1）：1 – 12.

［14］陈雅兰，韩龙士，王金祥，曾宪楼．原始性创新的影响因素及演化机理研究［J］．科学学研究，2003，21（4）：433 – 437.

［15］陈劲，宋建元，葛朝阳，朱学彦．试论基础研究及其原始性创新［J］．科学学研究，2004，22（3）：317 – 321.

［16］Mathews J A. Competitive Advantages of the Latecomer Firms：A Resource – based Account of Industrial Catch Up Strategies［J］. Asia – Pacific Journal of Management，2002，19（4）：467 – 488.

［17］Kraatz M S，Zajac E J. How Organizational Resources Affect Strategic Change and Performance in Turbulent Environments：Theory and Evidence［J］. Organization Science，2001，12（5）：632 – 657.

［18］Leonard – Barton D. Core Competencies and Core Rigidities：A Paradox in New Product Development［J］. Strategic Management Journal，1992，13（s1）：111 – 125.

［19］Grant R M. Toward a Knowledge – based Theory of the Firm［J］. Strategic Management Journal，1996，17（Winter Special Issue）：109 – 122.

［20］Lippman S A，Rumelt R P. Uncertain Imitability：An Analysis of Interfirm Differences in Efficiency Under Competition［J］. Bell Journal of Economics，1982，13（2）：418 – 438.

［21］舒成利，高山行．基于知识生产模式的原始性创新发生机制的研究［J］．科学学研究，2008，26（3）：640 – 644.

［22］Suchman M C. Managing Legitimacy：Strategic and Institutional Approaches［J］. Academy of Management Review，1995，20（3）：571 – 610.

［23］李垣，苏中锋．战略柔性对企业获取创新收益的影响研究［J］．科学学研究，2008，26（2）：414 – 418.

［24］Berry J. Introduction to Methodology［A］. Triandis H，Berry J. The Handbook of Cross – Cultural Psychology［C］. Boston，MA：Allyn and Bacon Inc，1980.

［25］王铁男，陈涛，贾榕霞．组织学习、战略柔性对企业绩效影响的实证研究［J］．管理科学学报，13（7）：42 - 59.

［26］Elsbach K D. Managing Organizational Legitimacy in the California Cattle Industry：The Construction and Effectiveness of Verbal Accounts［J］．Administrative Science Quarterly，1994，39（1）：57 - 88.

［27］Wu L，Wang C，Chen C，et al. Internal Resources，External Network，and Competitiveness During the Growth Stage：A Study of Taiwanese High - tech Ventures［J］．Entrepreneurship Theory and Practice，2008，32（3）：529 - 549.

［28］Wu W. Dimensions of Social Capital and Firm Competitiveness Improvement：The Mediating Role of Information Sharing［J］．Journal of Management Studies，2008，45（1）：122 - 146.

［29］Ford J C，McCallum R C，Tait M. The Application of Exploratory Factor Analysis in Applied Psychology：A Critical Review and Analysis［J］．Personnel Psychology，1986，39（2）：291 - 14.

［30］Segars A H. Assessing the Unidimensionality of Measurement Scales：A Paradigm and Illustration within the Context of Information Systems Research［J］．Omega，1997，25（1）：107 - 121.

［31］Aiken L，West S. Multiple Regression：Testing and Interpreting Interactions［M］．Newbury Park，CA：Sage，1991.

［32］Silverman B S. Strategic Alliance and Inter Firm Knowledge Transfer［J］．Strategic Management Journal，1996，17（1）：77 - 91.

［33］Sirmon D G，Hitt M A，Ireland R D. Managing Firm Resources in Dynamic Environments to Create Value：Looking inside the Black Box［J］．Academy of Management Review，2007，32（1）：273 - 292.

Strategic Flexibility, Original Innovation and Firm Competitiveness: The Moderating Effect of Organizational Legitimacy

Pei Yunlong[1]   JiangXu[2]   Liu Heng[3]

（1. School of Management, Xi'an Jiaotong University, Xi'an 710049;

2. The Key Lab of the Ministry of Education for Process Control & Efficiency Engineering,

School of Management, Xi'an Jiaotong University, Xi'an 710049;

3. Lingnan College, Sun Yat - Sen University, Guangzhou 510275）

Abstract：This study examines how different types of strategic flexibilities（resource flexibility and capability flexibility）affect original innovation. We also investigate the impact of original innovation on firm competitiveness and the moderating effect of organizational legitimacy on the original innovation – competitiveness relationship. Data to test the model were collected by interviewing two key informants in each of 303 Chinese firms. Results suggest that resource flexibility impacts original innovation in an inverted – U shaped manner, while capability flexibility facilitates original innovation in a significant linear manner. Furthermore, the relationship between original innovation and firm competitiveness is positive and this relationship is aggravated by organizational legitimacy. Theoretical and practical implications are discussed.

Key Words：Original Innovation；Resource Flexibility；Capability Flexibility；Firm Competitiveness；Organizational Legitimacy

后发企业如何进行创新追赶？*
——研发网络边界拓展的视角

刘　洋[1]　魏　江[1]　江诗松[2]

（1. 浙江大学管理学院，杭州　310058；2. 武汉大学经济与管理学院，
武汉大学中国产学研合作问题研究中心，武汉　430072）

【摘　要】现阶段，经过一定知识和能力的积累，中国后发企业面临全球化背景下领先企业全方位的激烈竞争。在更加开放和动态的产业中，资源兼具分散和快速变化的特点，协同创新已经成为一种必需的创新战略。那么，中国后发企业如何构建研发网络以通过协同创新实现创新追赶？本文通过对浙江省4个制造企业的多案例分析，探索并提出了后发企业如何通过基于地理边界、组织边界、知识边界的研发网络构建，实现创新追赶的过程与机制。

【关键词】后发企业；创新追赶；研发网络；边界拓展

1　引言

现阶段，中国后发企业已经具备一定知识和能力的积累，面临全球化背景下领先企业全方位的激烈竞争。在新的竞争形势下，中国后发企业应该如何进行创新追赶？关于这一问题的解答，现有文献提出的通过领先企业技术溢出进行模仿创新的后发企业能力追赶理论面临挑战（Dutrénit，2004），研究开始逐渐向同时关注学习和创新的范式转变（Hohday，2005）。进一步，实践中有关"自主创新战略"与"协同创新战略"的大讨论也激发了研究者的兴趣，同时，现有研究情境往往集中于新工业化国家（Newly Industrialized

＊本文得到国家自然科学基金重点项目（71132007）、国家自然科学基金青年项目（7120212）、教育部行政学社会科学研究重大课题攻关项目（10JZDW003）、武汉大学人文社会科学"70后"学者学术发展计划（中国企业的国际竞争力提升）的支持。

Countries，NICs），其制度情境不同于转型经济（江诗松、龚丽敏和魏江，2011a，2011b，2012）。最后，这些文献缺乏理论基础（Hobday，2005），且很少和战略管理文献建立对话（Mathews，2002），因而限制了其理论意义（江诗松等，2011a，2011b，2012）。

因此，本文将通过聚焦于中国后发企业如何进行创新追赶，其实现的可能路径是什么这一核心问题，进而弥补以上理论缺口。协同创新（Collaborative Innovarion）的范式为解答这一问题提供了新的理论思路。这是因为，在更加开放和动态的产业中，资源兼具分散和快速变化特点，单个组织很难持续开发或者获取最佳的创新；相反，协同创新已经成为一种必需的创新战略：协同创新能够帮助合作伙伴从利用外部资源的开放式创新以及利用协议保证创新产权的封闭式创新中获益（Davis and Eisenhardt，2021）。

事实上，全球化、网络化企业组织以及日益复杂和分散的技术知识使后发企业通过研发网络边界拓展进行创新追赶已经成为必要。首先，对于后发企业来说，在缺乏世界领先的市场资源和技术资源的条件下（Hobday，1995），仅仅通过内部研发难以获得足够的企业特质资源（Firm - speeific Resource）以参与国际竞争（Lu and Wang，2012）。其次，相比内部研发而言，新兴经济体背景下制度缺失（Institutional Voids）的存在（Khanna and Palepu，1999；Peng，2012），使外部研发合作充满风险。这一悖论迫使后发企业慎重抉择创新追赶战略，合理规避各自缺点与风险。从边界拓展的视角出发，综合考虑研发网络组织边界、地理边界和知识边界的拓展，有利于我们识别追赶过程机制与可能实现路径。这是因为：第一，组织内部本地网络和超本地网络的边界拓展聚焦于内部研发，而组织间网络的地理边界拓展则聚焦于合作研发，从边界拓展的角度有利于我们识别两者的协同机制。第二，探讨研发网络知识边界拓展，有利于分析后发企业在协同创新过程中如何应对转移、整合以及开发异质性知识过程中的种种困难（Argote，McEvily and Reagans，2003；Carlile，2004）。第三，综合不同边界拓展的过程，能够帮助我们识别边界拓展视角的创新追赶路径，进而拓展现存追赶路径的文献。

本文将通过4家典型后发企业的跨案例分析，探索提出后发企业如何通过基于地理边界、组织边界、知识边界的研发网络构建，实现创新追赶的过程与机制，并最终提出这一过程中研发网络的演化路径选择。首先，构筑后发企业通过研发网络边界拓展进行创新追赶的模型，挑战了现存追赶文献模仿创新的主流范式（Hobday，1995；Kim，1980，1997），使研究范式从过分强调技术能力和市场能力的积累，向创新能力追赶这一重点转移（Dutrénit，2004；Hobday，Rush and Bessant，2004）。其次，通过边界拓展概念的引入（O'Mahony and Beehky，2008；Pisano，1990；Santos and Eisenhardt，2009），本文建立起后发企业文献与战略管理主流文献对话的一个通道。基于边界拓展构建后发企业研发网络演化模型，有助于建立后发追赶文献与主流文献的对话，进而深化相关研究。最后，探索中国情境下的后发企业追赶过程，是对现有主要集中在新工业化国家情境下的追赶文献有力的补充（江诗松等，2011a，2011b）。

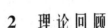

2 理论回顾

2.1 后发企业创新追赶

国际学术领域日益关注后发国家的创新能力提升问题，并把这些国家或地区的本土企业界定为后发企业（Lateeomer Firms）（Choi，1996；Hobday，1995；Kim，1997）。后发企业是指面临技术劣势和市场劣势并试图参与国际竞争的制造企业（Hobday，1995），能力追赶是其实施赶超战略的关键所在（江诗松等，2012）。随着发展中国家后发企业接近技术前沿，发达国家企业不愿意分享其技术，加之技术本身也愈加复杂，因而借用发达国家企业的技术将更加困难。为了实现进一步追赶，后发企业需要成为创新者而非模仿者（Chang，Chung and Mahmood，2006）。这一趋势挑战了现存追赶文献中从模仿到创新的主流范式（Hobday，1995；Kim，1980，1997）。

现有关于后发企业能力追赶模式的文献主要识别出两个共性：渐进式的技术能力积累和阶段式、非线性的追赶路径（Choung，Ji and Hameed，2011）。例如，基于 OEM - OBM - ODM 的逆向产品生命曲线模型（Hobday，1995），利用、吸收、改进模型（Kim，1980，1997），建立关系（Linkage）、杠杆化利用（Leverage）和学习（Learning）的 3L 模型（Mathews，2002），路径跟随、跳跃和创造模型（Fan，2006；Lee and Lim，2001）等。这些研究过分强调了技术能力和市场能力的积累，却忽视了现有企业实践已经逐渐向创新能力追赶这一重点转移（Dutrénit，2004；Hobday et al.，2004）。

事实上，在后发企业追赶过程中，越来越多的企业开始从依赖引进技术和设备转向使用本土研发来创新（Guan，Yam，Tang and Lau，2009）。Hobday（2005）把后发企业的创新定义为对于企业自身而言（而不是对于世界或者市场）新颖的产品、过程或服务。"通过学习构建技术能力是后发企业缩短与发达国家企业技术差距的必要但不充分条件"（Hobday，2005）。要实现"追赶"（Catch Up）而不是"追随"（Keep Up），学习和创新都非常重要（Hobday，2005）。

进一步，转型经济情境中进行后发企业创新追赶的研究更有优势，这是因为在这种背景下，后发企业进行创新能力追赶面临着更加复杂的环境。市场和制度环境的独特特征使得整体环境更加动态、不确定和复杂（Hitt，Li and Worthington Ⅳ，2005），导致后发企业需要花费大量资源进行结网（例如，研发网络）等活动（Xu and Meyer，2012），这为后发企业进行创新追赶带来了机遇与挑战。在此复杂条件下，转型经济中的后发企业一方面需要拓展内部研发网络的地理和市场边界，紧跟国际前沿，追随国际领先企业的创新，通过内部研发实现创新追赶；另一方面需要通过跨地理、组织和知识边界的合作创新，提升自身创新能力，完成创新能力追赶转型的过程，以领先者姿态参与竞争。基于此，拓展后发企业的研发网络边界，特别是协同拓展研发网络的组织、地理、知识边界将是转型经济背景下后发企业进行创新能力追赶的关键所在。

2.2 研发网络边界拓展

研发作为驱动企业创新的重要活动，其网络边界拓展对于企业创新至关重要（Pisano，1990）。在过去的几十年中，由于技术研究发展变得更加复杂（Complex）和多样化（Multidiseiplinarity），意味着国际技术市场的竞争更加激烈，知识市场的转型得以加速以及分享研究风险和成本势在必行（Wagner and Leydesdorf，2005），这使基于边界拓展的研发网络构建风靡全世界。

不同的企业、学校以及其他形式的研究组织（例如，政府机构、研究所等）所形成的越发结构化和频繁交互的网络（Network）、公会（Consortia）以及协定（Agreement），逐渐成为了企业创新系统获取竞争优势的根本（Sala，Landoni and Verganti，2011）。遵循Tiissen（1998），研发网络可以被定义为："基于资源关系的一个演化的交互依赖系统，其系统特征是交互、过程、程序以及制度化的结果。这一网络中的活动包括在正式和非正式的关系中进行创造、整合、交换、转变、吸收和开发资源。这些网络资源中包含了多种能力和资产，包括：有形资产，例如编码化的知识、物质资产，技术设备等；无形资产，例如技能、隐性知识、经验以及个人联系等"。

网络形态在后发企业研发活动中不断呈现的原因有如下几个方面：一是竞争环境的根本变化。企业研发所需的资源和知识大大超出了组织的边界，更具动态性的研发网络取代以市场为基础的垂直整合型结构成为趋势，而信息技术的发展为研发网络的构建提供了可能。二是网络内研发资源的整合。企业常常缺乏特定的资源或知识，而网络中合作伙伴为这些资源、知识、新技术和人才的获取提供了渠道和外部资金（Peters，Groenewegen and Fieberkorn，1998）。三是研发网络为参与者产生额外的价值。如提升创新能力、培育经济增长、缩短开发时间、共享开发成本和风险、获取相关的技术资源和知识等（Powell，Koput and Smith – Doerr，1996）。

事实上，边界拓展是研发网络进行演化的主要方式（Pisano，1990），现有文献重点关注基于组织边界（Organizational Boundaries）拓展的研发网络演化（Davis and Essenhardt，2011；Lavie and Rosenkopf，2006；Mowery，Oxley and Silverman，1996；Pisano，1990；Powell et al.，1996；Stuart and Podolny，1996）。然而，随着全球化的发展，基于地理边界（Geographieal Boundaries）拓展的研发网络演化非常重要却相对缺乏关注（Lahiri，2010；Leiponen and Helfat，2011；Singh，2008）。同时，知识边界（Knowledge Boundaries）概念的兴起为研发网络边界拓展提供了一个借鉴（Emst，Lichtenthaler and Vogt，2011；Levine and Prietula，2012；Tortoriello and Kraekhardt，2010；Zhou and Li，2012）。进一步，综合考虑组织边界、地理边界以及知识边界的研发网络演化文献缺乏，这给现有研究者带来了极大挑战也为本研究提供了重要机遇。

3 研究方法

3.1 方法选择

针对后发企业创新追赶中，研发网络边界拓展存在的复杂性、动态性和辩证性的特征（M'Chireul，2009），采用纵向多案例研究的方法，有利于把握其内在拓展机理以及对创新能力的影响机制（Eisenhardt，1989）。多案例的设计允许改变研发网络边界拓展的形式，从地理、组织和知识边界单个或者不同类型的组合角度出发，帮助我们设计基于类似于准实验逻辑的研究框架，从而有助于因果关系的识别以及外部效度的提高。纵向案例的设计可以确认关键时间发生的次序，从而有利于识别因果关系，提高内部效度（Eisenhardt，1989）。

3.2 案例选择

正如 Eisenhardt（1959）所建议的，我们在进行案例选择时采用理论抽样的办法，以尽可能地避免外生变异。首先，遵循研究聚焦的原则，我们把拥有浙江省级技术中心资质的企业作为样本，因为一方面，浙江省的企业参与国际竞争程度较高，创新追赶是其主旋律；另一方面，拥有这一资质企业的"研究开发与创新水平在同行业中处于领先地位"，一定程度上代表中国后发企业进行创新追赶的主力军。其次，遵循选择代表性案例以及选择能够复制以及拓展理论的案例两个原则，我们选择了4个案例（见表1）。具体原因如下：第一，这4个案例已经具有国家级技术中心资质或者正在申请进程中，研发网络和创新追赶均为样本中的典型代表。第二，这4个案例分属电池制造、制冷配件、低压电器以及热交换器等行业，是传统制造业的典型代表，对这些案例的分析能够依据复制的逻辑帮助我们探索研发网络边界拓展与创新追赶的关系。第三，由于这4个案例在创新追赶过程中采取研发网络边界拓展的形式又有一定程度的不同，对这些案例的分析有利于帮助我们拓展理论分类，探索可能的研发网络演化路径。

表 1 样本基本情况

企业名称	浙江南都电源动力股份有限公司	浙江盾安人工环境设备股份有限公司	浙江天正电气股份有限公司	浙江银轮实业发展股份有限公司
简称	南都电源	盾安环境	天正电气	银轮实业
所在行业	电池制造	制冷配件	低压电器	热交换器
主导产品	通信电源、动力电源、储能电源、系统集成及相关产品	制冷设备和制冷配件	低压电器、家用电器、成套设备	热交换器

续表

企业名称	浙江南都电源动力股份有限公司	浙江盾安人工环境设备股份有限公司	浙江天正电气股份有限公司	浙江银轮实业发展股份有限公司
成立时间	1994 年	1987 年	1997 年	1958 年
总资产	32.41 亿元	31.20 亿元	9.70 亿元	23.39 亿元
营业收入	16.84 亿元	22.80 亿元	15.70 亿元	18.77 亿元
利润	1.12 亿元	4.80 亿元	1.03 亿元	1.24 亿元
行业地位	通信设备应用领域龙头企业	全球最大的截止阀生产基地，截止阀、储液器市场占有率位居全球第一	中国工业电器行业规模最大的企业之一	机油冷却器市场占有率45%，中冷器市场占有率35%，居国内外同行首位

注：财务数据中南都电源和银轮实业为 2011 年数据，盾安环境与天正电气为 2010 年数据。

3.3 数据收集

整合多种数据来源进行三角验证能够提高案例研究的信度和效度（Eisenhardt，1989；Yin，2003），因此我们收集了访谈数据、问卷数据、观察数据以及二手数据等。其中公司内部和公开的二手数据是我们的主要数据来源；访谈数据、问卷调查以及观察数据一方面作为数据收集的验证和补充，另一方面用来启发研究者以及索引和核实关键数据。这是因为相关研发网络边界拓展的数据往往都有较正式文件的说明（如研发合作协议等），创新追赶的测量则更多可以从客观证据（如专利，国际市场占有率）中得以体现。以企业二手数据和公开数据可以一定程度上避免印象管理、自我夸大、回溯性释义等带来的偏差（Eisenhardt and Graebner，2007）。

具体而言，首先，公司内部的二手数据收集与访谈、参与性观察以及问卷调查相结合。对于每个案例，研究者都采用现场调研的方式（介于 4～10 次/企业），访谈涉及高管团队和研发团队两个层次的对象（每个案例平均 20 人次），问卷调查了部分员工，参与性观察了大部分的研发中心。其次，我们收集了企业公开财务报表，行业协会相关报告以及大量新闻报道等二手数据。

3.4 数据分析过程

我们首先从整理每个案例历史数据开始（Eisenhardt，1989；Yin，2003）。不同数据来源得到支持的数据首先得到了保留，对于一些访谈对象提供的没有二手文件支持的数据，我们进一步在访谈中从不同的访谈对象中寻求资料，如若找不到证据则予以删除（Jick，1979）。单个案例整理的历史数据在 40 页到 80 页不等。紧接着，我们根据这些数据进行单个案例分析。在分析过程中我们不断与现有文献进行比对，寻找相同点与差异点，试图发现潜在的理论涌现（Eisenhardt，1959）。完成初步的单案例分析后，我们进行了跨案例分析以发现相似概念和逻辑（EISenhardt and Graebner，2007）。这种复制的逻辑类似于准试验，有助于提升涌现的理论的效度水平（Eisenhardt，1989）。在整个分析过程中我们不断进行数据、文献以及涌现理论之间的比对，直至数据与涌现的理论达成稳健的匹配（Eisenhardt and Graebner，2007）。

4 研发网络边界拓展与创新追赶：机制与过程

拓展 Dutrénit（2004）的追赶模型，根据知识基的构建和创新能力的变化，我们把后发企业创新追赶过程分为构建必要知识基阶段、转型阶段和构建战略能力阶段。下文我们将根据这一划分，分别阐述 4 个案例在这三个阶段如何通过组织边界、地理边界以及知识边界实现创新追赶，而后，通过跨案例分析，探索与总结这一过程中不同案例在不同过程中采用的管理机制（制度化与整合化机制）以及研发网络演化路径的选择。这里需要强调的一点是，通过案例分析涌现出了两种管理机制拓展并深化了组织与组织间层面的学习理论：制度化机制（Institutionalizing Mechanism），定义为通过收购兼并、签订正式合作协议等组织机制，明确定义目标、任务、组织管理等来保证行动得以发生；整合化机制（Integrating Mechanism），定义为通过明星科学家协调下的人员互动来保证共享理念和共同行动得以发生（Crossan，Lane and White，1999）。表 2 对比了 4 个案例研发网络演化与创新追赶机制与过程的典型证据。

表 2 研发网络演化与创新追赶的证据

创新追赶	研发网络演化	描述	盾安环境典型证据	银轮实业典型证据	天正电气典型证据	南都电源典型证据
创新追赶绩效		高创新追赶绩效	2009 年 12 月，盾安环境研制成功世界首台、国际先进的核级满液式螺杆冷水机组，标志着中国企业在核电空调领域打破世界垄断	机油冷却器市场占有率为 45%，中冷器市场占有率为 35%，已达到国内外同行首位；主导废气再循环（ERG）产品，已经获得多项国际专利，达到国际领先地位	电力自动化产品"STS360 变电站综合自动化系统"被上海市科委认定为具有该领域国际先进水平；智能断路器的总线技术属于国内首创；加入了电子技术和数字技术的无弧接触器，解决了传统技术的难题，达到国际领先水平	超低温/高功率聚合物锂离子电池技术，首次突破了锂离子电池在超低温、高倍率环境下正常工作的国际难题；同时新型长寿命移动式燃料电池电源系统具有环境友好、工作噪声较低 '持续运行时间长等特点，经工信部技术成果鉴定认为该产品填补了国内空白，达到了国际先进水平

创新追赶		研发网络演化	描述	盾安环境典型证据	银轮实业典型证据	天正电气典型证据	南都电源典型证据
创新追赶过程	构建必要知识基阶段	地理边界拓展	跨本地边界	2000 年收购三尚机械有限公司 74% 的股权，使其成为控股子公司。2000 年吸纳合肥通用机械研究院的增资	兼并了天台保温材料厂、天台第一水泥厂、天台造纸厂、天台汽车配件厂等 6 家企业	1997 年，天正电气投入 1000 多万元建成"低压电器测试中心"；在上海浦东、江苏南京等地建立技术中心	引进国际 VRLA 电池技术和相关技术人才；2001 年成立上海南都子公司
		组织边界拓展	组织内部				
		知识边界拓展	知识获取				
	转型阶段	地理边界拓展	国内	2001 年与浙江大学、西安交通大学、合肥通用机械研究所合作建立中央空调研究院，通过签订技术合作协议，共同研究开发变频技术、变容量技术、模糊控制技术、远程网络监控技术、纳米技术及数字技术等高新技术	先后于 2000 年成立"浙江大学—浙江银轮车辆散热器研究与测试中心"、2002 年成立"上海交大—浙江银轮高效换热器产品研究与开发中心"、2004 年成立"哈尔滨工业大学—浙江银轮焊接材料与工艺研究开发中心"等	与西安交通大学、上科所、湖南大学等研究机构建立了研发合作关系	与北京顺成长荣科技有限公司合作开发超高功率型磷酸铁锂电池技术；与华日冰箱有限公司跨知识边界合作开发通信蓄电池用制冷设备技术，填补了南都在该领域的空白；与浙江大学、哈尔滨工业大学、天津大学、厦门大学、浙江工业大学等高校保持紧密的科研合作关系
		组织边界拓展	跨组织边界				
		知识边界拓展	知识获取与创造				
	构建战略能力阶段	地理边界拓展	全球	2009 年 8 月，盾安环境加入到制冷行业国际一流的美国马里兰大学 CEEE 中心会员，及时获取最先进制冷前沿技术和开发技术	聘请国内外本领域的顶级专家，参与研发创新，构建全面协同创新的研发网络	与美国、瑞士、韩国等国家的客座研究人员可及时与实验室通话、交换数据或举行网上研讨会，吸收掌握先进低电器的前沿，并依托企业技术中心在国外与先进研究室、实验室建立技术合作	借助国际先进铅酸电池组织（ALABC）成员的优势，加强与国际电源技术组织和国际著名通信电源企业开展广泛的国际技术合作，如与欧洲爱立康公司、日本 NTT 公司进行产品开发合作等，不断巩固其在阀控电池领域的领先地位
		组织边界拓展	跨组织边界				
		知识边界拓展	知识创造				

4.1 盾安环境的研发网络演化与创新追赶

构建必要知识基阶段。特种行业空调相关技术一直被国外领先企业所垄断。早期（1992～2000 年）的盾安环境在进行创新追赶过程中更多地聚焦于内部研发进行必要知识基的构建，研发网络的演化形式为本地组织内的研发网络边界拓展。盾安环境在这一阶段进行研发网络边界拓展的方式主要为通过制度化机制（例如收购与出让股权）进行组织内地理边界和知识边界拓展。典型证据包括 200 年收购三尚机械有限公司 74% 的股权，使其成为控股子公司。这一收购使得盾安环境迅速拓展了知识边界至作为中央空调的核心部件的换热器（包括冷凝器和蒸发器）相关知识基。另一典型证据为 2000 年盾安环境吸纳合肥通用机械研究院的增资使得盾安环境把在制冷空调与环境控制技术等方面有着较强技术优势的合肥通用机械研究院纳入旗下，为盾安环境的技术快速发展打下基础。这一阶段的盾安环境虽未有突出的创新绩效表现，但制度化机制的设计，保障了知识基的快速积累（相似知识）与扩展（不同知识），使得内部研发能力大幅提升。

转型阶段。2001～2008 年，盾安环境开始通过跨组织边界和知识边界，与国内其他组织合作进行创新追赶。首先，盾安环境通过明星科学家协调下的频繁交互这一整合化机制，与国内部分高校和研究所进行探索式创新导向的合作。典型证据是 2001 年盾安环境与浙江大学、西安交通大学、合肥通用机械研究所合作建立中央空调研究院，共同研究开发变频技术、变容量技术、模糊控制技术、远程网络监控技术、纳米技术及数字技术等高新技术，并将这些高新技术逐步应用到新产品开发。这一合作的直接结果是盾安环境的突破式创新显著增多：当年起由盾安环境主导的国家重点新产品计划、国家星火、火炬计划、各类省级科技攻关项目以及专利等开始出现并逐渐增加。更重要的是，一方面，能够在合作中起到主导地位是由于前一阶段内部研发能力的快速提升打下的坚实基础；另一方面，这些基于整合化机制管理下的跨组织边界的合作进一步提升了盾安环境的知识基，提升了内部研发能力。正是由于内部研发和外部合作的共同作用，盾安环境实现了快速转型。这可以由随后盾安环境的其他合作创新例证予以支持。前期的合作使得后续盾安环境与上海交大、西安交大、合肥通用机械研究院和美国开利上海研究院进行了多项国家科技项目，包括合作研发高温冷水机组和干式风机盘管的研制、满液式水（地）源热泵机组的系列化开发、低品位能源高效应用和新型换热器等，帮助盾安环境构建起初步的战略能力。此外，由于高校和研究所与企业之间在目标、知识基、组织惯例等方面存在显著差异，致使二者之间的合作不可避免地存在一定的障碍。以明星科学家协调下的人员互动来保证共享理念和共同行动的整合化机制是克服这种障碍的有力保障。比如，盾安环境与浙江大学的合作前期并不顺利，主要原因是二者存在比较大的制度差距（盾安环境需要能够盈利的新产品和自身创新能力提升，而浙江大学需要发表文章以及学生培养），而后，在浙江大学几位教授的协调下，通过不断调整项目目标，并积极促进企业研究人员和浙大教师及学生之间的交流和互动，使得二者之间的合作愈发紧密，形成了"共同学习社区"，因此，正是由于这种整合化制度的保障，使得二者避免了合作障碍，实现了合作创新。

其次，在拥有必要的知识基基础上，盾安环境还开始通过签订正式契约（详细规定合作过程与成果分配）与其他国内的企业进行研发合作。这些合作的成果更多的是利用式创新，即利用现有盾安环境和合作企业的现有技术基础进行新产品的开发。例如，在制冷设备领域，2006 年与北京通用人环科技有限公司合作，共同承担国家"十一五"科技支撑计划重大项目"建筑节能关键技术研究与示范"的课题七"空气源热泵关键技术研究"，其成果通过省级新产品鉴定，认定该项目的技术和产品性能达到国际领先水平。此外的证据包括盾安环境与山西炬能公司合作开发利用城市原生污水源来提供空调和生活冷热水的节能系统等。

正是由于不同机制管理下，盾安环境实现了探索式创新和利用式创新的均衡，并通过内部创新和外部合作创新协同下的转型，促进绩效大幅提升。到 2008 年底，盾安环境的新产品销售额已经达到 10.5 亿元，年增长率超过 20%，基本实现转型。

构建战略能力阶段。2009 年以后，盾安环境开始通过构建全球研发网络进而提升其战略能力。其典型证据为 2009 年 8 月，盾安环境加入到制冷行业国际一流的美国马里兰大学 CEEE 中心会员，及时获取最先进的制冷前沿技术和开发技术。2009 年末，盾安环境还与目前国际上压缩机最领先技术的广东美芝压缩机公司开展压缩机用内平衡式电子换向阀的研究开发项目，为在制冷系统中达到节能与舒适要求，控制简单可靠的排量可调的双转子压缩机取代传统定量式双缸压缩机等技术研发。除此之外，盾安环境已经开始与日本大金、日本东芝压缩机、意大利莱富康等跨国企业建立技术创新战略联盟。这些技术合作更多地聚焦于利用式创新。同时，盾安环境与高校和研究所之间的合作进一步深化，先后建立三个联合研究所，在一些明星科学家的协调下，近 130 位员工参与交流与合作，进行突破式创新的研究。

至 2009 年底，盾安环境已经成为全球最大的截止阀生产基地，截止阀、储液器市场占有率位列全球第一，分别高达 43% 和 32%。技术方面，盾安环境在核电站 DEL 水冷式冷水机组、满液式螺杆水（地）源热泵机组以及低环温空气源热泵（冷水）机组等技术方面具备国际领先水平。总体上，截至 2009 年底，盾安环境共申请专利 187 项，其中发明专利 39 项；授权 149 项，其中发明专利 8 项，外国专利 5 项，基本实现创新追赶。说明盾安环境创新追赶的另外一个典型事例为 2009 年 12 月，盾安环境研制成功世界首台、国际先进的核级满液式螺杆冷水机组，标志着中国企业在核电空调领域打破世界垄断。图 1 展示了盾安环境基于边界拓展构建的研发网络全貌，通过构建必要知识基阶段、转型阶段和构建战略能力三个阶段的发展与演化，盾安环境已经形成了跨组织边界、地理边界和知识边界的全球研发网络，正是这一研发网络的不断演化促进盾安环境一步一步进行创新追赶。

4.2 银轮实业的研发网络演化与创新追赶

构建必要知识基阶段。银轮实业从 20 世纪 80 年代开始，为国内主机厂商配套，而后

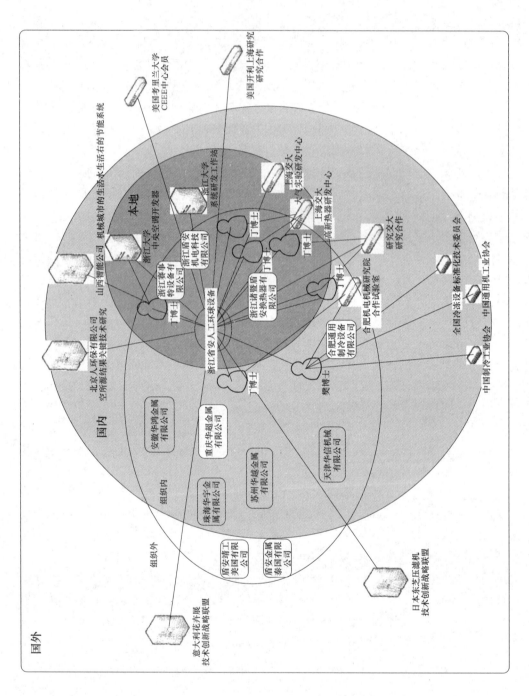

图 1　盾安环境研发网络边界拓展全貌

直至1999年改制完成一直通过突破地理边界和知识边界的内部研发网络构建进行知识基的累积与拓展。兼并作为制度化机制的一种，是其主要拓展方式。典型证据为1989～1995年期间，在政府的主导下，天台机械厂先后兼并了天台保温材料厂、天台第一水泥厂、天台造纸厂、天台汽车配件厂等6家企业。这些兼并虽然为银轮实业带来了大量负债，但对于企业知识基的拓展有着重要作用，并极大提升了企业内部研发能力。典型证据是在1999年，这些不同厂中的老工程师经过866天，制作样品9次90多件，按照国际产品开发的程序修订了APQP前期策划文件和PPAP文件500多份，终于获得国际发动机前3的美国康明斯公司的主机配套通行证，正式进入国际市场。这一阶段的银轮实业事实上没有任何自主知识产权，但是正是因为这段时间的知识积累，为后续发展打下坚实基础。

转型阶段。1999年转制重组正式结束，银轮实业开始了创新追赶的转型阶段。这一阶段的银轮实业更多地进行跨组织边界的研发网络构建来进行创新追赶。典型证据为银轮实业先后于2000年成立"浙江大学—浙江银轮车辆散热器研究与测试中心"、2002年成立"上海交大—浙江银轮高效换热器产品研究与开发中心"、2004年成立"哈尔滨工业大学—浙江银轮焊接材料与工艺研究开发中心"。这些合作都基本由明星科学家负责协调（部分名单见表3），研究生与员工之间的交流互动十分频繁。在整合化机制下，这些合作的直接结果是一些国家以及省重点项目、专利、论文等探索式创新（部分项目见表4）。其实更深远的影响是银轮实业的自身的创新能力大幅提升，典型证据是在2000年的时候，银轮实业主要从事"来图加工"，而到2004年的时候，银轮实业已基本实现与国际领先企业的"同步开发"，而到2005年10月银轮实业就通过了SIO/TS16949、ISO1400、OH-SAS18000的"三合一"质量体系认证。正是内部研发能力的大幅提升，使得银轮实业从2006年开始，与卡特彼勒、潍柴动力和美国热动力等企业进行特定产品的利用式开发工作，这些合作过程中一般是在正式契约下双方共同开发或者银轮实业作为主导，直接结果是新产品销售额显著增加。同时，需要注意的是，银轮实业在与其他企业进行合作的过程中存在诸多风险，如知识泄露等，这不可避免地会导致一定程度的合作障碍。银轮实业的解决办法是尽量减少二者之间的交流活动，而通过签订详细的合同，规定非常具体的合作步骤，并严格遵照执行，使得二者之间的合作创新顺利发生。

表3　银轮实业部分外部专家列表

姓名	职称/学位	专长与其他说明
杨博士	高级技师	模具、工艺，享受台州市政府特殊津贴
符博士	教授/高级专家	内燃机技术
赵博士	高工/高级专家	内燃机增压中冷技术，享受国务院特殊津贴
陆博士	教授/博导/高级专家	内燃机增压中冷技术，享受国务院特殊津贴
陈博士	教授/博导/独立董事/高级专家	空调、制冷，享受国务院特殊津贴
石博士	研究员/高级专家	发动机技术，享受国务院特殊津贴

续表

姓名	职称/学位	专长与其他说明
陈博士	高工/高级专家	内燃机、散热器
徐博士	高工	内燃机
邵博士	教授级高工	工程分析与计算
蔡博士	高工	内燃机、技术情报
俞博士	高工	内燃机
孙博士	高工	内燃机
张博士	高工	冲压技术、模具、工艺
韩博士	博士	车辆动力工程，校企共研课题
张博士	博士	车辆动力工程，校企共研课题
黄博士	博士	车辆动力工程，校企共研课题
武博士	博士	车辆动力工程，校企共研课题
钟博士	博士	车辆动力工程，校企共研课题
王博士	硕士	材料与焊接技术，校企共研课题
陈博士	教授/博导/高级专家	兼职顾问（空调、制冷技术）
俞博士	教授/博导/独立董事	兼职顾问（内燃机，车辆热管理）
钱博士	教授/高级专家	兼职顾问（焊接技术，享受国务院特殊津贴）
冯博士	教授	兼职顾问（焊接技术，享受国务院特殊津贴）
何博士	博士后/副教授	兼职顾问（焊接技术）
科涅夫·谢尔盖	博士/研究员/实验室主任	兼职顾问（白俄罗斯国家科学院雷科夫传热传质研究所，强化传热、热管、热控技术）
Mr. Haslinger		兼职顾问（AVL 发动机专家）

表4 银轮实业部分合作创新项目

项目名称	项目来源	合作单位	项目类型	周期
废气再循环 EGR 阀产业化开发	地方科技项目	浙江大学	试验发展	2006～2008
4BTAA 空空中冷器	国家科技项目	浙江大学	试验发展	2004～2006
废气再循环（ECR）冷却器	国家科技项目	浙江大学	试验发展	2006～2008
载重车辆冷却系统多散热器产品集成开发技术及产业化	地方科技项目	浙江大学	试验发展	2007～2008
高效箱体式油冷却器开发	本企业自选科技项目	浙江大学	试验发展	2007～2008
柴油机整车热管理计算仿真系统和试验平台的建立	其他企业委托科技项目	潍柴动力	应用研究	2008～2008
不锈钢板 USX34H14	本企业自选科技项目	美国热动力	研究试验发展成果应用	2007～2008

项目名称	项目来源	合作单位	项目类型	周期
车用热交换器对纳米流体适应性的试验研究	本企业自选科技项目	浙江大学	应用研究	2007～2009
重型商用车散热系统研究	本企业自选科技项目	浙江大学	应用研究	2007～2009
现代车辆热管理系统开发	本企业自选科技项目	浙江大学	应用研究	2007～2010
整车热管理计算仿真系统和试验平台的建立	本企业自选科技项目	厦门金龙	应用研究	2008～2009
新型高效翅片的探索与研究	本企业自选科技项目	上海交通大学	试验发展	2008～2009
耐高温换热器及其技术开发	本企业自选科技项目	哈工大	应用研究	2008～2009
SCR技术的应用研究	本企业自选科技项目	清华大学	试验发展	2008～2010

构建战略能力阶段。在这一阶段，银轮实业开始通过跨组织边界和知识边界进行全球研发网络的构建进而提升其战略能力。一方面，银轮技术中心在杭州、上海、湖北和美国等地建立了较为广泛的技术信息网络，与国内外分支机构和子公司共享技术知识和管理经验。通过与国内外客户、供应商和科研机构的业务往来和技术合作，建立了多元化的信息来源渠道，掌握了国内外市场发展的需求和国际同行的技术发展趋势，为中心的产品开发和技术发展规划提供支持。例如，邀请 AVL 专家每年来公司进行一次专题报告，使公司及时了解国际上发动机技术的发展动态，掌握国际上热交换器技术的发展方向。另一方面，技术中心还建立结构化的环境扫描机制，建立专门的组织机构、安排专人搜索国内外期刊、专刊、专业网站和信息机构的技术信息；积极参加各种专业学术论坛和会展，及时了解和掌握行业最新的发展动态等。该阶段银轮实业最重要的活动在于聘请国内外本领域的顶级专家，参与研发创新，构建全面协同创新的研发网络。

截至 2008 年底，银轮实业的主导产品机油冷却器市场占有率45%，中冷器市场占有率35%，已达到国内外同行首位。目前，银轮实业已申请各类专利48项，其中发明专利巧项，实用新型专利三项，已授权25项。其中最能说明银轮实业已经实现创新追赶的证据是 2006 年开始研发的废气再循环（ERG）产品，已经获得多项国际专利，达到国际领先地位。图2展示了银轮实业基于边界拓展构建的研发网络全貌，通过构建必要知识基阶段、转型阶段和构建战略能力三个阶段的发展与演化，银轮实业已经形成了跨组织边界、地理边界和知识边界的全球研发网络，正是这一研发网络的不断演化促进银轮实业一步一步进行创新追赶。

4.3 天正电气的研发网络演化与创新追赶

构建必要知识基阶段。早期的天正电气重点通过组织内跨地理边界和知识边界的研发网络的构建来积累知识。典型证据为1997年，天正电气投入1000多万元建成"低压电器测试中心"，并于2002年通过 CNAS 中国实验室国家认可委员会的认定，成为国内首家与国际接轨的国家级实验室。该实验室对于早期天正电气进行必要知识基的积累贡献巨大。此外，自1999年以来，天正电气还陆续投资近10亿元，先后在上海浦东、江苏南京和美

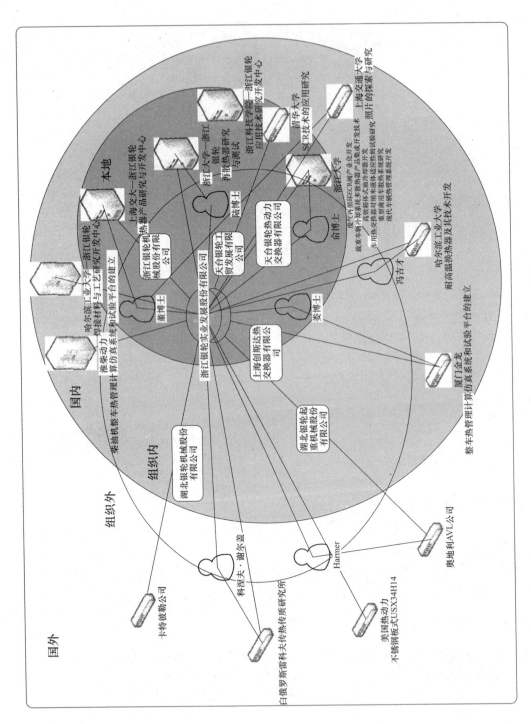

图 2　银轮实业研发网络边界拓展全貌

国硅谷建立天正工业园和技术研发中心。这些内部研发网络构建过程中，制度化的机制成为其成功的保障。正是由于这一阶段的扎实基础，天正电气的内部研发能力得到迅速提升。

转型阶段。自 2005 年开始，天正电气更多地聚焦于国内跨组织边界的研发网络构建，特别是与研究院所之间进行协同创新。表5 展示了天正电气部分研发周期三年以上的合作项目。此外，天正电气还与西安交通大学、上科所、湖南大学等研究机构建立了研发合作关系。这些合作创新的基础是前期的知识基累积与扩展，直接结果是国家级以及省部级的各类奖项、专利和新产品销售收入的大幅增长。但更重要的是，正是这些合作反过来提升了企业自身的创新能力，特别是在明星科学家（见表6）的协调下，企业研发员工和高校研究人员之间的频繁交流，显著提升了天正的创新能力。一个典型证据是 2008 年，天正电气的低压保护电器关键技术的研究及其应用项目获得国家科技进步二等奖。

表5　天正电气技术中心研发周期三年以上的产学研合作项目

项目名称	项目起止日期	合作单位	技术领域	项目类型
基于现场总线的智能低压断路器技术研究与应用	200706～201012	湖南大学	电子通讯及智能化	新产品
双电源自动转换开关的可靠性技术研究与生产应用	200806～201106	河北工业大学	电器可靠性技术	基础研究
家用和类似用途的剩余电流动作断路器的可靠性研究	200806～201106	河北工业大学	电器可靠性技术	基础研究
基于节能技术的新型接触器技术研究及应用	200803～201105	温州大学	节能技术	新产品
无弧交流接触器技术开发	200903～201203	温州大学	灭弧系统技术	新技术
距离继电器技术开发	200803～201103	温州大学	控制电器	新产品

表6　天正电气从事研发工作的部分外部专家信息

姓名	地区	单位	职称	时间（月/年）	主要工作
Roybal	美国	CE	专家	4	断路器性能评估
Heweston	瑞士	施耐德	专家	4	CAN 总线实现断路器可能信方案研究
崔博士	韩国	Hancess	专家	4	断路器电流短延时特性
张博士	韩国	Hancess	专家	4.5	断路器电流短延时特性
闵博士	韩国	Hancess	专家	5	低压电器应用节能技术
陆博士	河北	河北工大	教授	2	低压保护断路器关键技术
龚博士	上海	上科所	高工	3.5	智能断路器技术研究
梁博士	上海	上科所	高工	5	现场总线技术研究
刘博士	河北	河北工大	教授	5	电器可靠性技术研究
苏博士	河北	河北工大	教授	4	电器可靠性与现代设计

构建战略能力阶段。天正电气把全球研发网络战略提升为企业主要战略之一标志着天正电气开始进入构建战略能力阶段。具体而言，天正电气的技术研究中心强调了"充分发挥自身现有科技资源优势，结合技术中心对外合作所能获取的资源，紧密跟踪国际科技发展的前沿"。特别是利用国际互联网，建设的虚拟研究开发实验室，使得天正电气与美国、瑞士、韩国等国家的客座研究人员可及时与实验室通话、交换数据或举行网上研讨会，吸收掌握先进低压电器的前沿，并依托企业技术中心在国外与先进研究室、实验室建立技术合作。截至 2011 年，天正电气已经形成了具有自主知识产权的核心技术体系，在技术创新能力位居行业前列，连续三年专利申报数量位居行业前列（其中发明专利和实用新型专利 27 项），连续 4 年省级以上新产品开发数量位居同行业全省第一，"提高DWI7 系列万能式断路器一次送检合格率"和"提高 JR28 电校一次送检合格率 QC 攻关"分别获得国家 QC 成果一等奖，"低压保护电器关键技术的研究及其应用"获得国家科技进步二等奖。同时，天正电气的多项技术均达到国际先进水平，例如，电力自动化产品"STS360 变电站综合自动化系统"被上海市科委认定为具有该领域国际先进水平；智能断路器的总线技术属于国内首创，其成本与国际领先企业（如施耐德）相比有较大优势；节能接触器技术性能达到了国际领先企业（如日本富士）技术能力水平；加入了电子技术和数字技术的无弧接触器，解决了传统技术的难题，达到国际领先水平。这些证据说明，在一定程度上天正电气成功实现了创新追赶（见图 3）。

4.4　南都电源的研发网络演化与创新追赶

构建必要知识基阶段。早期（1994～2002 年）的南都电源更多的是进行国际先进技术的引进活动，通过本地组织内的研发网络构建进行必要知识基的储备。例如，刚成立的南都电源在 1994 年就开始引进国际 VRLA 电池技术，通过消化吸收，1996 年开发出南都第一代 VRLA 电池，这一技术帮助南都电源迅速站稳脚跟。2001 年，南都电源成立上海南都子公司，专职于锂电池的研发与销售。通过引进国外回来的人才，南都电源迅速获取了锂电池的相关知识基。这些制度化的组织内部研发网络拓展，使得南都电源在铅酸电池和锂电池这两个领域的知识基有了稳定的积累和发展，显著提升自身创新能力，为后续转型奠定了基础。

转型阶段。2002 年南都电源被国家科技部认定为"火炬计划重点高新技术企业"标志着其开始转型。转型阶段的南都电源更多的是进行跨组织边界和知识边界的国内合作进行创新追赶。与高校合作的典型证据为南都电源与浙江大学、哈尔滨工业大学、天津大学、厦门大学、浙江工业大学等高校保持紧密的科研合作关系，先后与浙江大学完成了纳米硅胶体电池、聚合物锂离子电池、大容量长寿命电池、高性能平板胶体电池开发等项目，并多次评为杭州市产、学、研优秀合作项目；与天津大学、厦门大学、浙江工业大学开展各种基础研究的合作。这些合作得以成功的保障是高校的明星科学家协调下的互动交流这一整合化机制，而直接结果是多项国家级、省市级的项目落户南都电源，以及新专利和新产品销售收入的显著增加。更为重要的是，与这些高校的合作显著提升了南都电源自

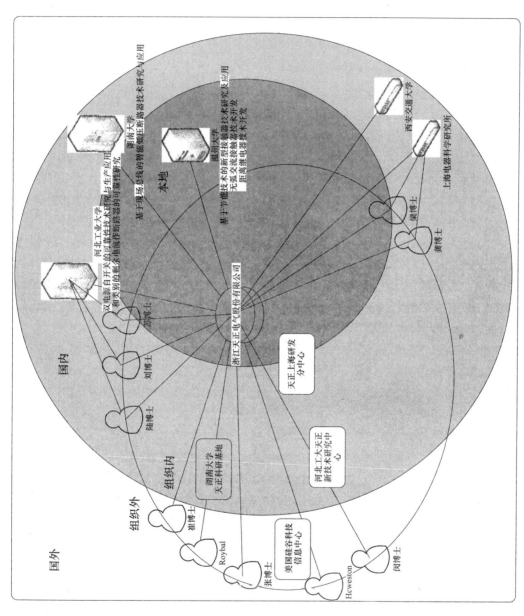

图 3　天正电气研发网络边界拓展全貌

身的创新能力，典型证据是在与浙江大学合作的基础上，南都电源研制出新型的超低温聚合物锂离子电池用电解液技术，通过对现有聚合物锂离子电池用电解液的创新研究，攻克锂离子电池在超低温环境下无法正常工作的国际性难题，该电池能够在 –40℃的超低温环境下正常工作（放电容量达到常温下的 70% 以上）。

与企业合作的典型证据为南都电源与北京顺成长荣科技有限公司在通过签订正式协议这一制度化机制保障下，合作开发超高功率型磷酸铁锂电池技术，提升了公司原有的相关技术水平；与华日冰箱有限公司在通过签订正式协议这一制度化机制保障下，跨知识边界合作开发通信蓄电池用制冷设备技术。与北京顺城长荣的合作特别需要提出的是，二者由于属于同一个行业，且自身都有很完善的创新体系，致使二者之间存在很难协调的合作障碍，正如在二者的协议中提到的一样，"技术研发团队的稳定性将影响项目的具体实施"。于是合作双方签订了详细的合作协议，规定了双方各自需要提供的知识以及制度保障、知识产权归属、具体合作过程、里程碑事件、责任人等具体内容。正是这些制度化机制保障了合作创新的顺利进行。此外，这些合作大都为开发式创新，更多地聚焦于企业现有技术在不同领域的利用，产生的直接结果是使得产品快速市场化。总之，在转型阶段，南都电源在现有知识基的基础上进一步构筑复杂的知识基，并逐步培育战略能力的雏形。

构建战略能力阶段。2007 年聘请国际阀控密封电池技术专家 Herbert K. Giess 博士为首席科学家成为南都电源开始构建战略能力的标志。从 2007 年以来，南都电源开始瞄准全球电源行业发展趋势，构筑在阀控电池、锂离子电池以及燃料电池等技术领域构筑战略能力。在阀控电池领域，南都电源通过与跨组织边界的企业或研发机构合作，探索和挖掘相关技术，构筑其核心技术能力。典型证据为南都电源通过合作研发在高能超级电池技术方面取得突破性进展，以及借助国际先进铅酸电池组织（ALABC）成员的优势，加强与国际电源技术组织和国际著名通信电源企业开展广泛的国际技术合作，如与欧洲爱立康公司、日本 NTT 公司进行产品开发合作等，不断巩固其在阀控电池领域的领先地位。在锂电池领域，更多地通过组织内部研发网络的构建得以实现，典型证据为在 Giess 博士的带领下，南都电源组建临平锂电池研究基地，进行突破性技术研究，典型成果为超低温/高功率聚合物锂离子电池研制首次突破国际性难题，达到总装备部鉴定的国际领先技术水平，并获得军队科技进步三等奖。截至 2011 年底已成为国内阀控电源领域出口第一的企业，拥有专利总数达 61 项，其中发明专利 15 项，在行业内处于领先地位，属于浙江省专利示范企业。南都电源通过多年的努力已经实现了创新追赶。图 4 展示了南都电源基于边界拓展构建的研发网络全貌，通过构建必要知识基阶段、转型阶段和构建战略能力三个阶段的发展与演化，南都电源已经形成了跨组织边界、地理边界和知识边界的全球研发网络，正是这一研发网络的不断演化促进南都电源一步一步进行创新追赶。

4.5 横向比较：组织、地理与知识边界的拓展

横向比较 4 个案例，基于知识边界、组织边界和地理边界的研发网络演化模型得以涌现（见图 5）。第一，现有文献强调了各种类型跨组织边界的研发网络拓展方式，包括和高

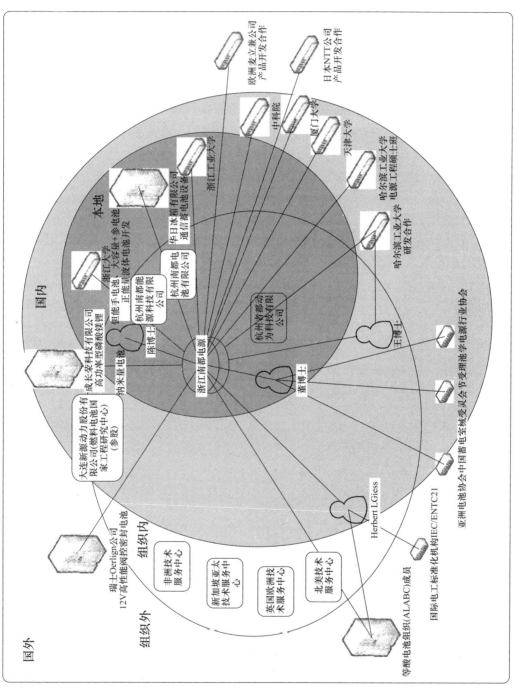

图 4　南都电源研发网络边界拓展全貌

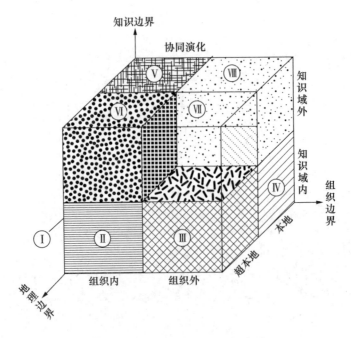

图 5　基于边界拓展的研发网络演化

校合作（Sherwod and Covin，2008），和供应商合作（vanEehtelt，Wynstra，VanWeele and Duysters，2008），和竞争者合作（Dittrich，Duysters and DeMan，2007），以及和客户合作（Un，Ctlervo - Cazurra and Asakawa，2010）等，并开始注意到地理边界拓展的作用（La-hiri，2010；Leiponen and Helfat，2011；Singh，2008）。通过横向比较 4 个案例，我们发现，组织边界拓展和地理边界拓展对于后发企业创新追赶来说都很重要，同时知识边界拓展也已成为后发企业通过研发网络边界拓展进行追赶的重要方式。这一结论是对现有文献的一个有力补充。

第二，横向比较 4 个案例，我们可以清晰地看出这三种边界拓展方式之间相互补充，共同驱动后发企业的研发网络演化，提升创新能力。具体而言，4 个案例在早期都聚焦于组织内部的研发网络构建，通过获取跨地理边界的相似和不同知识基来提升自身内部研发能力；而后，在获取足够知识基，有一定创新能力后，4 个案例都开始把重点转移至国内的跨组织边界的合作创新，其中与高校和研究所的合作注重探索式创新，而与产业伙伴间合作注重开发式创新，二者之间的均衡反过来提升了内部研发能力，并促进了合作的进一步深化；最后，4 个案例在完成转型后，都开始构建全球研发网络，重点关注跨知识边界的信息和资源获取以保障企业通过知识创造构建战略能力。正是由于整合了知识边界、组织边界和地理边界三种方式进行研发网络构建，使得后发企业逐步实现了创新追赶。

现有文献在呼吁研究者关注地理边界的同时，也在探索组织边界拓展和地理边界拓展之间可能的关系（Leiponen and Helfat，2011）。本文的结论对于这一研究流派有着重要启示：一方面，跨知识分工（Division of Knowledge）或者专业化知识（Specialized Knowledge）的研发网络边界拓展，应该引起学者的关注；另一方面，组织边界、地理边界和知识边界三种方式相互补充的结论一方面响应了学者们关于研究不同边界拓展方式之间关系的呼吁，也为进一步整合三种拓展方式研究研发网络演化打下了基础。进一步，整合三种拓展方式对于后发企业来说是一大挑战，但4个案例都较为成功，接下来我们将分析针对不同拓展方式，这些案例如何通过不同的管理机制促进基于边界拓展研发网的演化，并完成内部创新和合作创新之间的协同，最终实现创新追赶。

4.6　纵向比较：正式与非正式治理机制与组织均衡的实现

跨案例比较后的另外一个结论是，在不同追赶阶段，后发企业针对不同边界拓展方式，分别采用制度化和整合化机制，在研发网络中实现探索式创新和利用式创新的均衡以及内部研发和合作研发的协同，最终实现创新追赶（见图6）。第一，4个案例在构建必要知识基阶段不约而同地采用制度化机制（盾安环境：收购和出让股权；银轮实业：兼并；天正电气：新创研发机构；南都电源：引进人才与新创子公司），在组织内部迅速扩展研发网络的地理边界和知识边界。地理边界和知识边界的拓展一方面有利于企业迅速拓展现有知识基并获取新的知识基，但势必会面对诸如转移、整合以及开发异质性知识过程

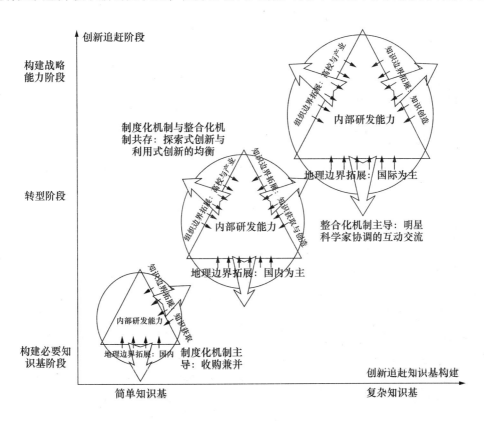

图6　基于边界拓展的研发网络演化与创新追赶

中的种种障碍（Argote，McEvily and Reagans，2003；Carlile，2004）。正式治理机制则通过把分散的有价值资源组织内部化，在很大程度上解决了这些问题，并迅速提升了内部创新能力，为下阶段在合作研发中占据主导地位奠定了基础。

第二，在转型阶段，4个案例都采用了国内的跨组织和知识边界的研发网络拓展。正如Lavie和Drori（2012）所识别出的与高校和研究所之间的合作聚焦于探索式创新而与产业伙伴之间的合作聚焦于利用式创新，4个案例进行跨组织边界合作过程中，针对可能的合作障碍，对探索式创新和利用式创新分别采用整合化和制度化机制进行治理。首先，由于高校与研究所是研究导向，而后发企业是盈利导向，二者之间存在制度差异且相对利益冲突较小，整合化的机制（明星企业家主导，企业研发人员和高校研究人员的频繁互动）成为激励探索式创新的重要手段：这一机制一方面能够通过异质性知识的获取显著提升企业内部的研发能力，另一方面也一定程度上避免自身核心知识泄露给竞争对手的风险。其次，由于产业伙伴之间往往存在竞争，与之进行的技术合作更多的是通过双方互补性资源和知识的相互利用，产生开发式创新成果，因此制度化的机制（严格详细的契约签订与执行）是其成功的保障，而内部研发能力则是能够获取合作主导权的必要条件。最后，在研发网络全局层面，采用不同的机制管理不同跨边界合作，使得后发企业通过内部研发和外部合作的协同实现了探索式创新与利用式创新的均衡，成为其能够转型成功的必要条件。

第三，在构建战略能力阶段，全球化的跨组织和知识边界研发网络构建成为主导，有趣的是，4个案例都强调了整合化而非制度化机制来管理全球研发网络，并特别聚焦于异质性知识的获取进行企业内部研发的探索式创新。典型证据是南都电源在这一阶段聘请了国际知名专家Herbert K. Giess博士为首席科学家，致使南都电源一方面凭借其在专业领域的威望，积极参与各类国际合作以获取异质性知识；另一方面，Giess博士也带领南都电源攻克各种技术难题，获取战略能力。其他三个案例也分别有类似明星科学家的协调，帮助构建自身战略能力。

总之，案例分析的结果显示，在构建必要知识基阶段，通过兼并收购等制度化机制，后发企业迅速拓展企业内部研发网络的地理边界与知识边界，获取必要知识基提升自身内部研发能力。而后在转型阶段，以自身内部研发能力为基础，一方面，通过以明星科学家主导的频繁交流这一非制度化机制进行跨组织边界的与高校和研究所进行技术合作，促进了探索式创新并提升自身研发能力；另一方面，通过签订正式契约的制度化机制，后发企业进行跨组织边界的与产业伙伴进行技术合作，促进了利用式创新并产生了较高绩效。在构建战略能力阶段，整合化机制主导下，后发企业都聚焦于自身内部研发的探索式创新，而全球化的研发网络是其构建战略能力的关键。整个追赶过程中，内部研发和合作创新相辅相成，探索式创新和利用式创新形成间断均衡，而制度化机和整合化机制是其实现创新追赶的重要保障。

5 讨论与结论

通过 4 个中国制造企业的多案例研究，本研究展现了后发企业研发网络边界拓展对创新追赶的影响机制与其演化的路径选择。首先，后发企业需要通过研发网络组织边界的逐步拓展，在制度化和整合化机制的管理下，获取互补性的资源（Hess and Rothaermel, 2011），同时构建社区（Community），进行交互式学习，进而从正式或者非正式的跨组织边界研发网络中学习以获取和创造知识（Powell et al., 1996）。其次，一方面在合适的时间构建本地的、跨区域以及全球研发网络能够一定程度上帮助企业获取新市场（跨区域市场和全球市场）的技术知识以及获取其他来源的知识（Whittington, Owen - Smith and Powell, 2009），另一方面有效地避免交流和协调成本（Feinberg and Gupta, 2004; Frost, 2001）。最后，后发企业在追赶的构建必要知识基和构建复杂知识基的不同阶段进行知识宽度（Breadth）的拓展（相关领域的增加：Knowledge Disciplines）以及知识深度（Depth）的拓展（知识复杂性和专业化程度的增加）至关重要（Emst et al., 2011; Sampson, 2007; Wang and von Tunzelmann, 2000）。正是由于基于边界拓展的研发网络构建活动，一方面通过知识获取提升自身创新能力，另一方面反过来提升在合作创新中的知识创造能力，内部研发和外部合作的协同，帮助后发企业实现探索式创新和开发式创新的均衡，最终实现创新追赶。

本研究主要包含以下三个方面的启示。第一，是对后发企业追赶文献的启示。首先，正如 Dutrénit（2004）所评述，现有新工业化国家和地区的文献（Kim, 1980, 1997; Mathews, 2002; Fan, 2006; Lee and Lira, 2001）主要关注构建必要知识基阶段，忽视了转型阶段和构建战略能力阶段，这极大限制了现实指导意义。事实上，本研究结果表明，后发企业在转型阶段和构建战略能力阶段需要更多的精力和面临更大的挑战，基于研发网络边界拓展为不同阶段的追赶提供了强有力的支持。其次，考虑到现有后发追赶的文献普遍缺乏与战略管理理论的对话（Mathews, 2002; 江诗松等, 2011a, 2011b, 2012），本文引入边界拓展的概念，从研发网络演化的视角出发解释如何进行创新追赶，试图为后发企业追赶的文献找到合法性。最后，本文的结果展示了一个后发企业通过研发网络边界拓展进行创新追赶的全景图，丰富和深化了现有文献。此外，本文研究以转型经济背景下案例为研究对象，丰富了现有文献主要对新工业化国家和地区进行追赶研究的文献。

第二，是对研发网络演化文献的启示。首先，现有研发网络演化的文献更多地关注于基于组织边界拓展的演化（Davis and Eisenhardt, 2011; Lavie and Rosenkopf, 2006; Mowery et al., 1996; Pisano, 1990; Powell et al., 1996; Stuart and Podolny, 1996），也有文献开始注意到研发网络地理边界的拓展（Lahiri, 2010; Leiponen and Helfat, 2011; Singh, 2008），但关注度不够，并有文献开始呼吁整合不同拓展方式的共同作用（Singh,

2008）。本文的结果展示了研发网络的演化不仅需要关注组织边界、地理边界，还需关注知识边界的拓展，整合这3种视角可以全面理解后发企业创新追赶路径。其次，现存文献关于内部研发和外部合作到底是替代关系还是互补关系有着激烈讨论（Cassiman and Veugelers，2006；Grimpe and Kaiser，2010）。本文结果表明，在边界拓展的视角下，二者明显体现出相互促进的协同效应，这一结论深化了现存文献。最后，现有文献逐步开始关注在个体企业研发合作网络层面的组合（Portfolio）管理（Lavie and Drori，2012；Layie，Stettner and Tushmall，2010），并呼吁对管理机制的探索（Wuyts and Dutta，2012）。本文识别出制度化和整合化的机制是帮助后发企业实现个体网络层面探索式创新和开发式创新之间均衡的重要保障机制，拓展了这一研究流派。

第三，本文还有一定的管理启示。首先，后发企业需要针对自身的情况选择不同的边界拓展方式进行研发网络的构建，如何最大化整合三种方式带来的优势并最大限度地避免不同方式带来的问题需要管理者重点考虑。其次，在创新追赶过程中，如何选择追赶路径也需重点关注。最后，后发国家和地区的相关政府机构给予处于不同创新追赶阶段的企业一定的政策优惠以鼓励其构建合适的研发网络。

跟一般多案例分析的研究一样，本文的结论的概化性需谨慎对待。未来研究在不同产业和区域中对本文的结论进行经验分析，特别是大样本的统计分析对于结论的概化十分有益。进一步，本文在数据分析过程中发现研发网络边界上的兼职研究员等作为"经纪人"（Broker）对于研发网络边界拓展的作用至关重要，这一问题在现有文献中也有所关注（Davis and Eisenhardt，2011），未来研究可以深入探索其作用机制，以深化现有研究。最后，进行关于中国独特制度情境对研发网络边界拓展影响的研究，将为转型经济背景下后发企业实现创新追赶提供更加完整的图景。

参考文献

［1］Argote L. , McEvily B. , Reagans R. Managing Knowledge in Organizations：An Integrative Framework and Review of Emerging Themes［J］. Management Science，2003，49：571 – 582.

［2］Carlile P. R. Transferring，Translating，and Transforming：An Integrative Framework for Managing Knowledge across Boundaries［J］. Organization Science，2004，15：555 – 568.

［3］Cassiman，B. , Veugelers R. In Search of Complementarity in Innovation Strategy：Internal R&D and External Knowledge Acquisition［J］. Management Science，2006，52：68 – 82.

［4］Chang S. J. , Chung C. N. , Mahmood I. P. When and How does Business Group Affiliation Promote Firm Innovation? A Tale of Two Emerging Economies［J］. Organization Science，2006，17：637 – 656.

［5］Choi Y. Dynamic Techno – management Capability：The Case of Samsung Semiconductor in Korea［M］. Avebury，UK：Roskilde University，1996.

［6］Choung J. Y. , Ji I. , Hameed T. International Standardization Strategies of Latecomers：The Cases of Korean TPEG，T – DMB and Binary CDMA［J］. World Development，2011，39：824 – 838.

［7］Crossan M. M, Lane H. W. , White R. E. An Organizational Learning Framework：From Intuition to Institution［J］. Academy of Management Review，1999，24：522 – 537.

［8］Davis J. , Eisenhardt K. Rotating Leadership and Collaborative Innovation: Recombination Processes in Symbiotic Relationships ［J］. Administrative Science Quarterly, 2011, 56: 159 – 201.

［9］Dittrich K. , Duysters G. , De Man A. P. Strategic Repositioning by Means of Alliance Networks: The Case of IBM ［J］. Research Policy, 2007, 36: 1496 – 1511.

［10］Dutronit G. Building Technological Capabilities in Latecomer Firms: A Review Essay ［J］. Science Technology & Society, V2004, 9: 209 – 241.

［11］Eisenhardt K. M. Building Theories from Case Study Research ［J］. Academy of Management Review, 1989, 14: 532 – 550.

［12］Eisenhardt K. M. , Graebner M. E. Theory Building from Cases: Opportunities and Challenges ［J］. Academy of Management journal, 2007, 50: 25 – 32.

［13］Ernst H. , Lichtenthaler U. , Vogt C. The Impact of Accumulating and Reactivating Technological Experience on R&D Alliance Performance ［J］. Journal of Management Studies, 2011, 48: 1194 – 1216.

［14］Fan P. Catching Up Through Developing Innovation Capability: Evidence from China's Telecom – equipment Industry ［J］. Technovation, 2006, 26: 359 – 368.

［15］Feinberg S. E. , Gupta A. K. Knowledge Spillovers and the Assignment of R&D Responsibilities to Foreign Subsidiaries ［J］. Strategic Management Journal, 2004, 25: 823 – 845.

［16］Frost T. S. The Geographic Sources of Foreign Subsidiaries' Innovations ［J］. Strategic Management Journal, 2001, 22: 101 – 123.

［17］Grimpe C. , Kaiser U. Balancing Internal and External Knowledge Acquisition: The Gains and Pains from R&D Outsourcing ［J］. Journal of Management Studies, 2010, 47: 1483 – 1509.

［18］Guan J. C. , Yam R. , Tang E. P. Y. , Lau A. K. W. Innovation Strategy and Performance During Economic Transition: Evidences in Beijing, China ［J］. Research Policy, 2009, 38: 802 – 812.

［19］Hess A. M. , Rothaermel F. T. When are Assets Complementary? Star Scientists, Strategic Alliances and Innovation in the Pharmaceutical Industry ［J］. Strategic Management Journal, 2011, 32: 895 – 909.

［20］Hitt M. A. , Li H. , Worthington IV. W. J. Emerging Markets as Learning Laboratories' Learning Behaviors of Local Firms and Foreign Entrants in Different Institutional Contexts ［J］. Management and Organization Research, 2005, 1: 353 – 380.

［21］Hobday M. East Asian Latecomer Firms: Learning the Technology of Electronics, World Development, 1995, 23: 1171 – 1193.

［22］Hobday M. Firm – level Innovation Models: Perspectives on Research in Developed and Developing Countries ［J］. Technology Analysis & Strategic Management, 2005, 17: 121 – 146.

［23］Hobday M. , Rush H. , Bessant J. Approaching the Innovation Frontier in Korea: The Transition Phase to Leadership ［J］. Research Policy, 2004, 33: 1433 – 1457.

［24］Jick T. D. Mixing Qualitative and Quantitative Methods: Triangulation in Action ［J］. Administrative Science Quarterly, 1979, 24: 602 – 611.

［25］Khanna T. , Palepu K. The Right Way to Restructure Conglomerates in Emerging Markets ［J］. Harvard Business Review, 1999, 77: 125 – 135.

［26］Kim L. Stages of Development of Industrial Technology in a Developing Country: A Model ［J］. Research Policy, 1980, 9: 254 – 277.

［27］Kim L. Limitation to Innotation: The Dynamics of Korea's Technological Learning ［M］. Harvard Business Press, 1997.

［28］Lahiri N. Geographic Distribution of R&D Activity: How does it Affect Innovation Quality? ［J］. Academy of Management Journal, 2010, 53: 1194 – 1209.

［29］Lavie D. , Drori I. Collaborating for Knowledge, Creation and Application: The Case of Nanotechnology Research Programs ［J］. Organization Science, 2012, 23: 704 – 724.

［30］Lavie D. , Rosenkopf L. Balancing Exploration and Exploitation in Alliance Formation ［J］. Academy of Management Journal, 2006, 49: 797 – 818.

［31］Lavie D. , Stettner U. , Tushman M. L. Exploration and Exploitation within and across Organizations ［J］. The Academy of Management Annals, 2010, 4: 109 – 155.

［32］Lee K. , Lim C. Technological Regimes, Catching – up and Leapfmgging: Findings from the Korean Industries ［J］. Research Policy, 2001, 30: 459 – 483.

［33］Leiponen A. , Helfat C. E. Location, Decentralization and Knowledge Sources for Innovation ［J］. Organization Science, 2011, 22: 641 – 658.

［34］Levine S. S. , Prietula M. J. How Knowledge Transfer Impacts Performance: A Multilevel Model of Benefits and Liabilities ［J］. Organization Science, 2012, 23: 1748 – 1766.

［35］Luo Y. , Wang S. L. Foreign Direct Investment Strategies by Developing Country Multinationals: A Diagnostic Model for Home Country Effects ［J］. Global Strategy Journal, 2012, 2: 244 – 261.

［36］M'Chirgui Z. Dynamics of R&D Networked Relationships and Mergers and Acquisitions in the Smart Card Field ［J］. Research Policy, 2009, 38: 1453 – 1467.

［37］Mathews J. A. Competitive Advantages of the Latecomer Firm: A Resource – based Account of Industrial Catch – up Strategies ［J］. Asia Pacific Journal of Management, 2002, 19: 467 – 488.

［38］Mowery D. C. , Oxley J. E. , Silverman B. S. Strategic Alliances and Interfirm Knowledge Transfer［J］. Strategic Management Journal, 1996, 17: 77 – 91.

［39］O' Mahony S. , Bechky B. A. Boundary Organizations: Enabling Collaboration among Unexpected Allies ［J］. Administrative Science Quarterly, 2008, 53: 422.

［40］Peng M. W. The Global Strategy of Emerging Multinationals from China ［J］. Global Strategy Journal, 2012, 2: 97 – 107.

［41］Peters L. , Groenewegen P. , Fiebelkorn N. A Comparison of Networks between Industry and Public Sector Research in Materials Technology and Biotechnology ［J］. Research Policy, 1998, 27: 255 – 271.

［42］Pisano G. P. The R&D Boundaries of the Firm: An Empirical Analysis ［J］. Administrative Science Quarterly, 1990, 35: 153 – 176.

［43］Powell, Koput K. W. , Smith – Doerr L. Interorganizational Collaboration and the Locus of Innovation: Networks of Learning in Biotechnology ［J］. Administrative Science Quarterly, 1996: 116 – 145.

［44］Sala A. , Landoni P. , Verganti R. R&D Networks: An Evaluation Framework ［J］. International Journal of Technology Management, 2011, 53: 19 – 43.

［45］Sampson R. C. R&D Alliances and Firm Performance: The Impact of Technological Diversity and Alliance Organization on Innovation ［J］. Academy of Management Journal, 2007, 50: 364 – 386.

［46］Santos F. M. , Eisenhardt K. M. Constructing Markets and Shaping Boundaries: Entrepreneurial Power in Nascent Fields［J］. Academy of Management Journal, 2009, 52：643 – 671.

［47］Sherwood A. L. , Covin J. G. Knowledge Acquisition in University – Industry Alliances：An Empirical Investigation from a Learning Theory Perspective［J］. Journal of Product Innovation Management, 2008, 25：162 – 179.

［48］Singh J. Distributed R&D, Cross – regional Knowledge Integration and Quality of Innovative Output ［J］. Research Policy, 2008, 37：77 – 96.

［49］Stuart T. E. , Podolny J. M. Local Search and the Evolution of Technological Capabilities［J］. Strategic Management Journal, 1996, 17：21 – 38.

［50］Tijssen R. J. W. Quantitative Assessment ot Large Heterogeneous R&D Networks：The Case of Process Engineering in the Netherlands［J］. Research Policy, 1998, 26：791 – 809.

［51］Tortoriello M. , Krackhardt D. Activating Cross – boundary – Knowledge：The Role of Simmelian Ties in the Generation of Innovations［J］. Academy of Management Journal, 2010, 53：167 – 181.

［52］Un C. A. , Cuervo – Cazurra A. , Asakawa K. R&D Collaborations and Product Innovation［J］. Journal of Product Innovation Management, Vol. 27 , pp. 673 – 689

［53］Van Echteh F. E. A. , Wynstra F. , Van Weele A. J. , Duysters G. Managing Supplier Involvement in New Product Development：A Multiple – Case Study［J］. Journal of Product Innovation Management, 2008, 25：180 – 201.

［54］Wagner C. S. , Leydesdorff L. Network Structure, Self – organization and the Growth of International Collaboration in Science［J］. Research Policy, 2005, 34：1608 – 1618.

［55］Wang Q. , yon Tunzelmann N. Complexity and the Functions of the Firm：Breadth and Depth［J］. Research Policy, 2000, 29：805 – 818.

［56］Whittington K. B. , Owen – Smith J, Powell W. W. Networks, Propinquity and Innovation in Knowledge – intensive Industries［J］. Administrative Science Quarterly, 2009, 54：90 – 122.

［57］Wuyts S. , Dutta S. Benefiting from Alliance Portfolio Diversity：The Role of Past Internal Knowledge Creation Strategy［J］. Journal of Management, 2012.

［58］Xu D. , Meyer K. E. Linking Theory and Context："Strategy" Research in Emerging Markets after Wright et al. . (2005)［J］. Journal of Management Studies, 2012：1467 – 6486.

［59］Yin R. K. Case Stud Research：Design and Methods, Volume 5 of Applied Social Research Methods Series［M］. Sage Publications, 2003.

［60］Zhou K. Z. , Li C. B. How Knowledge Affects Radical Innovation：Knowledge Base, Market Knowledge Acquisition and Internal Knowledge Sharing［J］. Strategic Management Journal, 2012, 33：1090 – 1102.

［61］江诗松，龚丽敏，魏江. 转型经济背景下后发企业的能力追赶：一个共演模型［J］. 管理世界，2011（4）.

［62］江诗松，龚丽敏，魏江. 转型经济中后发企业的创新能力追赶路径：国有企业和民营企业的双城故事［J］. 管理世界，2011（12）.

［63］江诗松，龚丽敏，魏江. 后发企业能力追赶研究探析与展望［J］. 外国经济与管理，2012（2）.

How Do the Latecomer Firms Catch up in Innovation? A Study from the Perspective of the Boundary Expanding in R&D

Liu Yang   Wei Jiang   Jiang Shisong

Abstract: At the present stage of time, after China's latecomer firms (CLF) have certain accumulation of knowledge and ability, they are, in the circumstance of globalization, faced with all kinds of fierce competition with leading firms in the world, in more open and dynamic industries, because of the characteristics of resources being highly dispersed and being frequently changing, the collaborative innovation has become an essential innovation strategy. In this case, how do CLF construct the network in R&D to realize innovative catching – up by means of the collaborative innovation? By the use of the analysis of multiple cases in 4 manufacturing enterpmses in Zhejiang Province, we have made an exploration and pointed out how CLF will realize, by means of the construction of the R&D net work based on the geographical, organizational and knowledge boundaries, the process and the mechanism of the innovative catching – up.

Key Words: Latecomer Firms; Innovative Catching – up; R&D Net Work; Boundary Expanding

第二节

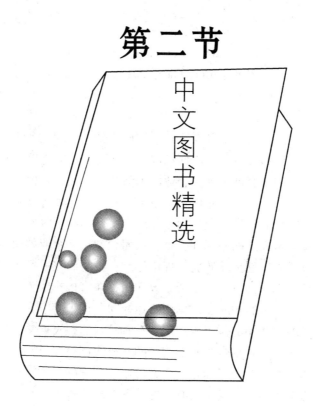

中文图书精选

书　　　名：创新开放度与开放式创新绩效的机理研究——商业模式与技术搜索影响的视角

作　　　者：闫春

出 版 社：经济科学出版社

出版时间：2013.12

Title：Study on the Mechanism between Innovation Openness and Open Innovation Performance：Perspective of Impact of Business Model and Technology Scouting

Author：Chun Yan

Publisher：Economic Science Press

Date：December，2013

书籍简介：

　　作为一种有开创性意义的技术创新范式，开放式创新在理论和实践领域都引起了广泛关注，并且在宏观、中观和微观不同层面都取得了显著的研究进展，其中一个有较好共识的观点就是实施开放式创新有助于提高企业的创新绩效，而且在创新开放度与创新绩效之间存在倒"U"型的关系。然而现有研究也存在缺憾：一是对创新绩效的衡量仅仅停留在财务绩效的层面，未能全面体现企业从创新开放中得到的综合收益；二是没有考虑不同创新开放对象在创新绩效形成上的差别性贡献，从而无助于为企业如何集中有限资源选择性地与不同对象合作以最大化创新绩效提供理论指导；三是研究采用的一般都是线性分析工具，因此结论只能证明创新开放度与创新绩效之间存在直接作用关系，对于两者直接关系之间是否还存在其他的因素影响或多重作用路径等问题仍未明了。本书的研究对深化创新开放度与开放式创新绩效之间的作用机理探索有着较好的积极意义，特别是在案例资料定性探讨和问卷数据定量分析相结合基础上构建的开放式创新绩效、商业模式开放、技术搜索能力等变量测度指标体系对后续的相关研究可以起到很好的铺垫作用，为企业寻求更好的开放式创新战略方案和实施途径也具有较好的参考借鉴价值。

书　　名：基于社会网络的集群企业创新机制研究

作　　者：许登峰

出 版 社：北京理工大学出版社

出版时间：2013.12

Title：Study on Innovation Mechanism of Cluster Enterprise Based on Social Network

Author：Dengfeng Xu

Publisher：Beijing Institute of Technology Press

Date：December，2013

书籍简介：

许登峰著的《基于社会网络的集群企业创新机制研究/相思湖学术论丛》首先揭示了社会网络主体和社会网络关系对集群企业创新的作用机制；其次证明了探索性学习和应用性学习在社会网络与集群创新之间起着中介作用；再次验证了集群创新系统是一个开放式的、完整的创新网络；最后明确了环境不确定性对于集群企业创新的调节作用。本书针对实证研究结果进行了讨论和分析，对集群企业基于社会网络的创新具有重要的指导意义和实践价值。当前企业虽然日益重视创新，但多数企业对创新的理解较为浅显，更未能认识到集群中社会网络对创新的重要性。因此，集群企业如何通过社会网络与创新主体之间建立联系，促进信息和知识的传播和组织学习，提升集群企业的创新能力和核心竞争力，是当前集群企业发展中亟待解决的问题。目前集群企业创新尤其是基于社会网络的创新研究开展得较少，集群企业对于影响创新能力的社会网络因素也知之甚少，更未能找到相应的提升集群企业创新能力的路径，其创新实践亟须理论和方法上的指导。

书　　名：全球化背景下的开放式创新：理论构建和实证
研究

作　　者：陈劲

出 版 社：科学出版社

出版时间：2013. 02

Title：Open Innovation under the Background of Globalization：
The Theory Building and Empirical Research

Author：Jin Chen

Publisher：Science Press

Date：February，2013

书籍简介：

本书按照内向开放式创新和外向开放式创新作为研究的基本分析起点，主要研究 4 种创新模式，具体表现为 6 个研究问题。本书基于我国企业实践，重点研究了内向开放式创新模式，并从智力资本、异质性、技术超学习三个视角阐释企业内向开放式创新机理（模式 1）。然而，全球化背景为企业带来的并不仅仅是被动的知识流入，某些企业开始主动在国际市场以多种形式获取企业发展所需的战略资源，企业充分意识到国际化为企业发展带来了赶超机会。国际化在为企业带来竞争压力的同时也为企业创新注入了新的活力。因此，本书将企业运用国际资源实施开放式创新作为模式 2，并以案例形式重点研究我国企业 R&D 国际化路径。此外，本书基于网络嵌入视角研究了外向开放度对企业创新的影响机制（模式 3）。最后，阐释了开放式创新的实施机理（模式 4）。

书　　　名：外部环境与组织柔性对企业创新模式选择的影响研究

作　　　者：程鹏

出　版　社：中国林业出版社

出版时间：2013.06

Title：Research on Influences of External Environment and Organizational Flexibility on the Selection of Enterprise Innovation Pattern

Author：Peng Cheng

Publisher：China Forestry Publishing House

Date：June，2013

书籍简介：

程鹏著的这本《外部环境与组织柔性对企业创新模式选择的影响研究》从企业应对环境变化的能力入手，以外部环境、组织柔性和企业创新模式为基本研究要素，将外部环境、组织柔性和企业创新模式整合在一个框架下研究三个要素之间的作用机理，建立了包括外部环境、组织柔性和创新模式的概念模型，并对概念模型进行了实证检验。研究结论为企业如何根据环境特征匹配相应的冗余资源进而创造有利于制定某种创新模式的决策提供了定量化依据。

书　　名：中国企业管理创新研究
作　　者：苏敬勤，林海芬
出 版 社：科学出版社
出版时间：2013.05
Title：China's Enterprise Management Innovation Research
Author：Jingqin Su，Haifen Lin
Publisher：Science Press
Date：May，2013

书籍简介：

随着市场日渐同质化，技术、业务与服务等为企业带来的差异化竞争优势趋于弱化，而管理创新通过促进组织运行效率或绩效的提升而逐渐成为企业新的竞争比较优势，亦成为管理相对落后的中国企业追赶国际先进企业的重要途径。然而，在管理创新实践中，除了少数成功案例，更多的企业则遭遇了失败。为此，《中国企业管理创新研究》在对管理创新相关研究视角和方法进行总结和归纳的基础上，结合中国企业管理创新实践，选择适配视角，构建由管理创新系统内部适配、管理创新与内外部环境适配以及管理创新技术创新适配三个层面构成的中国企业管理创新研究框架，具体探究管理创新的驱动力、过程、决策、效力、与内外部环境适配机理以及与技术创新协同等问题，旨在全面揭示中国企业管理创新的特点与规律，丰富中国企业管理创新的理论，为中国特色管理研究奠定基础，为实践提供指导。

书　　　名：企业集群：组织成长与合作创新

作　　　者：娄朝晖

出　版　社：中国社会科学出版社

出版时间：2013. 10

Title：Enterprise Clusters：Tissue Growth and Cooperative Innovation

Author：Zhaohui Lou

Publisher：China Social Sciences Press

Date：October，2013

书籍简介：

《企业集群：组织成长与合作创新》以浙江"块状经济"的发展为实际背景，研究中小企业集群发展过程中的组织结构演化和变革方向，以及如何培育可自我实施的集群内合作创新机制。二者之间具有互为因果的内在联系，相互促进，共同推动企业集群发展。

书　　　名：企业集成创新与合作创新契合机理研究——知识
　　　　　　管理的视角

作　　　者：孔凡柱

出　版　社：经济管理出版社

出版时间：2013. 02

Title：Enterprise Integrated Innovation and Cooperative Innovation
　　　　　Mechanism Research：The Perspective of Knowledge Man-
　　　　　agement

Author：Fanzhu Kong

Publisher：Economy & Management Publishing House

Date：February，2013

书籍简介：

《企业集成创新与合作创新契合机理研究——知识管理的视角》主要讲述了：就我国企业创新而言，集成与合作是两种不可或缺的方式，合作有助于企业获取外部稀缺资源，而集成又会强化这种稀缺资源的有效利用，两种方式的有效结合可以提升企业的自主创新能力。《企业集成创新与合作创新契合机理研究——知识管理的视角》从知识管理的视角分析了企业集成创新与合作创新的契合问题，分析了集成创新与合作创新的知识运作机理，提出了集成创新知识螺旋模型、合作创新知识螺旋模型，以及集成创新与合作创新知识螺旋契合模型，探讨了集成创新与合作创新知识螺旋契合实现机制，强调了知识创新导向人力资源管理（KI－HRM）在集成创新与合作创新知识螺旋契合过程中的关键作用，并通过实证研究检验了知识创新导向人力资源管理对集成创新与合作创新知识螺旋契合的驱动作用，分析了集成创新与合作创新知识螺旋契合对企业创新绩效的作用机理。

书　　　名：绿色创新——新经济时代企业成长动力
作　　　者：曲峰庚，董宇鸿
出 版 社：经济科学出版社
出版时间：2013.03
Title：Green Innovation：The New Economy Era Enterprises Growth Momentum
Author：Fenggeng Qu，Yuhong Dong
Publisher：Economic Science Press
Date：March，2013

书籍简介：

随着全球资源日益紧张，环境恶化形势日益严峻，以直接消耗原材料为主的粗放型发展模式必将走向终结。一种建立在互联网和新材料、新能源相结合基础上的工业革命即将到来，以绿色、智能和可持续为特征的创新与突破，将创造新的需求与市场，改变人们的生产方式、生活方式与经济社会发展方式，进而改变人类文明发展的进程。

应对气候变化问题，本书作者依据企业技术开发、运营战略的理论研究和实践，结合近些年来对绿色发展理论、方法及应用研究成果的跟踪，以协同创新思维方式，从技术选择、产品开发、运营模式、知识创新等领域进行了探索。《绿色创新——新经济时代企业成长动力》内容主要包括：绿色创新理论、绿色创新战略、绿色技术创新、绿色产品创新、绿色运营创新、绿色知识产权管理、绿色协同创新等。

在新经济时代，企业的成长壮大，取决于企业创新能力。《绿色创新——新经济时代企业成长动力》从创造商业价值新的视角，对于企业绿色创新进行探索性研究，旨在从绿色发展视角对企业创新理论进行补充和完善，为从事绿色发展教学、研究的同行与企业管理决策者提供参考。

书　　　名：转型期的企业管理创新研究

作　　　者：陆园园，薛镭

出 版 社：人民出版社

出版时间：2013.04

Title：Transformation of Enterprise Management Innovation Research

Author：Yuanyuan Lu，Lei Xue

Publisher：People's Publishing House

Date：April，2013

书籍简介：

当前中国处于社会转型期，不同管理思想和理论的互动与融合促使管理的深层变革，也引起了对转型期企业管理创新问题的讨论。完整的企业管理创新理论的构建是一项十分艰深的管理理论研究和实践探索任务。本书从案例研究出发，对于企业管理创新实践活动的研究来源于国内较为成功企业的经营管理活动，分析 12 家"中国最受尊敬企业"在转型期下企业管理创新过程的内容、规律和特征。在借鉴引进国外先进管理理念和实践经验的基础上，探讨企业管理创新的理论模型，对企业管理创新的源泉、企业管理创新中的组织学习方式、提高企业管理创新能力以及管理创新与企业生命周期的关系进行深入的拓展性思考和讨论。本书进行了深入的理论分析与解释，对现有理论有一定的贡献，为将来建立中国企业有效的管理理论做一些准备。同时也从实践上为中国企业进行有效管理提供了有益的经验，并为企业遇到的管理问题提出对策和建议。

书　　　名：企业全面创新管理机制及实证研究

作　　　者：水常青

出 版 社：光明日报出版社

出版时间：2013.08

Title：Enterprise Total Innovation Management Mechanism and Empirical Research

Author：Changqing Shui

Publisher：Guangming Daily press

Date：August，2013

书籍简介：

创新是一个企业、产业和国家构筑竞争优势的源泉。随着全球市场竞争的日益加剧、数字化及信息网络技术的迅猛发展以及市场需求的不断变化，企业必须有战略性地培植和构筑基于全面创新的竞争优势。在转型经济背景下，如何通过全员创新、全时空创新和全要素创新，有效地构建和完善企业全面创新体系，发挥多元化集成和协同优势，有力地提升企业的动态核心能力和绩效，是我国增强企业自主创新能力所面临的核心问题之一。书中系统地对全员创新、全时空创新和全要素创新之间的作用机制、全要素间的作用机理以及"三全"对创新绩效的影响等进行了深入的理论研究，并在大样本调查的基础上进行了相关的实证研究。在理论和实证研究的基础上提出了管理建议。

书　　　名：脑与创新——神经创新学研究评述
作　　　者：陈劲，唐孝威
出 版 社：科学出版社
出版时间：2013.06
Title：Brain and Innovation：Innovation Studies Reviewed
Author：Jing Chen，Xiaowei Tang
Publisher：Science Press
Date：June，2013

书籍简介：

卓越的创新者对创新的产生与实施具有举足轻重的作用，是国家和企业可持续发展的根基。《脑与创新——神经创新学研究评述》分别从心理学、神经科学、管理学和教育学的不同学科视角，系统地阐述了创新者与创新之间的关系与规律，剖析了创新者的来源、内涵、特征等各个要素，重点探讨了创新行为的复杂性，以及脑科学与创新的关联性。《脑与创新——神经创新学研究评述》综合了 4 个学科的最新理论和研究成果，在理论的前瞻性与交叉性方面颇有独到之处。

《脑与创新——神经创新学研究评述》可供相关领域的科研人员、企业各级管理人员、技术人员、政府公务员以及其他感兴趣的读者阅读参考。

书　　名：创新思维、方法和管理
作　　者：张正华，雷晓凌
出 版 社：冶金工业出版社
出版时间：2013.02
Title：Innovative Thinking，Methods and Management
Author：Zhenghua Zhang，Xiaoling Lei
Publisher：Metallurgical Industry Press
Date：February，2013

书籍简介：

《创新思维、方法和管理》系统地介绍了创新思维、方法与管理的基本理论。具体内容包括：创新理论基础，基于创新思维的创新办法，基于矛盾分析的创新方法——TRIZ理论及其应用，基于功能分析的创新方法——价值工程理论，基于流程分析的创新方法——六西格玛管理理论和创新管理模式，创新组织管理和专利申请的基本程序与要求等。

《创新思维、方法和管理》可供高等院校本科生、管理类专业的在职与全日制研究生以及从事创新工作的人员学习与参考。

书　　　名：清华汇智文库·管理创新成功之路——面向中国
　　　　　　企业的全过程精益管理创新

作　　　者：齐二石，刘亮

出　版　社：清华大学出版社

出版时间：2013.01

Title：Roadmap for Management Innovation Success Product Life Cycle Oriented Lean Management Innovation in Chinese Enterprises

Author：Ershi Qi，Liang Liu

Publisher：Tsinghua University Press

Date：January，2013

书籍简介：

《清华汇智文库·管理创新成功之路——面向中国企业的全过程精益管理创新》在较为系统地介绍了创新理论及管理学的产生及其发展历程相关内容的基础上，结合时代背景系统阐述了管理创新的提出及其概念，重点介绍了管理创新的工具及面向全过程的企业管理创新理论，并对企业管理创新的最新动态进行了介绍。《清华汇智文库·管理创新成功之路——面向中国企业的全过程精益管理创新》注重理论与方法的系统介绍及其与实际的结合，分析总结了企业管理创新的相关难点及其工具、方法、应用的流程，对指导管理者在管理实践中摆脱传统束缚、实现管理模式的变革具有一定的指导作用。作为把管理看成科学并且强调管理在生产过程中的重要工具和手段的第一人，泰勒对近现代工业的发展具有重要的影响作用。从泰勒开始，科学管理理论被广泛地用到降低生产成本、提高生产效率等方面。在泰勒及其理论的影响下，传统工业得到了飞速发展并且为西方的组织结构设定了一个文化基础。在泰勒的不懈努力下，一种能降低成本、提高效率的新的组织文化在西方国家迅速流行开来。此后，福特和艾默生继承并发展了泰勒先生的相关理论并付诸实践，他们的理论在大机器生产和流水线作业中获得了巨大成功。

泰勒提出了一种理性的模式用来规范并检验工作者的工作表现。工人在规定时间内依照预先细化并被验证为可行的工作安排领取报酬。这种工作定量系统使得组织管理和员工控制变得简单明确，同时也有效地鼓励了工人提高工作效率，并有效地通过流水作业的模式提高了20世纪初制造业的生产效率。根据现在自由和民主的观点，为工作设定苛刻的标准将不可避免地抑制员工创造力的发挥，并招致他们的反感。然而，事实证明在泰勒的时代甚至在他之后的几十年中，工作定量系统都是有效可行的。通过这一系统的应用，劳动者相信每天以最好的质量和最大的数量进行工作符合他们个人的长远利益，而他们的利益与雇佣者的利益不谋而合。组织中各方利益的结合与工作目标的结合确实可以提高工作效率。泰勒在他的钢铁厂中就工作定量系统进行了10年以上的试验，最终总结出7点管理优势，均在书中有所体现。

书　　名：长江三角洲区域创新系统：基于产业升级与政府合作

作　　者：毕亮亮

出 版 社：知识产权出版社

出版时间：2013.01

Title：Yangtze River Delta Regional Innovation System

Author：Liangliang Bi

Publisher：Intellectual Property Press

Date：January，2013

书籍简介：

《长江三角洲区域创新系统：基于产业升级与政府合作》通过对长三角地区 16 个城市的实地调研和考察，使用创新系统理论的网络分析法，结合产业集群理论、公共政策分析及空间计量经济研究等方法，对长三角区域创新系统建设的现状特征、存在问题、动力条件及可行性进行深入研究，对长三角构建跨行政区创新系统的产业集群与产业链、地方政府、大学与研究机构、中介机构等主体提出具有可操作性的政策建议。今天，整个世界正处在一个相互依存、相互渗透、联系紧密、交流频繁的时代。要素流动，经济跨国，贸易往来，科研合作，技术转移，政治对话，文化融合，各个领域、各个方面都表现出集聚整合的大趋势。经济全球化是其中一个主要的、显著的表现形式，也是对其他趋势产生重大影响的大趋势。从欧洲共同体到北美自由贸易区到亚太地区，国家、地区之间的联合发展方兴未艾，一个国家内部也呈现出区域经济一体化的发展趋势。长三角地区经济社会发展一体化大势所趋。长三角区域创新系统的建设与完善，将大力提升长三角的整体竞争优势和国际竞争力。系统论、国家创新系统理论、区域经济学、创新经济学、新制度经济学、国家竞争优势理论、都市圈理论、科技合作与技术转移理论等学科和理论，构成了区域创新系统的理论基础。区域创新系统的定义、特征及分类、结构、功能、环境、运行机制等，区域创新系统与国家创新系统的关系，则构成了区域创新系统研究的基本理论问题。基于对长三角区域创新的现状、问题、原因以及模式的分析，提出提升长三角区域创新能力的对策建议，展望长三角区域创新系统的未来发展趋势，将为长三角的持续发展、率先发展和科学发展，以及国家区域协调发展战略目标的顺利实现贡献一份思想理念。长三角是一个跨行政区域的地理概念和经济概念，长三角区域创新系统也必然是一个跨行政区域创新系统。在构成该系统的诸要素中，企业、高等院校和科研院所作为创新主体固然发挥着重要作用，而在中国特色的政治文化传统以及行政区经济传统下，政府在区域社会发展和经济增长方面的主导甚至主宰的地位和作用，绝对不容轻视和忽视。

书　　名：不确定环境下企业开放式技术创新战略研究

作　　者：唐国华

出 版 社：经济科学出版社

出版时间：2013.01

Title：Research on the Strategy of Open Technology Innovation of Enterprise under Uncertain Environment

Author：Guohua Tang

Publisher：Economic Science Press

Date：January，2013

书籍简介：

《不确定环境下企业开放式技术创新战略研究》在借鉴国内外文献的基础上，从开放式技术创新战略的视角入手，详细分析和检验了环境不确定性对开放式技术创新战略和开放度的影响，开放度对技术创新绩效的影响，并在此基础上探讨了我国企业开放式技术创新战略的构建。企业面临的环境已经发生了深刻变化：一是进入知识经济时代，创新成为企业获取竞争优势和保持持续发展的关键；二是企业环境表现出高度的不确定性，如需求多元善变、技术日新月异、产品频繁更新、竞争日趋白热、优势转瞬即逝等，这就使技术创新日益变成一种复杂的活动，企业面临的一个重要而又棘手的问题就是在不确定环境下如何建立基于技术的竞争优势，提升技术创新的绩效。因此，基于这样的现实背景，本文确定研究的基本问题是：企业如何在不确定环境下构建适宜的技术创新战略来建立基于技术的竞争优势，提升技术创新的绩效。围绕这一基本问题，本文的研究又可以分解为三个较为具体的子问题：一是环境不确定性对企业技术创新战略有什么影响。二是不确定环境下，开放式技术创新战略能否成为企业技术创新绩效的来源。三是如果开放式技术创新战略是企业技术创新绩效的重要来源的话，则企业如何构建开放式技术创新战略。本文在借鉴国内外文献的基础上，从开放式技术创新战略的角度入手，详细分析和检验了环境不确定性对开放式技术创新战略和开放度的影响，开放度对技术创新绩效的影响，并在此基础上探讨了我国企业开放式技术创新战略的构建，从而回答了本文提出的研究基本问题及其子问题。构建了较为完整的研究中国企业开放式技术创新战略的分析框架。

书　　名：创新驱动战略与经济转型

作　　者：辜胜阻

出 版 社：人民出版社

出版时间：2013.03

Title：Innovation Driven Strategy and Economic Transformation

Author：Shengzu Gu

Publisher：The People Press

Date：March，1，2013

书籍简介：

本书从创新战略、经济转型、金融改革、城镇化与社会发展等方面对我国发展方式转变和打造创新驱动新动力问题展开了详细的论述，探讨了如何借助市场和政府调控"两只手"的合力来推动中国经济发展走向创新驱动、内生增长的道路。在创新战略方面，就我国国家创新体系构建、自主创新战略实施进行了系统研究，并结合中国国情对创新型国家建设的政策设计、国家自主创新示范区功能定位与制度安排等现实问题进行了深入分析。在经济转型方面，针对中国经济发展中存在的消费不足内需不旺、产业结构不合理、实体经济发展困难、就业结构性矛盾突出等问题，从收入分配改革与居民消费提升、发展战略性新兴产业和现代服务、缓解小微企业困境巩固实体经济基础等方面提供了相关政策建议。在金融改革方面，针对企业融资难和民间资本投资难这一"金融怪圈"进行了深入剖析，并从引导民间金融阳光化、规范化、合法化等方面提出了推进我国金融改革的战略思路。在城镇化与社会发展方面，在系统总结改革开放以来中国特色城镇化发展特点的基础上提出了城镇化是我国最大潜在内需和持久动力的论断，客观剖析了我国城镇化发展过程的失衡现象，提出城镇化与工业化、信息化和农村现代化同步协调发展的战略。

书　　名：中国的自主创新：理论与案例
作　　者：雷家骕，秦颖，郭淡泊
出 版 社：清华大学出版社
出版时间：2013.01
Title：Innovation with Self – Owned Property in China：Theory and Cases
Author：Jiaxiao Lei，Ying Qin，Danbo Guo
Publisher：Tsinghua University Press
Date：January，2013

书籍简介：

《中国的自主创新：理论与案例》主要介绍了自主创新的概念及类型划分，中国实施自主创新战略的紧迫性，中国自主创新的有效路径，中国自主创新的能力、模式与轨道，企业自主创新中的技术整合，中国自主创新的制度保障即创新体系建设，中国自创新的多层面战略问题等内容。《中国的自主创新：理论与案例》理论与案例相结合，在探讨自主创新基本问题的基础上，分析了 20 个自主创新的企业案例和 5 个产业层面的自主创新案例，适合对自主创新感兴趣的读者及相关领域的研究者。最近几年，自主创新从一般的科技政策，变成了国家战略，而且变成了国家战略的核心，变成了我们面向未来最重要的战略决策之一。这是我们认识创新型国家建设的一个基本的政策理论，也是我们考虑这类问题基本的基础。作为发展中国家，我国需要充分利用当今日益开放的国际环境，广泛学习和借鉴各国先进技术，但必须始终把自主创新作为科技进步的基点。我们必须清醒地认识到，没有基于自主创新的核心技术和知识产权，我国的产业发展将难以突破发达国家及其跨国公司的技术垄断，难以获得有利的贸易地位。自主创新的核心是能力建设，关键是自主。自主创新无疑需要自尊、自信、自立、自强，需要"敢为天下先"的勇气和"志在中华民族伟大复兴"的使命感、责任感。但仅此点还是不够的，还需要坚持对外开放，开发利用国际创新资源，踏踏实实地从虚心学习国外先进技术起步，不断超越自我。

书　　　名：创新思维方法论

作　　　者：苏振芳

出 版 社：社会科学文献出版社

出版时间：2013.03

Title：The Methodology of Creative Thinking

Author：Zhenfang Su

Publisher：Social Sciences Academic Press

Date：March，2013

书籍简介：

本书以创新思维方法作为研究对象，论述创新思维方法的历史渊源和社会理论基础、知识经济条件、创新智力条件、创新思维研究的哲学思辨形式和创新发明的实证方法等问题。创新思维方法的内容涉及多门学科，是一门历史性、现实性、理论性、知识性和科学性很强的综合性学科，全面而又科学地揭示出它的基本理论和基本方法，才能达到有效地指导人们进行创新活动的目的。本书以哲学创新思维方法作为研究对象，论述创新思维方法的历史渊源、社会理论基础、知识经济条件、创新智力形式、创新思维的哲学思辨方法和创造力开发的实证方法等问题。由于创新思维方法的内容涉及多门学科，是一门历史性、现实性、理论性、知识性、科学性和实证性很强的综合性学科，要全面而又科学地揭示出它的基本理论和基本方法，达到有效地指导人们进行创新活动的目的，还需要理论工作者和实际工作者的努力探索。

书　　名：中国区域创新能力报告 2013

作　　者：柳卸林，高太山，周江华

出 版 社：科学出版社

出版时间：2014.01

Title：Annual Report of Regional Innovation Capability of China 2013

Author：Xielin Liu，Taishan Gao，Jianghua Zhou

Publisher：Science Press

Date：January，2014

书籍简介：

《中国区域创新能力报告（2013）》是以中国区域创新体系建设为主题的综合性、连续性的年度研究报告。本报告以区域创新体系理论为指导，通过"中国科技发展战略研究小组"多年形成的评价方法，利用大量的研究统计数据，权威性、综合性、动态地给出了各省（直辖市、自治区）的创新能力排名和各项创新能力分析，为地方政府了解本地区的创新能力提供了一个很好的平台。本报告在历年报告的基础上，推出了以包容性创新为主题的研究报告。报告建立了一个包容性创新的理论分析框架，分析了政府在推动包容性创新方面的作用、企业推进包容性创新的实践，评估了高校面向区域包容性创新的能力，并对山东省农业包容性创新进行了一个区域案例分析，对一个低成本医疗创新的进行了产业的案例分析，建立了一个中国区域包容性创新能力评价体系，最后，从包容性创新的视角提出了实现中国梦相关的政策建议。

第三章 2013 年度创新管理学学科英文期刊论文与英文图书精选

第一节

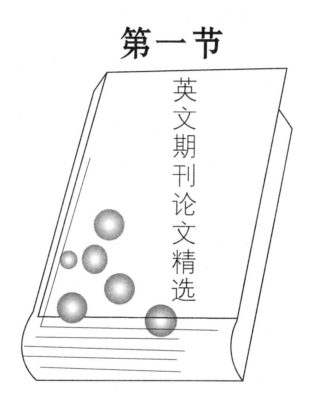

英文期刊论文精选

文章名：创新和商业成功：顾客参与的中介作用

Title：Innovation and Business Success：The Mediating Role of Customer Participation

期刊名：商业研究期刊（Journal of Business Research）

作者（Author）：Liem Viet Ngo，Aron O' Cass

年/卷/期/页：2013，66：1134 - 1142

Abstract：Innovation and the customer participation are central issues in research focusing on the performance of firms. However，the current literature offers little guidance on the extent of connection between firm innovation capabilities and customer participation and how they work together to enhance the quality of services and drive firm performance. Drawing on the literature focusing on firm capabilities and relationship management particularly customer participation，this study proposes that customer participation may account for the effects of service firm innovation capabilities（both technical and non - technical）on service quality. Empirical evidence from 259 firms supports this proposition. In addition，the study also finds that service quality positively enhances firm performance.

文章名：论制约与知识创新如何影响开放式创新

Title：How Constraints and Knowledge Impact Open Innovation

期刊名：战略管理（Strategic Management Journal）

作者（Author）：Helena Garriga，Georg Von Krogh，and Sebastian Spaeth

年/卷/期/页：2013，34：1134 - 1144

Abstract：Laursen and Salter（2006）examined the impact of a firm's search strategy for external knowledge on innovative performance. Based on organizational learning and open innovation literature，we extend the model hypothesizing that the search strategy itself is impacted by firm context. That is，both "constraints on the application of firm resources" and the "abundance of external knowledge" have a direct impact on innovative performance and a firm's search strategy in terms of breadth and depth. Based on a survey of Swiss - based firms，we find that constraints decrease and external knowledge increases innovative performance. Although constraints lead to a broader but shallower search，external knowledge is associated with the breadth and the depth of the search in a U - shaped relationship.

文章名：共同创造的光明面和黑暗面：网络创新社区成员的行为触发器

Title：The Dark and the Bright Side of Co – creation：Triggers of Member Behavior in On-line Innovation Communities

期刊名：商业研究期刊（Journal of Business Research）

作者（Author）：Johannes Gebauer，Johann Füller，and Roland Pezzei

年/卷/期/页：2013，66：1516 – 1527

Abstract：Online innovation communities are often seen as a rich source of innovation that offers added value to its members. However，innovation in collaboration with communities may also create frustration and evoke angry reactions. This article with two combined studies investigates triggers ofboth positive and negative behavior of members of the 'SPAR Bag Design Contest' and helps to explain the bright and dark side of co – creation. It shows that dis – /satisfaction with the outcome，perceived fairness，and sense of community are beside co – creation experience major determinants for negative as well as positive reactions of innovation community members. The findings unfold that perceived unfairness and dis – /satisfaction with the outcome can cause negative reactions of participants like negative word – of – mouth. Perceived fairness and sense of community on the other hand are suggested as prerequisite for positive actions of members of co – creation communities. Thus，the results challenge the direct influence of co – creation experience on members' actions as e. g. sense of community fully mediates its influence on willingness to pay for and willingness to positively talk about the co – created outcome. The article further shows that dealing with such critical situations and managing conflicts in co – creation communities means an open dialog in the public sphere which requires co – negotiation and co – moderation.

文章名：1996 ~ 2010 年实证研究分析：商业模式在企业的成功、创新和分类研究中的应用

Title：Applications of the Business Model in Studies of Enterprise Success，Innovation and Classification：An Analysis of Empirical Research from 1996 to 2010

期刊名：欧洲管理期刊（European Management Journal）

作者（Author）：Susan C. Lambert，Robyn A. Davidson

年/卷/期/页：2013，31：668 – 681

Abstract：Although there is no widely agreed upon definition and composition of the business model concept，it is evident from the continued presence of the term in both scholarly and broader business literature，that managers and researchers alike find it a useful descriptive and analytical construct. This paper reviews research in the field of business models from 1996 to 2010. Electronic database searches of scholarly journals spanning 1996 when the term business model first appeared in multiple publications to 2010 reveals 69 articles that use the business model concept in empirical research. The empirical studies are analyzed revealing that European information, media and telecommunications firms feature most frequently. Three themes emerge from an analysis of the papers: ①the business model as the basis for enterprise classification, ②business models and enterprise performance, and ③business model innovation. This paper identifies, organizes and analyzes existing empirical research to highlight the value of the business model as a research construct and improve the general understanding of the business model concept.

文章名：服务化：厘清对制造业企业绩效服务的商业模式创新的影响

Title：Servitization：Disentangling the Impact of Service Business Model Innovation on Manufacturing Firm Performance

期刊名：运营管理期刊（Journal of Operations Management）

作者（**Author**）：Ivanka Visnjic Kastalli，Bart Van Looy

年/卷/期/页：2013，31：169 – 180

Abstract：As manufacturing businesses operate in an ever more competitive，global economy where products are easily commoditized，innovating by adding services to the core product offering has become a popular strategy. Contrary to the economic benefits expected，recent findings pinpoint implementation hurdles that lead to a potential performance decline，the so – called 'servitization paradox'. In this paper，we analyze this paradox by disentangling the value creation and value appropriation processes of 44 national subsidiaries of a global manufacturing firm turned product – service provider，in the 2001 – 2007 period. Our findings show that the firm under study is able to successfully transcend the inherent substitution of products by services and to enact complementary sales dynamics between the two activities. Moreover，labor – intensive services such as maintenance，which imply higher levels of customer proximity，further enhance product sales. Empirical results also reveal a positive yet non – linear relationship between the scale of service activities and profitability：while initial levels of servicing result in a steep increase in profitability，a period of relative decline is observed before the positive relationship between the scale of services and profitability re – emerges. These findings suggest the presence of initial short – term gains but also indicate the existence of a 'profitability' hurdle；profitable growth seems feasible only to the extent that investments in service capability are translated into economies of scale. In helping to clarify the performance implications of service innovation，our findings suggest pathways to sustainable growth through servitization for manufacturing firms.

文章名：国家创新体系的动态：创新能力和吸收能力之间的协同进化的专家小组协整分析

Title：The Dynamics of National Innovation Systems：A Panel Co – integration Analysis of the Co – evolution between Innovative Capability and Absorptive Capacity

期刊名：政策研究期刊（Research Policy）

作者（**Author**）：Fulvio Castellacci，Jose Miguel Natera

年/卷/期/页：2013，42：579 – 594

Abstract：This paper investigates the idea that the dynamics of national innovation systems is driven by the co – evolution of two main dimensions：innovative capability and absorptive capacity. The empirical analysis employs a broad set of indicators measuring national innovative capabilities and absorptive capacity for a panel of 87 countries in the period 1980 – 2007, and makes use of panel co – integration analysis to investigate long – run relationships and co – evolution patterns among these variables. The results indicate that the dynamics of national systems of innovation is driven by the co – evolution of three innovative capability variables (innovative input, scientific output and technological output), on the one hand, and three absorptive capacity factors (infrastructures, international trade and human capital), on the other. This general result does however differ and take specific patterns in national systems characterized by different levels of development.

文章名： 启用服务创新：一种动态能力方法

Title： Enabling Service Innovation：A Dynamic Capabilities Approach

期刊名： 商业研究期刊（Journal of Business Research）

作者（Author）： Daniel Kindström, Christian Kowalkowski, Erik Sandberg

年/卷/期/页： 2013, 66：1063 – 1073

Abstract： The point of departure for this article is the need for product – centric firms to compete in the market by adding services to their portfolio, which requires a greater focus on service innovation if they are to remain competitive. A major challenge associated with the shift from product – centeredness to a product – and – service orientation is the management of the essential dynamic capabilities of sensing, seizing, and re – configuring needed for service innovation. The research study reported identifies key micro – foundations forming the basis of successful realignment of a firm's dynamic capabilities so as to achieve a better fit with service innovation activities. Eight qualitative case studies of product – centric firms form the basis of the study. The findings make three primary contributions to the body of knowledge. First, they extend the existing literature on dynamic capabilities by specifically discussing micro – foundations related to service innovation. Second, the study extends existing work on service innovation into the manufacturing industries by identifying the key micro – foundations in that context. Third, the research provides empirical evidence of dynamic capabilities in practice, especially in product – centric settings in which the service context is novel.

文章名： 绩效薪资对创新有害吗？

Title： Is Pay for Performance Detrimental to Innovation

期刊名： 管理科学（Management Science）

作者（Author）： Florian Ederer, Gustavo Manso

年/卷/期/页： 2013, 59（7）：1496 – 1513

Abstract： Previous research in economics shows that compensation based on the pay – for – performance principle is effective in inducing higher levels of effort and productivity. On the other hand, research in psychology argues that performance – based financial incentives inhibit creativity and innovation. How should managerial compensation be structured if the goal is to induce managers to pursue more innovative business strategies？ In a controlled laboratory setting, we provide evidence that the combination of tolerance for early failure and reward for long – term success is effective in motivating innovation. Subjects under such an incentive scheme explore more and are more likely to discover a novel business strategy than subjects under fixed – wage and standard pay – for – performance incentive schemes. We also find evidence that the threat of termination can undermine incentives for innovation, whereas golden parachutes can alleviate these innovation – reducing effects.

文章名：局势已经逆转：信息系统领域如何促进技术与创新管理研究？

Title：The Tables Have Turned：How Can the Information Systems Field Contribute to Technology and Innovation Management Research?

期刊名：国际信息系统学会会刊（Journal of the Association for Information Systems）

作者（Author）：Youngjin Yoo

年/卷/期/页：2013，14（Special Issue）：227 – 236

Abstract：Pervasive digitalization has brought new disruptive changes in the economy. At the core of these disruptive changes is digitally enabled generativity. In this paper，I argue that scholars must offer new theoretical models and insights that guide management practices in the age of generativity that can extend，or perhaps supplant，the prevailing emphasis on modularity. To that end，I suggest that information systems scholars must attend explicitly to the generative materiality of digital artifacts by drawing on the sociomaterial perspective，which has emerged as a robust intellectual tradition of the IS community. This paper is a provocation for those IS scholars who are willing to stretch the boundaries of their intellectual imagination beyond the comfort of IS journals and conferences，and offers a promising path forward.

文章名：环境创新嵌入在高性能组织变化里了吗？人力资源管理和互补性的绿色企业战略中的作用

Title：Is Environmental Innovation Embedded within High – performance Organisational Changes? The Role of Human Resource Management and Complementarity in Green Business Strategies

期刊名：政策研究杂志（Research Policy）

作者（Author）：Davide Antonioli，Susanna Mancinelli，Massimiliano Mazzanti

年/卷/期/页：2013，42：975 – 988

Abstract：This paper investigates whether firms' joint implementation of organizational innovation and training may foster their adoption of environmental innovation（EI），and if this correlation falls within Porter Hypothesis（PH）framework. We study the relationship of complementarity between strategies of High Performance Work Practices（HPWP）and Human Resource Management（HRM）when EI adoption is the firms' objective，using an original dataset on 555 Italian industrial firms regarding EI，HPWP and HRM，coherent with the last CIS2006 – 2008 survey. Results show that sector specificity matter. The only case in which strict complementarity is observed in organizational change concerns CO_2 abatement，a relatively complex type of EI，but this is true only when the sample is restricted to more polluting（and regulated）sectors. This evidence is coherent with the Porter hypothesis：complementarity – related adoption of EI is an element of organizational change in firms that are subject to more stringent environmental regulations. Nevertheless，the fact that strict complementarity is not a diffuse factor behind the adoption of all environmental innovation indeed does not come as a surprise. At this stage in the development of green strategies, the share of eco – firms is still limited, even in advanced countries that are seeking tools for a new competitiveness. The full integration of EIs within the internal capabilities and firm's own assets is far from being reached, even in advanced and competitive industrial settings.

文章名：中国高层管理团队功能多样性与组织创新：环境的调节作用

Title：Top Management Team Functional Diversity and Organizational Innovation in China：The Moderating Effects of Environment

期刊名：战略管理（Strategic Management Journal）

作者（Author）：Davide Antonioli，Susanna Mancinelli，Massimiliano Mazzanti

年/卷/期/页：2013，42：975 – 988

Abstract：While conflicts（cognitive and affective）have been considered as important process variables to better understand the mixed findings on the relationship between top management team functional diversity and organizational innovation，such an input – process – outcome model is still incomplete without considering the environmental factors. This study was formulated to assess the importance of both competitive and institutional environments in moderating such upper echelon effects within a transition economy. The chief executive officers and chief technology officers of 122 Chinese firms were surveyed and both competitive uncertainty and institutional support were found to shape top management team decision making processes and their outcomes.

文章名：解密组织创新的因素

Title：Deciphering Antecedents of Organizational Innovation

期刊名：商业研究期刊（Journal of Business Research）

作者（Author）：Alois Ganter，Achim Hecker

年/卷/期/页：2013，66：575 – 584

Abstract：This study investigates antecedents of organizational innovation in firms. The study elaborates on Mol and Birkinshaw's（2009）model by additionally accounting for organizational innovation as a source of sustainable competitive advantage. Based on a large sample of German firms drawn from the 2005 "Community Innovation Survey"（CIS IV），the empirical results significantly contrast those by Mol and Birkinshaw；the data corroborate neither reference group – theory，nor the knowledge search – perspective as adequate accounts for the adoption of organizational innovation by German firms. Instead，the firms' competitive environment is significant in predicting adoption behavior.

文章名： "这听起来公平吗?"：个人决定参与企业创新时对公平的期望的前因后果

Title： "Does This Sound Like a Fair Deal?"：Antecedents and Consequences of Fairness Expectations in the Individual's Decision to Participate in Firm Innovation

期刊名： 组织科学（Organization Science）

作者（Author）： Nikolaus Franke, Peter Keinz, and Katharina Klausberger

年/卷/期/页： 2013, 24（5）：1495 – 1516

Abstract： The Internet has given rise to new organizational forms of integrating users into firm innovation. Companies willing to make use of external resources can now outsource innovation – related tasks to huge "crowds" outside the company. The extant literature on participation motives assumes a symbiotic relationship between the firm and external contributors in which both parties have largely complementary motives and are only interested in their own utility. In two experimental simulations, we show that this understanding has to be amended：potential contributors not only want a good deal, they also want a fair deal. Fairness expectations with regard to the distribution of value between the firm and contributors（distributive fairness）and the fairness of the procedures leading to this distribution（procedural fairness）impact the likelihood of participation beyond considerations of self – interest. Fairness expectations are formed on the basis of the terms and conditions of the crowdsourcing system and the ex ante level of identification with the firm organizing it. In turn, they impact the individuals' transaction – specific reactions and also inform their future identification with the firm. These findings contribute not only to research on open and user innovation but also to theories on organizational fairness by enhancing our understanding of the emergent field of fairness expectations.

文章名： 将团队的创造力转化为创新的实施：团队组成所扮演的角色及创新氛围

Title： Translating Team Creativity to Innovation Implementation：The Role of Team Composition and Climate for Innovation

期刊名： 管理杂志（Journal of Management）

作者（Author）： Anit Somech and Anat Drach – Zahavy

年/卷/期/页： 2013, 39（3）：684 – 708

Abstract： This study investigated team innovation as a process phenomenon by differentiating the creativity stage from the implementation stage. Based on the interactional approach, the authors argue that team composition（aggregated individual creative personality and functional heterogeneity）affects team creativity, which in turn promotes innovation implementation depending on the team's climate for innovation. Results from a study of 96 primary care teams confirmed that aggregated individual creative personality, as well as functional heterogeneity, promotes team creativity, which in turn interacts with climate for innovation such that team creativity enhances innovation implementation only when climate for innovation is high.

文章名：商业模式创新与竞争模仿：以赞助为基础的商业模式之研究

Title：Business Model Innovation and Competitive Imitation：The Case of Sponsor – Based Business Models

期刊名：战略管理（Strategic Management Journal）

作者（Author）：Ramon Casadesus – Masanell and Feng Zhu

年/卷/期/页：2013，34：464 – 482

Abstract：This paper provides the first formal model of business model innovation. Our analysis focuses on sponsor – based business model innovations where a firm monetizes its product through sponsors rather than setting prices to its customer base. We analyze strategic interactions between an innovative entrant and an incumbent where the incumbent may imitate the entrant's business model innovation once it is revealed. The results suggest that an entrant needs to strategically choose whether to reveal its innovation by competing through the new business model，or conceal it by adopting a traditional business model. We also show that the value of business model innovation may be so substantial that an incumbent may prefer to compete in a duopoly rather than to remain a monopolist.

文章名：高层管理重视创新：搜索选择在新产品推广中的作用和强度

Title：Top Management Attention to Innovation：The Role of Search Selection and Intensity in New Product Introductions

期刊名：美国管理学会学报（Academy of Management Journal）

作者（Author）：Qing Li，Patrick G. Maggitte，Ken G. Smith，Paul E. Tesluk，and Riitt A Katila

年/卷/期/页：2013，56（3）：893 – 916

Abstract：We develop and test an attention – based theory of search by top management teams and the influence on firm innovativeness. Using an in – depth field study of 61 publicly traded high – technology firms and their top executives，we find that the location selection and intensity of search independently and jointly influence new product introductions. We have three important findings. First，in contrast to the portrait of local managerial search，we find teams that select locations that contain novel，vivid，and salient information introduce more new products. Next，unlike information gathering approaches that merely "satisfice"，persistent search intensity may lead to increases in new product introductions. Finally，level of search intensity must fit the selected location of search to maximize new product introductions.

文章名：知识网络，合作网络和探索创新

Title：Knowledge Networks, Collaboration Networks and Exploratory Innovation

期刊名：美国管理学会学报（Academy of Management Journal）

作者（Author）：Chunlei Wang, Simon Rodan, Mark Fruin, and Xiaoyan Xu

年/卷/期/页：2014, 57（2）：484 – 514

Abstract：Innovation in firms is doubly embedded：in a social network of collaborations between researchers, and in a knowledge network composed of linkages between knowledge elements. The two networks are decoupled. Their structural features are distinct and influence researchers' exploratory innovation differently. Using the patent data of a leading U. S. microprocessor manufacturer, we constructed the firm's collaboration and knowledge networks, and examined the effects of two structural features in the two networks—structural holes and degree centrality—on researchers' exploratory innovation. Our findings show that a researcher with knowledge elements rich in structural holes in the knowledge network tends to explore fewer new knowledge elements from outside the firm, while structural holes in the collaboration network increase exploratory innovation. The average degree centrality of a researcher's knowledge elements in the knowledge network has an inverted – U – shaped relationship with his or her exploratory innovation, while degree centrality in the collaboration network has a negative effect. This study suggests that knowledge and social networks influence where researchers search for discoveries.

文章名：充分利用你在哪里：地理、网络和组织的创新

Title：Making the Most of Where You Are：Geography, Networks, and Innovation in Organizations

期刊名：美国管理学会学报（Academy of Management Journal）

作者（Author）：Russell J. Michigan

年/卷/期/页：2014, 51（1）：193 – 222

Abstract：Drawing on insights from macro and micro level research, I develop and test a theory of how the makeup of firms' local environments influences their ability to generate innovations. I propose that although geographic proximity to industry peers can enhance performance, such effects are moderated by intraorganizational network structures. Data on collaborations among inventors and the geographic locations of 454 US companies active in nanotechnology R&D between 1990 and 2004 are used to show that as proximity to industry peers decreases—and knowledge spillovers become less common—inefficient networks are beneficial because they create and sustain diversity internally. For firms with high proximity, more cohesive network structures that facilitate information processing are desirable.

文章名：民族创新与美国跨国公司活动

Title：Ethnic Innovation and U S Multinational Firm Activity

期刊名：管理科学（Management Science）

作者（Author）：C. Fritz Foley，William R. Kerr

年/卷/期/页：2013，59（7）：1529 – 1544

Abstract：This paper studies the impact that ethnic innovators have on the global activities of U. S. firms by analyzing detailed data on patent applications and on the operations of the foreign affiliates of U. S. multinational firms. The results indicate that increases in the share of a firm's innovation performed by inventors of a particular ethnicity are associated with increases in the share of that firm's affiliate activity in countries related to that ethnicity. Ethnic innovators also appear to facilitate the disintegration of innovative activity across borders and to allow U. S. multinationals to form new affiliates abroad without the support of local joint venture partners.

文章名：多元化企业的搜索行为：适应创新的影响

Title：Search Behavior of the Diversified Firm：The Impact of Fit on Innovation

期刊名：战略管理（Strategic Management Journal）

作者（Author）：Sang Kyun Kim，Jonathan D. Arthurs，Arvin Sahaym，and John B. Cullen

年/卷/期/页：2013，34：999 – 1009

Abstract：This paper provides a new approach to account for the relationship between diversification and innovation by integrating insights concerning strategic fit. We argue that the type of diversification strategy leads to greater innovation output when the appropriate technological search strategy is employed. Using a longitudinal study of the patenting activity of 258 manufacturing firms, we find that strategic fit is important for innovation output. More specifically, a related diversification strategy leads to greater innovation when firms use a narrow technological search strategy. In contrast, an unrelated diversification strategy leads to greater innovation when a broader technological search strategy is used. Implications for future research are discussed.

文章名：互补性资产如管道和棱镜：创新激励和轨迹选择

Title：Complementary Assets as Pipes and Prisms：Innovation Incentives and Trajectory Choices

期刊名：战略管理（Strategic Management Journal）

作者（Author）：Brian Wu, Zhixi Wan, and Daniel A. Levinthal

年/卷/期/页：2014, 35：1257 – 1278

Abstract：The issue of the failure of incumbent firms in the face of radical technical change has been a central question in the technology strategy domain for some time. We add to prior contributions by highlighting the role a firm's existing set of complementary assets have in influencing its investment in alternative technological trajectories. We develop an analytical model that considers firm heterogeneity with respect to both technological trajectories and complementary assets. Complementary assets play a dual role in incumbents' investment behavior toward radical technological change：they are not only resources（pipes）that can buffer firms from technology change，but also prisms through which firms view those changes，influencing both the magnitude of resources that should be invested and the trajectory to which these resources should be directed.

文章名：组织中的制度化道德创新：道德创新决策过程的综合因果模型

Title：Institutionalizing Ethical Innovation in Organizations：An Integrated Causal Model of Moral Innovation Decision Processes

期刊名：商业伦理期刊（Journal of Business Ethics）

作者（Author）：E. Günter Schumacher, and David M. Wasieleski

年/卷/期/页：2013, 113：15 – 37

Abstract：This article answers several calls—coming as well from corporate governance practitioners as from corporate governance researchers—concerning the possibility of complying simultaneously with requirements of innovation and ethics. Revealing the long – term orientation as the variable which permits us to link the principal goal of organization, being "survival", with innovation and ethic, the article devises a framework for incorporating ethics into a company's processes and strategies for innovation. With the principal goal of organizations being "survival" in the long – term, it is assumed that innovation is necessary in order to realize a going concern. Firms that do not innovate and adapt to rapidly changing business environments are less likely to be sustainable. Thus, it is in a business' best interests to adopt an innovation process for long – term success. We posit that there are two simultaneous sources of innovation and change that are unavoidable and embedded in the corporate landscape. First, we argue for genetically embedded, Darwinian explanations for adaptations that enable an entity's survival. This view is combined with more conventional, social science explanations for change. Our new, comprehensive model of the governance of innovation processes hinges on the one hand on an organization's long – term orientation, which we argue, is not possible without a consideration of an ethical dimension. On the other hand, the model employs, for the first time, the concept of duality, in order to make the positive coexistence of innovation and ethic analytically visible. Guided by this concept the roots of the ethic within innovation are traced from both natural science forces for change, and cultural pressures operating on members of an organization. We present our Integrated Causal Model of Innovation and propose theoretical relationships that will generate numerous avenues for future research in the field, and help managers to reorient their governance strategies.

第二节

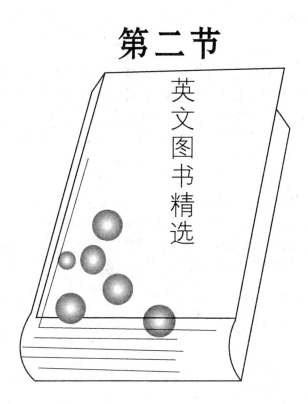

英文图书精选

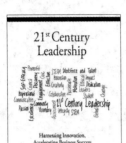

书　　名：新世纪下的领导力：创新助力事业走向成功

Title：21st Century Leadership：HarnessingInnovation，Accelerating Business Success

作　　者：Melvin B. Greer Jr

出 版 社：iUniverse

出版时间：2013 年 12 月 17 日

内容简介：

倘若要提高当下领导者的技巧，或启示后人创新，那么时时将前沿技术融入管理的时代已经到来了。针对如何填补领导差距的这个问题，梅尔文格里尔，作为华盛顿特区格里尔领导创新研究所的创始人和总经理，在本书中用全新的视角做出了诠释。他说明了一些方法，这些方法可以用来重新思量关于创新的假设和神话，养成高效率的领导习惯，发展一个成功的工作团队与一个成功的人才管理策略，以及通过科学、技术、工程和数学教育创建一个现代创新型工作通道。信息技术知识不应再被局限于单一的一个方面了。就像领导们的知识面也需要拓展，应该能从损益表或资产负债表中获得信息，并解读这些信息，还需要知道技术对于企业战略的重要性。在当今的 21 世纪，领导们要理解行为方面、经济方面或者社会因素方面的转换，以便能利用机会来取得成功。不管您是经理、高管、公司新人、老师，抑或是学生，21 世纪的领导力都是成功路上的必需品。

书　　名：开放式创新研究管理与实践
Title：Open Innovation Research，Management and Practice
作　　者：Joe Tidd
出 版 社：Imperial College Press
出版时间：2013 年 12 月 9 日

内容简介：

开放式创新的概念日趋流行，尤其是在科技与创新方向的管理和政策类文献中尤为突出。然而，尽管有大量的实证结论，这些结论中的许多解决方法却都很笼统，并没有将情境和突发状况纳入考虑。开放式创新的支持者普遍乐观，但研究表明，开放式创新模式的具体机制和结果对不同背景和事件的敏感度非常高。这并不奇怪，因为创新的开放或封闭性是历史偶然，而并不像许多文献中提到的，所谓一个简单的从封闭到开放的转变。研究表明，创新的模式很大程度上取决于不同的部门、企业和战略。因此，对于那些可以帮助开放式创新取得成功的机制，我们有必要对它们进行审查。在本书中，作者致力于在辩论中转变潜有的误导性一般性解决方案，并为研究具体机制和开放式创新的局限性和管理实践提供概念性和实证性的观点。

书　　名：服务产业管理：兼具挑战和创新
Title：Managing Services：Challenges and Innovation
作　　者：Kathryn Haynes，Irena Grugulis
出 版 社：OUP Oxford
出版时间：2013 年 12 月 5 日

内容简介：

社会服务的本质，经济全球化及日益复杂的经济情况，以及服务的管理及其中的创新，这些都是服务业从业者、专家及学者们所要面临的挑战。本书通过汇总领先的研究数据，提供了有关理解服务和管理服务方面的观点，以及对服务的重新定义，为服务产业管理的理论和实践提供了及时的、显著的、多学科的贡献。

本书从现当代理论和经验主义视角出发，展现了一系列服务业管理方面的挑战，通过探索和批判服务业的组织策略和管理策略，扩展了有关于服务业的认知概念。本书在服务业的研究和探索方面做出了一定的贡献，例如，本书重新考虑了服务业对于学者、专家和从业者的独特性和重要性；阐述了一些合理的沟通策略；针对服务业的一些管理实践进行了评估，并研究了行业管理的一些固有困难；回顾了一些理论的性质、方向和适用性，这些理论大多试图界定服务管理；探究了服务和服务管理中的现代创新；并评估了理论建设的机遇，以促进理解这一复杂命题——服务管理及其对相关组织和更大的社会环境的影响。

研究生、学者和服务管理从业者或可在本书中拾趣。

书　　　名：六西格玛＋精益工具的设计：这是成功实施创新的必要心态

Title：Design for Six Sigma + Lean Toolset：Mindset for Successful Innovations

作　　　者：Christian Staudter，Clemens von Hugo，Philipp Bosselmann，Jens – Peter Mollenhauer，Renata Meran，Olin Roenpage，and Stephan Lunau

出　版　社：Springer

出版时间：2013 年 12 月 17 日

内容简介：

《六西格玛＋精益工具的设计》是所有工具的一个全面组合，而这样的一套组合是成功实施创新的一个必要条件。所有的工具都有一个明确的结构，同时提供一个对于使用方法的很好概述。

这一套工具的发展过程与《六西格玛＋精益工具的设计》的发展过程是一致的，即定义、测量、分析、设计和验证。因为在这种独特的结构下，我们可以快速地找到工具并将其投入使用，因此我们出版了这本书，以在实际运用能够协助项目工作的开展。

从基于工具的方法转向基于问题的方法，在我们看来，一方面是项目负责人、团队以及利益相关方效率提高的决定性因素；另一方面还能在很大程度上提高各方创新项目成功的可能性。

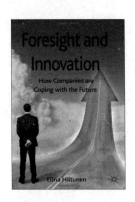

书　　　名：远见和创新：公司如何迎接未来？

Title：Foresight and Innovation：How Companies are Coping with
the Future

作　　　者：E. Hiltunen

出 版 社：Palgrave Macmillan

出版时间：2013 年 11 月 29 日

内容简介：

本书为关心自身和公司发展的读者提供了一个详尽的指导。本书由芬兰未来学家艾莲娜·希尔图宁执笔，针对如何能让公司更好地未雨绸缪这个话题，给出了许多相关的看法。书中提出了这样的观点，在面对未来的时候我们应保持谦卑，而不是受制于未来。在实践中，这句话的意思也就是说我们应当预见未来可能出现的多种可能性（或者场景），并至少在精神上对此做好准备。另外，不论是个体还是公司，我们都在为自己更好的未来做打算。而这样的未来是由创新和交流来缔造的。本书由多种多样的例证组成，这些例证多是阐释公司如何迎接未来的挑战，同时给读者一些迎接未来挑战的方法。

书　　名：创新者的解决方案：创造成功的增长，并维持
　　　　　增长

Title：The Innovator's Solution：Creating and Sustaining Suc-
cessful Growth

作　　者：Clayton M. Christensen，Michael E. Raynor

出 版 社：Harvard Business Review Press

出版时间：2013 年 11 月 19 日

内容简介：

本书是关于增长停滞的创世之作，写给每个面对增长悖论的人。畅销书《创新者的解决方案》的读者或非读者们现在都可以通过这本决定性的书来助力公司的转型。

在《创新者的解决方案》这本书中，克莱顿·克里斯滕森和迈克尔·雷诺延展了公司混乱的定义，他们提出，公司本身可以而且应当成为破坏者。这本经典著作证明了这个观点在当今这个经济环境超速发展的时代，是多么及时且切中要害。

克里斯滕森和雷诺针对公司决策提出建议，而这些决策往往对公司真正取得破坏性增长有决定性作用，他们也对公司发展形成读者自己公司的破坏性增长机制提出了一些参考。作者分析了在塑造和包装新的想法时，会影响管理者们做出错误决策的外力，同时提出了一些能适时改善公司处境的机制，让公司从混乱走向成功。本书以下人员必读：公司高管、创新发展方向的公司领导及其组员。

通过一些具有行业领导地位的公司的成败的经验教训，《创新者的解决方案》提出了抓住破坏性创新现象的一些原则。本书旨在帮助管理者看到正在经历的或将会经历的变化，指导大家积极面对并取得成功。

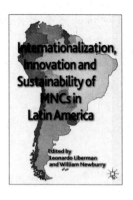

书　　名：国际化、创新和拉丁美洲跨国公司的可持续发展

Title：Internationalization，Innovation and Sustainability of MNCs in Latin America

作　　者：L. Liberman，W. Newburry

出 版 社：Palgrave Macmillan

出版时间：2013 年 11 月 8 日

内容简介：

随着全球化和地区整合的推进，跨国公司在新的国家和市场运营时应有所创新并保持可持续发展。AIB – LAT 丛书给出了国际业务方面的研究成果和理论发展，并特别强调了拉丁美洲国家的全球化、创新和可持续发展的一些研究成果——这三方面的问题对于全球的公司来讲，联系都越来越紧密，越来越重要。拉丁美洲随着其地区在国际经济中的地位越来越重要，也在不断聚集商业和学术吸引力。本书的几个章节将会深化读者们的观念：拉美裔企业和正在拉美寻求商机的企业在通过运用顶尖学者在该地区提出的研究成果来发展国际业务时，是如何努力创造和实现可持续和创新的解决方案的。

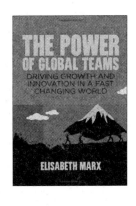

书　　名：国际团队的力量：在瞬息万变的社会做到驱动增
　　　　　长和创新

Title：The Power of Global Teams：Driving Growth and Innova-
　　　　　tion in a Fast Changing World

作　　者：E. Marx

出 版 社：Palgrave Macmillan

出版时间：2013 年 11 月 8 日

内容简介：

《国际团队的力量》这本书不乏技巧地展示了如何创建一个高效的执行团队，能够赢得国际客户，扭转公司颓势，以及加快公司在竞争激烈的全球市场上的发展势头。这本极具实用性的书将笔尖精准地指向顶级国际团队的成功秘诀，通过广泛的案例分析，从亚洲到美国，展示了高效团队是如何起于垒土，直面了国际公司要每天面对的关键问题。基于商业心理学，它概述了一系列行之有效的模式，将增强团队治理和激励的财务结果。具有全球影响力的领导人一系列部门的独家访谈，包括巴克莱、AMEC、聪明人基金会、洛克菲勒基金会、花旗、佳士得拍卖行、奥美集团、维珍传媒、ABB 集团、劳斯莱斯、英国能源巨头 Petrofac、BBA 航空和英国电器零售商 Dixons。本书独特地将视线放在了非营利企业和新兴市场的团队发展上，读者们将会深入了解如何有效地领导国际团队及董事会。伊丽莎白·马克思是著名的领导力顾问，也是畅销书《突破文化冲击》的作者。

书　　　名：建立企业创新社区——从社会资本角度出发
Title：Establishing Corporate Innovation Communities：A Social
　　　　　Capital Perspective
作　　　者：Martin Dumbach
出 版 社：Springer Gabler
出版时间：2013 年 11 月 18 日

内容简介：

由于创新社区的具体特点，社区成员之间的社会关系在这样的环境中发挥了举足轻重的作用。对此，马丁·顿巴赫以社会资本的视角观察并研究了这个问题：企业创新社区的社会资本的前因是什么？采用定性和定量方法，该研究为社区网络发展的动力提供了有趣的见解。更详细地说，笔者将创新社区社会资本视作一个自我强化的资产，其受到个人、社会和组织层面上的一些前因的影响。这些结果为文学上的创新社区和社会资本增添了色彩，并对社会管理具有重要意义。

书　　　名：不连续的创新：学会处理意外事件

Title：Discontinuous Innovation：Learning to Manage the Unexpected

作　　　者：Peter Augsdorfer，John Bessant，and Kathrin Moslein

出　版　社：Imperial College Press

出版时间：2013 年 10 月 29 日

内容简介：

创新实验室（www. innovation – lab. org）这个项目的进行已达 10 年之久，现仍在进行中。本书正是基于与创新实验室相关的研究结果、议题及问题来创作的。这项调查项目的重点是 13 多个国家的不连续创新，其中多数是欧洲国家，针对这些国家面临的不同挑战，本书提供了有益的见解。本书也提出了一些相关问题，例如，公司如何拾取新兴或者迥然不同创新的微弱信号？当这些创新信号跟公司主流创新过程相冲突的时候，公司又该如何行动？在配置战略创新项目的资源时，有什么样的原则需要遵守？公司需要采取怎样的行动才能避免被"公司免疫系统"排除在外？公司应当如何组织那些常常需要破旧规立新规的项目？本书通过收集信息来尝试回答以上的这些问题，而这些信息来自研究项目，以及尝试不同想法、模型和见解来面对不连续创新的公司。本书简单易懂，可同时满足实践人员和学者的需求。

书　　名：创新管理：CEO 的领导地位
Title：Innovation Management：The Leadership Role of the CEO
作　　者：Ilir Hajdini
出 版 社：Grin Verlag
出版时间：2013 年 10 月 9 日

内容简介：

创新是指提供产品、服务、经营过程、经营模式等的方式从传统到现代化的转变。然而，能让创新保持上升势头的因素尚不明确。事实上，CEO 们在管理创新的过程中有自己要做的事情：批准、发起以及监控国有或者私营企业提供的创新的过程、产品和服务。因此，本书拟将比较网络巨头雅虎和谷歌 CEO 的领导作用，它们都面临将产品现代化以迎合需求的问题。书中的比较将尝试验证一个假设，涉及雅虎和谷歌 CEO 的角色，在选择策略、收购和管理风格，及其在创新成果的影响这些方面。

书　　名：可持续创新策略：用有限的资源创造价值

Title：Sustainable Innovation Strategy：Creating Value in a World of Finite Resources

作　　者：C. Sempels，J. Hoffmann

出 版 社：Palgrave Macmillan

出版时间：2013 年 10 月 4 日

内容简介：

随着世界资源的耗尽，可持续性问题将在不久的将来推动许多组织的战略大转移。企业需要探索如何从商业产品中激发可持续创新的利润和价值。在全球经济仍依赖日趋减少的资源的时候，这是一种必要的民族战略。

可持续创新战略发人深省且理念出现适时，它探讨了可持续发展、创新战略和商业模式之间的联系。通过在发达和发展中市场中有见地的案例研究，作者展示了可持续发展多么有必要成为每个组织的战略和创新的核心。他们发现了三种可以将可持续策略纳入商业模式的方法：生态效益、循环影响及功能性经济。

这本书严谨且实用，展示了其他组织是如何成功地从资源依赖的模式中过渡到可持续发展的模式中产生利润和价值。从欧洲的电动汽车工业的创新到巴西管理农业废弃物而获得利润和清洁能源，它们展示了可持续的商业模式如何为公司增添价值。

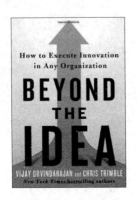

书　　名：超越理念：在任何组织中如何进行创新

Title：Beyond the Idea：How to Execute Innovation in Any Organization

作　　者：Vijay Govindarajan，Chris Trimble

出 版 社：St. Martin's Press

出版时间：2013 年 9 月 24 日

内容简介：

当一个公司认为创新多数只是理念的时候，她会踟蹰不前。而现实是，理念只是开始。事实上，就算是再绝妙的理念，也会面临一个十分残酷的挑战：公司明天的发展必须建立在不危害当下公司发展的前提下。

维贾伊·戈文达拉杨和克里斯·特林布尔是成功的创新管理方面的世界顶级权威。在《超越理念》这本书中，两位作者从 10 多年的研究和见解中提取出了这本实用易懂的"一站式"手册，其为与创新相关的执行长、经理、顾问、项目经理，及其团队提供了"金不换"的指导。

书　　名：企业网络的创新过程：管理创新卓越的组织间
　　　　　关系
Title：Innovation Processes in Business Networks：Managing Inter－Organizational Relationships for Innovational Excellence

作　　者：Francesca Ricciardi
出 版 社：Springer Gabler
出版时间：2013 年 8 月 29 日

内容简介：

在当今网络化的经济中，每个组织都越来越受到其长期业务互动的塑造。除非业务网络的复杂影响及创新过程和创新相关的行为是被清楚理解，否则创新过程不能被成功设计和管理。但现存的商业网络理论是分散的，单独来讲，每种理论只片面或者很少理解企业网络对于创新表现的影响。通过对三个最差实践的范例、专家小组讨论和验证定性的研究，弗朗西斯·里希亚迪在这一理论建设中开发了新的定量模型，用于解释不同组织间网络的创新表现。

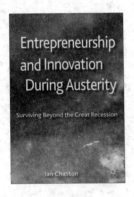

书　　名：紧缩时期的创业和创新：在大萧条之后生存
Title：Entrepreneurship and Innovation During Austerity：Surviving Beyond the Great Recession
作　　者：Ian Chaston
出　版　社：Palgrave Macmillan
出版时间：2013 年 7 月

内容简介：

银行业和欧元区危机引发了新一轮的紧缩，客户会从根本上改变他们的购买行为。自"二战"以来最长的经济衰退期间，许多现有的管理理论正在变得不适用。20 世纪 30 年代大萧条是国际世界最后一次面临严重的紧缩。当时的奥地利经济学家约瑟夫·熊彼特的结论是组织生存需要创业和创新。目前，经济低迷的西方企业正面临着来自中国等国家的日益激烈的价格竞争。本书使用的研究和现实案例证明，西方的组织能否安全渡过当前大萧条及其之后的未来生存，取决于能否充分理解当前市场变化的本质其实是经济紧缩的结果，我们需要利用创业、创新和新技术，以开发卓越的产品，创造新的市场。

书　　　名：改变还是不变：公司内对于改变的惊人现实看法

Title：To Change or Not to Change：The Surprising Reality of Change in Organizations

作　　　者：Ralf Wetzel，Holger Regber

出　版　社：Lannoo

出版时间：2013 年 7 月 24 日

内容简介：

好的故事才最能吸引人们去读它。认识到这一点，拉尔夫·韦策尔和霍格尔·雷格博有了写故事书的想法——一个很短的小说——关于组织变革的那些神话及其现实。本书有 5 个主人公，写下了他们处理公司日常琐事及面对更加杂乱的变革管理的现实的方法。

书　　名：了解网络和技术，创造力和创新之间的关系

Title：Understanding the Relationship between Networks and Technology，Creativity and Innovation

作　　者：Barak Aharonson，Shmuel Ellis，Terry L. Amburgey，Israel Drori，and Uriel Stettner

出　版　社：Emerald Group Publishing Limited

出版时间：2013 年 7 月 18 日

内容简介：

这是一个在技术、创新、创业和竞争战略方面令人兴奋的新篇章，本篇来自 Emerald 著名的竞争战略集。本书具有出色的新研究，致力于帮助我们理解网络是如何培养创造力、创新和尖端技术发展的。本书通过独特的视角分析了网络对企业的财务成功的意义，此外还举例说明了对于创造力和创新来讲，网络有多么至关重要。本书涉及网络打破地理和行业界限的变革。本书可以说是探索战略管理的工具和技术的研究人员的必要读物，此外，本书还提供了"网络理论"在经商过程中会遇到的一切复杂情形。

书　　名：创新手册：如何从你的想法、知识产权和市场知识中获利

Title：The Innovation Handbook：How to Profit from Your Ideas，Intellectual Property and Market Knowledge

作　　者：Adam Jolly

出 版 社：Kogan Page Ltd.

出版时间：2013 年 7 月 3 日

内容简介：

在快速变化的市场，没有任何公司可以期望在与外界隔离的工作环境中，发现或者拥有金点子；创新正在一个开放的模式下运行，是一种拥有不同学科和来源，包括员工、供应商、顾客和客户的运行。本书探索的是个人和企业如何能在竞争和侵略性的市场环境下，激发新的创新并保护他们的"金点子"。

书　　名：战略和创新的技术路线图：绘制通往成功的路线
Title：Technology Roadmapping for Strategy and Innovation：
　　　　　Charting the Route to Success
作　　者：Martin Moehrle，Ralf Isenmann，and Robert Phaal
出 版 社：Springer
出版时间：2013 年 1 月 15 日

内容简介：

技术路线图是帮助企业获得未来的挑战方向的一个重要的方法。这个路线图有 4 个主要部分，提供专业知识的框架、嵌入技术路线图，技术路线图制定过程，实施技术路线图，以及将技术路线图与其他工具的战略规划相连接。

这本书提供了一种对技术路线图全面的调查，因为本书包括了欧洲、美洲及亚洲专家们的很多文献材料，提供了路线图和它们的互连方法的不同取向，为读者提供了一个最重要的方法的汇编，并将技术路线图嵌入管理研究的框架，使其与框架相连接。这本书的目标是成为领先的技术路线图纲要。

书　　　名：中小规模的家族企业的创新：创新相关高层管理
　　　　　团队行为的分析和家族企业的具体特点

Title：Innovations in Small and Medium – sized Family Firms：
An Analysis of Innovation Related Top Management Team
Behaviors and Family Firm – specific Characteristics

作　　　者：Nils Kraiczy

出 版 社：Springer Gabler

出版时间：2013 年 1 月 4 日

内容简介：

"中小规模企业"在德国是一个普遍的组织形式。他们对德国经济的重要性是不容置疑的。他们大多是其利基的全球市场的领导者，而且被视为德国经济的创新力量。创新的利基市场的能力已被确定为自己的强势，甚至是占主导地位的，有竞争力的位置在它们的行业先行。利基市场的创新能力现已被认定为是一个公司在行业中变得强大甚至是处于主导且有力竞争地位的预兆。

这种创新成功的驱动很可能是家族，正是这一点区分了家族企业与非家族企业。但一个家庭如何才能影响家族企业的创新呢？这种影响是否都是正面影响呢？本书的重点是高层管理团队的创新与家族企业特有的特征相互作用的影响。

书　　名：创意策略
Title：Creative strategy
作　　者：William Duggan
出 版 社：Columbia University Press
出版时间：2013 年 1 月 4 日

内容简介：

　　威廉杜根的《战略直觉》展示了创新如何真正发生在商业及其他领域，而这一点与现代神经科学揭示的创意在人类思维中是如何形成的观点不谋而合。在他的新书《创意策略》中，作者提供了一步一步的指导，帮助个人和组织用相同的方法进行创新活动。

　　杜根的书解决了创新如何发生这个最重要的问题。其他的一些创造力、战略和创新的方法，解释了如何研究和分析情况，但他们并没有指示怎样走到下一步——为目标开发出创造性的想法。或者他们仅仅依靠"头脑风暴"的魔力，只是抛出一个个想法。相反，杜根展示的是创意策略如何遵循人类大脑的自然三步法：将一个大问题打破变成一个个小部分，然后去寻找过去的案例来创造出解决问题的一种新组合。创新就是这样发生的。

　　作者解释了作为一个个体、一个团队，或一个公司，如何按照这三个步骤在商业领域或其他任何领域创新。关键的中间步骤——寻找过去的例子——带读者扩展视野，去思考工作要求我做什么，公司、行业和国家内外的其他人都做了什么工作。搜寻用于创新的金点子是以全球为范围的。

　　杜根通过实际案例阐述了使用了同样的方法的创新策略：从 Netflix 视频网站到爱迪生，从谷歌到亨利福特。他还展示了如何将创意策略整合到目前使用的其他方法中，例如波特的五种力量或设计思想。《创新战略》这本书揭开了创新神秘的面纱，并将为你掌握。

第四章 2013 年度创新管理学学科大事记

中国创新与企业成长（CI&G）2013 年度会议
China Innovation and Firm Growth Conference 2013

会议时间、地点： 2013 年 9 月 27 日至 2013 年 9 月 28 日，中国·河南

会议举办方： 河南农业大学创新管理研究中心、重庆大学创新研究所、南开大学创业管理研究中心、吉林大学创业研究中心、清华大学中国企业成长与经济安全研究中心、哈尔滨工程大学企业创新研究所、西安电子科技大学创新与企业家精神研究中心主办；河南农业大学信息与管理科学学院、河南农业大学创新管理研究中心、黄河科技学院创新与管理研究中心共同承办。

会议主题：创新： ①企业原始性创新；②企业创新系统与区域创新系统；③全球价值链分工背景下中国企业的创新模式；④网络条件下的产品创新、制造创新与商业模式创新；⑤网络条件下技术创新、管理创新、服务创新的关系；⑥创新集群与创新社区（如科技园、创业园）的集聚作用；⑦绿色创新和可持续发展；⑧农科产业的技术创新；⑨官产学研用协同创新模式与方法；⑩创新政策与创新环境。

创业： ①技术创业（技术创新驱动的创业）；②服务创业（服务创新驱动的创业）；③商业模式创新与创业战略；④创业中的股权融资与知识产权融资；⑤公司内部创业；⑥新创企业的培育与成长；⑦创业环境和政策；⑧创业的道德风险；⑨大学生创业；⑩青年农民和农业科技创业。

企业成长领域： ①不同行业企业成长的影响因素与成长模式；②不同寿命阶段企业成长的影响因素与成长模式；③网络环境下企业成长的影响因素与模式；④企业内部价值链、企业外部价值网络与企业成长；⑤创新能力与企业成长；⑥创新转化为企业成长绩效的过程机理；⑦创新、创业与企业成长的关系机理；⑧农业科技企业的成长；⑨企业成长的政策环境的区域比较和国际比较。

战略性新兴产业发展： ①战略性新兴技术的识别；②新兴产业形成与发展的规律；③新兴产业形成与发展中的风险评估；④高新技术产业化与新兴产业培育；⑤战略性新兴产业与产业创新系统；⑥战略性新兴产业与国家技术供给安全；⑦战略性新兴产业与国家经济发展安全。

会议概况： 我国的技术创新学术研究已有二十几年的历史，企业成长学术研究也有 19 年的历史，建立以企业为主体、市场为导向、产学研结合的创新体系，引导和支持创

新要素向企业聚集，促进企业更好更快的成长，已成为当今中国社会的趋势之一。企业只有不断提升自己的创新能力，才能在激烈的市场中持续把握和经营与发展的主动权，进而赢得市场竞争优势并又好又快的发展。2013 年 9 月 27～28 日，将在河南农业大学（郑州）召开"中国创新与企业成长（CI&G）2013 年度会议"，就"创新"、"创业"、"企业成长"以及"战略性新兴产业发展"4 个领域开展深入研讨。

2013 年创新与创业国际学术会议（年会）
Annual Conference of the Academy of Innovation and Entrepreneurship（AIE），2013

会议时间、地点：2013 年 8 月 29 日至 30 日，英国·牛津

会议举办方：清华大学中国创业研究中心、英国牛津大学技术与管理发展中心、教育部人文社会科学百所重点研究基地清华大学技术创新研究中心共同承办。

会议主题：①创新与企业家精神的包容性发展；②可持续发展性创新与企业精神；③开放性创新；④创新、创业精神与新兴市场；⑤低收入国家的创新与企业精神；⑥国际知识转移与知识管理；⑦创新与企业家精神发展的新趋势；⑧国际企业家精神；⑨创业融资与培训。

会议概况：在创新与创业成为世界各国经济发展驱动力的当今时代，鼓励创新与创业，已成为各国竞相实施的国家战略，为积极推动国际创新与创业研究以及学术交流，此次会议将为国内外的创新与创业研究学者提供一个高水平的开放交流平台，以促进相互间的交流和讨论最新的研究成果。

会议共吸引了世界上数百位管理领域前沿研究人员，以及各高校学生注册投稿。为期两天的会议将举行多场关于创新与创业发展新方向的报告。

2013 年中国企业自主创新 TOP100 评价发布会
2013 Chinese Enterprises Independent Innovation TOP 100 Evaluation Conference

会议时间、地点：2013 年 12 月 21 日，中国·北京

会议举办方：北京汽车产业研发基地

会议主题：研讨中国企业自主创新高端制造业、能源业、电子信息业、生物业和节能环保业《中国企业自主创新评价报告（2013）》。

会议概况：《中国企业自主创新评价报告（2013）》显示，五大行业 TOP 100 企业近年来不断加大创新投入，平均的研发人员持续增加，研发经费投入占销售收入比重不断提高，但与国际先进水平相比，仍有较大差距。

本次针对战略性新兴产业的评价发现，创新力突出的企业中，国企占据多数，整个企业充分显示了入围企业的区位优势特征。榜单中国有企业发挥了重要作用，充分显示了国有企业在资金、人才、政策等方面的竞争优势，更容易在新一轮的产业升级及创新中占据优势。五大产业的 500 家企业地区分布主要集中北京、广东、江苏、浙江、上海、山东等

经济发达地区。

第六届信息管理、创新管理与工业工程国际学术会议
The Sixth International Conference on Information Management，Innovation Management and Industrial Engineering

会议时间、地点： 2013 年 11 月 23～25 日，中国·西安

会议举办方： 长安大学、IEEE 西安分会、陕西省计算机学会和西安理工大学联合主办。

会议主题： 信息管理信息资源管理、电子商务组织管理、商务绩效管理、客户关系管理、创新管理、项目管理、智能交通。

2013 年全国企业管理创新大会
2013 National Enterprise Management Innovation Conference

会议时间、地点： 2013 年 3 月 31 日，中国·北京

会议举办方： 中国企业联合会、国务院国资委企业改革局、工业和信息化部产业政策司、工业和信息化部中小企业司联合主办。

会议主题： 云计算大数据对全球企业发展带来的机遇和挑战、技术革命与创新战略、第十九届国家级企业管理创新成果点评及第二十届成果申报重点。

会议概况： 中共十八大报告提出，实施创新驱动发展战略，新时期企业面临的是世界范围内新一轮科技革命和产业变革，全球知识创新和技术创新的速度明显加快。新科技革命的巨大能量正在不断地蓄积，科技创新和产业变革的深度融合成为当代世界最为突出的特征，全球进入了空前的创新密集时代，各国围绕创新的竞争和合作不断加强。这次管理创新大会的主题就是"创新驱动：新机遇、新挑战"。IBM 全球企业咨询服务业务分析与优化服务中国区总经理谢国忠先生、清华大学技术创新研究中心主任吴贵生教授、全国企业管理现代化创新成果审定委员会执行副主任胡新欣同志三位专家分别做专题演讲。

2013 年创新及技术管理多学科国际研讨会（IWITM 2013）
International Symposium on Innovation and Technology Management 2013

会议时间、地点： 2013 年 10 月 25～26 日，中国·北京

会议举办方： 本届研讨会由北京航天航空大学和布鲁塞尔自由大学共同主办，由北京航天航空大学经济管理学院承办。

会议主题： ①社会创新基础建设与教育系统；②专利技术与专利制度；③全球化与跨国经营：创新功能；④创新政策；⑤创新、资源与研究工具；⑥创新型组织。

会议概况： 10 月 25 日至 26 日，2013 创新及技术管理多学科国际研讨会（IWITM2013）在北京航天航空大学经管学院召开。25 日上午 8：30，研讨会在北京航天航空大学新主楼 A618 会议室拉开了序幕。北航经管学院院长王惠文教授和布鲁塞尔自由

大学经管学院院长 Bruno Van Pottelsberghe 教授分别致开场词。随后进行的专题讨论，分别由北航经管学院陈向东教授，布鲁塞尔自由大学 Cincera Michele 教授、Dehon Catherine 教授等主持，对"社会创新基础建设与教育系统"、"专利技术与专利制度"、"全球化与跨国经营：创新功能"、"创新政策"、"创新、资源与研究工具"、"创新型组织"6个议题展开讨论。为期一天半的会议中，共有 23 位学者宣讲了最新的研究成果，发表了自己的见解，讨论过程更是精彩纷呈。26 日中午 12：00，研讨会以经管学院王晶副院长的闭幕词落下帷幕。近几十年来，技术创新已成为一个国家或企业得以生存和发展的关键因素之一，随着经济全球化的发展，国与国之间的相互依存关系越来越紧密，技术创新的发展速度和影响力得以空前的发展。此次国际研讨会将会对"技术创新与管理"领域的交流与认识发展起到很大的积极作用。

2013 年中国创新力峰会
2013 China Innovation Summit

会议时间、地点： 2013 年 12 月 3 日，中国·上海

会议举办方： 第一财经与招商证券主办。

会议主题： 创新是一个进行时、客户影响力可以创造更多革新、领导力创新最关键、创新成就中国梦。

会议概况： 中国资本市场的创新发展正在如火如荼地展开，正面临着前所未有的发展机遇，上市公司作为我国资本市场的中坚力量，面对这一大好形势，也应抓住机遇，进一步发展创新，利用资本市场调整结构、加快转型升级，加强并购重组，做优、做大、做强，同时上市公司还要在治理结构、规范运营、信息推广、风险控制、投资者回报等方面多动脑筋、多想办法，加大改革创新的力度，使我们的改革创新能够形成完善的制度——公平有效真实及时的信息披露、规范的经营运营、强大的风险控制、良好的投资者关系管理和丰厚的投资者回报，2013 中国创新力峰会暨中国上市公司持续创新力大调查颁奖礼，于 12 月 3 日在上海雅居乐万豪酒店隆重召开。包括主办方第一财经与招商证券、监管方上海证券交易所，以及国内各地优秀上市公司、专业机构、主流媒体的高官们齐聚一堂，深入探讨了中国上市公司持续创新的经验和建议，并共同见证了首届"持续创新领袖"、"最具持续创新力公司"、"最佳创新实践"等奖项的揭晓。

"文化发展与管理创新"学术研讨会暨中国企业管理研究会 2013 年年会
Academic Seminar on "Cultural Development and Management Innovation" and the 2013 Annual Conference of China Enterprise Management Research Association

会议时间、地点： 2013 年 11 月 9 日，中国·江西

会议举办方： 中国管理企业研究会、蒋一苇企业改革与发展学术基金、景德镇陶瓷学院、中国社会科学院管理科学与创新发展研究中心主办；景德镇陶瓷学院工商学院、中国陶瓷产业发展研究中心、江西陶瓷产业经济与发展软科学研究基地承办。

会议主题：文化发展与管理创新、中国管理学教育的使命与转型、中国特色管理学学科建设研究、文化与中国企业管理理论创新和文化创意企业商业模式创新、文化发展与经济增长、企业文化与管理模式创新、战略管理与技术管理创新究、营销管理与商业模式创新、组织与人力资源管理创新。

会议概况：围绕着这次年会的研讨主题——"文化发展与管理创新"，参会代表展开了积极和深入的研讨。本次研讨会形成的重要学术观点包括：①文化与现代科技的融合有利于推动传统产业的转型与升级，进而促进区域经济增长。②西方的企业文化理论对我国企业管理实践具有重要的指导意义，但存在"见人不见物"或"重人贬物"的认知倾向，因此，有必要建立具有中国特色的企业文化。在企业文化管理实践方面，中国企业在比较和借鉴成功企业的经验时，有必要准确识别出中外企业文化的共性和差异性，以有效促进中国企业文化建设的理论与实践创新。③企业文化是影响企业自主创新能力、战略变革的关键因素。在动态的市场环境下，企业为保持竞争优势和获得更好的战略绩效，需要进行适时的企业战略变革，培育企业家心理资本和重视战略协同创新。④在组织人力资源管理方面，为了帮助员工有效地应对工作压力，提高工作热情，企业有必要给予员工支持，并开展有目标性的工作乐趣活动。综合来看，中国文化与企业管理研究呈现出研究视角、研究领域与研究重点多元化的特征。这些研究成果对推动文化产业发展、产业创新政策制定和企业管理实践具有重要的指导作用。

2013 年亚太绿色经济与管理创新国际学术会议

2013 International Conference on Green Economy and Management Innovation in the Asia Pacific Region

会议时间、地点：2013 年 5 月 25 日，中国·湖南

会议举办方：中南林业科技大学、湖南绿色发展研究院共同主办；日本富山大学、韩国江原大学联合协办；中南林业科技大学经济学院承办。

会议主题：绿色经济发展、绿色发展管理体制创新。

会议概况：来自日本、韩国和澳大利亚等国的知名专家、学者及中南林业科技大学师生共 200 余人参加了大会。周先雁代表学校对与会嘉宾表示欢迎。在简单介绍了学校建设和发展情况后，他指出，中共十八大报告首次单篇论述生态建设，鲜明提出"推进绿色发展、循环发展、低碳发展"、"建设美丽中国，实现中华民族永续发展"等理念，为我校的改革发展指明了方向，提出了更高要求。学校结合学科、人才和科技优势，积极服务国家和我省林业发展、生态文明建设和"绿色湖南"建设，在绿色发展研究领域取得了一系列成果，本次论坛是我校今年承办的一次重要国际会议。他希望，通过各位专家共同努力、集思广益，取得丰硕成果，为促进亚太绿色经济与管理创新领域的快速、健康发展做出新贡献。

本次会议论文集共收到论文 336 篇，收录论文 48 篇，有 6 位专家做了大会报告，9 名代表做分会场演讲和发言。

2013 年海峡两岸经济转型与管理创新研讨会

Seminar on economic transformation and management innovation on both sides of the Taiwan Straits in 2013

　　会议时间、地点：2013 年 10 月 14 日，中国·苏州

　　会议举办方：苏州大学东吴商学院与台湾东吴大学商学院共同主办；东吴证券股份有限公司协办。

　　会议主题：产业升级管理创新、新型城镇化金融支持研究、中央企业董事会建设与业绩考核、资产短缺与中国金融转型。

　　会议概况：来自中国科学院、北京大学、南京大学、天津大学、武汉大学的专家学者从不同角度对两岸经济管理、资本市场热点难点等问题提出了独到的见解。主题演讲之后，与会代表分组进行了研讨，进一步交流大家的研究成果与心得。本次海峡两岸经济转型与管理创新研讨会的举办推动了两岸学者在相关领域研究成果的交流与学习，进一步加强了中国台湾东吴大学与我校之间的合作，助力了两岸经济的共同发展。

附录1 2013 年度创新管理学学科中文专业文章的篇名索引

序号	题名	作者/主编	来源	年/期
1	转型经济中企业自主创新能力演化路径及驱动因素分析——海尔集团 1984～2013 年的纵向案例研究	许庆瑞；吴志岩；陈力田	管理世界	2013/04
2	产学研协同创新机制研究——一个理论分析框架	王进富；张颖颖；苏世彬；刘江南	科技进步与对策	2013/08
3	基于演化博弈的战略性新兴产业集群协同创新策略研究	李煜华；武晓锋；胡瑶瑛	科技进步与对策	2013/01
4	产学研合作创新效率及其影响因素的实证研究	肖丁丁；朱桂龙	科研管理	2013/01
5	后发企业如何进行创新追赶？——研发网络边界拓展的视角	刘洋；魏江；江诗松	管理世界	2013/03
6	政治关联与企业技术创新绩效——研发投资的中介作用研究	罗明新；马钦海；胡彦斌	科学学研究	2013/06
7	开放式创新背景下产业集聚与创新绩效关系研究——以中国高技术产业为例	陈劲；梁靓；吴航	科学学研究	2013/04
8	风险投资进入时机对企业技术创新的影响研究	苟燕楠；董静	中国软科学	2013/03
9	社会资本、动态能力与企业创新关系的实证研究	曾萍；邓腾智；宋铁波	科研管理	2013/04
10	协同创新模式与管理机制研究	甄晓非	科学管理研究	2013/02
11	我国区域创新差异时空格局演化及其影响因素分析	蒋天颖	经济地理	2013/06
12	商业模式创新概念研究述评与展望	王雪冬；董大海	外国经济与管理	2013/11
13	新型城镇化、创新要素空间集聚与城市群产业发展	吴福象；沈浩平	中南财经政法大学学报	2013/07
14	环境规制对技术创新影响的双重效应——基于江苏制造业动态面板数据的实证研究	蒋伏心；王竹君；白俊红	中国工业经济	2013/07

序号	题名	作者/主编	来源	年/期
15	用自己的钱还是用别人的钱创新？——基于中国上市公司融资结构与公司创新的研究	李汇东；唐跃军；左晶晶	金融研究	2013/02
16	城乡统筹规划实施的二元土地困境：基于产权创新的破解之道	田莉	城市规划学刊	2013/01
17	R&D 投入、技术获取模式与企业创新绩效——基于浙江省高技术企业的实证	严焰；池仁勇	科研管理	2013/05
18	产业技术创新战略联盟组织模式研究——以 TD 产业技术创新战略联盟为例	付苗；张雷勇；冯锋	科学学与科学技术管理	2013/01
19	供应商和客户参与技术创新对创新绩效的影响	马文聪；朱桂龙	科研管理	2013/02
20	高校科研创新团队成员知识创新的激励机制研究	赵丽梅；张庆普	科学学与科学技术管理	2013/03
21	区域协同创新研究进展与展望	王志宝；孙铁山；李国平	软科学	2013/01
22	企业人力资本、R&D 与自主创新——基于高新技术上市企业的经验证据	卢馨	暨南学报（哲学社会科学版）	2013/01
23	协同创新效应运行机理研究：一个都市圈视角	解学梅	科学学研究	2013/12
24	基于网络组织的协作创新研究综述	林润辉；张红娟；范建红	管理评论	2013/06
25	技术异质性及技术强度对突变创新的影响研究——基于资源整合能力的调节作用	党兴华；刘景东	科学学研究	2013/01
26	中小企业高管团队特征对技术创新的影响——基于所有权性质视角	雷辉；刘鹏	中南财经政法大学学报	2013/07
27	基于技术创新的企业社会责任对绩效影响研究	付强；刘益	科学学研究	2013/03
28	研发投入和人员激励对创新绩效的影响机制——基于新兴产业和传统产业的比较研究	马文聪；侯羽；朱桂龙	科学学与科学技术管理	2013/03
29	我国四大直辖城市创新能力及其影响因素的比较研究	曹勇；曹轩祯；罗楚珺；秦以旭	中国软科学	2013/06
30	政产学研用协同与高校知识创新链效率	原长弘；孙会娟	科研管理	2013/04
31	基于绿色增长的中国区域创新效率研究	韩晶；宋涛；陈超凡；曲歌	经济社会体制比较	2013/05

序号	题名	作者/主编	来源	年/期
32	开放式创新绩效的测度：理论模型与实证检验	蔡宁；闫春	科学学研究	2013/03
33	绩效考核目标取向与员工创新行为：差错管理文化的中介作用	尹润锋；朱颖俊	科学学与科学技术管理	2013/02
34	利益相关者权利非对称、机会主义行为与 CoPS 创新风险生成	盛亚；王节祥	科研管理	2013/03
35	生态文明建设中优化国土空间开发格局的经济地理学研究创新与应用实践	樊杰；周侃；陈东	经济地理	2013/01
36	不同知识位势下知识获取方式与突变创新的关系研究	刘景东；党兴华	管理评论	2013/07
37	产学研合作对企业创新绩效影响的倾向得分估计研究——广东省部产学研合作实证	樊霞；陈丽明；刘炜	科学学与科学技术管理	2013/02
38	不确定环境下集群创新网络合作度、开放度与集群增长绩效研究	王松；盛亚	科研管理	2013/02
39	技术选择、投入强度与企业创新绩效研究	康志勇	科研管理	2013/06
40	技术能力、技术进步路径与创新绩效研究	李光泗；沈坤荣	科研管理	2013/03
41	我国农产品现代流通体系机制创新研究	刘天军；胡华平；朱玉春；霍学喜	农业经济问题	2013/08
42	企业创新管理方式选择与创新绩效研究	杨百寅；高昂	科研管理	2013/03
43	产学研协同创新的科学内涵与实现路径	甄红线；贾俊艳	金融教学与研究	2013/04
44	企业创新激励：来自中国劳动力成本上升的解释	林炜	管理世界	2013/10
45	企业网络能力影响创新绩效的路径分析	周江华；刘宏程；仝允桓	科研管理	2013/06
46	城乡一体化发展背景下中国农村土地管理制度创新研究	刘永强；苏昌贵；龙花楼；侯学钢	经济地理	2013/10
47	成就动机理论视角下的知识型员工个体创新绩效实证研究——基于部分科技型组织的调查数据分析	张学和；宋伟；方世建	科学学与科学技术管理	2013/01
48	基于自主创新的企业技术竞争力研究	谢言；高山行	科学学与科学技术管理	2013/01

序号	题名	作者/主编	来源	年/期
49	区域创新网络结构、绩效及演化研究综述	刘凤朝；马荣康；姜楠	管理学报	2013/01
50	政府 R&D 资助对企业技术创新的影响——基于门槛回归的实证研究	李瑞茜；白俊红	中国经济问题	2013/05
51	市场化进程对创新效率的影响及行业差异——基于中国高技术产业的实证检验	戴魁早；刘友金	财经研究	2013/05
52	技术差距、创新路径与经济赶超——基于后发国家的内生技术进步模型	傅晓霞；吴利学	经济研究	2013/06
53	环境规制是否影响了中国工业 R&D 创新效率	李勃昕；韩先锋；宋文飞	科学学研究	2013/07
54	营销能力对技术创新和市场绩效影响的关系研究——基于我国中小上市企业的实证研究	陈晓红；于涛	科学学研究	2013/04
55	共生视角下战略性新兴产业创新生态系统协同创新策略分析	李煜华；武晓锋；胡瑶瑛	科技进步与对策	2013/11
56	政府 R&D 资助对企业技术创新的影响——一个基于国有与非国有企业的比较研究	李婧	研究与发展管理	2013/06
57	网络强度、知识转移对集群企业创新绩效的影响	蒋天颖；王峥燕；张一青	科研管理	2013/08
58	组织创新氛围对员工创新行为影响研究	连欣；杨百寅；马月婷	管理学报	2013/07
59	制造业协同创新的网络化治理机制与产业升级对策	刘明宇；张琰	社会科学	2013/04
60	失败学习行为、战略决策与创业企业创新绩效	于晓宇；蔡莉	管理科学学报	2013/12
61	中国区域创新系统的功能状态检验——基于省域2007～2011 年的面板数据	陈凯华；寇明婷；官建成	中国软科学	2013/04
62	中国自主创新政策：演进、效应与优化	范柏乃；段忠贤；江蕾	中国科技论坛	2013/09
63	国外旅游创新研究评述	宋慧林；宋海岩	旅游科学	2013/04
64	我国区域创新差异的形成机制研究——基于新经济地理学的实证分析	张战仁	软科学	2013/06
65	虚拟创新社区中消费者互动和群体创造力——知识共享的中介作用研究	王莉；任浩	科学学研究	2013/05

序号	题名	作者/主编	来源	年/期
66	协同创新政策的理论分析	周作宇	高教发展与评估	2013/01
67	基于市场导向的中小微企业竞争优势形成机理——以知识整合和组织创新为中介	蒋天颖；孙伟；白志欣	科研管理	2013/06
68	协同创新情景下产学研合作行为的演化博弈仿真分析	陈劲；殷辉；谢芳	科技进步与对策	2013/11
69	服务供应链整合及其对服务创新影响研究述评与展望	简兆权；李雷；柳仪	外国经济与管理	2013/01
70	复杂产品系统中动态能力与创新绩效关系研究	苏敬勤；刘静	科研管理	2013/10
71	协同创新驱动的云计算服务模式与战略	张亚明；刘海鸥	中国科技论坛	2013/10
72	基于 SFA 的区域战略性新兴产业创新效率分析——以北京医药和信息技术产业为例	邬龙；张永安	科学学与科学技术管理	2013/10
73	服务企业顾客参与对员工创新行为的影响研究	张红琪；鲁若愚	科研管理	2013/03
74	高技术服务创新网络开放式集成模式及演化——研究综述与科学问题	孙耀吾；贺石中	科学学与科学技术管理	2013/01
75	基于 SD 的区域产业集成创新支持体系研究	邢蕊；王国红；唐丽艳	科研管理	2013/01
76	创新孵化网络与集群协同创新网络的耦合研究	王国红；贾楠；邢蕊	科学学与科学技术管理	2013/08
77	技术距离、地理距离与大学—企业协同创新效应——基于联合专利数据的研究	刘志迎；单洁含	科学学研究	2013/09
78	基于社会资本的产学研合作创新超网络分析	曹霞；刘国巍	管理评论	2013/04
79	后发者如何实现快速追赶？——一个二次商业模式创新和技术创新的共演模型	吴晓波；朱培忠；吴东；姚明明	科学学研究	2013/11
80	环境政策、技术进步、市场结构对环境技术创新影响的实证研究	范群林；邵云飞；唐小我	科研管理	2013/04
81	链式产业集群网络关系、组织学习与创新绩效研究	蔡彬清；陈国宏	研究与发展管理	2013/08
82	集群企业内外商业、技术网络关系嵌入对创新能力的作用研究	向永胜；魏江	科学学与科学技术管理	2013/03

续表

序号	题名	作者/主编	来源	年/期
83	联盟网络的小世界性对企业创新影响的实证研究——基于中国通信设备产业的分析	赵炎；王琦	中国软科学	2013/04
84	基于专利组合分析的中国电信产业技术创新能力研究	郭磊；蔡虹	科学学与科学技术管理	2013/09
85	知识基础能力、研发投入与技术创新绩效关系研究——基于全球 R&D 领先通信及技术设备制造类企业的实证分析	张晓黎；覃正	科技进步与对策	2013/06
86	产品创新过程与管理创新关系探索性案例研究	苏敬勤；林海芬；李晓昂	科研管理	2013/010
87	多维邻近性对跨区域技术创新合作的影响——基于中国共同专利数据的实证分析	党兴华；弓志刚	科学学研究	2013/10
88	网络关系、内外部社会资本与技术创新关系研究	程聪；谢洪明；陈盈；程宣梅	科研管理	2013/11
89	产业生命周期不同阶段的最优集体创新网络结构	花磊；王文平	中国管理科学	2013/10
90	纵容之手、引导之手与企业自主创新——基于股权性质分组的经验证据	李玲；陶厚永	南开管理评论	2013/06
91	创新驱动的经济增长——高新区全要素生产率增长的分解	程郁；陈雪	中国软科学	2013/11
92	区域产业集群创新系统发展路径与机制研究	姜江；胡振华	经济地理	2013/08
93	开放条件下知识产权保护与我国技术创新——基于 1997~2010 年省级面板数据的实证研究	李蕊；巩师恩	研究与发展管理	2013/06
94	创新型企业的形成——基于网络能力与创新战略作用的分析	何建洪；贺昌政	科学学研究	2013/02
95	专利获取、专利保护、专利商业化与技术创新绩效的作用机制研究	曹勇；赵莉	科研管理	2013/08
96	理事会制度：高校协同创新中心管理体制的创新	张金福；代利利；王维明	教育发展研究	2013/11
97	风险投资的资本来源影响企业技术创新的机理分析和实证研究——基于非资本增值视角	陈伟	商业经济与管理	2013/09
98	企业所有制与技术创新效率	孙晓华；王昀	管理学报	2013/07

序号	题名	作者/主编	来源	年/期
99	网络聚集性、连通性与企业知识创新——基于中国10个高科技行业的联盟关系网络分析	赵炎；郑向杰	科学学与科学技术管理	2013/03
100	地方政府行为对创业企业技术创新的影响——基于技术创新资源配置与创新产出的双重视角	刘小元；林嵩	研究与发展管理	2013/10
101	技术创新导向的高管激励整合效应——基于高科技上市公司的实证研究	徐宁；徐向艺	科研管理	2013/09
102	创新与服务业生产率——基于微观企业的实证研究	刘丹鹭；魏守华	研究与发展管理	2013/04
103	创新网络中技术整合的协同及动态竞争优势	任宗强；陈力田；郑刚；吴志岩	科学学与科学技术管理	2013/04
104	社会资本、动态能力对创新绩效的影响：基于我国国际接包企业的实证研究	谭云清；马永生；李元旭	中国管理科学	2013/11
105	研发活动地理分散性、技术多样性与创新绩效	魏江；应瑛；刘洋	科学学研究	2013/05
106	变革型领导与员工创新行为关系的实证研究——基于心理资本的中介作用	张晓君；周文成	南京邮电大学学报（社会科学版）	2013/06
107	众包模式中面向创新任务的知识型人才选择	吕英杰；张朋柱；刘景方	系统管理学报	2013/01
108	区域创新政策中利益相关者的量化分析	盛亚；陈剑平	科研管理	2013/06
109	中国企业组织创新氛围的结构和测量	杨百寅；连欣；马月婷	科学学与科学技术管理	2013/08
110	高层管理支持、环保创新实践与企业绩效——资源承诺的调节作用	李怡娜；叶飞	管理评论	2013/01
111	信息技术对服务业创新影响的空间计量分析	方远平；谢蔓；林彰平	地理学报	2013/08
112	中国创新型企业的指标体系设计、评估与案例	周寄中；卢涛；汤超颖	中国软科学	2013/01
113	基于科学/经验的学习对企业创新绩效的影响：环境动态性的调节作用	郭爱芳；陈劲	科研管理	2013/06
114	双元技术创新与市场导向对企业绩效的影响研究：破坏性创新视角	伍勇；梁巧转，魏泽龙	科学学与科学技术管理	2013/06
115	以往绩效与网络异质性对知识创新的影响研究——网络中心性位置是不够的	张华；郎淳刚	科学学研究	2013/10

序号	题名	作者/主编	来源	年/期
116	技术创新与文化产业发展	张洁	社会科学	2013/11
117	企业政治行为对原始性创新的影响研究——基于制度视角和资源依赖理论	蔡新蕾；高山行；杨燕	科学学研究	2013/02
118	企业制度创新与技术创新的内生耦合——以韩国现代与中国吉利为样本的跨案例研究	邱国栋；马巧慧	中国软科学	2013/12
119	大企业情境下企业家精神驱动的创新成长导向研究——以苹果公司为例	李宇；张雁鸣	科学学与科学技术管理	2013/01
120	组织学习对企业技术创新影响的实证研究	谢言；高山行	中国科技论坛	2013/01
121	服务创新过程中顾客知识管理测量工具研究：量表的开发及检验——以移动通信服务业为例	张红琪；鲁若愚；蒋洋	管理评论	2013/02
122	战略导向、领导风格对协同创新绩效作用机理研究	尹润锋	科技进步与对策	2013/05
123	产品创新市场导向与R&D——市场营销界面管理关系实证研究	陈琪；张永胜	科研管理	2013/01
124	KPO情境下知识共享对创新绩效的促进作用研究——任务特性和知识管理能力的调节作用	张千军；刘益	科技进步与对策	2013/03
125	专利授权率、经济绩效与技术创新——关于专利契约论的实证检验	张庆；冯仁涛；余翔	软科学	2013/03
126	社会资本、知识共享与企业技术创新能力的关系	潘宏亮；余光胜	情报杂志	2013/01
127	共享心智模式、组织学习空间与创新绩效关系的研究	李柏洲；徐广玉	科学学与科学技术管理	2013/10
128	基于产业链视角的文化创意产业创新平台研究——以杭州市动漫产业为例	黄学；刘洋；彭雪蓉	科学学与科学技术管理	2013/04
129	互联网经济下企业价值网络创新研究	程立茹	中国工业经济	2013/09
130	企业生态创新影响因素研究前沿探析与未来研究热点展望	彭雪蓉；黄学	外国经济与管理	2013/09
131	买方势力对工艺创新与产品创新的异质性影响	孙晓华；郑辉	管理科学学报	2013/10
132	民营企业创新绩效影响因素研究——企业家信心的研究视角	于海云；赵增耀；李晓钟	科研管理	2013/09

序号	题名	作者/主编	来源	年/期
133	"波特假说"——生态创新与环境管制的关系研究述评	董颖；石磊	生态学报	2013/02
134	内向和外向开放式创新组织模式研究——基于技术路线图视角	盛济川；吉敏；朱晓东	科学学研究	2013/08
135	国家创新体系国际化实现模式与中国路径——基于中、德、日、韩的案例	王元地；刘凤朝	科学学研究	2013/01
136	研发和知识溢出对城市创新绩效作用的实证研究——基于广东21个地级市的空间面板数据分析	安源；钟韵	科技进步与对策	2013/01
137	供应商创新性、网络能力对制造企业产品创新的影响——供应商网络结构的调节作用	李随成；李勃；张延涛	科研管理	2013/11
138	基于Hotelling改进模型的服务创新差异化竞争战略研究	韦铁；鲁若愚	管理工程学报	2013/07
139	转型业务流程外包中企业间竞合关系类型、知识共享与创新绩效关系研究	王良；刘益；张磊楠	科技进步与对策	2013/03
140	产业技术创新生态体系研究评述	伍春来；赵剑波；王以华	科学学与科学技术管理	2013/07
141	转型经济下跨界搜索战略与产品创新	张文红；赵亚普	科研管理	2013/09
142	企业合作网络中嵌入性及联盟类型对创新绩效影响的实证研究——以中国半导体战略联盟网络为例	赵炎；周娟	研究与发展管理	2013/02
143	企业对政府创新科技政策的响应机理研究：基于回声模型	李晨光；张永安	科技进步与对策	2013/07
144	合作创新研究现状探析与未来展望	冯泰文；李一；张颖	外国经济与管理	2013/09
145	创新政策与企业绩效研究	程华；王婉君	中国科技论坛	2013/02
146	广东省区域创新产出的空间相关性研究	何键芳；张虹鸥；叶玉瑶；吴旗韬	经济地理	2013/02
147	基于动态空间面板模型的中国区域创新集聚研究	李婧	中国经济问题	2013/11
148	基于市场轨道的创新路径研究——以苹果公司为例	熊鸿儒；吴贵生；王毅	科学学与科学技术管理	2013/07
149	重大项目实践、组织学习机制与创新人才培养研究	孙锐；张文勤	科学学与科学技术管理	2013/03

续表

序号	题名	作者/主编	来源	年/期
150	战略性新兴产业创新生态系统协同创新的治理机制研究	吴绍波	中国科技论坛	2013/10
151	人力资本、研发支出与企业自主创新——基于中国制造业的实证研究	贾娜；吴丹丹	求是学刊	2013/03
152	全球竞争下装备制造业技术创新路径：基于分工网络视角分析	陈爱贞	南京大学学报（哲学·人文科学·社会科学版）	2013/05
153	环境规制强度对污染密集行业绿色技术创新的影响研究——基于 2003~2010 年面板数据的实证检验	李婉红；毕克新；孙冰	研究与发展管理	2013/12
154	知识产权保护、模仿与南方自主创新	庄子银；丁文君	经济评论	2013/05
155	动态能力维度在企业创新国际化各阶段中的作用变化分析——基于海尔的案例研究	苏敬勤；张琳琳	管理学报	2013/06
156	个体差异中创新意识与自我价值对 IS 创新行为影响的实证研究	王世波；王铁男；王成；杨建秀；赵英姝	科学管理研究	2013/02
157	农业科研团队协同创新绩效测度的实证研究——基于三阶段 DEA 模型的林果业科研团队	李鹏；张俊飚	软科学	2013/04
158	产业集群中知识存储惯例对企业创新绩效的影响研究——知识管理的视角	郭京京	科学学与科学技术管理	2013/06
159	垂直专业化对中国高技术产业创新效率的影响——基于动态面板 GMM 方法的实证检验	戴魁早	研究与发展管理	2013/06
160	产业创新生态系统组成要素及内部一致模型研究	王娜；王毅	中国科技论坛	2013/05
161	供应链协同对企业创新的影响效应研究——基于知识共享视角	龙勇；潘红春	科技进步与对策	2013/11
162	制约科技创新的关键是管理制度的变革——近十年中国高校和科研机构科技创新能力的比较	马佰莲	北京科技大学学报（社会科学版）	2013/02
163	基于物场分析与 IFR 的小微企业管理改进与创新方法研究	文竹；文宗川；长青	科技进步与对策	2013/02
164	模块化、吸收能力与企业创新绩效关系实证研究	冯增田；郝斌；俞珊	南京理工大学学报	2013/04
165	服务型领导风格、工作满意度对研发团队创新行为的影响	黄海艳	当代经济管理	2013/10

续表

序号	题名	作者/主编	来源	年/期
166	服务主导逻辑下移动互联网创新网络主体耦合共轭与价值创造研究	孙耀吾；翟翌；顾荃	中国工业经济	2013/10
167	服务性中介的权力依赖对中小企业创新的影响：基于社会网络的视角	龙静；陈传明	科研管理	2013/05
168	基于复杂社会网络的创新扩散多智能体仿真研究	黄玮强；姚爽；庄新田	科学学研究	2013/02
169	我国省域创新活动的空间分布及其演化分析	王庆喜；张朱益	经济地理	2013/10
170	如何驱动不连续创新：组织学习视角的案例研究	冯军政；刘洋；魏江	科研管理	2013/04
171	模仿还是创新：创业机会开发与创业绩效的实证研究	刘佳；李新春	南方经济	2013/10
172	探求与企业特质相匹配的开放式创新模式	陈钰芬	科研管理	2013/09
173	大都市圈文化异质性对企业创新行为的影响研究	于晓宇；杜旭霞；李雪灵；谢富纪	科研管理	2013/05
174	后发企业"逆向创新"成功因素研究——以海尔"小小神童"系列产品创新为例	徐雨森；徐娜娜	管理案例研究与评论	2013/04
175	电子商务模仿创新的分角色两阶段 Bass 模型及应用	王砚羽；谢伟	科学学与科学技术管理	2013/02
176	国家创新型城市创新能力的地区差异与收敛效应——基于技术成就指数的研究	许治；邓芹凌	科学学与科学技术管理	2013/01
177	集群企业跨边界网络整合与二元创新能力共演——1989～2011 年的纵向案例研究	徐蕾；魏江	科学学研究	2013/07
178	制造业创新投入与中国城市经济增长质量研究	黄志基；贺灿飞	中国软科学	2013/03
179	组织柔性、信息能力和创新方式——基于中国工业企业的实证分析	刘景东；党兴华；杨敏利	科学学与科学技术管理	2013/03
180	第三方物流企业管理创新的适配路径分析	王鹤春；苏敬勤；曹慧玲	科学学与科学技术管理	2013/04
181	Web 2.0 环境下网络知识创新螺旋转化模型 SEIE－CI 研究	员巧云；Peter A. Gloor	中国图书馆学报	2013/01
182	正式与非正式制度支持对原始性创新的影响——不同所有制类型企业比较研究	高山行；蔡新蕾；江旭	科学学与科学技术管理	2013/02

序号	题名	作者/主编	来源	年/期
183	如何从中国情境中创新营销理论？——本土营销理论的建构路径、方法及其挑战	张闯；庄贵军；周南	管理世界	2013/12
184	企业原始创新中学研合作伙伴的选择——基于影响因素及其作用路径视角的分析	李柏洲；罗小芳	科学学研究	2013/03
185	集群与联盟、网络与竞合：国家级扬州经济技术开发区产业创新升级研究	连远强	经济地理	2013/03
186	企业组织与商业模式协同创新的实证研究——以新一代信息技术企业为例	周敏；邵云飞；李巍	科学学与科学技术管理	2013/10
187	电子商务模式模仿者与创新者竞争动态研究——当当网和亚马逊中国竞争演变分析	王砚羽；谢伟	科学学与科学技术管理	2013/06
188	企业的内部基础研究与突破性创新	眭纪刚；连燕华；曲婉	科学学研究	2013/01
189	基于专利的美国技术创新领域分布结构演变	刘凤朝；傅瑶；孙玉涛	科学学研究	2013/07
190	高技术产业知识产权保护、金融发展与创新效率——基于省级面板数据的研究	顾群；翟淑萍	软科学	2013/07
191	异质的所有制结构、FDI的技术效率溢出和制造业技术创新	蒋兰陵	国际经贸探索	2013/02
192	不同类别区域创新平台的功能定位及其协同发展研究	王雪原；王宏起；张立岩	科技进步与对策	2013/02
193	不同科技创新主体农业科技成果转化绩效研究	王志丹；吴敬学；毛世平	中国科技论坛	2013/12
194	企业技术创新系统的自组织演化机制研究	张延禄；杨乃定；刘效广	科学学与科学技术管理	2013/06
195	实施创新驱动发展战略测量评估体系研究	崔有祥；胡兴华；廖娟；谢富纪	科研管理	2013/12
196	行业市场化进程与创新绩效——中国高技术产业的经验分析	戴魁早；刘友金	数量经济技术经济研究	2013/09
197	技术溢出、政府补贴对军工企业技术创新活动的影响研究——基于我国上市军工企业的实证分析	赵中华；鞠晓峰	中国软科学	2013/10
198	管理创新与中小银行转型——新昌农村合作银行经济资本管理案例分析	李广子；曾刚	国际金融研究	2013/08
199	社会资本促进了组织创新吗？——一项基于Meta分析的研究	朱慧；周根贵	科学学研究	2013/11

序号	题名	作者/主编	来源	年/期
200	原始性技术创新的产生及结果——企业家导向、原始性技术创新与企业竞争力关系的研究	谢言；高山行	科学学与科学技术管理	2013/05
201	网络DEA模型在科技创新投资效率测度中的应用研究	陈凯华；官建成；寇明婷；康小明	管理评论	2013/12
202	创新供给者、中介与潜在采纳者之间的博弈研究	常悦；鞠晓峰	中国软科学	2013/03
203	产业技术创新联盟内部风险管理研究——基于问卷调查的分析	殷群；贾玲艳	科学学研究	2013/12
204	后发企业技术发展与其协同创新模式的演化	谢雨鸣；邵云飞	研究与发展管理	2013/12
205	创新国际化行为对创新绩效的影响研究	徐晨；吕萍	管理评论	2013/09
206	环境规制工具对制造企业绿色技术创新的影响——以造纸及纸制品企业为例	李婉红；毕克新；曹霞	系统工程	2013/10
207	第二类代理问题、大股东制衡与公司创新投资	左晶晶；唐跃军；眭悦	财经研究	2013/04
208	基于知识超网络的科技创新团队的组建方法	孙薇；马钦海；于洋	科学学与科学技术管理	2013/08
209	网络嵌入性与成员退出：基于创新网络的分析	常红锦；党兴华；史永立	研究与发展管理	2013/08
210	区域科技创新与科技金融系统协同发展运行机理分析	徐玉莲；王玉冬	科技进步与对策	2013/10
211	产业技术创新联盟信任关系的演化博弈分析	方静；武小平	财经问题研究	2013/07
212	技术创新网络演化研究述评及展望	石乘齐；党兴华	科技进步与对策	2013/04
213	创新网络演化动力研究	石乘齐；党兴华	中国科技论坛	2013/01
214	绩效薪酬与团队成员创新行为关系实证研究	张勇；龙立荣	管理学报	2013/08
215	需求导向的企业技术创新能力成长理论	王毅	技术经济	2013/01
216	创新驿站双边平台的动态发展路径	孙武军；曹辉；宁宁	系统管理学报	2013/05
217	关于大学生科技创新实施效果的思考	殷树娟	实验技术与管理	2013/09
218	基于国家创新驱动发展研究	尹德志	科学管理研究	2013/06
219	基于Entropy–Topsis模型的军工企业自主创新能力分析与测评	尹航；石光；李柏洲	运筹与管理	2013/06
220	中国工业企业技术创新能力的演变及成因——基于行业数据的分析	原毅军；张在群；孙思思	工业技术经济	2013/02

序号	题名	作者/主编	来源	年/期
221	互动导向、创新方式与公司绩效——基于珠三角的实证研究	吴兆春；于洪彦；田阳	中国科技论坛	2013/06
222	中国网络文化产业制度创新演化研究——基于1994～2011年的实证分析	臧志彭；解学芳	科学学研究	2013/04
223	基于技术进化分支理论的突变性创新事前产生方法	孙建广；檀润华；李晓婷；江屏	计算机集成制造系统	2013/02
224	企业家类型、控制机制与创新方式选择研究	刘新民；王垒；李垣	科学学与科学技术管理	2013/08
225	嵌入全球产业链对中国新兴产业突破性创新的影响研究	高伟；柳卸林	科学学与科学技术管理	2013/11
226	创新模式演进与工程教育范式优化	王翠霞；叶伟巍；范晓清	高等工程教育研究	2013/07
227	中国自主创新政策的效应及其时空差异——基于省际面板数据的实证检验	范柏乃；段忠贤；江蕾	经济地理	2013/08
228	基于核心管理者的管理创新三维引进决策模型构建	苏敬勤；林海芬	管理评论	2013/04
229	产业集群向创新集群升级的影响要素和路径研究——以广东昭信科技园区为例	陈晓红；周源；许冠南；苏竣	中国管理科学	2013/11
230	面向再制造的产品生态创新之演化博弈分析	计国君；刘华	科学学与科学技术管理	2013/06
231	基于分布动态学的跨国创新俱乐部收敛研究	孙玉涛	管理评论	2013/06
232	中国汽车合资企业自主创新模式研究	朱方伟；于淼；孙秀霞	科研管理	2013/06
233	引导基金模式下的协同创新激励机制设计	黄伟；黄波；张卫国	科技进步与对策	2013/02
234	领导—成员交换关系对研发人员创新的权变影响	曲如杰；王桢；焦琳；时勘	科学学与科学技术管理	2013/07
235	供应链视角下网络镶嵌对创新绩效的影响研究	简兆权；韩昭君；霍宝锋	科研管理	2013/10
236	"S－A－C"视角下分布式创新及其知识共享的理论探析	杨坤	科学学研究	2013/05
237	知识密集型服务业对高技术产业两阶段创新效率的影响研究	时省；洪进；赵定涛	中国科技论坛	2013/1

序号	题名	作者/主编	来源	年/期
238	养老服务供应链创新模式：绩效评价与优化策略——基于广州荔湾区的调查	张智勇；赵俊；石永强	商业研究	2013/8
239	客户协同创新网络的复杂网络特性分析	李斐；杨育；谢建中；张峰；包北方	重庆大学学报	2013/7
240	制造业绿色工艺创新的动力机制研究	田红娜；毕克新；吕萍	湖南大学学报（社会科学版）	2013/1
241	基于技术创新体系建设研究	林文杰；孙继凤	科学管理研究	2013/8
242	科技型中小企业持续创新能力影响因素	曹文才；单汨源	北京理工大学学报（社会科学版）	2013/12
243	基于创新投入的企业竞争战略对绩效的影响	雷辉；杨丹	系统工程	2013/9
244	政府财税扶持对企业技术创新的影响研究	李翠芝；林洲钰	云南财经大学学报	2013/12
245	企业技术创新系统的混沌模型与发展对策研究	苏屹；李柏洲	哈尔滨工程大学学报	2013/1
246	区域科技人才创新环境评价及其影响因素研究——以浙江省为例	廖中举	统计科学与实践	2013/2
247	云创新在工业产品创新设计中的运用	李军涛；姜立军	机械设计与制造	2013/5
248	协同创新：集体知识创价行动	周作宇	现代大学教育	2013/9
249	公司治理有效性与治理模式创新——第七届公司治理国际研讨会综述	马连福；石晓飞；王丽丽	南开管理评论	2013/12
250	基于知识编码化的专业服务业服务模块化对创新绩效的作用机理研究	魏江；刘洋；赵江琦	科研管理	2013/9
251	我国省区高校科技创新效率评价实证分析——基于三阶段 DEA 模型	沈能；宫为天	科研管理	2013/12
252	设计驱动型创新机理的实证研究	叶伟巍；王翠霞；王皓白	科学学研究	2013/08
253	网络嵌入性与地域根植性对联盟企业创新绩效的影响——对中国高科技上市公司的实证分析	赵炎；郑向杰	科研管理	2013/11
254	基于参与动机的网络社区知识共享质量、创新及满意度关系研究	刘琦；杜荣	情报理论与实践	2013/03

序号	题名	作者/主编	来源	年/期
255	创始人前摄性个性对企业创新绩效的影响——社会网络的中介作用	李正卫；高蔡联；张祥富	科学学研究	2013/11
256	区域创新生态系统适宜度与经济发展的关系研究	刘洪久；胡彦蓉；马卫民	中国管理科学	2013/11
257	区域创新平台网络特性、服务效果与企业创新绩效的关系研究	王雪原；王宏起	科学学与科学技术管理	2013/05
258	中国通信设备与制药产业创新系统比较研究	任声策	科研管理	2013/04
259	我国区域创新产出的影响因素研究——基于 ICT 的视角	吴晓云；李辉	科学学与科学技术管理	2013/10
260	合资企业控制、创新与绩效关系研究	李国范；赵增耀	世界经济研究	2013/04
261	组织无形资本对突破性与增量性创新能力的影响——以组织二元学习为中介	王莉红；顾琴轩	科学学与科学技术管理	2013/10
262	颠覆性创新演进、机理及路径选择研究	张枢盛；陈继祥	商业经济与管理	2013/05
263	核心企业领导风格、组织间信任与合作创新绩效的关系研究	宋晶；陈菊红；孙永磊	中国科技论坛	2013/11
264	高新区与行政区合并：是体制复归，还是创新选择？	程郁；吕佳龄	科学学与科学技术管理	2013/06
265	面向产品创新设计的专利文本分类研究	梁艳红；檀润华；马建红	计算机集成制造系统	2013/2
266	基于专利影响因素分析的区域创新能力比较研究	漆艳茹；刘云；侯媛媛	中国管理科学	2013/11
267	研发外包进程探索：效率/创新外包模式的动态演进	伍蓓；陈劲；吴增源；陈钰芬	科学学研究	2013/6
268	以人为本、集聚创新：中国特色新型城镇化研究	沈体雁；郭洁	城市发展研究	2013/12
269	健康城镇化语境中的小城镇社会管理创新——扩权强镇的意义与实践	罗震东；高慧智	规划师	2013/3
270	设计与技术双重驱动下的新兴产业创新链重构研究	王宏起；李力；王珊珊	科技进步与对策	2013/12
271	制造业绿色工艺创新扩散过程研究	田红娜；李香梅	科技进步与对策	2013/9

序号	题名	作者/主编	来源	年/期
272	管理者社会联系与企业创新绩效——基于创新环境调节作用的实证研究	李瑶；刘益；刘婷	科技进步与对策	2013/11
273	IT能力、界面管理与顾客创新	姚山季；金晔；王万竹	管理学报	2013/10
274	国防科技重大工程协同创新联盟组织模式研究	杨阳；侯光明	科技进步与对策	2013/11
275	基于界面管理的创新团队和谐管理实现机制研究	许成磊；段万春；谢晖；孙新乐	科技进步与对策	2013/9
276	股权结构对债务期限结构选择的影响——基于国家层面创新型企业的证据	段伟宇；师萍	预测	2013/11
277	前导因素及其对营销创新绩效的影响——基于知识视角的动态营销能力	王月辉；缪祺	北京理工大学学报（社会科学版）	2013/5
278	企业间合作创新绩效的影响因素及机理——基于社会网络视角的理论分析	王京安；刘丹	南京工业大学学报（社会科学版）	2013/12
279	中国绿色工艺创新绩效的地区差异及影响因素研究	毕克新；杨朝均；黄平	中国工业经济	2013/10
280	创新驱动、税收扭曲与长期经济增长	严成樑；胡志国	经济研究	2013/12
281	MFBS框架下基于知识的计算机辅助创新设计关键技术研究	陈继文	山东大学	2013/04
282	模糊前端驱动的产品创新设计过程与应用	江屏；孙建广；张换高；檀润华	计算机集成制造系统	2013/02
283	公平与领导理论视角的团队创新绩效研究	刘小禹；刘军	科研管理	2013/12
284	基于委托代理模型的企业创新管理研究	郑永彪；张磊	科研管理	2013/09
285	政策引导下的新兴产业技术创新模式：以中国风电设备制造业为例	智强；苏竣；汝鹏；张芳	国际经济评论	2013/03
286	企业创新理论演进及进一步研究取向	余光胜	中国管理科学	2013/11
287	金融生态环境、异质性债务与技术创新投资——基于我国制造业上市公司的实证研究	王贞洁；沈维涛	经济管理	2013/12
288	企业如何实现开放式创新——基于光华伟业的案例研究	汪涛；牟宇鹏；周玲；杨义浒	科学学与科学技术管理	2013/10

序号	题名	作者/主编	来源	年/期
289	分布式创新过程中企业间知识治理——基于多重概念模型与相关命题的研究	叶江峰；任浩；陶晨	科学学与科学技术管理	2013/12
290	集群核心企业与配套企业的协同创新博弈分析及收益分配调整	杜欣；邵云飞	中国管理科学	2013/11
291	基于 DEMATEL - ANP 的产学研集成创新评价研究——以大连双 D 港企业为例	唐丽艳；周建林；王国红	科学学与科学技术管理	2013/12
292	战略性新兴产业创新生态系统协同创新的知识投入激励研究	吴绍波	科学学与科学技术管理	2013/09
293	基于市场拉力的内向开放式创新技术路线图研究	盛济川；吉敏；朱晓东	科学学研究	2013/01
294	技术创新网络知识增长过程建模与仿真研究	禹献云；曾德明；陈艳丽；文金艳	科研管理	2013/10
295	缓解融资约束路径选择对创新投入的影响	王昱；成力为	科学学与科学技术管理	2013/10
296	搜索对产品创新一定有用吗？——知识处理能力的调节效应研究	李晓翔；霍国庆	商业经济与管理	2013/02
297	制造商应对再制造商进入的技术创新策略	黄宗盛；聂佳佳；胡培	管理评论	2013/07
298	企业创新团队知识共享机理研究	陈伟；于延顺；杨早立；宫再静	改革与战略	2013/01
299	中国海归企业发展研究——技术创新中的二元网络与组织学习	张枢盛；陈继祥	科学学研究	2013/11
300	个人感知、创新扩散与消费者参与网络团购行为的关系研究	李雨洁；廖成林	商业研究	2013/11
301	产学研协同创新中知识共享的微分对策模型	于娱；施琴芬	中国管理科学	2013/11
302	企业组织创新与技术创新匹配效应涌现机理研究	张美丽；石春生；贾云庆	软科学	2013/06
303	创新战略、流动性管理与公司价值——基于中小板上市公司的实证研究	万良勇；胡璟；曾诗韵	江西财经大学学报	2013/01
304	企业自主技术创新测度及不同创新模式作用研究	蔡新蕾；高山行；徐新	科技进步与对策	2013/11
305	风险投资对我国高新技术产业技术创新影响的区域比较	龚金金；周泳宏	西安财经学院学报	2013/05

序号	题名	作者/主编	来源	年/期
306	网络镶嵌对创新绩效的影响——基于华南地区的实证研究	简兆权；马琦；王晨	研究与发展管理	2013/02
307	产品创新性对消费者情境性调节定向的影响研究	罗勇；周庭锐；唐小飞；唐春勇	预测	2013/03
308	区域企业响应科技政策创新的回声模型构建	张永安；李晨光	科学学与科学技术管理	2013/09
309	基于 SEM 的北京电子信息企业创新绩效影响因素实证研究	张永安；沈建伟	情报杂志	2013/03
310	大股东参与度、战略共识与企业突破式创新的实证研究	刘华芳；杨建君	管理学报	2013/07
311	软件产业虚拟集群三螺旋创新机理及模式研究	王京；高长元	自然辩证法研究	2013/05
312	深圳市大学研究院项目治理平台建设与创新绩效关系研究	张宁；丁荣贵；刘兴智	科技进步与对策	2013/12
313	组织记忆对在位企业破坏性创新的影响机制研究	史丽萍；唐书林；苑婧婷	科技进步与对策	2013/03
314	全球创新型城市建设的模式提炼	马海涛	科学	2013/07
315	中国集团化企业的创新绩效研究	陈岩；蒋亦伟；王锐	中国科技论坛	2013/12
316	主流与新兴客户定位对企业突破性和破坏性创新影响的实证研究	刘海运；游达明	系统工程	2013/05
317	企业产品创新的网络嵌入性机制研究	李支东；章仁俊	科技进步与对策	2013/06
318	基于管理控制系统的高新技术企业研发预算管理及其创新绩效	朱丹；陈国庆	管理世界	2013/03
319	信息化创新型团队协作中的个人信任发展探究	程絮森；刘艳丽	科学学研究	2013/05
320	存在战略顾客的模仿创新研究	计国君；杨光勇	管理科学学报	2013/04
321	地位竞争动机、地位赋予标准与员工创新行为选择	刘智强；邓传军；廖建桥；龙立荣	中国工业经济	2013/10
322	基于变型空间 FBS 本体映射的产品创新设计方法	陈继文；杨红娟；张进生；王志	计算机集成制造系统	2013/11

序号	题名	作者/主编	来源	年/期
323	研究生团队创新氛围的影响因素研究	常亚平；孙威；张金隆	科研管理	2013/07
324	内向型开放式创新战略选择与创新绩效匹配研究	吴晓云；李辉	科学学与科学技术管理	2013/11
325	基于知识位势的任务型团队知识创新模式研究	郭艳丽；易树平	情报理论与实践	2013/01
326	集聚视角下知识密集型服务业对区域创新的影响研究	时省；赵定涛；洪进；董慧萍	科学学与科学技术管理	2013/12
327	信息技术外包关系的治理：创新意图的影响研究	梅姝娥；谢刚	科研管理	2013/08
328	产业集群创新网络与知识整合交互影响模型及仿真分析	蔡猷花；陈国宏；刘虹；蔡彬清	中国管理科学	2013/11
329	基于创造自我概念与风险偏好影响的授权领导与创新行为研究	刘文兴；张鹏程；廖建桥	管理学报	2013/12
330	跨国企业在中国开展破坏性创新的动因及其"破坏"能力构建	陈涛；邵云飞；唐小我	科学学与科学技术管理	2013/11
331	外部知识流入促进产品创新绩效：企业创意的观点	程聪；谢洪明；杨英楠；陈盈	管理工程学报	2013/10
332	基于结构—过程的公共 R&D 投入技术创新效应机理分析	刘凤朝；姜滨滨；孙玉涛	管理学报	2013/03
333	开放式创新社区网络创新绩效的影响因素——基于互联网平台的实证研究	夏恩君；张明；贾淑楠；张一	技术经济	2013/10
334	职能层管理创新的系统适配性研究	林海芬；苏敬勤	管理学报	2013/05
335	原始性创新触发机制研究——基于实践团体及其嵌入网络的视角	刘小花；高山行	科学学研究	2013/03
336	高科技企业创新生态系统平台领导战略研究	张利飞	财经理论与实践	2013/07
337	典型创新型城市创新特征对比研究	牛欣；陈向东；张古鹏	科技进步与对策	2013/07
338	节能减排与技术创新：来自广东珠三角地区企业的经验证据	曾萍；邓腾智；吴小节	经济体制改革	2013/01
339	后发企业迈向创新型企业过程中创新驱动特征分析——以中兴通讯公司为例	李建钢；李秉祥	科技进步与对策	2013/07

续表

序号	题名	作者/主编	来源	年/期
340	客户协同产品创新中知识创造绩效的影响因素——基于过程视角的实证研究	张雪	技术经济	2013/04
341	破坏性创新企业市场进入与策略选择	郁培丽；石俊国；窦姗姗	软科学	2013/08
342	面向创新发展的资源配置——基于认知与创新投资关系的视角	封凯栋；沈群红	科学学研究	2013/01
343	团队动态能力、创新与研发绩效的关系研究	王娟茹；罗岭	华东经济管理	2013/10
344	创新科技政策作用要素及其响应研究述评	李晨光；张永安	技术经济	2013/03
345	黑龙江省大型企业技术创新效率及影响因素分析	丁云龙；赵杰；洪涛	哈尔滨工程大学学报	2013/07
346	商业模式影响创新绩效的机制研究：知识搜索的中介作用	胡保亮	科技进步与对策	2013/07
347	经理人创新激励的实验研究	付雷鸣；万迪昉；张雅慧	科学学与科学技术管理	2013/01
348	客户参与影响创新不确定下的研发外包合同	宋寒；但斌；张旭梅	系统管理学报	2013/05
349	工业企业创新氛围的结构分析及演化研究——基于黑龙江省工业企业的实证研究	孙冰；赵健	科技进步与对策	2013/02
350	知识密集型产业技术创新扩散演化研究——基于网络结构演化分析的视角	孙冰；赵健	情报杂志	2013/01
351	开放式创新社区网路创新绩效研究——基于数理分析与实证检验	夏恩君；张明；王素娟；张一	中国管理科学	2013/11
352	产业技术创新联盟的社会资本贡献研究	孔岚	南京邮电大学	2013/04
353	资源型产业链知识创新的动力机制和实现途径	张伟	科研管理	2013/12
354	基于混沌动力学的知识创新演化规律分析	韩蓉；林润辉	科学学研究	2013/12
355	组织冗余如何影响中小企业产品创新？离心力和向心力的中介作用研究	李晓翔；陈邦峰；霍国庆	研究与发展管理	2013/12
356	法国高校与研究机构协同创新机制及其启示	张金福；王维明	教育研究	2013/08

续表

序号	题名	作者/主编	来源	年/期
357	技术创新"范式"之争	张军荣；袁晓东	科学学研究	2013/11
358	战略导向、组织创新性与经营绩效关系的实证研究	张婧；段艳玲	管理学报	2013/11
359	大学衍生企业公司治理对自主创新能力影响的实证分析——来自中国高校上市公司的证据	原长弘；李阳；田元强；王瑞琪	科学学与科学技术管理	2013/12
360	国家级创新型城市技术成就指数俱乐部收敛效应	许治；陈志荣；邓芹凌	科学学研究	2013/05
361	团队内部社会网络对团队创新绩效的影响机制——以企业 R&D 团队为样本的实证研究	彭伟；周晗鹭；符正平	科研管理	2013/12
362	装备制造企业组织创新与技术创新的匹配量化研究	张美丽；石春生；贾云庆	中国管理科学	2013/11
363	产业创新平台评价指标体系及其权重设置研究	王斌；谭清美	科学学与科学技术管理	2013/12
364	基于高技术企业创新生态系统的技术标准价值评估研究	王道平；韦小彦；张志东	中国软科学	2013/11
365	网络嵌入方式影响个体创新能力的扎根研究	唐四慧；杨建梅	科学学研究	2013/07
366	斯坦福国际研究院的创新管理分析——基于组织学习和知识管理视角	徐雨森；余序江	中国科技论坛	2013/08
367	行业异质性、网络布局结构与逆向技术溢出——基于中国创新型企业面板数据的实证检验	陈岩；翟瑞瑞	科研管理	2013/12
368	商业银行产品创新价值网模型的构建与应用——以广州农村商业银行为例	李尧；毛蕴诗	中央财经大学学报	2013/11
369	产业创新网络派系演进及其对技术创新的影响	万炜；曾德明；冯科；周昕	湖南大学学报（自然科学版）	2013/11
370	外部知识获取、内部知识分享与突变创新——双元性创新战略的调节作用	赵洁；张宸璐	科技进步与对策	2013/11
371	高等学校在创新搜索中重要程度的影响因素——研发强度、创新开放程度与自主创新意愿	王悦亨；王毅；李纪珍	技术经济	2013/11
372	竞争会促进创新吗——来自零部件产业的经验证据	黄振雷；吴淑娥	山西财经大学学报	2013/11
373	基于 Widget 的知识创新价值链融汇服务协同组织	严炜炜	情报科学	2013/08

序号	题名	作者/主编	来源	年/期
374	双维度市场导向对集群企业创新绩效的影响——基于集群企业学习能力调节效应的研究	唐丽艳；周建林；王国红	科技进步与对策	2013/06
375	知识创新过程中知识转化与科技政策学研究	杨国梁；刘文斌；徐芳；郑海军；李晓轩	科学学与科学技术管理	2013/12
376	软件产业开放式创新的模式研究	田丹	管理世界	2013/06
377	基于知识管理的区域创新能力评价研究	崔新健；郭子枫；刘轶芳	经济管理	2013/10
378	我国创新型产业集群发展的人才支撑对策	李刚	当代经济	2013/01
379	离岸IT服务外包中的供应商创新研究——基于交易成本及协作视角	李晓燕	经济管理	2013/02
380	科技创新、人力资本对创意经济的影响研究	田超杰	科技进步与对策	2013/07
381	创新集群创新绩效影响机制研究	徐维祥；陈斌	经济学动态	2013/10
382	中国企业商业和运营模式创新研究——第二届"中国企业管理创新案例研究前沿论坛"观点综述	戚依南；沈玲；韩玉凤	中国工业经济	2013/01
383	创新获利条件、合作控制权与载体商业模式——基于C—P—C逻辑的合作创新控制权分析框架	李东；罗倩	中国工业经济	2013/02
384	双核协同驱动力与企业创新绩效关系的实证研究	李玲；陶厚永	科学学与科学技术管理	2013/12
385	企业组织创新四维模型的构建实证研究——以制造业为例	张美丽；石春生；张殿明；贾云庆	科研管理	2013/12
386	基于专利的我国ICT产业产学研合作创新实证研究	高霞	中国管理科学	2013/11
387	半层级式产业集群创新升级影响研究——基于技术权力的视角	林兰	人文地理	2013/12
388	高新区创新国际化运行机制及绩效研究	倪媛媛；刘云	中国管理科学	2013/11
389	企业知识创新策略选择研究	苏世彬	中国管理科学	2013/11
390	商业参与与开源创新的开放性之关系研究	王宇；魏守华	管理学报	2013/12

续表

序号	题名	作者/主编	来源	年/期
391	前瞻型和反应型顾客导向对创新绩效的影响——分销网络特征的调节作用	薛佳奇；王永贵	经济管理	2013/12
392	基于科技创新与知识创新机制的研究	郭琳；应洪斌	科学管理研究	2013/12
393	多主体城市知识创新体系的构建研究	谷炜；杜秀亭；郝媛	科学管理研究	2013/10
394	面向开放式团队知识创新的动态标签关联网研究	李欣苗；李嘉；谢航；谢虹雨	中国管理科学	2013/08
395	裁员幸存者的威胁感与资源获取对创新的影响	龙静；李嘉；祝凤灵	科研管理	2013/04
396	中小企业沉淀冗余对产品创新的影响机制——基于跨界搜索和环境特征的视角	李晓翔；霍国庆	经济管理	2013/01
397	分布式创新合作冲突模型及稳定性研究	闫俊周	技术经济与管理研究	2013/06
398	信息化条件下制造企业工艺创新组织的演进影响因素	毕克新；冯迪	经济管理	2013/03
399	创新型企业创新项目重大环境风险的机遇决策分析研究	施瑜娇；向刚；段云龙	项目管理技术	2013/06

附录2 2013年度创新管理学学科英文专业文章的篇名索引

［1］Aghion P. , Zingales L. Innovation and Institutional Ownership ［J］. The American E-conomic Review, 2013, 103 （1）: 277 – 304.

［2］Alegre, Joaquín, Kishore Sengupta, and Rafael Lapiedra. Knowledge Management and Innovation Performance in a High – tech SMEs Industry ［J］. International Small Business Journal, 2013, 31 （4）: 454 – 470.

［3］Alexy O. , George G. Category Divergence, Straddling, and Currency: Open Innova-tion and the Legitimation of Illegitimate Categories ［J］. Journal of Management Studies, 2013, 50 （2）: 173 – 203.

［4］Aloini D. Exploring the Exploratory Search for Innovation: A Structural Equation Mod-elling Test for Practices and Performance ［J］. International Journal of Technology Management, 2013, 61 （1）: 23 – 46.

［5］Alvarez I. , Marin R. FDI and Technology as Levering Factors of Competitiveness in Developing Countries ［J］. Journal of International Management, 2013, 19 （3）: 232 – 246.

［6］Andries P. , Debackere K, Looy B V. Simultaneous Experimentation as a Learning Strategy: Business Model Development Under Uncertainty ［J］. Strategic Entrepreneurship Jour-nal, 2013, 7 （4）: 288 – 310.

［7］Ángeles Montoro - Sánchez. Guest Editorial: Creativity and Innovation in the Firm ［J］. International Journal of Manpower, 2013.

［8］Antonioli, Davide, Susanna Mancinelli, and Massimiliano Mazzanti. Is Environmental Innovation Embedded within High – performance Organisational Changes? The Role of Human Resource Management and Complementarity in Green Business Strategies ［J］. Research Policy, 2013, 42 （4）: 975 – 988.

［9］Arvanitis S. , Stucki T. The Impact of Venture Capital on the Persistence of Innovation Activities of Start – ups ［J］. Small Business Economics, 2013, 42 （4）: 849 – 870.

［10］Atanassov, Julian. Do Hostile Takeovers Stifle Innovation? Evidence from Antitake-over Legislation and Corporate Patenting ［J］. The Journal of Finance, 2013, 68 （3）: 1097 – 1131.

［11］Aylen J. Stretch: How Innovation Continues Once Investment is Made ［J］. R&D

Management, 2013, 43 (3): 271 – 287.

[12] Basil Al – Najjar, Mohammed M. Elgammal. Innovation and Credit Ratings, Does It Matter? UK Evidence [J]. Applied Economics Letters, 2013, 20 (5): 428 – 431.

[13] Bellora L., Guenther T. W. Drivers of Innovation Capital Disclosure in Intellectual Capital Statements: Evidence from Europe [J]. British Accounting Review, 2013, 45 (4): 255 – 270.

[14] Belso – Martinez J. A., Molina – Morales F. X., Mas – Verdu F. Combining Effects of Internal Resources, Entrepreneur Characteristics and KIS on New Firms [J]. Journal of Business Research, 2013, 66 (10): 2079 – 2089.

[15] Benner M. J., Ranganathan R. Divergent Reactions to Convergent Strategies: Investor Beliefs and Analyst Reactions During Technological Change [J]. Organization Science, 2013, 24 (24): 378 – 394.

[16] Block J. H., Spiegel F. Family Firm Density and Regional Innovation Output: An Exploratory Analysis [J]. Journal of Family Business Strategy, 2013, 4 (4).

[17] Bloom, Nicholas, et al.. A Trapped – factors Model of Innovation [J]. The American Economic Review, 2013, 103 (3): 208 – 213.

[18] Bocquet R., Bas C. L., Mothe C., et al.. Are Firms with Different CSR Profiles Equally Innovative? Empirical Analysis with Survey Data [J]. European Management Journal, 2013, 31 (31): 642 – 654.

[19] Borisova G., Brown J. R. R&D Sensitivity to Asset Sale Proceeds: New Evidence on Financing Constraints and Intangible Investment [J]. Journal of Banking & Finance, 2013, 37 (1): 159 – 173.

[20] Boudreau, Kevin J., and Karim R. Lakhani. Using the Crowd as an Innovation Partner [J]. Harvard Business Review, 2013, 91 (4): 60 – 69.

[21] Bouncken, Ricarda B., and Sascha Kraus. Innovation in Knowledge – intensive Industries: The Double – edged Sword of Coopetition [J]. Journal of Business Research, 2013, 66 (10): 2060 – 2070.

[22] Boyd R. D. Innovation and Entrepreneurship [J]. Clinical Nurse Specialist, 2013, 21 (1): 16 – 21.

[23] Brown, James R., Gustav Martinsson, and Bruce C. Petersen. Law, Stock Markets, and Innovation [J]. Journal of Finance, 2013, 68 (4): 1517 – 1549.

[24] Büschgens T., Bausch A., Balkin D. B. Organizational Culture and Innovation: A Meta – Analytic Review [J]. Journal of Product Innovation Management, 2013, 30 (4): 763 – 781.

[25] Cankurtaran P., Langerak F., Griffin A. Consequences of New Product Development Speed: A Meta – Analysis [J]. Journal of Product Innovation Management, 2013, 30 (3):

465 – 486.

［26］ Carlisle, Sheena, et al.. Supporting Innovation for Tourism Development through Multi – stakeholder Approaches: Experiences from Africa ［J］. Tourism Management, 2013, 35: 59 – 69.

［27］ Casadesus – Masanell R., Zhu F., Casadesus – Masanell R, et al.. Business Model Innovation and Competitive Imitation: The Case of Sponsor – based Business Models ［J］. Strategic Management Journal, 2013, 34（4）: 464 – 482.

［28］ Casanueva, Cristóbal, Ignacio Castro, and José L. Galán. Informational Networks and Innovation in Mature Industrial Clusters ［J］. Journal of Business Research, 2013, 66（5）: 603 – 613.

［29］ Castellacci, Fulvio, and Jose Miguel Natera. The Dynamics of National Innovation Systems: A Panel Cointegration Analysis of the Coevolution between Innovative Capability and Absorptive Capacity ［J］. Research Policy, 2013, 42（3）: 579 – 594.

［30］ Ĉerne M., JakličM, Ŝkerlavaj M. Decoupling Management and Technological Innovations: Resolving the Individualism – Collectivism Controversy ［J］. Journal of International Management, 2013, 19（2）: 103 – 117.

［31］ Chen X., Funke M. The Dynamics of Catch – up and Skill and Technology Upgrading in China ［J］. Journal of Macroeconomics, 2013, 38（38）: 465 – 480.

［32］ Chen Y. M., Yang D. H., Lin F. J. Does Technological Diversification Matter to Firm Performance? The Moderating Role of Organizational Slack ［J］. Journal of Business Research, 2013, 66（10）: 1970 – 1975.

［33］ Chen Y., Tang G., Jin J., et al.. CEOs Transformational Leadership and Product Innovation Performance:: The Roles of Corporate Entrepreneurship and Technology Orientation ［J］. Journal of Product Innovation Management, 2013, 31（S1）: 2 – 17.

［34］ Cheng C. C. J., Chen J. S. Breakthrough Innovation: The Roles of Dynamic Innovation Capabilities and Open Innovation Activities ［J］. Journal of Business & Industrial Marketing, 2013, 28（28）: 444 – 454.

［35］ Chetty S. K., Partanen J., Rasmussen E. S., et al.. Contextualizing Case Studies in Entrepreneurship – A Tandem Approach to Conducting a Longitudinal Cross – country Case Study ［J］. International Small Business Journal, 2013, 32（7）: 818 – 829.

［36］ Corrado C., Haskel J., Iommi J. L. Innovation and Intangible Investment in Europe, Japan, and the United States ［J］. Oxford Review of Economic Policy, 2013, 29（2）: 261 – 286.

［37］ Crockett D. R., Mcgee J. E., Payne G. T. Employing New Business Divisions to Exploit Disruptive Innovations: The Interplay between Characteristics of the Corporation and Those of the Venture Management Team ［J］. Journal of Product Innovation Management, 2013, 30

（5）：856 – 879.

[38] David Fagnan, Jose Maria Fernandez, Lo A. W. , et al. , Can Financial Engineering Cure Cancer?: A New Approach to Funding Large – Scale Biomedical Innovation [J]. American Economic Review, 2013, 103 (3): 406 – 411 (6) .

[39] de Jong, Jeroen P. J. , and Erik de Bruijn. Innovation Lessons from 3 – D Printing [J]. MIT Sloan Management Review, 2013, 54 (2): 43 – 52.

[40] Deng Z. , Hofman P. S. , Newman A. Ownership Concentration and Product Innovation in Chinese Private SMEs [J]. Asia Pacific Journal of Management, 2013, 30 (3): 717 – 734.

[41] Dewhurst F. W. Linking Shared Organizational Context and Relational Capital through Unlearning [J]. Journal of Product Innovation Management, 2013, 25 (2): 162 – 179.

[42] Dijk M, Kemp R, Valkering P. Incorporating Social Context and Co – evolution in an Innovation Diffusion Model—With an Application to Cleaner Vehicles [J]. Journal of Evolutionary Economics, 2013, 23 (2): 295 – 329.

[43] Doorn S. V. , Jansen J. J. P. , Bosch F. A. J. V. D. , et al. , Entrepreneurial Orientation and Firm Performance: Drawing Attention to the Senior Team [J]. Journal of Product Innovation Management, 2013, 30 (5): 821 – 836.

[44] Ederer, Florian, and Gustavo Manso. Is Pay for Performance Detrimental to Innovation? [J]. Management Science, 2013, 59 (7): 1496 – 1513.

[45] Eesley C. E. , Hsu D. H. , Roberts E. B. The Contingent Effects of Top Management Teams on Venture Performance: Aligning Founding Team Composition with Innovation Strategy and Commercialization Environment [J]. Strategic Management Journal, 2013, 35 (12): 1798 – 1817.

[46] Ernst H. , Lichtenthaler U. , Vogt C. The Impact of Accumulating and Reactivating Technological Experience on R&D Alliance Performance [J]. Journal of Management Studies, 2013, 48 (9): 1194 – 1216.

[47] Fan P. , Liang Q. , Liu H. , et al. . The Moderating Role of Context in Managerial Ties – firm Performance Link: A Meta – analytic Review of Mainly Chinese – based Studies [J] . Asia Pacific Business Review, 2013, 19 (4): 461 – 489.

[48] Fan Z. , Wu D. , Wu X. Proactive and Reactive Strategic Flexibility in Coping with Environmental Change in Innovation [J]. Asian Journal of Technology Innovation, 2013, 21 (2): 187 – 201.

[49] Fernandes C. I. , Ferreira J. J. M. Knowledge Spillovers: Cooperation between Universities and KIBS [J]. R&D Management, 2013, 43 (5): 461 – 472.

[50] Fernandez A. S. , Roy F. L. , Gnyawali D. R. Sources and Management of Tension in Co – opetition Case Evidence from Telecommunications Satellites Manufacturing in Europe [J].

Industrial Marketing Management, 2013, 43 (2): 222 – 235.

［51］Foley, C. Fritz, and William R. Kerr. Ethnic Innovation and US Multinational Firm Activity ［J］. Management Science, 2013, 59 (7): 1529 – 1544.

［52］Ford D., Paladino A. Enabling Innovation through Strategic Synergies ［J］. Journal of Product Innovation Management, 2013, 30 (6): 1058 – 1072.

［53］Fox G. L., Smith J. S., Jr J. J. C., et al.. Weaving Webs of Innovation ［J］. International Journal of Operations & Production Management, 2013, 33 (1): 5 – 24.

［54］Franke N., Hader C. Mass or Only "Niche Customization"? Why We Should Interpret Configuration Toolkits as Learning Instruments ［J］. Journal of Product Innovation Management, 2013, 31 (6): 1214 – 1234.

［55］Franke, Nikolaus, Peter Keinz, and Katharina Klausberger. Does This Sound Like a Fair Deal?: Antecedents and Consequences of Fairness Expectations in the Individual's Decision to Participate in Firm Innovation ［J］. Organization Science, 2013, 24 (5): 1495 – 1516.

［56］Funk, Russell. Making the Most of Where You Are: Geography, Networks, and Innovation in Organizations ［J］. Academy of Management Journal, 2013: amj – 2012.

［57］Furukawa Y. The Struggle to Survive in the R&D Sector: Implications for Innovation and Growth ［J］. Economics Letters, 2013, 121 (1): 26 – 29.

［58］Ganter, Alois, and Achim Hecker. Deciphering Antecedents of Organizational Innovation ［J］. Journal of Business Research, 2013, 66 (5): 575 – 584.

［59］Garrett R. P., Neubaum D. O. Top Management Support and Initial Strategic Assets: A Dependency Model for Internal Corporate Venture Performance ［J］. Journal of Product Innovation Management, 2013, 30 (5): 896 – 915.

［60］Garriga, Helena, Georg von Krogh, and Sebastian Spaeth. How Constraints and Knowledge Impact Open Innovation ［J］. Strategic Management Journal, 2013, 34 (9): 1134 – 1144.

［61］Gebauer, Johannes, Johann Füller, and Roland Pezzei. The Dark and the Bright Side of Co – creation: Triggers of Member Behavior in Online Innovation Communities ［J］. Journal of Business Research, 2013, 66 (9): 1516 – 1527.

［62］Giuliani E. Clusters, Networks and Firms' Product Success: An Empirical Study ［J］. Management Decision, 2013, 51 (51): 1135 – 1160.

［63］Godley A. C. Entrepreneurial Opportunities, Implicit Contracts, and Market Making for Complex Consumer Goods ［J］. Strategic Entrepreneurship Journal, 2013, 7 (4): 273 – 287.

［64］Griffin A., Josephson B. W., Lilien G., et al., Marketing's Roles in Innovation in Business – to – Business Firms: Status, Issues, and Research Agenda ［J］. Marketing Letters, 2013, 24 (4): 323 – 337.

［65］ Grimm R. , Fox C. , Baines S. , et al. . Social Innovation, an Answer to Contemporary Societal Challenges? Locating the Concept in Theory and Practice ［J］. Innovation: The European Journal of Social Science Research, 2013, 26 (4): 436 – 455.

［66］ Gummesson E. Commentary on "The Role of Innovation in Driving the Economy: Lessons from the Global Financial Crisis" ［J］. Journal of Business Research, 2013, 67 (1): 2743 – 2750.

［67］ Guo J. , Guo B. How Do Innovation Intermediaries Facilitate Knowledge Spillovers within Industrial Clusters? A Knowledge – processing Perspective ［J］. Asian Journal of Technology Innovation, 2013, 21 (sup2): 31 – 49.

［68］ Haskel, Jonathan, and Gavin Wallis. Public Support for Innovation, Intangible Investment and Productivity Growth in the UK Market Sector ［J］. Economics letters, 2013, 119 (2): 195 – 198.

［69］ He, Jie Jack, and Xuan Tian. The Dark Side of Analyst Coverage: The Case of Innovation ［J］. Journal of Financial Economics, 2013, 109 (3): 856 – 878.

［70］ Hecker A. , Ganter A. The Influence of Product Market Competition on Technological and Management Innovation: Firm – Level Evidence from a Large – Scale Survey ［J］. European Management Review, 2013, 10 (1): 17 – 33.

［71］ Humphery – Jenner M. Takeover Defenses, Innovation, and Value Creation: Evidence from Acquisition Decisions ［J］. Strategic Management Journal, 2013, 35 (5): 668 – 690.

［72］ Ingenbleek P. T. M. , Frambach R. T. , Verhallen T. M. M. Best Practices for New Product Pricing: Impact on Market Performance and Price Level under Different Conditions ［J］. Journal of Product Innovation Management, 2013, 30 (3): 560 – 573.

［73］ James S. D. , Leiblein M. J. , Lu S. A Review of How Firms Capture Value From Their Innovations ［J］. Journal of Management, 2013, 39 (5): 1123 – 1155.

［74］ Janeiro P. , Proença I. , Gonçalves V. D. C. Open Innovation: Factors Explaining Universities as Service Firm Innovation Sources ［J］. Journal of Business Research, 2013, 66 (10): 2017 – 2023.

［75］ Jia L. , Zhi – hua L. , Lin L. , et al. , Performance Evaluation of Collaborative Innovation for Environmental Protection Projects Based on Contract Environmental Services ［J］. Economic Geography, 2013.

［76］ Jiang L. , Waller D. S. , Cai S. Does Ownership Type Matter for Innovation? Evidence from China ［J］. Journal of Business Research, 2013, 66 (12): 2473 – 2478.

［77］ Jimmy Huang, Hyun Jeong Kim. Conceptualizing Structural Ambidexterity into the Innovation of Human Resource Management Architecture: The Case of LG Electronics ［J］. International Journal of Human Resource Management, 2013, 24 (5): 922 – 943.

［78］Johansson J. M. , Malmstrom M. The Business Model Transparency Paradox in Innovative Growth Ventures：Trade – offs between Competitive Advantages and Agency Costs［J］. Entrepreneurship Research Journal, 2013, 3（2）：E1 – E8.

［79］Johne F. A. The Organisation of High ‐ Technology Product Innovation［J］. European Journal of Marketing, 2013, 18（6/7）：55 – 71.

［80］Kastalli, Ivanka Visnjic, and Bart Van Looy. Servitization：Disentangling the Impact of Service Business Model Innovation on Manufacturing Firm Performance［J］. Journal of Operations Management, 2013, 31（4）：169 – 180.

［81］Kaul A. Entrepreneurial Action, Unique Assets, and Appropriation Risk：Firms as a Means of Appropriating Profit from Capability Creation［J］. Organization Science, 2013, 24（6）：1765 – 1781.

［82］Kawakami T. , Parry M. E. The Impact of Word of Mouth Sources on the Perceived Usefulness of an Innovation［J］. Journal of Product Innovation Management, 2013, 30（6）：1112 – 1127.

［83］Kell, Harrison J. , et al. . Creativity and Technical Innovation Spatial Ability's Unique Role［J］. Psychological science, 2013, 24（9）：1831 – 1836.

［84］Kemper J. , Schilke O. , Reimann M. , et al. . Competition – motivated Corporate Social Responsibility［J］. Journal of Business Research, 2013, 66（10）：1954 – 1963.

［85］Kim H. , Park N. K. , Lee J. How Does the Second – order Learning Process Moderate the Relationship between Innovation Inputs and Outputs of Large Korean Firms? ［J］. Asia Pacific Journal of Management, 2013, 31（1）：69 – 103.

［86］Kim S. K. , Arthurs J. D. , Sahaym A. , et al. , Search Behavior of the Diversified Firm：The Impact of Fit on Innovation［J］. Strategic Management Journal, 2013, 34（8）：999 – 1009.

［87］Kindström, Daniel, Christian Kowalkowski, and Erik Sandberg. Enabling Service Innovation：A Dynamic Capabilities Approach［J］. Journal of Business Research, 2013, 66（8）：1063 – 1073.

［88］King, Andrew, and Karim R. Lakhani. Using Open Innovation to Identify the Best Ideas［J］. MIT Sloan Management Review, 2013, 55（1）：41 – 48.

［89］Kiron D. , Kruschwitz N. , Reeves M. , et al. , The Benefits of Sustainability – Driven Innovation［J］. Mit Sloan Management Review, 2013, 54（2）：69 – 73.

［90］Kothari T. , Kotabe M. , Murphy P. Rules of the Game for Emerging Market Multinational Companies from China and India［J］. Journal of International Management, 2013, 19（3）：276 – 299.

［91］Kuratko D. F. , Hornsby J. S. , Covin J. G. Diagnosing a Firm's Internal Environment for Corporate Entrepreneurship［J］. Business Horizons, 2013, 57（1）：37 – 47.

［92］ Lacity M. C. , Willcocks L. P. Outsourcing Business Processes for Innovation ［J］. Mit Sloan Management Review, 2013, 54 (3): 63 –69.

［93］ Lahiri N. , Narayanan S. Vertical Integration, Innovation, and Alliance Portfolio Size: Implications for Firm Performance ［J］. Strategic Management Journal, 2013, 34 (9): 1042 –1064.

［94］ Lambert, Susan C. , and Robyn A. Davidson. Applications of the Business Model in Studies of Enterprise Success, Innovation and Classification: An Analysis of Empirical Research from 1996 to 2010 ［J］. European Management Journal, 2013, 31 (6): 668 –681.

［95］ Laurentis C. D. Innovation and Policy for Bioenergy in the UK: A Co – Evolutionary Perspective ［J］. Regional Studies, 2013, 49 (7): 1111 –1125.

［96］ Lee I. H. , Hong E. , Sun L. Regional Knowledge Production and Entrepreneurial Firm Creation: Spatial Dynamic Analyses ［J］. Journal of Business Research, 2013, 66 (10): 2106 –2115.

［97］ Leten B. , Vanhaverbeke W. , Roijakkers N, et al. . IP Models to Orchestrate Innovation Ecosystems: IMEC, a Public Research Institute in Nano – Electronics ［J］. California Management Review, 2013, 55 (4): 51 –64.

［98］ Li, Qiang, et al. . Top Management Attention to Innovation: The Role of Search Selection and Intensity in New Product Introductions ［J］. Academy of Management Journal, 2013, 56 (3): 893 –916.

［99］ Liang Q. , Li X. , Yang X. , et al. , How Does Family Involvement Affect Innovation in China? ［J］. Asia Pacific Journal of Management, 2013, 30 (3): 677 –695.

［100］ Liang Q. , Li X. , Yang X. , et al. , How Does Family Involvement Affect Innovation in China? ［J］. Asia Pacific Journal of Management, 2013, 30 (3): 677 –695.

［101］ Liao T. J. , Yu C. M. J. The Impact of Local Linkages, International Linkages, and Absorptive Capacity on Innovation for Foreign Firms Operating in an Emerging Economy ［J］. Journal of Technology Transfer, 2013, 38 (6): 809 –827.

［102］ Lichtenthaler U. The Collaboration of Innovation Intermediaries and Manufacturing Firms in the Markets for Technology ［J］. Journal of Product Innovation Management, 2013, 30 (Supplement S1): 142 –158.

［103］ Ling Y. H. The Influence of Intellectual Capital on Organizational Performance— Knowledge Management as Moderator ［J］. Asia Pacific Journal of Management, 2013, 30 (3): 937 –964.

［104］ Magni M. , Maruping L. M. , Hoegl M. , et al. . Managing the Unexpected Across Space: Improvisation, Dispersion, and Performance in NPD Teams ［J］. Journal of Product Innovation Management, 2013, 30 (5): 1009 –1026.

［105］ Majchrzak, Ann, and Arvind Malhotra. Towards an Information Systems Perspective and Research Agenda on Crowdsourcing for Innovation ［J］. The Journal of Strategic Information Systems, 2013, 22 (4): 257 - 268.

［106］ Malik T. H. National Institutional Differences and Cross - border University - Industry Knowledge Transfer ［J］. Research Policy, 2013, 42 (3): 776 - 787.

［107］ Markham S. K. The Impact of Front - End Innovation Activities on Product Performance ［J］. Journal of Product Innovation Management, 2013, 30 (S1): 77 - 92.

［108］ Markides, Constantinos C. Business Model Innovation: What Can the Ambidexterity Literature Teach Us? ［J］. The Academy of Management Perspectives, 2013, 27 (4): 313 - 323.

［109］ Masood Nawaz Kalyar, Nosheen Rafi. Organizational Learning Culture: An Ingenious Device for Promoting Firm's Innovativeness ［J］. Service Industries Journal, 2013, 33 (12): 1 - 13.

［110］ Mata J., Woerter M. Risky Innovation: The Impact of Internal and External R&D Strategies Upon the Distribution of Returns ［J］. Research Policy, 2013, 42 (2): 495 - 501.

［111］ Matzler K., Grabher C., Huber J., et al., Predicting New Product Success with Prediction Markets in Online Communities ［J］. R&D Management, 2013, 43 (43): 420 - 432.

［112］ Matzler, Kurt, et al. Business Model Innovation: Coffee Triumphs for Nespresso ［J］. Journal of Business Strategy, 2013, 34 (2): 30 - 37.

［113］ Meyer M. H., Marion T. J. Preserving the Integrity of Knowledge and Information in R&D ［J］. Business Horizons, 2013, 56 (1): 51 - 61.

［114］ Miguel P. A. C., Carvalho M. M. D., Lopes A P. A Pilot Case Study of Open Innovation in a Brazilian Company ［J］. California Management Review, 2013, 11 (11): 136 - 141.

［115］ Nam D. I., Parboteeah K. P., Cullen J. B., et al., Cross - national Differences in Firms Undertaking Innovation Initiatives: An Application of Institutional Anomie Theory ［J］. Journal of International Management, 2013, 20 (2): 91 - 106.

［116］ Ngo, Liem Viet, and Aron O' Cass. Innovation and Business Success: The Mediating Role of Customer Participation ［J］. Journal of Business Research, 2013, 66 (8): 1134 - 1142.

［117］ Oke A., Prajogo D. I., Jayaram J. Strengthening the Innovation Chain: The Role of Internal Innovation Climate and Strategic Relationships with Supply Chain Partners ［J］. Journal of Supply Chain Management, 2013, 49 (4): 43 - 58.

［118］ Olson E. L. Perspective: The Green Innovation Value Chain: A Tool for Evaluating the Diffusion Prospects of Green Products ［J］. Journal of Product Innovation Management, 2013, 30 (30): 782 - 793.

［119］Ota M. , Hazama Y. , Samson D. Japanese Innovation Processes ［J］. International Journal of Operations & Production Management, 2013, 33 (33): 275 – 295.

［120］Peitz M. , Shin D. Innovation and Waste in Supply Chain Management ［J］. Journal of Economic Behavior & Organization, 2013, 86 (1): 191 – 199.

［121］Peng D. X. , Verghese A. , Shah R. , et al. , The Relationships between External Integration and Plant Improvement and Innovation Capabilities: The Moderation Effect of Product Clockspeed ［J］. Journal of Supply Chain Management, 2013, 49 (3): 3 – 24.

［122］Perks H. , Roberts D. A Review of Longitudinal Research in the Product Innovation Field, with Discussion of Utility and Conduct of Sequence Analysis ［J］. Journal of Product Innovation Management, 2013, 30 (6): 1099 – 1111.

［123］Peters T. , Tucci C. L. Protecting Growth Options in Dynamic Markets: The Role of Strategic Disclosure in Integrated Intellectual Property Strategie ［J］. California Management Review, 2013, 55 (4): 121 – 142.

［124］Piazza M. , Andre J. , Tsegah E. M. , et al. , Central Georgia Regional Analysis: Demographics, Economy, Entrepreneurship and Innovation ［J］. Research Policy, 2013, 42 (1): 15 – 22.

［125］Prajogo D. I. , Mcdermott C. M. , Mcdermott M. A. Innovation Orientations and Their Effects on Business Performance: Contrasting Small – and Medium – sized Service Firms ［J］. R&D Management, 2013, 43 (5): 486 – 500.

［126］Purcarea I. , Espinosa M. D. M. B. , Apetrei A. Innovation and Knowledge Creation: Perspectives on the SMEs Sector ［J］. Management Decision, 2013, 51 (5): 1096 – 1107.

［127］Qian, Cuili, Qing Cao, and Riki Takeuchi. Top Management Team Functional Diversity and Organizational Innovation in China: The Moderating Effects of Environment ［J］. Strategic Management Journal, 2013, 34 (1): 110 – 120.

［128］Raasch C. , Hippel E. V. Innovation Process Benefits: The Journey as Reward ［J］. Mit Sloan Management Review, 2013, 55: 33 – 39.

［129］Rao J. , Weintraub J. How Innovative Is Your Company's Culture? ［J］. Mit Sloan Management Review, 2013, 54 (3) .

［130］Rass M. , Dumbach M. , Danzinger F. , et al. . Open Innovation and Firm Performance: The Mediating Role of Social Capital ［J］. Creativity and Innovation Management, 2013, 22 (2): 177 – 194.

［131］Ritala P. , Hurmelinna – Laukkanen P. Incremental and Radical Innovation in Coopetition – The Role of Absorptive Capacity and Appropriability ［J］. Journal of Product Innovation Management, 2013, 30 (30): 154 – 169.

［132］Robeson D. , O' Connor G. C. Boards of Directors, Innovation, and Performance:

An Exploration at Multiple Levels [J]. Journal of Product Innovation Management, 2013, 30 (4): 608 - 625.

[133] Rothwell R. Small and Medium Sized Manufacturing Firms and Technological Innovation [J]. Management Decision, 2013, 16 (6): 362 - 370.

[134] Rubera G., Droge C. Technology versus Design Innovation's Effects on Sales and Tobin's Q: The Moderating Role of Branding Strategy [J]. Journal of Product Innovation Management, 2013, 30 (3): 448– 464.

[135] Sang K. K., Arthurs J. D., Sahaym A., et al., Search Behavior of the Diversified Firm: The Impact of Fit on Innovation [J]. Strategic Management Journal, 2013, 34 (8): 999 - 1009.

[136] Sauermann, Henry, and Michael Roach. Increasing Web Survey Response Rates in Innovation Research: An Experimental Study of Static and Dynamic Contact Design Features [J]. Research Policy, 2013, 42 (1): 273 - 286.

[137] Schultz C., Salomo S., Talke K., et al., Who Perceives What and Why? – How Measurement Affects the Relationship of Portfolio Innovativeness and Performance [J]. Journal of Product Innovation Management, 2013.

[138] Schumacher E., Wasieleski D. Institutionalizing Ethical Innovation in Organizations: An Integrated Causal Model of Moral Innovation Decision Processes [J]. Journal of Business Ethics, 2013, 113 (1): 15 - 37.

[139] Shou Y., Chen Y., Feng Y. The Impact of Intermediaries on Innovation Performance at Small – and Medium – sized Enterprises in the Yangtze River Delta [J]. Asian Journal of Technology Innovation, 2013, 21 (sup2): 20 - 30.

[140] Somech, Anit, and Anat Drach – Zahavy. Translating Team Creativity to Innovation Implementation the Role of Team Composition and Climate for Innovation [J]. Journal of Management, 2013, 39 (3): 684 - 708.

[141] Soriano D. R., Huarng K. H. Innovation and Entrepreneurship in Knowledge Industries [J]. Journal of Business Research, 2013, 66 (10): 1964 - 1969.

[142] Spithoven A. Open Innovation Practices and Innovative Performances: An International Comparative Perspective [J]. International Journal of Technology Management, 2013, 62 (1): 1 - 34.

[143] Spithoven, André, Wim Vanhaverbeke, and Nadine Roijakkers. Open Innovation Practices in SMEs and Large Enterprises [J]. Small Business Economics, 2013, 41 (3): 537 - 562.

[144] Su E., Carney M. Can China's Family Firms Create Intellectual Capital? [J]. Asia Pacific Journal of Management, 2013, 30 (3): 657 - 675.

[145] Su Z., Ahlstrom D., Li J., et al., Knowledge Creation Capability, Absorptive

Capacity, and Product Innovativeness [J]. R&D Management, 2013, 43 (5): 473 – 485.

[146] Sun S. L., Lee R. P. Enhancing Innovation through International Joint Venture Portfolios: From the Emerging Firm Perspective [J]. Journal of International Marketing, 2013, 21 (3): 1 – 23.

[147] Toh P. K., Kim T. Why Put All Your Eggs in One Basket? A Competition – based View of How Technological Uncertainty Affects a Firm's Technological Specialization [J]. Organization Science, 2013, 24 (4): 1214 – 1236.

[148] Toh P. K., Polidoro F. A Competition – based Explanation of Collaborative Invention within the Firm [J]. Strategic Management Journal, 2013, 34 (10): 1186 – 1208.

[149] Tsao S. M., Lien W. H. Family Management and Internationalization: The Impact on Firm Performance and Innovation [J]. Management International Review, 2013, 53 (2): 189 – 213.

[150] Uhlaner L. M., Stel A. V., Duplat V., et al., Disentangling the Effects of Organizational Capabilities, Innovation and Firm Size on SME Sales Growth [J]. Small Business Economics, 2013, 41 (3): 581 – 607.

[151] Vanacker T., Collewaert V., Paeleman I. The Relationship between Slack Resources and the Performance of Entrepreneurial Firms: The Role of Venture Capital and Angel Investors [J]. Journal of Management Studies, 2013, 50 (6): 1070 – 1096.

[152] Vasudeva G., Zaheer A., Hernandez E. The Embeddedness of Networks: Institutions, Structural Holes, and Innovativeness in the Fuel Cell Industry [J]. Organization Science, 2013, 24 (3): 645 – 663.

[153] Wang C. L., Chung H. F. L. The Moderating Role of Managerial Ties in Market Orientation and Innovation: An Asian Perspective [J]. Journal of Business Research, 2013, 66 (12): 2431 – 2437.

[154] Wang D., Shuai C. Does Intellectual Capital Matter? High – performance Work Systems and Bilateral Innovative Capabilities [J]. International Journal of Manpower, 2013, 34 (8): 861 – 879.

[155] Wang K. J., Lestari Y. D. Firm Competencies on Market Entry Success: Evidence from a High – tech Industry in an Emerging Market [J]. Journal of Business Research, 2013, 66 (12): 2444 – 2450.

[156] Wang Y., Cao W., Zhou Z., et al. Does External Technology Acquisition Determine Export Performance? Evidence from Chinese Manufacturing Firms [J]. International Business Review, 2013, 22 (6): 1079 – 1091.

[157] Wang Y., Zhou Z. The Dual Role of Local Sites in Assisting Firms with Developing Technological Capabilities: Evidence from China [J]. International Business Review, 2013, 22 (1): 63 – 76.

［158］ Wang, Chunlei, et al.. Knowledge Networks, Collaboration Networks, and Exploratory Innovation ［J］. Academy of Management Journal, 2013: amj – 2011.

［159］ Wu J. Cooperation with Competitors and Product Innovation: Moderating Effects of Technological Capability and Alliances with Universities ［J］. Industrial Marketing Management, 2013, 43 （2）: 199 – 209.

［160］ Wu W. W. How China's Equipment Manufacturing Firms Achieve Successful Independent Innovation ［J］. Chinese Management Studies, 2013, 6 （1）: 160 – 183 （24） .

［161］ Yanadori Y. , Cui V. Creating Incentives for Innovation? The Relationship between Pay Dispersion in R&D Groups and Firm Innovation Performance ［J］. Strategic Management Journal, 2013, 34 （12）: 1502 – 1511.

［162］ Yi J. , Wang C. , Kafouros M. The Effects of Innovative Capabilities on Exporting: Do Institutional Forces Matter? ［J］. International Business Review, 2013, 22 （2）: 392 – 406.

［163］ Yoo, Youngjin. The Tables Have Turned: How Can the Information Systems Field Contribute to Technology and Innovation Management Research? ［J］. Journal of the Association for Information Systems, 2013, 14 （5）: 227 – 236.

［164］ Yun S, Lee J. An Innovation Network Analysis of Science Clusters in South Korea and Taiwan ［J］. Asian Journal of Technology Innovation, 2013, 21 （2）: 277 – 289.

［165］ Zhang H, Ko E, Lee E. Moderating Effects of Nationality and Product Category on the Relationship between Innovation and Customer Equity in Korea and China ［J］. Journal of Product Innovation Management, 2013, 30 （1）: 110 – 122.

后　记

一部著作的完成需要许多人的默默奉献，闪耀着的是集体的智慧，其中铭刻着许多艰辛的付出，凝结着许多辛勤的劳动和汗水。

本书在编写过程中，借鉴和参考了大量的文献和作品，从中得到了不少启悟，也汲取了其中的智慧菁华，谨向各位专家表示崇高的敬意——因为有了大家的努力，才有了这本书的诞生。凡被本书选用的材料，我们都将按相关规定向原作者支付稿酬，但因为有的作者通信地址不详或者变更，尚未取得联系。敬请您见到本书后及时函告您的详细信息，我们会尽快处理相关事宜。

由于编写时间仓促以及编者水平有限，书中不足之处在所难免，诚请广大读者指正，特驰惠意。